Einführung in schulpraktische Studien

Vorbereitung auf Schule und Unterricht

Von

Ingbert von Martial
Jürgen Bennack

Schneider Verlag Hohengehren GmbH

Titelgestaltung
Wolfgang H. Ariwald, BDG, 59519 Möhnesee

Gedruckt auf umweltfreundlichem Papier (chlor- und säurefrei hergestellt).

Die Deutsche Bibliothek – CIP-Einheitsaufnahme

Einführung in schulpraktische Studien : Vorbereitung auf Schule und Unterricht / von Ingbert von Martial ; Jürgen Bennack. –
Baltmannsweiler: Schneider-Verl. Hohengehren, 1994
ISBN 3-87116-474-7
NE: Martial, Ingbert von; Bennack, Jürgen

Printed in Germany – Druck: Wilhelm Jungmann, Göppingen

Inhalt

1. Einführung *(J. Bennack / I. von Martial)* 9
1.1 Die Aufgabe der schulpraktischen Studien 10
1.2 Theorie und Praxis im Studium 11
1.3 Formen der schulpraktischen Studien und erwartete Wirkungen 12

2. Zur Theorie der Schule *(J. Bennack)* 17
2.1 Begriff Schule 17
2.2 Schulanthropologie 17
2.3 Schulsoziologie 18
2.31 Schulsystem 18
2.32 Schulinteressenten 23
2.33 Schulfunktionen 25
2.4 Schulpsychologie 28
2.41 Entwicklungspsychologie 29
2.411 Kognitive Entwicklung und Intelligenz 29
2.412 Soziale Entwicklung und Moral 29
2.42 Pädagogische Psychologie 30
2.421 Lernen 30
2.422 Lernbedingungen 33
2.423 Lernauffälligkeiten 33
2.424 Lernhilfen 34
2.5 Schulpädagogik 35
2.51 Aufgaben der Schule 36
2.511 Erziehung 36
2.5111 Beratung 37
2.5112 Gesundheit 37
2.512 Bildung 38
2.5121 Unterrichten 42
2.5122 Leistung 42
2.52 Schüler und Lehrer 44
2.521 Gemeinsamkeiten 44
2.522 Schüler 44
2.5221 Lebensweltprobleme 44
2.5222 Schwierige Schüler 47
2.5223 Beurteilen, Strafen 48
2.523 Lehrer 48
2.5231 Reflexivität als Qualifikation 48
2.5232 Innovation als Aufgabe 49
2.6 Organisation der Schule 49
2.61 Aufbau des Schulwesens 49
2.62 Generelle Regelungen im Schulwesen 52

2.621 Schulpflicht 52
2.622 Schulklassen 53
2.623 Lehrplan 54
2.624 Fächerkanon und Stundenplan 54
2.625 Schulzeit 54
2.626 Schulordnungen 56
2.627 Schulaufsicht 56
2.63 Innere Schulorganisation 56
2.631 Differenzierung 57
2.632 Schulleben 57
2.633 Schulausstattung 58
2.64 Schule und Unterricht 60
2.641 Schule gestalten 60
2.642 Schüler motivieren 62

3. Zur Theorie des Unterrichts 65
3.1 Didaktische Modelle 66
3.11 Bildungstheoretische Didaktik 68
3.111 Theorie der Bildung 68
3.112 Unterrichtsvorbereitung 70
3.12. Lehrtheoretische Didaktik 72
3.121 Theorie des Unterrichts 72
3.122 Unterrichtsplanung 74
3.13 Kybernetische Didaktik 74
3.131 Theorie des Unterrichts 74
3.132 Unterrichtsplanung 75
3.2 Didaktische Prinzipien 77
3.21 Sach- und Zielgemäßheit 77
3.22 Schülergemäßheit insgesamt 78
3.221 Schülergemäßheit durch Differenzierung 79
3.222 Schülergemäßheit durch Motivierung 79
3.223 Schülergemäßheit durch Aktivierung 80
3.23 Elementarisierung insgesamt 80
3.231 Elementarisierung durch Vereinfachung 81
3.232 Elementarisierung durch Strukturierung 81
3.233 Elementarisierung durch Veranschaulichung 82
3.24 Exemplarisches Prinzip 84
3.25 Überprüfung des Gelernten 84
3.26 Festigung 86
3.3 Allgemeine Didaktik und Fachdidaktik 87

4. Schul- und Unterrichtspraxis *(I. von Martial)* 89
4.1 Die Bestimmung der Lernziele 93

4.11 Lernziele im Kontext des Unterrichts 93
4.12 Einteilung von Lernzielen 94
4.121 Einteilung der Lernziele nach der Art der Befähigung 95
4.122 Einteilung nach Lernzielebenen 97
4.13 Lernprozesse als zielrelevante Faktoren 100
4.14 Folgen von Lernzielen 103
4.2 Die Auswahl der Unterrichtsinhalte 103
4.21 Die Themenstruktur nach Klafki 104
4.22 Die Themenstruktur nach König/Riedel 105
4.23 Themenanalyse und Themenbestimmung 106
4.3 Die methodische Gestaltung des Unterrichts 107
4.31 Aktionsformen des Lehrens und Lernens 108
4.311 Aktionsformen des Lehrens 108
4.3111 Lehrervortrag 108
4.3112 Lehrerdemonstration 109
4.3113 Lehrerimpulse 109
4.312 Lernakte der Schüler 116
4.3121 Schülervortrag 116
4.3122 Schülerdemonstration 116
4.3123 Schülerimpulse 117
4.3124 Hausaufgaben 117
4.32 Sozialformen des Unterrichts 118
4.321 Klassenunterricht 118
4.3211 Lehrgespräch 118
4.3212 Unterrichtsgespräch 119
4.322 Gruppenunterricht 120
4.323 Partnerarbeit 123
4.324 Einzelarbeit 124
4.33 Einteilung des Unterrichts in Abschnitte oder Phasen 124
4.331 Einteilung nach Teillernzielen 125
4.332 Einteilung nach Lernstufen 125
4.333 Einteilung nach Arbeitsphasen 126
4.34 Methodenkonzeptionen 127
4.4 Die Auswahl der Medien 129
4.41 Die Stelle der Medien im Unterricht 129
4.42 Medien als Lernobjekte 130
4.43 Medien als Hilfsmittel 132
4.44 Der Begriff des Unterrichtsmediums 134
4.45 Medienfunktionen 134
4.46 Programmierter Unterricht *(J. Bennack)* 143
4.5 Bedingungen des Lernens im Unterricht *(I. von Martial)* 145
4.51 Sozialkulturelle Bedingungen 145
4.52 Personale Bedingungen 146

4.521 Lehrer 147
4.522 Schüler 148
4.53 Bedingungsanalyse *(J. Bennack)* 150

5. Vorbereitende Analyse und Planung des Unterrichts *(I. von Martial)* 153
5.1 Vorbereitende Analyse 153
5.11 Zielanalyse 153
5.12 Themenanalyse 155
5.13 Bedingungsanalyse 157
5.14 Verfahrensanalyse 157
5.2 Planung des Unterrichts 157
5.21 Das Verhältnis von vorbereitender Analyse und Planung 158
5.22 Die Entwicklung des Plans 158
5.3 Vorbereitung und Organisation des Unterrichts 166
5.4 Die nachgehende Unterrichtsanalyse - Nachbereitung 167
5.41 Bestandsaufnahme 167
5.42 Ergebniskontrolle 168
5.43 Wirkungskontrolle 168
5.44 Bewertung 169
5.45 Abweichungsanalyse 170
5.5 Genetischer Entwurf zur Unterrichtsplanung *(J. Bennack)* 171
5.6 Planungsbeispiele *(J. Bennack / I. von Martial)* 173
5.61 Unterrichtsplanung im Fach Mathematik, Klasse 1 173
5.62 Unterrichtsplanung im Fach Deutsch, Klasse 5 180
5.63 Unterrichtsplanung im Fach Latein mit Nachbereitung, Klasse 9 184
5.64 Unterrichtsplanung im Fach Deutsch, Klasse 11 196
5.641 Der Plan und seine didaktische Begründung 196
5.642 Verlaufsplanung 221

6. Unterrichtsbeobachtung *(I. von Martial)* 223
6.1 Beobachtung und Wahrnehmung 223
6.11 Die Selektivität der Wahrnehmung 223
6.12 Besonderheiten der Wahrnehmung von Personen 223
6.2 Formen der Beobachtung 224
6.21 Die naive Beobachtung 224
6.22 Die systematische Beobachtung 224
6.3 Die Erfassung des Unterrichts durch Beobachtung 225
6.4 Beobachtungsaufgaben und Unterrichtsprotokolle 226
6.41 Die Erfassung des Verlaufs und einzelner Elemente des Unterrichts 227
6.43 Formbogen "didaktisches Profil einer Unterrichtsstunde" 228

7. Zur Beurteilung von Unterricht ... 229
7.1 Gesichtspunkte zur Beurteilung der Lehrkompetenz ... 229
7.2 Formbogen zur Beurteilung des Lehrerverhaltens ... 234
7.3 Die Erfassung des Schülerverhaltens ... 237
7.4 Formbogen zur Erfassung des Schülerverhaltens ... 239

8. Das Praktikum in der Schule ... 241
8.1 Die Erkundung der Institution Schule ... 241
8.2 Hospitation ... 241
8.21 Unterrichtsbeobachtung ... 242
8.22 Gespräche mit dem Mentor ... 242
8.3 Unterrichtsversuche ... 243
8.4 Der Praktikumsbericht ... 243
8.41 Beschreibung der Praktikumsstelle ... 243
8.411 Schulort ... 243
8.412 Schule ... 244
8..413 Die Praktikumsklasse ... 245
8.414 Der Mentor ... 246
8.42 Dokumentation des Praktikums ... 246
8.421 Praktikumstagebuch ... 246
8.422 Protokollieren des Unterrichts ... 247
8.4221 Unterrichtsskizze ... 247
8.4222 Unterrichtsprotokoll ... 247
8.423 Schriftliche Planung des Unterrichts und Nachbereitung ... 249
8.424 Verschiedene Materialien ... 249

9. Literatur ... 251

1. Einführung *(Jürgen Bennack / Ingbert von Martial)*

Als Lehrbuch greift dieser Text gängige Sachverhalte des fachlichen Wissens auf. Einige Bereiche, die den Schulpraktiker und –praktikanten unmittelbar berühren, werden in dem vorgelegten Buch breit und differenziert dargestellt. Dies betrifft u.a. die Methodik und das Planen und Beobachten von Unterricht. Andere Bereiche werden nur recht knapp beschrieben, z.B. die Schulpsychologie oder die Schulorganisation. Diese Themen dürfen nicht fehlen, weil wir beim Lesen nicht den Eindruck hervorrufen wollen, als handele es sich beim Unterrichten um einen auf die Klärung technisch-methodischer Fragen zu beschränkenden Vorgang; wir wollten Schule und Unterricht sehr wohl in ihrer vielfachen Verflochtenheit präsentieren. Der Leser muß wissen und er soll sich aufgerufen fühlen, daß er zu den hier nur angeschnittenen Themen bei den Fachwissenschaften genauere Informationen abrufen muß.

Es soll ferner auch nicht Aufgabe dieses Buches sein, bestehende Vorschriften und Gesetze in Teilen oder komplett darzustellen (z.B. Hausaufgabenerlasse). Vielmehr geht es im folgenden darum, die anstehenden Fragen (z.B. Hausaufgaben) in ihrer grundsätzlichen Problematik aufzuzeigen und zu diskutieren. Hinsichtlich der geltenden Bestimmungen sei auf die entsprechenden Vorschriften- und Gesetzessammlungen der einzelnen Länder und Regionen verwiesen.

Bei aller notwendigen Zurückhaltung und sachlicher Darstellung läßt sich ein Lehrbuch wie das hier vorgelegte nicht frei von den eigenen Vorstellungen und Intentionen verfassen. Neben den gesicherten Erkenntnissen zum Unterricht gibt es viele Bereiche, wo es auf die Einstellung und die Sicht des Handelnden oder Betrachtenden ankommt. Wo es angezeigt ist, wollen sich die Verfasser mit ihrer eigenen Meinung nicht zurückhalten.

Lehren und Lernen sehen wir beispielsweise primär im Zusammenhang mit Schule und Unterricht. Diese Institutionen unterliegen pädagogischen Prämissen. Das hat Folgen für unsere Aussagen. Wir unterstellen also den Aussagen zu Schule und Unterricht legitimierte und begründete Werte, indem wir z.B. "Bildung" als die zentrale und normierende Kategorie von Schule und Unterricht festlegen.

Die Beurteilung von Unterricht ist schwierig! Nicht nur die Komplexität des Geschehens, das sich in seiner Ganzheit sowohl den Beteiligten wie dem Beobachter entzieht, auch die dadurch fehlende Möglichkeit einer vollen Leistungseinschätzung läßt eine vollgültige Aussage über die Wirksamkeit eines Unterrichts nicht zu.

Finden wir uns also damit ab, das Unterrichtsgeschehen nur mit Näherungswerten einzuschätzen. Das enthebt uns aber nicht der Mühe, vorläufige Beurteilungen zu versuchen und zwar schon deshalb, um das eigene Tun zu reflektieren. Daß Unterricht in Prüfungssituationen sogar beurteilt wird (und um der Qualifikationsfeststellung willen auch beurteilt werden muß), braucht an dieser Stelle nicht besonders betont zu werden. Deshalb können wir uns auch nicht mit der Aussage einer fehlenden letzten Genauigkeit der Unterrichseinschätzung begnügen, sondern wir müssen um des Wohls der Unterrichteten willen, also in pädagogischer Verantwortung, nach immer größerer Nähe zum Ideal des Unterrichts streben.

Zur mindestens näherungsweisen Einschätzung der Qualität unseres oder fremden Unterrichts benötigen wir Kriterien. Bevor auf diese eingegangen wird, muß wiederum eingeschränkt werden: Einen falschen oder einen richtigen Unterricht gibt es nicht, weil - wegen der erwähnten fehlenden letzten Klarheit - diese Sicherheit in Aussagen kaum erreichbar ist. Deshalb kann man auch kaum bei der Diskussion über eine Unterrichtsstunde von einem einzigen möglichen Weg ausgehen. Kategorien der Bewertung von Unterricht allerdings sind: zweckmäßig oder unzweckmäßig, besser oder schlechter. Aussagen dieser Qualität aber, die sind über Unterricht - bei aller fehlenden exakten Bemessung - durchaus möglich und nötig.

1.1 Die Aufgabe der schulpraktischen Studien

Die amtlichen Vorschriften der Kultusbehörden, welche die schulpraktischen Studien regeln, weisen in den einzelnen Bundesländern manche Unterschiede auf. Das gilt jedenfalls für die Bestimmungen, welche die Organisation der schulpraktischen Studien betreffen. Bei der Beschreibung der Ziele und Zwecke findet sich jedoch eine weitgehende Übereinstimmung.

Die Aufgabe der schulpraktischen Studien wird darin gesehen, die theoretische Unterweisung über Unterricht und Schule mit praktischer Erfahrung zu verbinden. Die Studierenden sollen einen Einblick in das Berufsfeld Schule aus der Sicht des künftigen Lehrers gewinnen.

Von der schulpraktischen Erfahrung erhofft man sich auch eine Vertiefung des theoretischen Verständnisses. Erwartet wird, daß der Einblick in die Realität von Schule und Unterricht aus der Sicht des Lehrers die Effektivität des Studiums verbessert. Man darf annehmen, daß die Studierenden für praktische Fragen des Lehrerberufs aufgeschlossener werden und zunehmend die Befähigung erwerben, theoretische Inhalte des Studiums mit berufspraktischen Fragestellungen zu verbinden. Das könnte sich auch auf die Gestaltung des Studiums (z.B. gezielte Auswahl der Lehrveranstaltungen und die Probleme des Berufsfeldes einbeziehende Bearbeitung von Seminar- und Prüfungsarbeiten) günstig auswirken.

Als Zweck der schulpraktischen Studien wird auch angegeben, eine Möglichkeit der Selbstprüfung zu eröffnen. Dadurch, daß die Studierenden einen Einblick in den Alltag des Lehrers erhalten, soll ihnen Gelegenheit gegeben werden, über ihre Eignung für den Lehrerberuf nachzudenken. Wichtiges Motiv für die Aufnahme des Fachstudiums ist oft das Interesse für ein Fach. Demgegenüber sehen Studierende dem künftigen Lehrerdasein nicht immer mit großer Begeisterung entgegen. Die Gelegenheit zur Selbstprüfung im Rahmen von schulpraktischen Studien ist daher außerordentlich wichtig. Die schulpraktischen Studien sollten daher möglichst bereits im Grundstudium vorgesehen werden.

Von den schulpraktischen Studien wird zudem erwartet, daß sie einen Beitrag zur Ausbildung spezifischer Kompetenzen leisten, über die Lehrer verfügen sollen. Die Studierenden sollen lernen,

- Unterricht mit Hilfe unterrichtstheoretischer Kategorien zu beobachten, zu analysieren und zu bewerten
- Lehrerverhalten und Schülerverhalten in ihrer Bedeutung für den Vorgang des Lehrens und Lernens zu erkennen
- das besondere Bedingungsfeld der jeweiligen Schule und der Klasse zu erfassen
- Unterricht zu planen, vorzubereiten, durchzuführen und einer nachbereitenden Betrachtung zu unterziehen.

Die Aufgabe der schulpraktischen Studien ist schließlich auch darin zu sehen, den Übergang vom Studium in den Vorbereitungsdienst zu erleichtern.

1.2 Theorie und Praxis im Studium

Die Aufgabe der schulpraktischen Studien ist im Zusammenhang mit der Ausbildung zum Lehrer insgesamt zu sehen. Diese soll zum Erwerb von theoretischen und praktischen Kompetenzen führen, die für die Tätigkeit im Berufsfeld der Schule erforderlich sind.

- Der Lehrer soll Wissen erwerben im Bereich der Fachwissenschaften seiner Unterrichtsfächer, der Fachdidaktiken und weiterer für den Lehrerberuf relevanter Disziplinen, vor allem Erziehungswissenschaft. Im erziehungswissenschaftlichen Bereich geht es auch um Kenntnisse über die praktische Bewältigung des Unterrichts und des Schulalltags (u.a. Wissen über die methodische Gestaltung des Unterrichts, die Planung und Vorbereitung des Unterrichts, die Ermittlung und Bewertung von Schülerleistungen).
- Der Erwerb von Kenntnissen über Unterricht, insbesondere auch von Kenntnissen über Techniken des Unterrichtens, ist gewiß Bestandteil der Ausbildung von praktischer Handlungskompetenz. Allerdings ist das Wissen über Techniken nicht gleichzusetzen mit der Anwendung der Technik. Wissen über Techniken des Unterrichtens ist nicht Unterrichtenkönnen. Daher sind in der Ausbildung der Lehrer Gelegenheiten vorzusehen, die das Lernen des Unterrichtens selbst ermöglichen. Schulpraktische Studien eröffnen hierzu Gelegenheit.
- Theoretisches und praktisches Lernen befruchten einander. Theoretische Kenntnisse liefern ein gedankliches Instrumentarium zur Lenkung des Handelns. Die Teilnahme am Lehreralltag und das eigene durch Theorie gelenkte Unterrichten im Schulpraktikum eröffnen einen Erfahrungsraum, in dem die Begriffe der Theorie mit Inhalten aus der Praxis gefüllt werden. Der Studierende lernt, welche konkreten Inhalte im einzelnen mit den Begriffen der Theorie erfaßt werden. Ihm bietet sich die Möglichkeit, das theoretische Instrumentarium, über das er verfügt, auf die Unterrichtspraxis anzuwenden. Daraus dürfte sich auch eine Verbesserung seiner Kompetenz zum theoriegelenkten Entwerfen von Unterricht ergeben. Durch selbständiges Unterrichten kann der Praktikant seinen Unterrichtsentwurf auf Stichhaltigkeit überprüfen. Daraus kann er Erfahrungen gewinnen, die der Entwicklung des Vermögens dienen, Möglichkeiten der Unterrichtsgestaltung einigermaßen treffsicher einzuschätzen.

1.3 Formen der schulpraktischen Studien und erwartete Wirkungen

Die schulpraktischen Studien dienen insgesamt dazu, das Tätigkeitsfeld Schule aus professioneller Sicht kennenzulernen. Als Wege stehen zur Verfügung:

- semesterbegleitende schulpraktische Veranstaltungen mit Schulbesuchen, die von der Hochschule durchgeführt werden und unter der Leitung eines Dozenten stehen
- schulpraktische Veranstaltungen ohne Schulbesuch, die als Vorbereitung auf das Blockpraktikum dienen
- Veranstaltungen zur Nachbereitung des Blockpraktikums.

◆ *Semesterbegleitende schulpraktische Studien und Praktikumsvorbereitung*

Die semesterbegleitenden schulpraktischen Veranstaltungen und die auf das Blockpraktikum vorbereitenden Veranstaltungen können unterschiedlich angelegt sein. Sie können entweder einen fachdidaktischen oder einen allgemeindidaktischen Schwerpunkt haben. Wie immer auch die Akzente gesetzt sein mögen, ein Beitrag zur Entwicklung der folgenden Kompetenzen ist wünschenswert:

- Beobachtung und Analyse von Unterricht
- Unterrichtsvorbereitung und Unterrichtsplanung
- Durchführung von Unterricht
- Nachbereitung/Beurteilung von Unterricht.

Beobachtung und Analyse von Unterricht

Eine Einführung in die Beobachtung und Analyse von Unterricht ist in einem gewissen Umfang in semesterbegleitenden Veranstaltungen möglich, die mit Schulbesuchen verbunden sind. Die an die Hospitation anschließende Analyse einer Unterrichtsstunde, die sich lediglich auf Aufzeichnungen der Hospitanten stützt, führt manchmal zu unbefriedigenden Ergebnissen. Wenn zusätzlich Tonaufzeichnungen oder Videoaufzeichnungen zur Verfügung stehen, also eine wiederholte Wahrnehmung wichtiger Einzelheiten möglich ist, kann es zu einer genaueren Erfassung des Unterrichts kommen. Auch schriftliche Wortprotokolle sind als Vorlagen für die Unterrichtsanalyse brauchbar.

Gute Möglichkeiten für die Beobachtung und Analyse von Unterricht bieten schulpraktische Studien im Rahmen der Unterrichtsmitschau. Das ist jedenfalls der Fall, wenn die in der Studioklasse einer Unterrichtsmitschauanlage hergestellten Videoaufzeichnungen von Unterricht ein variationsreiches Material zur Verfügung stellen. Wenn Aufzeichnungen von Unterricht in unterschiedlichen Fächern und Jahrgangsstufen vorhanden sind und sich unterschiedliche Akzente im Hinblick auf Ziele, Themen, Methoden und Medien dokumentieren lassen, bieten sich gute Voraussetzungen für differenzierte Beobachtungsaufgaben und vergleichende Analysen.

Bereiche der Lehrertätigkeit

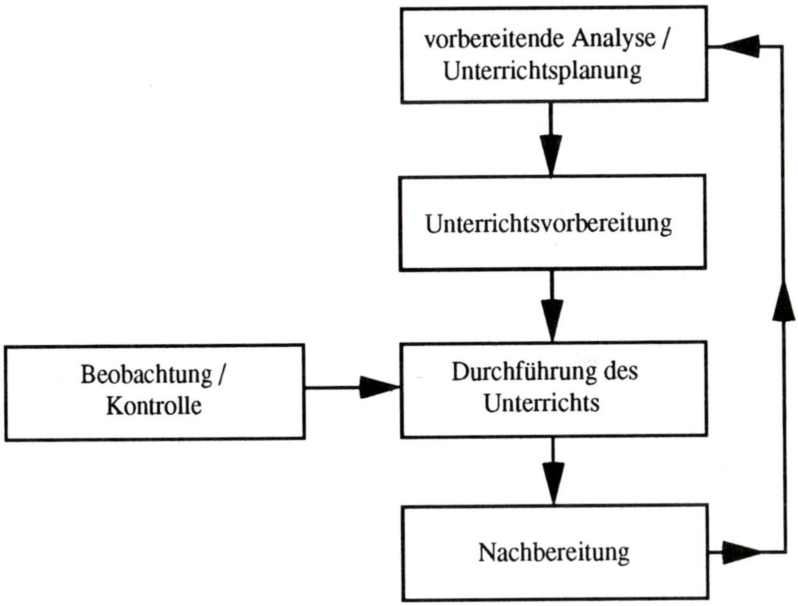

Wenn Studierende sich mit der Aufgabe befassen, Unterricht zu beobachten und zu analysieren, wird es zu einer Versachlichung der Sichtweise von Unterricht kommen. Es ist häufig festzustellen, daß mit dem Unterricht noch subjektive Einstellungen verbunden sind, die Erlebnissen aus der eigenen Schulzeit entstammen. Diese durchliefen die Studierenden in der Rolle des Schülers. Vor allem negative Erfahrungen scheinen prägend zu sein. Darauf mag es zurückzuführen sein, daß Studierende am Anfang von Veranstaltungen zur Unterrichtsbeobachtung und Unterrichtsanalyse dazu neigen, sich überwiegend den als kritikwürdig betrachteten Elementen des Unterrichts zuzuwenden. Nach und nach gelingt jedoch im allgemeinen eine zunehmende Distanzierung von der subjektiven Einstellung gegenüber dem Unterricht. Es wirkt sich aus, daß die Aufgabe, Unterricht einer theoriegelenkten Beobachtung und Analyse zu unterziehen, zur Sachlichkeit zwingt.

Durch die Versachlichung der Sicht von Unterricht kann zweierlei erreicht werden. Einerseits wird ein Rollenwechsel angebahnt. Studierende des Lehramts müssen lernen, sich mit der Rolle des Lehrers zu identifizieren. Andererseits muß auch gelernt werden, den eigenen Unterricht distanziert und sachlich genau zu betrachten und auf Erfolg oder Mißerfolg hin zu bedenken.

Die Tätigkeit des Lehrers erfordert einen ständigen Wechsel von theoretischer und praktischer Einstellung: Der Lehrer plant auf der Grundlage theoretischer Kategorien seinen Unterricht. Der geplante Unterricht wird in die Tat umgesetzt. Der

Durchführung des Unterrichts folgt die Nachbereitung, die sich wiederum theoretischer Kategorien bedient.

Der Wechsel von theoretischer Einstellung und praktischem Vollzug kann durch die Beobachtung und Analyse von Unterricht eingeübt werden. Bereits die Bestandsaufnahme in der Beobachtung greift auf das Instrumentarium der Unterrichtstheorie zurück. Die Analyse erfaßt die Elemente des beobachteten Unterrichts und deckt Zusammenhänge zwischen ihnen auf. Abweichungen werden ermittelt. Bewertungen werden getroffen. Bei dieser Tätigkeit wird der Studierende in die Lage gebracht, sich in den Lehrer hineinzuversetzen, der den beobachteten und analysierten Unterricht geplant, vorbereitet und durchgeführt hat. Dies wird nur möglich sein, indem der Wechsel von Theorie und Praxis nachvollzogen wird, der das Handeln des Lehrers bestimmte.

Unterrichtsvorbereitung und Unterrichtsplanung

Die Anwendung theoretischer Kenntnisse über Unterrichtsvorbereitung und Unterrichtsplanung ist auf rein theoretischem Wege möglich, indem erdachte Stunden geplant oder die Planungen von Unterrichtsstunden als Anwendungsbeispiele der Theorie durchgearbeitet werden. Allerdings läßt sich auf diesem Wege nicht erproben, in welchem Umfang der geplante Unterricht in einer bestimmten Klasse unter vorgegebenen und nicht in allen Einzelheiten kalkulierbaren Bedingungen in Unterrichtswirklichkeit umgesetzt werden kann. Dieses Problem von Planung und Realisierung ist im Alltag von Lehrern allgegenwärtig. In semesterbegleitenden Veranstaltungen mit Schulbesuchen, die den Praktikanten die Möglichkeit eröffnen, eigene Unterrichtsversuche zu machen, läßt sich auch diese Dimension durch eigene Erfahrung zugänglich machen.

Durchführung von Unterricht

Eigene Unterrichtsversuche ermöglichen auch die Umsetzung theoretischer Kenntnisse über Unterricht in unterrichtspraktisches Handeln. Dies ist eine Schwierigkeit, vor der sich insbesondere Anfänger im Lehrberuf befinden. Kenntnisse über Bedingungen, Ziele, Themen, Methoden und Medien sind sicherlich ein wichtiger Bestandteil der Befähigung zu unterrichten. Sie bilden aber keine Garantie für eine erfolgreiche Unterrichtstätigkeit. Unterrichten ist eine Technik. Der Erwerb von Techniken bedarf eigener Lernvorgänge.

Gute Möglichkeiten, die Technik des Unterrichtens zu erlernen, bieten schulpraktische Veranstaltungen in kleinen Gruppen von Studierenden, die sich speziell dem Training des Lehrverhaltens widmen. Dieses auch "Micro-Teaching" genannte Verfahren (vgl. hierzu etwa Olivero/Brunner 1973) wurde sowohl in der Ausbildung als auch in der Weiterbildung von Lehrern eingeführt. Das "Micro-Teaching" sah in seiner ursprünglichen Form vor, daß ein Lehrerstudent oder ein Lehrer Gruppen von vier bis zehn Schülern über einen variablen Zeitraum (wenige Minuten bis etwa höchstens 30 Minuten) unterrichtete. In diesem Unterricht standen bestimmte Elemente des Lehrerverhaltens im Mittelpunkt des Interesses (z.B. die Lenkung des Unterrichts durch Impulse oder die Gestaltung eines motivierenden Einstiegs in ein Thema). Der Unterricht wurde auf Videoband aufgezeichnet und anschließend besprochen. Die Lehrleistung wurde beurteilt. Vorschläge zur Verbesserung des Lehrverhaltens wurden gemacht. Der zu trainierende Lehrer erhielt danach Gelegenheit, wiederum zu unterrichten, wobei die gleichen Elemente des Lehrverhaltens im Mittelpunkt der Betrachtung standen. Die Verbesserung der Lehrkompetenz sollte auf diese Weise kontrolliert werden. Diese Trainingsmethode erwies sich als wirkungsvoll.

Die Arbeit mit kleinen Schülergruppen brachte viele organisatorische Probleme mit sich. Um diese in den schulpraktischen Studien zu vermeiden, läßt sich die Schülergruppe durch Studierende ersetzen. Man bildet kleinere Gruppen von Studierenden. Gute Bedingungen hat man, wenn die Gruppen nicht mehr als zehn Personen umfassen. Die Studierenden erhalten sinnvolle Unterrichtsaufgaben. Die "Schüler" eines "Lehrers" sind jeweils die anderen Mitglieder der Gruppe. Die Themen des Unterrichts können beliebig sein. Sie werden dem jeweiligen Ausbildungskontext entnommen. Es ist zweckmäßig, im Rahmen von schulpraktischen Studien unterrichtspraktische Themen zu stellen, z. B. "Unterrichtsstörungen", "Beurteilung des Lehrverhaltens", "Lenkung des Unterrichts durch Impulse". Der Unterricht (Dauer: bis höchstens 40 Minuten) wird auf Videoband aufgezeichnet.

Die Aufzeichnung wird in der Gruppe besprochen. Den eigenen Unterricht in objektivierter Form zu sehen und an seiner Analyse und Beurteilung mitzuwirken, wird von den Praktikanten zumeist als eine Erfahrung betrachtet, die der Ausbildung ihrer Lehrkapazität in hohem Maße förderlich ist.

Beurteilung von Unterricht

Auch von der Befähigung, Unterricht sachkundig beurteilen zu können, kann eine positive Auswirkung auf das Lehrverhalten erwartet werden. Im beruflichen Alltag des Lehrers stellt sich immer wieder die Aufgabe, den eigenen Unterricht zu beobachten, zu analysieren und auf seine Sachgerechtigkeit hin zu beurteilen. Insbesondere durch schulpraktische Übungen, in denen das Micro-Teaching praktiziert wird, kann die Beurteilung von Unterricht erfolgreich eingeübt werden (zur Unterrichtsbeurteilung vgl. auch Kapitel 7).

◆ *Blockpraktikum*

Im Blockpraktikum in der Schule geht es im besonderen darum, das Tätigkeitsfeld zu erproben durch

- Hospitation
- Fachgespräche mit dem Mentor
- Unterrichtsplanung und Unterrichtsvorbereitung
- eigene Unterrichtstätigkeit.

Auch im Blockpraktikum in der Schule sind die Möglichkeiten, eigene praktische Erfahrungen zu gewinnen, begrenzt. Im Vordergrund steht hier die Hospitation. Aber auch die Beobachtung von Unterricht während der Hospitation und die Gespräche mit dem Mentor eröffnen Zugänge zur Unterrichtspraxis. Auf die Möglichkeiten, die im besonderen das Blockpraktikum bietet, wird an späterer Stelle noch ausführlicher eingegangen (vgl. Kapitel 8).

◆ Nachbereitung der Praktika

Sie kann als gezielte Aufarbeitung der unterrichtspraktischen Erfahrungen in Veranstaltungen der Hochschule durchgeführt werden. Erlebte Probleme werden in den Horizont der weiterführenden theoretischenBetrachtung eingestellt.

2. Zur Theorie der Schule *(Jürgen Bennack)*

2.1 Begriff Schule

Abgesehen von einer bestimmten historischen Epoche findet sich der systematische Initiationsort der Schule immer dort, wo eine Gesellschaft ihr Wissen nicht mehr im alltäglichen Leben weitergeben kann: Sei es, daß im alltäglichen Leben keine Zeit dazu bleibt, sei es, daß es sich um solches Wissen handelt, das (z.B. wegen seiner Kompliziertheit oder Abstraktheit) besonderer Vermittler bedarf.

Etymologisch bedeutet "Schule" soviel wie "Unterrichtsstätte". Der ursprüngliche Bedeutungszusammenhang verweist auf Begriffe wie "Muße" oder "Innehalten". Das erscheint geradezu programmatisch *für* eine Schule des Besinnens, des Nachdenkens; *gegen* Paukerei und hektischen Aktivismus. Genau dies erscheint auch den Verfassern als die anzustrebende Ausprägung von Schule.

"Schule" schließt in sich eine Pluralität der Perspektiven ein. Sie erscheint nebeneinander als Ort menschlicher Existenz und Begegnung (Schulanthropologie), als Ort gesellschaftlicher Gruppierung (Schulsoziologie), als Ort des Fühlens, Denkens und Handelns von Menschen (Schulpsychologie) und schließlich als Ort der Erziehung (Schulpädagogik). Die verschiedenen Aspekte sind nicht scharf voneinander zu trennen. Sie gehen ineinander über. Die verschiedenen Perspektiven werden von uns aber nicht als gleichwertig angesehen. Wir meinen, daß die Schulpädagogik samt der Didaktik die zentrale Wissenschaft von der Schule ist und sie zweierlei zu leisten hat, nämlich die Erfassung und die Gewichtung der aus den genannten Bereichen kommenden Informationen und Ansprüche. Das Kriterium der Gewichtung ist das Ziel der Bildung des Schülers, das wir als die zentrale Aufgabe der Schule ansehen.

Die Bipolarität der Schule zwischen dem Einzelmenschen und der Gemeinschaft (Kultur, Gesellschaft, Staat etc.), in der er lebt, wird deutlich. Eine Gesellschaft (eingeschlossen auch die anderen genannten Gruppierungen) hat sich in der Schule eine Institution geschaffen, mit der tradierte und immer wieder neue Ansprüche (Interessen) verbunden sind, die ihren Ursprung in verschiedenen gesellschaftlichen Gruppierungen haben. Zugleich ist die Schule ein Ort menschlichen Lebens, mit allen Ansprüchen, die Menschen haben. Sie steht im Einklang oder im Gegensatz zur Gesellschaft. Von dort her hat der pädagogische Ort Schule tradierte und immer wieder neu zu reflektierende Aufgaben entwickelt.

2.2 Schulanthropologie

Anthropologie ist im weiteren Sinne eine Sammelbezeichnung für Wissenschaften vom Menschen; im engeren Sinne und bezogen auf das Thema "Schule" handelt es sich darum, der Hilfs- und Lernbedürftigkeit des Menschen, der zum eigentlichen Menschen erst durch Lernen und mit Hilfe werden kann, zu entsprechen. Die Schule ist also in anthropologischer Sicht ein Ort zur Menschwerdung des Menschen durch Lernen.

In Abgrenzung von soziologischen Zweckbestimmungen der Schule sei vorweggenommen, daß die Sozialisation des Menschen, also seine Befähigung zum Gesellschaftswesen, nur einen Teilaspekt der Menschwerdung im anthropologischen Sinne darstellt. Das rührt zum einen daher, daß der Mensch als Ganzes mehr ist als nur Individuum in der Gesellschaft und zum anderen, daß auch die Schule für den Wandel von Gesellschaften, Staaten u.ä. offen sein muß. Diese Option ist an die stete Überprüfung gesellschaftlicher und politischer Strukturen gebunden, die umso eher sinnvoll erfolgen kann, je qualifizierter und unabhängiger die einzelnen diese Strukturen reflektieren.

Die Ziele der Schule aus anthropologischer Sicht, die Eingliederung des Schülers in seine Gesellschaft und die Förderung seiner Kritikfähigkeit ihr gegenüber durch die Prägung einer unabhängigen Persönlichkeit, erfordert eine anthropologisch begründete Schulgestaltung. Der Mensch nämlich definiert sich nicht bloß durch Bedürfnisse, sondern auch durch Ziele und Fähigkeiten. Die Gestaltung der Schule hat die Intentionen des Menschen ebenso zu berücksichtigen, wie seine spezifischen Anlagen zu nutzen. Menschen streben nach Sinn und Ordnung, nach Bindung und Freiheit. Menschen sind bildsam, können reflektieren und handeln.

2.3 Schulsoziologie

2.31 Schulsystem

"Wie andere gesellschaftliche Teilsysteme setzt sich das ... Erziehungssystem ... realiter aus formal organisierten Handlungsabläufen und ihren verschiedenen Querverbindungen innerhalb zeitlich, räumlich und sachlich identifizierbarer sozialer Systeme zusammen". Es besteht aus "Schulen, Hochschulen und ähnlichen Einrichtungen" (Hurrelmann 1975, S. 142).

Unmittelbar beteiligt am Geschehen im Schulwesen sind Schüler und Lehrer, wobei jede der Gruppen außerordentlich unterschiedlich zusammengesetzt ist.

Bei den Schülern treffen wir beispielsweise Geschlechts-, Alters- und Leistungsdifferenzierungen an, die sich in Klassen- bzw. Schultypen und -formen niederschlägt, wobei die Frage der Adäquatheit der Gruppierung nach Leistung ebenso wie deren Legitimation problematisch ist. Von besonderem Belang für Schule und Unterricht aus soziologischer Sicht sind Fragen der Klassenstruktur (u.a. Freundschaften, Außenseiter, zu erfassen durch ein Soziogramm), der außerschulischen Aktivitäten und Strukturierungen sowie die Situation der Jugend insgesamt (vgl. u.a. Deutsche Shell 1992).

Die Gruppe der Lehrer differenziert sich z.B. nach Ausbildungsqualifikationen, bezogen auf die unterschiedlichen Schultypen sowie auf die Inhalte ihres Unterrichts. Sie differenziert sich nach Positionen und Funktionen als Schulleiter, Seminarleiter,

Fachleiter, Fachgruppenleiter, Moderator, Referendar, Klassenlehrer, Vertrauenslehrer, Lehrerrat, Personalvertreter u.ä. sowie nach Verbandszugehörigkeit; die Vielfalt kann hier nicht gänzlich aufgelistet werden.

Zu diesen Differenzierungen kommen - gewissermaßen als natürliche Trennungen - Herkommens- und Milieuunterschiede. All diese Differenzen bei Lehrern und bei Schülern bestimmen als Faktoren das System Schule. Sie haben in der Vergangenheit mit dazu beigetragen, es in der heutigen Form zu institutionalisieren und sie können es - im Verbund mit anderen Kräften - künftig auch verändern.

Im gesellschaftlichen Teilsystem "Schule" wirken neben den genannten Gruppen weitere peripher zu nennende Gruppen mit, nämlich Hausmeister, Sekretärinnen, Busfahrer.

Weniger am unmittelbaren Schulgeschehen beteiligt, dennoch von besonderem Einfluß sind die Eltern. Allerdings kommt ihnen eine zunehmend größere Mitwirkung im Schulgeschehen (Schulpflegschaft) zu.

Über erteilten Religionsunterricht, Schulgottesdienste, bzw. –messen wirken auch die Kirchen direkt, über Lehrerausbildung, Lehrplanaktivitäten u.ä. indirekt, auf das Schulgeschehen ein. Die Kirchen beeinflussenen über die "vocatio" oder die "missio" - die kirchliche Erlaubnis zur Erteilung von Religionsunterricht - und über die Lehrerauswahl die Schule.

Über die Ausbildung der Lehrer, auch durch Vorträge, Publikationen u.ä. beeinflußt auch die Wissenschaft und zwar allgemein in ihren Disziplinen, jedoch insbesondere durch die schulbezogenen Wissenschaften (Schulpädagogik, Allgemeine Didaktik und Fachdidaktik, Schulsoziologie und –psychologie) das Schulsystem. Ähnlich läßt sich diese Aussage für die Kultur i.e.S., nämlich als bildende Kunst, Musik und Literatur usw. treffen.

Legislative und Schulbehörden der Schulträger prägen die Schule über bauliche Maßnahmen, die Vergabe von Etatmitteln, die Bestimmung von Inhalten und Organisationsvorgaben.

Unsere Gesellschaft hat die Beziehungen des Schulsystems zur Gesellschaft durch Kontrollmechanismen reguliert und festgelegt, "über welche Wege neue Institutionalisierungsformen etabliert werden können: über die Verwaltung und die Regierung" (Fend 1980, S. 50). "Der Staat kontrolliert" (vor allem über die Verwaltung) "sowohl die Organisationsformen des Schulsystems, die Verteilung von Kompetenzen, die Einhaltung von Vorschriften, die Zuweisung von Sachmitteln und Personal, die Inhalte, die zu lehren sind, als auch die Eingangs– und Abschlußbedingungen, die Prüfungen und Berechtigungen" (Fend 1980, 50).

Für die Gesellschaft nimmt die Schule Dienstleistungsaufgaben wahr (s. unten "Schulinteressenten"). Allerdings ist sie - gemessen an diesen Aufgaben - bisher kaum "in eine angemessene organisatorische Verfassung gebracht worden ... Schulorganisation und –verwaltung sind nach Modellen konstruiert, die den besonderen sachlich–pädagogischen Anforderungen gesellschaftlich organisierter Sozialisations– und Erziehungsprozesse nicht entsprechen. Die Folge ist, daß die Eigendynamik pädagogisch–interaktiver Beziehungen zwischen Lehrern und Schülern sich kaum entfalten kann und permanent durch eine nach außengesetzten Anforderungen konzipierte repressive monokratisch–bürokratische Struktur überlagert wird. Diese Organisationsstruktur zeichnet letztlich solche Interaktions- und Kommunikationsmuster in der Schule vor, die dominant auf dem Topos eines sehr eng definierten Leistungsverständnisses aufbauen und nur marginale Spielräume für das kultivierte Ausleben eigner Bedürfnisse und Affekte der im System Handelnden gestatten" (Hurrelmann 1975, S. 160).

Die verwaltete Schule als "Normierung der gesellschaftlichen Kontrolle des Schulsystems bildet ... den gesetzlichen Rahmen für die vielfältigen Einflußprozesse auf die Schule und auf die Bemühungen um die Veränderung (wie der Erhaltung; J.B.) des Schulsystems. Daran nehmen die verschiedenen gesellschaftlichen Gruppen (Elternverbände, Lehrerverbände, Wissenschaft, politische Parteien, Berufsverbände (Wirtschaftsverbände; J.B:) und die Öffentlichkeit) teil. Sie entwickeln ihre Vorstellungen und Wertungen, die sie in das Schulsystem einbringen. Theoretiker, die sich mit politischen Einflußprozessen beschäftigen, pflegen diese von Personen getragenen und von Ideen und Wertungen gespeisten Bemühungen den 'subjektiven Faktor' zu nennen" (Fend 1980, S. 50f.).

Insgesamt beinhaltet die Schule heute Strukturen, Ziele und Inhalte, die die Folge eines historischen Prozesses sind. Die Bedingungen ihres Werdens sind an berufliche Erfordernisse geknüpft gewesen. Durch die Veränderung der gesellschaftlichen Umwelt bei gleichzeitig großer Konstanz der Schule ging deren Aktualität weitgehend verloren. Dennoch muß die Schule, wegen der unbedingten Notwendigkeit ihrer Legitimierung in ihrer Eigenschaft als gesellschaftliche Institution, formal weitgehend den Zielen und Sinnsetzungen der Gesellschaft entsprechen. Sie ist eingebunden sowohl in die (l) *normativen*, als auch in die (2) *ökonomisch–sozial–kulturell–technologischen Rahmenbedingungen* in denen sie stattfindet. Als Faktoren schulischer Kontrolle und Entwicklung treten der erwähnte (3) *subjektive Faktor* aber insbesondere auch das beharrende Moment der eigenen (4) *Historizität* hinzu. Letzteres erklärt, warum die Schule bei aller Bindung an die je aktuelle Gesellschaft und den von dort ausgehenden Anpassungsdruck durchaus kein gesellschaftliches Spiegelbild ist. Die historisch gewordenen spezifischen Bedingungen schaffen in der Schule besondere Strukturen und Prozesse (Systemcode), die Außeneinflüsse in typischer Art und Weise beeinflussen (brechen).

Die nachstehende Skizze verdeutlicht, wie die Leistungen der Schule von vier Komplexen abhängig ist: 1. den gesellschaftlichen Randbedingungen, 2. den subjektiven Interessen, deren Einfluß auf die Schule sich zunächst an den vom Staat gesetzten normativen Bedingungen, dem 3. Einflußfaktor, bricht. Alle drei Größen werden wiederum durch 4. den Systemcode, gebrochen, also jene spezifischen Strukturen und Prozesse, die sich im System der Schule entwickelt haben.

Wirkung und Veränderung von Einflüssen auf das Schulsystem

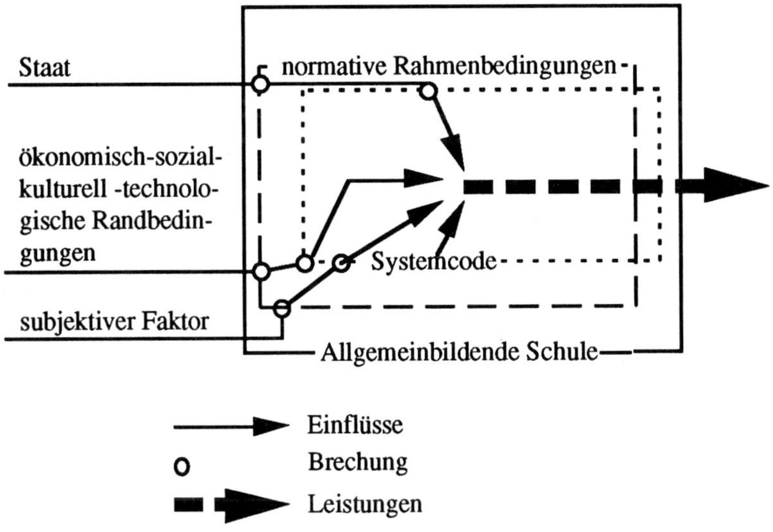

Die auf die Schule einwirkenden Interessen (subjektive Faktoren) spiegeln sowohl die herrschende Machthierarchie wie die gesellschaftliche Arbeitsteilung wider. Ihr Wirken wird vom Staat mittels vor allem der Administration mehr oder weniger reguliert. Ziel des Staats ist dabei die Erhaltung des gesamtgesellschaftlichen Sinns (Reproduktion, Integration, Legitimation; vgl. Schulfunktionen im folgenden) und der Erhalt der durch Arbeit gewährleisteten materiellen gesellschaftlichen Grundlagen (Qualitikation, Selektion; vgl. Schulfunktionen im folgenden). Gegenkonzepte, besonders wenn sie mit Irritationen verbunden sind, sollen vermieden werden (vgl. Grünfeld 1978, S. 34). Aus den genannten vier Faktoren und der regulierenden Rolle des Staates ergibt sich ein Spannungsbild des Verändern und Bewahrens (vgl. vorstehende Skizze). Kongruenzen zwischen dem Schulsystem und den vier Faktoren indizieren bewahrende, Differenzen verändernde Tendenzen, der Staat interpretiert und entscheidet, Grenzen jedoch setzt ihm die auch durch die Faktoren direkt beeinflußte schulische Eigendynamik.

Innerhalb der Schule wirken sich die Außeneinflüsse und die Eigendynamik des Systems aus. Im System der allgemeinbildenden Schule sind die folgenden Prozesse, die teils primär funktional (f), teils primär pädagogisch (p) legitimiert werden, festzustellen: Normieren (f), Beeinflussen (f), Erziehen (p), Unterrichten (f/p), Beurteilen/Selektieren (f), Beraten (p), Innovieren (p). Die genannten Prozesse werden im einzelnen daher hier unter "Schulfunktionen" oder unter dem Abschnitt "Schulpädagogik" - "Aufgaben der Schule" abgehandelt.

Prozesse im Schulalltag

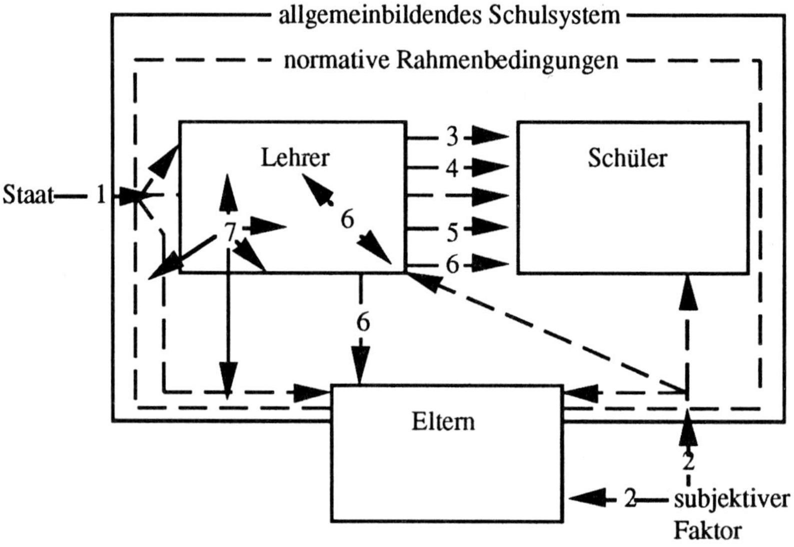

1 = Normieren
2 = Beeinflussen
3 = Erziehen
4 = Unterrichten
5 = Beurteilen/
Selektieren
6 = Beraten
7 = Innovieren

Die Skizze "Prozesse im Schulalltag" macht diese Prozesse im Zusammenhang mit den Einflüssen deutlich. Sie zeigt, daß normierende Prozesse der allgemeinbildenden Schule vom Staat ausgehen, der ihre Rahmenbedingungen schafft, die die Handlungen des Systems präformieren (1). Die normativen Rahmenbedingungen regulieren alle anderen Außeneinflüsse (2). Sie wirken gemeinsam nunmehr mit den von ihnen gebrochenen übrigen Einflüssen auf die Innenprozesse des Schulsystems: das Erziehen (3), das Unterrichten (4) und das Beurteilen (5). Dies sind Prozesse, die vom Lehrer zu den Schülern verlaufen. Unter den gleichen Voraussetzungen laufen Beraten (6) und Innovieren (7) ab. Jenes ist personenorientiert, dieses dazu auch noch sachbezogen und gegenüber dem System änderungsorientiert.

Zusammenfassend läßt sich sagen: Das Verhältnis zwischen Schule und Gesellschaft stellt sich als interdependent heraus. Schule ist also nicht nur von der Gesellschaft beeinflußt, sie wirkt auf diese zurück. Es zeigen sich in diesem Zusammenhang verschiedene Funktionen, die auf die Qualifizierung der Schüler im Hinblick auf "Sozialisation" und "Personalisation" zielen. Die Sozialisationsfunktionen sind vordergründig gesellschaftsrelevanter indem sie in Hinsicht auf die Gesellschaft integrierend und selektierend auf die nachfolgende Generation einwirken und die Gesellschaft zugleich legitimieren und reproduzieren. Die "Problemlösungsfunktion" der Schule als gesellschaftlicher Institution liege - so sagt Helmut Fend - vor allem im Bereich der " Problemlösungskonzeption ", "Reproduktionsprobleme " zu lösen, d.h. "Probleme der Wiederherstellung eines gesellschaftlich erwünschten Zustandes bei biologischem Austausch der Träger gesellschaftlichen Handelns" (Fend 1980, S. 2f.). Aus historischer Sicht ist anzumerken, daß mit Einführung der Schule immer mehr Funktionen für eine immer größere Anzahl junger Menschen in immer stärkerem Umfang von anderen Reproduktionsfaktoren wie Familie und Beruf auf die Schule übergingen.

Die wichtigsten internen Merkmale des gesellschaftlichen Teilsystems Schule sind eine große Konstanz in Inhalt und Verfahren.

2.32 Schulinteressenten

Dem Beteiligtsein vieler an der Schule entsprechen vielfältige Interessen. "In pluralistischen Gesellschaften spiegelt sich die Vielfalt der soziokulturellen Normen in der Schule entweder durch die Absprache des Einflusses der maßgeblichen Gruppen ... oder im Kampf um den Einfluß wider" (Oblinger o.J., S. 42).

Die enge Verknüpfung der Schule mit den Anforderungen aus der Gesellschaft hat ihre Ursache auch darin, daß es sich bei der Schule um ein System handelt, das die finanzielle Basis seiner Existenz nicht selbst erwirtschaftet, sondern auf Zuweisungen entsprechender Mittel angewiesen ist. Diese Rolle übt heute in aller Regel der Staat aus, der die Schule aus der direkten Abhängigkeit der Einzelinteressen ablöste und eine gesellschaftliche Vermittlerrolle zwischen den Interessen wahrnimmt.

Die Schule liegt "im Einflußbereich mehrerer gesellschaftlicher Faktoren, die Ausmaß, Form, Inhalt von Eingliederungs–, Bildungs–, Ausbildungs– und Ausleseaufgabe der Schule bestimmen. Die Schule erscheint als eine Funktion der Gesellschaft. Im Binnenraum der Schule ist es die (obere) Schulverwaltung, die weiterhin - teils im Auftrag gesellschaftlicher Gruppen, teils in eigener Entscheidungsbefugnis oder eigenem Bestimmungsanspruch - in das Leben der Schulen eingreift" (Oblinger o.J., S. 143). Die stets neu zu lösende politische Aufgabe besteht darin, die Koordinierung zwischen Schule und Gesellschaftsordnung herzustellen.

Politische Einflüsse bestehen seitens der politischen Parteien und Gruppierungen auf das Schulwesen, indem über Parteiprogramme oder –mitglieder Einflüsse wirksam werden. Entscheidenden Einfluß auf das Schulwesen können jeweils diejenigen politischen Kräfte ausüben, die in einem Bundesland der Bundesrepublik Deutschland die Regierung bilden. Um eine Aufsplitterung des deutschen Bildungswesens zu vermeiden, bemüht sich die Konferenz der Kultusminister (KMK) der Bundesländer um Harmonisierung.

Wirtschaftsverbände sind Berufsverbände, vor allem aber Arbeitgeber- und Arbeitnehmerverbände. Ihr Interesse an der Schule beruht auf der Tatsache, daß alle Schüler in irgendeiner Form am Wirtschaftsprozeß teilnehmen und weiter teilnehmen werden, und zwar als Konsumenten und Berufstätige. Die Intentionen der Wirtschaftsverbände richten sich auf sechs Felder:

1. *Einstellung der Schüler zur vorhandenen Gesellschaftsordnung*
   Inhaltlich geht es den Arbeitgebern vor allem um gesellschaftliche Stabilität, die Gewerkschaften intendieren gesellschaftliche Veränderungen in Richtung auf größere sozialer Gerechtigkeit.
2. *Einstellung der Schüler zur Berufs- und Arbeitswelt*
   Die Ermutigung der Schüler zu Initiativen, die Befähigung zu Mit- und Selbstbestimmung stehen im Vordergrund gewerkschaftlicher Absichten. Die Arbeitgeber wünschen solche Einstellungen, die die Leistungsfähigkeit der Betriebe nicht beeinträchtigen. Sie wollen in Folge dessen eine kritisch-konstruktive Identifikation mit dem Betrieb erreichen.
3. *Verhaltensweisen und Einstellungen zur Arbeit*
   Beide Interessengruppen stimmen darin überein, daß Schüler lernbereit und lernfähig, daß sie selbständig, einsichts- und kritikfähig sein sollen und problembewußt handeln können. Die Arbeitgeber alleine stellen noch Konzentration und Kooperation heraus.
4. *Basisfertigkeiten und -kenntnisse*
   Nach Auffassung beider Gruppen sollen Schüler einen Einblick in die Zusammenhänge von Wirtschaft und Gesellschaft erhalten. Während die Arbeitnehmervertreter darüber hinaus für einen allgemein hohen Wissensstand plädieren, nennen die Arbeitsgeber als besonders erwünschte Inhalte: Mathematik (Grundrechenarten, Dreisatz, Wurzelziehen, Bruchrechnen, Algebra), Deutsch (mündlicher und schriftlicher Ausdruck), Naturwissenschaften und informationstechnische Grundbildung.
5. *Methoden des Unterrichts*
   Gewerkschaften fordern eher einen Unterricht, der von einem Problem ausgeht; die Arbeitsgeber wünschen mehr "Systematik". Darüber hinaus sind keine Präferenzen bei den Gruppen für ganz bestimmte Unterrichtsformen und -verfahren festzustellen.
6. *Schulorganisation*
   Die Gewerkschaften fordern eine längere, die Arbeitgeber eine kürzere Schulzeit. Arbeitgeber pochen mehr auf die Erhaltung der klassischen gegliederten Schulen während die Arbeitnehmervertreter ganz besonders für Gesamtschulen eintreten.

Beispiel von Beeinflussungswegen der Wirtschaftsverbände auf die Schule

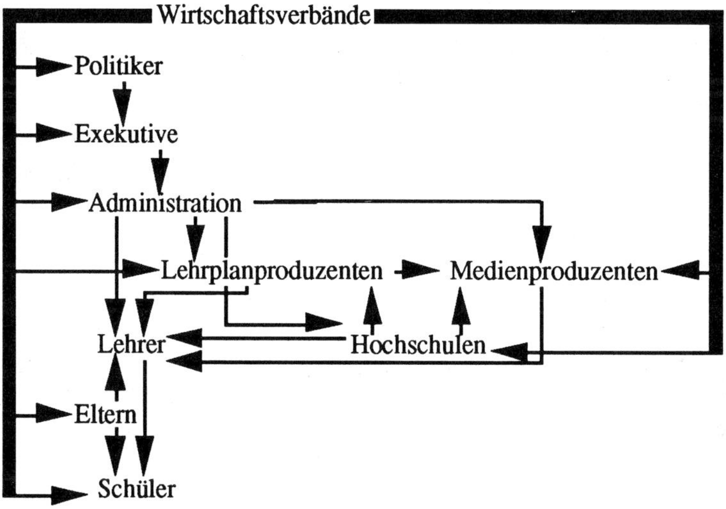

Einflüsse der Wirtschaftsverbände wirken ebenso wie die anderer gesellschaftlicher Gruppen in vielfacher Weise auf die Schule ein (vgl. Skizze).

Gesellschaftliche Einflüsse auf die Schule gehen auch von den Kirchen, den Eltern- und den Lehrerverbänden aus.

2.33 Schulfunktionen

In Schulen "werden institutionalisierte Qualifikations- und Legitimationsaufgaben kontrolliert und organisiert gelöst" (Grünfeld 1978, S. 62). Schulsysteme sind m.a.W. "Institutionen der gesellschaftlich kontrollierten und veranstalteten Sozialisation" (Fend 1980, S. 2).

Mit dem Begriff "Sozialisation" wird beschrieben, daß in der Schule die nachwachsende Generation für die gesellschaftlichen Anforderungen durch Qualifikationen und die Einführung und Einübung vorhandener Normen vorbereitet wird. Schule ist demnach also die "organisierte Antwort auf die Frage, was zur Vergesellschaftung des einzelnen fehlt" (Grünfeld 1978, S. 37).

Gemessen an dem zunehmenden Anteil schulischer Sozialisation in unserer Gesellschaft (vgl. Hurrelmann 1975, S. 11) scheint die Differenz zwischen den Möglichkeiten primärer Sozialisation in Familien und den Erfordernissen der Gesellschaft größer geworden zu sein. Schelsky zeigte schon in den fünfziger Jahren vier soziale Veränderungen unserer Gesellschaftsverfassung auf, die unmittelbar für Erziehung und Schule relevant sind:

"1. Veränderungen des sozialen Status–Systems unserer Gesellschaft (Klassen und Schichtungsstrukturen)
2. Wandlungen der sozialen Rolle und der inneren Struktur der Familien
3. Wandlungen der Produktionsstruktur und die damit zusammenhängenden Veränderungen der Arbeits– und Berufswelt
4. Wandlungen der Konsumstruktur der Gesellschaft und die damit entstehende Freizeitproblematik" (Schelsky 1959, S. 11).

Wie hellsichtig diese Aussagen waren, wird deutlich, wenn man sich an folgende Schulprobleme erinnert, die ihre Ursachen im obengenannten Gesellschaftswandel haben: Bildungsstreben fast bei allen Eltern, nicht mehr nur bei der sogenannten Ober– und Mittelschicht; stärkere Bindung gesellschaftlichen Aufstiegs an Schulleistungen (numerus clausus z.B.) statt Abhängigkeit von Elternfinanzen; mangelnde soziale Vorbereitung durch Einkindfamilien oder unvollständige Familien sowie durch Erziehungsmangel in Familien (Fernsehen, defizitäre Betreuung); Arbeitslosigkeit und Verarmung vieler Familien mit sozialen Folgen für die Schüler; mangelhaft, problematisch oder unausgefüllte Freiräume der Schüler in der Freizeit (Drogen u.a.).

Die *Qualifikationsfunktion* wollen wir als Oberbegriff aller schulischen Funktionen betrachten, weil sich in ihr die gesellschaftliche Gesamtaufgabe der Schule widerspiegeln kann, bei den Schülern Lernfortschritte in ganz unterschiedlichen Gebieten zu erreichen.

Der weiter gefaßte Qualifikationsbegriff umfaßt neben den gesellschaftlichen Bezügen auch die Personagenese des Lernenden, die gleichfalls von Qualifikationsprozessen begleitet wird. Man denke an die Qualifikationen der Mitmenschlichkeit, Toleranz, Solidarität, die wiederum durchaus eine beträchtliche gesellschaftliche Relevanz aufweisen.

Die Qualifizierungsarbeit der Schule richtet sich demnach also einerseits auf die *Personalisation* des Schülers (vgl. "Schulpädagogik" zum Bildungsbegriff), andererseits auf seine *Sozialisation.*

Zur *Sozialisationsfunktion* läßt sich ausführen: "Die Qualifikationsfunktion der sekundären Sozialisationsphase hat grundsätzlich zwei Zielsetzungen: Sie soll einerseits das für alle verbindlich geltende und dadurch auch verbindende Grundwissen systematisch festigen und erweitern (Generalisierungs– bzw. Integrationsfunktion). Sie soll andererseits die in einer arbeitsteiligen Gesellschaft notwendige Verteilung von Wissen fortsetzen bzw. vornehmen (Distributions– bzw. Selektionsfunktion)" (Grünfeld 1978, S. 37). Fend spricht vom "Sozialisationseffekt" des Schulsystems, dem er gleichfalls die Integrations- und Selektionsfunktion zuordnet. Parsons verfährt ähnlich, wenn er unter dem Oberbegriff "Sozialisation" als Integrationsaufgabe "die heranwachsende Generation in die bestehende Gesellschaft einzugliedern". Es soll dabei die Fähigkeit vermittelt werden, "Aufgaben im Beruf und im öffentlichen Leben zu erfüllen" durch die "Bereitschaft" entsprechende "Aufgaben zu übernehmen".

Für die Gesellschaft erfüllt die Schule die Aufgabe der "Reproduktion kultureller Systeme", der "Sozialstruktur" und solcher "Normen, Werte und Interpretations-

muster, ... die zur Sicherung der Herrschaftsverhältnisse dienen" (Fend 1980, S. 16), und zwar durch "Erziehung zu Arbeitstugenden", "sittlich–sozialen Verhaltensweisen" und "politischen Leitbildern" der jeweiligen Gesellschafts– und Staatsform (Oblinger, S. 29). Damit sollen die "unabdingbaren Voraussetzungen für die Funktionsfähigkeit des ökonomischen und politischen Systems" (Hurrelmann 1975, S. 44) geschaffen werden. Indem die Schule zugleich über die Weitergabe gesellschaftlichen Sinnverständnisses die Gesellschaft bejaht, erfüllt sie dieser gegenüber eine *Legitimationsfunktion.*

Es soll in diesem Zusammenhang nicht verschwiegen werden, daß eine zu strikte Normierung in einer Gesellschaft zu vermehrter Ausgrenzung führt. Im Bereich Behinderter ist dies in den letzten Jahren festzustellen, indem immer neue Gruppen "Behinderter", "Auffälliger" u.ä. nicht nur definiert, sondern auch - beispielsweise durch die Überweisung in Sonderschulen - abgesondert wurden. Ein enger Normalitätsbegriff in einer Gesellschaft macht viele Personengruppen zu Randgruppen, die in modernen, auf Toleranz angewiesenen demokratischen und industriellen Gesellschaften - soziologisch gesehen - "Störfaktoren" darstellen. Als Gegenbewegung sind die Integrationsbemühungen zwischen Sonder– und Normalschulen zu nennen.

"Die *Selektionsfunktion* führt zu einer Verteileraufgabe in dem Sinne, daß den Heranwachsenden jene Stelle im Berufsleben zugewiesen wird, die ihren Fähigkeiten entspricht" (Parsons, zitiert nach Fend 1980, S. 14). *Beurteilungs– und Selektionsprozesse* sind eng mit dem Unterricht verknüpft. Sie sind die Basis eines Verteilungsvorganges hinsichtlich der Sozialchancen in der Gesellschaft, den die Schule leistet. Somit besitzt innerhalb des Beurteilungs- und Selektionsprozesses das gesellschaftliche Prinzip von Leistung und Wettbewerb Gültigkeit. Es überformt eher pädagogisch–psychologisch ausgerichtete Leistungsmodelle und –ansätze (vgl. "Schulpädagogik" "Leistung") und es darf nicht übersehen werden, daß schulische Leistungen unter extrem unterschiedlichen Bedingungen, z.B. auf der Seite der Voraussetzungen, der häuslichen Bedingungen oder der Motivation erbracht werden, so daß die Vergleichbarkeit von Leistung, auf der ja die Fiktion einer gerechten Zuteilung von Lebenschancen beruht, nicht gewährleistet ist. Wegen der präformierten und ungerechten Chancenverteilung ist eine Verringerung schulischer Selektion zu fordern.

Die Sozialisationsfunktion ist also im wesentlichen *Reproduktionsfunktion.* Freilich soll an dieser Stelle nicht verkannt werden, daß das Schulsystem - wie auch die Gesellschaft als Ganze - den Faktor der Veränderung enthält. Es geschehen demnach nicht alleine Reproduktion und Legitimation sondern auch *Variation,*die durch die Berücksichtigung der Individualitäten in Schule und Gesellschaft gewährleistet wird.

Bezogen auf den Lernenden zielt Sozialisation einerseits auf Integration in die Gesamtgesellschaft. Gleichzeitig sorgt sie durch Selektion für die differenzierte Einordnung der Schüler in die verschiedenen Bereiche der arbeitsteiligen Gesellschaft (*Distribution*). Auch bei der Selektierung und Integrierung wirken reproduzierende und legitimierende Faktoren mit.

In einer Gesellschaft, wie der unsrigen, in der nach Max Weber die Schule die

Schüler nicht mehr aufgrund ihrer sozialen Herkunft rekrutieren will, sondern auf der Basis des individuellen Verdienstes (vgl. Fend 1980, S. 41), zeigt es sich, daß die Schule als die "entscheidende zentrale Dirigierungsstelle für die künftige soziale Sicherheit, für den künftigen sozialen Rang und für das Ausmaß künftiger Konsummöglichkeiten" (Schelsky 1959, S. 17) ist; sie weist in der idealistischen Vorstellung des modernen demokratischen Staates den Status nach sachlichen Feststellungen zu.

Diesem Ideal steht freilich entgegen, daß die Schule durchaus kein "Rüttelsieb" ist, "das eine vollkommene Neuverteilung der Lebenschancen zwischen den Generationen vornimmt" (Fend 1980, S. 37). Die soziale Herkunft spielt nämlich für den Schulerfolg eine entscheidende Rolle. Die selektierende Integration in die Gesellschaft wird also zwar legitimiert durch die angeblich gerechte Wirksamkeit des Leistungsprinzips aufgrund des individuellen Verdienstes, tatsächlich kommt es aber weitgehend zur Reproduktion bestehender gesellschaftlicher Schichtungen sowie der Besetzung dieser Positionen durch die Kinder der Gruppenmitglieder.

Die genannten Schulfunktionen lassen sich nach dem Gesagten in die folgende Ordnung bringen.

Funktionen des Schulsystems

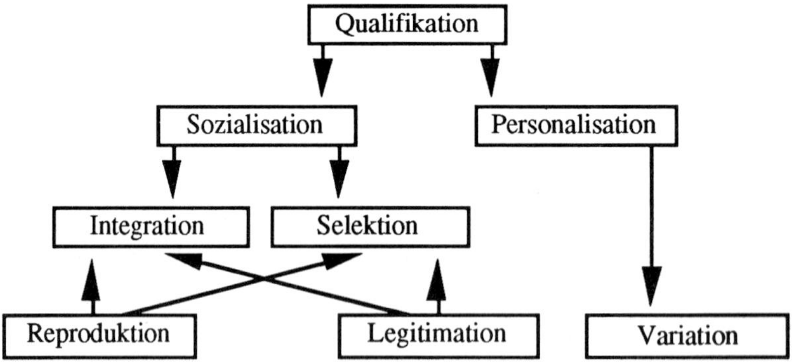

2.4 Schulpsychologie

Etliche Themen und ganze Bereiche der Psychologie behandeln unterrichtliche und schulrelevante Fragen. Dies macht die psychologische Wissenschatt für den Didaktiker und Schulpädagogen unentbehrlich. Aber, die Psychologie kann pädagogisches Nachdenken nicht ersetzen. Während es der Psychologie - grob gesagt - um die Feststellung menschlicher Handlungen und ihrer Ursachen geht; während sie sich – als therapeutische Disziplin - allenfalls um die Selbstreflexion und –stärkung des Einzelmenschen bemüht, versteht sich die Pädagogik als eine Handlungswissenschaft in dem Sinne, daß es ihr um die Veränderung von Einstellungen, Haltungen, Kenntnissen und Fertigkeiten nach Prinzipien und Idealen zu tun ist. Als Voraussetzung entsprechender Strategien und Überlegungen leisten auch psychologische und soziologische Daten gute Dienste.

Vor allem aus der Entwicklungspsychologie und der pädagogischen Psychologie stammen die Themen, die Lehrer und Lehrerstudenten interessieren.

2.41 Entwicklungspsychologie

Thema der Entwicklungspsychologie sind die psychischen Wandlungen, die sich im Verlaufe des Lebens - insbesondere in Kindheit und Jugend - ergeben. Die individuelle Entwicklung (Ontogenese) ist das Resultat innerer (anlagebedingter, u.a. auch Wachstum, Reifung) und äußerer (umweltbedingter) Gegebenheiten, wobei als Notwendigkeit einer günstigen Entwicklung auf den Faktor entsprechender Umweltreize hinzuweisen ist. Gewisse Entwicklungsstufen scheinen dabei eine Affinität zu bestimmten Umweltanregungen (z.B. Sprache) zu besitzen.

2.411 Kognitive Entwicklung und Intelligenz

J. Piaget nennt Abfolgen der kognitiven Entwicklung, die sich durch die Aufnahme von Umweltinformationen in vorhandene kognitive Schemata (Assimilation) und die aktive Auseinandersetzung mit der Welt (Akkomodation) vollziehen. Er unterscheidet ein sensomotorisches (bis 2. Lebensjahr; diese und alle folgenden Altersangaben für Entwicklungsphasen sind ungefähre Angaben), ein vorbegriffliches (2.-4. Jahr), ein anschauliches (4.-7. Jahr), ein konkret-operationales (8.-10. Jahr) und schließlich (ab dem 11. Lebensjahr) das formale Denken.

Das Maß erreichten kognitiven Vermögens wird als Intelligenz gemessen. "Intelligenz" ist aber keine absolute Größe, sondern eine Konstruktion auf der Basis kultureller Vorgaben). Sie wird als IQ (Intelligenzquotient) aus dem Intelligenzalter (IA) und dem Lebensalter (LA), multipliziert mit 100, errechnet. Ein IQ von 100 bezeichnet die durchschnittliche Intelligenz.

2.412 Soziale Entwicklung und Moral

Aus der Abhängigkeit von den Erwachsenen, deren Erwartungen in diesem Stadium den Verhaltenskodex des Kindes determinieren, emanzipieren sich das Kind und der Jugendliche Schritt für Schritt. Schulbeginn oder Schulentlassung stellen wichtige Stationen dieses Prozesses dar, weil einmal bisher fremde Personen mit u.U. unterschiedlichen Einstellungen ins Blickfeld treten und zum anderen bei diesen die normierend wirkende emotionale Bindung, wie in aller Regel bei den Eltern, geringer ist. Mit immer mehr Unabhängigkeit von erwachsenen Personen entsteht für den Heranwachsenden die zunehmende Möglichkeit, zu selbst reflektierten Wertvorstellungen zu gelangen.

Die moralische Entwicklung vollzieht sich von einem egozentrischen Stadium

(2.-4. Lebensjahr) mit heterogener Moral durch den Abbau von Autoritäten, durch zunehmendes Verständnis der Motive anderer und eine wachsende Verinnerlichung sozialer Regeln der Umwelt bis hin zur moralischen Autonomie.

2.42 Pädagogische Psychologie

Die Pädagogische Psychologie befaßt sich mit den Voraussetzungen, Folgen und Möglichkeiten schulischen Lernens unter dem Aspekt seiner Förderung. Schwerpunkte und Inhalte des Lernens bilden den Gegenstand der Allgemeinen Didaktik. Von dort auch ist auch allem schulischen Lernen die Maxime voranzustellen, daß es nicht bloß um das Ansammeln von Wissen, sondern um den Erwerb von Fähigkeiten und Einstellungen geht, also letztlich um die Formung einer eigenständigen Persönlichkeit, festgemacht im Begriff der Bildung.

2.421 Lernen

Lernen meint alle Prozesse die Verhaltens- und Erlebensänderungen bewirken mit Ausnahme Ursache von Reifungs-, Ermüdungs-, mechanischen oder medikamentösen Einflüssen. Lernen hat einen Handlungs- (Fertigkeiten, Verhaltensweisen) und einen Kognitionsaspekt (Wissen, Kenntnisse, Denkstufen).

Die Psychologie erklärt das Lernen mittels unterschiedlicher Theorien:

- S-R - Theorien (Reiz-Reaktion), beruhen auf der Wissenschaftsrichtung des Behaviorismus. Lernen in diesem Verständnis besteht im Neuerwerb bedingter Signale und bedingter Reaktionen, es besteht im Bilden von Gewohnheiten und Zusammenfügen zu komplexen Verhaltensmustern. S-R-Theorien sind die Kontiguitätstheorie Guthries, die Klassische Konditionierung Pawlows, die Instrumentelle Konditionierung Thorndikes, die Operante Konditionierung Skinners und die Konditionierung von Reaktionstendenzen Hulls.
- Kognitive Theorien verstehen Lernen als Herstellung kognitiver Strukturen, von Sinnzusammenhängen und Mittel-Zweck-Verbindungen. Kognitive Theorien sind die gestaltpsychologische Lerntheorie und die Orientierungstheorie Tolmans.
- Das Beobachtungs- und Modellernen Banduras ist soziales Lernen. Es geht von der Nachahmung aus.
- Galperins Lerntheorie beschreibt Lernen als einen Aneignungsprozeß, wobei äußere Handlungen zu inneren Operationen werden (Vorgang der Interiorisation).
- Kybernetische Lernmodelle gehen von den drei Variablen Situation, Verhaltensrepertoire und Verhaltenskonsequenzen aus, wobei über den Prozeß der Rückkoppelung gelernt wird.
- Modelle des Bedeutungs- und Begrifflernens gehen davon aus, daß Lernen sich strukturell organisiert, d.h., daß es zu Begriffen, zu Über- und Unterordnungen

beim Lernen kommt. Ausubel gliedert demgemäß die kognitive Struktur hierarchisch; er unterscheidet zwischen sinnvollem und mechanischem Lernen.

- Transferlernen beschreibt die Übertragung von Lernergebnissen auf neue Gegebenheiten. Gagné unterscheidet den lateralen Transfer (gleicher Schwierigkeitsgrad) vom vertikalen Transfer (höherer Schwierigkeitsgrad bei Übertragung). Transfer ist insbesondere bei identischen und ähnlichen Sachverhalten möglich.

Gagné stellt eine Taxonomie der Lernarten auf, die notwendig aufeinander aufbauen. Er unterscheidet

1. Signallernen (klassisches Konditionieren)
2. Reiz-Reaktions-Lernen (instrumentelles Konditionieren)
3. Kettenbildung (Verhaltensformung "shaping" bei Skinner)
4. Lernen sprachlicher Assoziationen
5. multiple Diskrimination
6. Begriffslernen
7. Regellernen
8. Problemlösen

Das Problemlösen als höchste Lernart findet unser besonderes Interesse. Guilford unterscheidet konvergierendes (zielt auf eine bestimmte Lösung) und divergierendes oder kreatives Denken (verschiedene Lösungen sind möglich). Das Problemlösen kann auf dreierlei Weisen erfolgen: durch Versuch und Irrtum, durch Umstrukturierung, durch schrittweise Analyse.

Geistige Operationen vollzieht der Lernende (u.a. Schüler) nach Galperin in fünf Etappen:

1. Schaffung einer Orientierungsgrundlage der Handlung (Wissen, worauf es ankommt, entsprechende Kenntnisse, Einstellungen, Motive und Fähigkeiten besitzen)
2. Ausführungsteil der Handlung (Umgang mit dem Lerngegenstand durch Analyse, Schritte, Konstruktion)
3. Lautsprachliche Handlung ohne Gegenstände (Loslösung vom Gegenstand, Versprachlichung anhand der Vorgaben)
4. Handlung in der Form äußeren Sprechens "für sich" (Umsetzung in die eigene Sprache)
5. Handlung des inneren Sprechens (Verinnerlichung und Automatisierung der gesamten Handlung).

Die festgestellten Lernarten und Lernabläufe führen zu Vorschlägen, in welcher Form der Unterricht dem entsprechen kann. Heinrich Roth hat daraus den bekanntesten Vorschlag für Lernschritte im Unterricht vorgelegt (siehe tabellarische Übersicht auf der folgenden Seite).

Aus den Ergebnissen der Lernpsychologie lassen sich (hier nicht zu erläuternde, sondern lediglich mitzuteilende) Lernprinzipien ableiten, die als eine Grundlage der didaktischen Prinzipien (vgl. "Didaktik") zu beachten sind. Folgende Faktoren begünstigen das Lernen:

1. Aktivität

2. Verhaltenskonsequenzen (In aller Regel wirken sich allerdings nur angenehme Konsequenzen positiv auf das Lernen aus!)
3. Rückkopplung (klare Beurteilung einer Leistung)
4. Situative Bedingungen (günstiges Klassen– oder Lern"klima" verbessert die Lernbedingungen; Angst u.ä. hemmt sie)
5. Zielgerichtetheit (Übereinstimmung des Lernens mit den Zielen und Ansprüchen des Lernenden)
6. Einsicht (Inhalte, die auf Verständnis stoßen, die für den Lernenden in Zusammenhänge eingebettet sind, lernen sich leichter. Mechanisches "Einpauken" ist schwerer!).

Lernstufen nach Heinrich Roth

Stufe/Lernart	unbewußt	bewußt	vermittelt
Motivation 1	Eine Handlung kommt zu Stande.	Ein Lernwunsch erwacht.	Ein Lernprozeß wird angestoßen. Eine Aufgabe wird gestellt. Ein Lernmotiv wird erweckt.
Schwierigkeit 2	Die Handlung gelingt nicht. Die zur Verfügung stehenden Verhaltens- und Leistungsformen reichen nicht aus bzw. sind nicht mehr präsent. Ringen mit den Schwierigkeiten.	Die Übernahme oder der Neuerwerb einer gewünschten Leistungsform in den eigenen Besitz macht Schwierigkeiten.	Der Lehrer entdeckt die Schwierigkeiten der Aufgabe für den Schüler bzw. die kurzschlüssige oder leichtfertige Lösung des Schülers.
Lösungs-versuche 3	Ein neuer Lösungsweg zur Vollendung der Handlung oder der Lösung der Aufgabe wird durch Anpassung, Probieren oder Einsicht entdeckt.	Die Übernahme oder der Neuerwerb der gewünschten Leistung erscheint möglich und gelingt mehr und mehr.	Der Lehrer zeigt den Lösungsversuch oder läßt ihn finden.
Tun und Ausführung 4	Der neue Lösungsweg wird aus- und durchgeführt.	Die neue Leistungsform wird aktiv vollzogen und dabei auf die beste Form gebracht.	Der Lehrer läßt die neue Leistungsform durchführen und ausgestalten.
Behalten und Einüben 5	Die neue Leistungsform wird durch den Gebrauch im Leben verfestigt oder wird vergessen und muß immer wieder neu erworben werden.	Die neue Verhaltens- oder Leistungsform wird *bewußt* eingeübt. Variation der Anwendungsbeispielle. Erprobung durch praktischen Gebrauch. Verfestigung des Gelernten.	Der Lehrer sucht die Verhaltens- oder Leistungsform durch Variation der Anwendungsbeispiele einzuprägen und einzuüben. Automatisierung des Gelernten.
Bereitstellen, Übertragung, Integration des Gelernten 6	Die verfestigte Leistungsform steht für künftige Situationen des Lebens bereit oder wird in bewußten Lernakten bereitgestellt. (Siehe dann die Schritte 5 und 6 bei Lernart II.)	Die eingeübte Verhaltens- oder Leistungsform bewährt sich in der Übertragung auf das Lebenoder nicht.	Der Lehrer ist erst zufrieden, wenn das Gelernte als neue Einsicht, Verhaltens- oder Leistungsform mit der Persönlichkeit verwachsen ist und jederzeit zum freien Gebrauch im Leben zur Verfügung steht. Die Übertragung des Gelernten von der Schulsituation auf die Lebenssituation wird direkt zu lehren versucht.

(Memmert 1977, S. 98)

2.422 Lernbedingungen

Lernen hat eine individuelle und eine soziale Seite. Auch wenn es sich beim Individuum vollzieht, ist es ein sozialer Vorgang. Denn, das Lernmaterial stammt aus dem sozialen Umfeld, ja, das soziale Umfeld selbst stellt einen wichtigen Inhalt unseres Lernens dar. Gelerntes wird ebendort angewandt und zugleich auch überprüft. Die daraus individuell gezogenen Schlüsse beeinflussen wiederum die Person des Lernenden.

Unsere eigene Persönlichkeit und die Umstände, unter denen wir im Sozialverband leben, bestimmen unsere Lernmöglichkeiten und Lernfähigkeiten. Die Ergebnisse die Soziolinguistik, nach denen vom häuslichen Sprachmilieu Denkstrategien und Schulerfolg abhängen, sind ein treffendes Beispiel für diesen Zusammenhang.

Die Lernbedingungen in der Schule setzen sich nach dem Gesagten aus individuellen und sozialen Faktoren zusammen.

Individuelle Faktoren sind:

- der Entwicklungsstand (z.B: Schulfähigkeit, mit körperlichen, intellektuellen, verhaltensmäßigen und sozialen Aspekten)
- Motivationen und Einstellungen
- Persönlichkeitsmerkmale (Physis, Psyche).

Sozialpsychologische und sozialkulturelle Faktoren sind:

- Die Bezugsgruppe und
- die Klasse, dort insbesondere der *Führungsstil*, bei dem nach Tausch intensiv–lenkende und sozial–integrative Verhaltensweisen der Lehrer als Extreme gegenüberstehen, und die soziale Struktur der Klasse mit angenommenen und abgelehnten mit integrierten und vereinzelten Schülern.

2.423 Lernauffälligkeiten

Ursachen für Lernauffälligkeiten wie Verhaltensstörungen können organische (Hirnschäden) oder konstitutionelle Bedingungen (z.B. Extroversion) sein. Sie können auch auf mangelnde Begabung oder Entwicklungseinflüsse (z.B. Pubertät), auf Erziehungseinflüsse (Elternhaus) oder Mißerfolge und Frustrationen zurückzuführen sein.

Für die Schule bedeutsame Lernauffälligkeiten sind: Legasthenie, Konzentrationsschwäche, Faulheit, Schwänzen, Lügen, Clownerien, Angebertum, Isolation, Sprachauffälligkeiten und besondere Gewohnheiten (Nägelkauen). Es handelt sich hier um Symptome vorliegender Probleme bei Schülern, die oft eine spezielle Therapie erfordern.

2.424 Lernhilfen

Lernmotivierung ist von Persönlichkeits- und Situationsvariablen abhängig. Bei den Persönlichkeitsvariablen wirkt neben der Bedeutung der Begabung das Motiv intrinsisch (sachorientiert) oder extrinsisch (statusorientiert) (vgl. Abb.).

Lernmotive sind besonders gut zu wecken bei angemessener Schwierigkeit, Überraschung, subjektiver Bedeutsamkeit, klarer Struktur und Erfolg.

Wissen, Behalten und Transfer werden begünstigt durch eingesehenen Sinn, durch Aktivität der Lernenden, Übung und Wiederholung und Systematik.

Produktives und kreatives Denken wird gefördert durch entsprechende Ermunterung, durch gelernte Strukturen und ein günstiges Klassen- und Gruppenklima.

Kompensatorische Erziehung wird gefördert durch die Akzeptanz verschiedener Sprach- und Verhaltenskodifizierungen und durch besonderen Förderunterricht benachteiligter Schüler, allerdings - wegen des Erfolgs - nur unter Einbezug der Eltern.

Bedingungsvariablen der Lernmotivierung nach Heckhausen

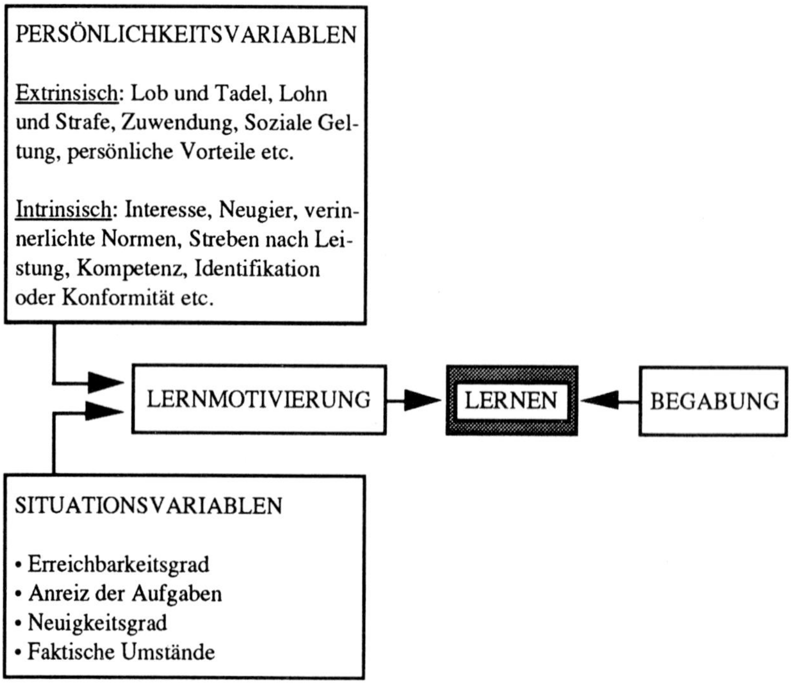

(Memmert 1977, S. 80)

2.5 Schulpädagogik

Wenngleich, wie aufgezeigt, zahlreiche Disziplinen schulische Fragen bearbeiten und wichtige Aussagen machen, so ist es allein die Schulpädagogik, deren Gegenstand ausschließlich und ganz die Schule ist. Die Ergebnisse der anderen Wissenschaften zeigen jeweils nur einen Teilaspekt von Schule. Jede Einzelsicht bedarf aber der Interpretation im Kontext des Gesamten, weil ansonsten wichtige andere Gesichtspunkte möglicherweise unbeachtet bleiben. Wie unvollkommen wäre für den Lehrer die soziologische Aussage über schichtspezifische Sprachcodes, wenn nicht zugleich die psychologischen Ursachen und Folgen dieser Tatsache mitgewürdigt würden? Die Aufgabe der Schulpädagogik reicht aber über den kritischen Vergleich verschiedener Aussagen hinaus. Sie entwickelt einmal aus anstehenden Problemen neue Fragestellungen für Forschungen im eigenen und im fremdwissenschaftlichen Bereich (z.B. Drogen in der Schule). Zum anderen trägt die Schulpädagogik zu Lösungen von außerpädagogischen Fragen bei (z.B. schulorganisatorische Reaktion auf gesellschaftliche oder individuelle Probleme, wie Ganztagsschule bei gering betreuten Kindern, Förderunterricht bei Lernschwächen). Vor allem - und dies ist entscheidend - betrachtet die Schulpädagogik die Schule konsequent unter pädagogischen Prämissen und das bedeutet, daß Maßstab aller Handlungen und Entscheidungen das Wohl des Schülers zu sein hat.

Mit den eindringenden Problemen und Fragen geht die Schule in tradierter spezifischer Weise um. Sie greift also zunächst einmal auf ein stets vorhandenes Verhaltensrepertoire zurück; bei dessen Versagen müssen neue Wege beschritten werden. Vor allem jedoch agiert und reagiert die Schule unter bestimmten Prämissen als Maßstab jedes Handelns in der Schule, die sie, ergänzend zur Funktion für die Gesellschaft und über diese hinaus, als ihre pädagogischen Aufgaben ansieht: Es handelt sich um Erziehung mit besonderen Schwerpunkten wie Beraten und Gesundheit und um Bildung mit Schwerpunkten wie Unterricht und Leistung.

Von den genannten Gesichtspunkten, unter denen die Schule operiert, sind die hauptsächlich beteiligten Schüler und Lehrer betroffen. Ihre Handlungen, ihre Kommunikation wird von dort her bestimmt. Der Lehrer handelt am Schüler nicht unter den gleichen Prämissen wie ein Elternteil, er will dem Schüler gemeinsam mit anderen Schülern, für die er ebenfalls verantwortlich ist, u.a. ein bestimmtes Kulturgut vermitteln. Dazu sind - neben Fachwissen und -können - seine Objektivität, aber gegebenenfalls auch sein Durchsetzungsvermögen gefragt; er ist genötigt, Leistungsbewertungen durchzuführen. Andererseits fordert nicht nur die gesellschaftspolitische Notwendigkeit, sondern auch die pädagogische Aufgabe, auf ein förderliches Verhältnis von Lehrern und Schülern hinzuwirken. Soziales Lernen gehört zu den entscheidenden Aufgaben, die die Schule als hauptsächliche Instanz der sekundären Sozialisierung mangels anderer geeigneter Institutionen leisten muß.

2.51 Aufgaben der Schule

2.511 Erziehung

Erziehen ist eine "Sache der Führung und des Umgangs miteinander" und bezieht sich "im wesentlichen auf die Haltung (ethos) und die Sitten (mores)" (Groothoff 1964, S. 32); oder anders akzentuiert auf "Verhalten und Handeln eines Menschen" mit dem Ziel einer "dispositionellen ... Verbesserung" in Richtung einer "Vergeistigung" (Dolch 1965, S. 55f.). "Erziehung kann nichts anderes sein als Aktivierung bzw. Modifikation der Personagenese. Sie besteht im wesentlichen darin, daß man auffordert, selbst jemand zu werden" (Groothoff 1964, S. 77), intendiert unter dem Terminus der "Mündigkeit" (vgl. Schorb o.J., S. 76; Groothoff 1964., S. 79). Wie Erziehung und Mündigkeit im einzelnen ausgelegt werden, das hängt von der jeweiligen historisch gewordenen Umwelt ab, in der sie auftreten.

Bezugspunkt ist in unserem Zusammenhang die (vor allem allgemeinbildende) Schule in der gegenwärtigen gesellschaftlichen Wirklichkeit der Bundesrepublik Deutschland. Von dort her bestimmen sich die Erziehungsziele und der Begriff der Mündigkeit, als im Rahmen des Grundgesetzes erlaubte und erwünschte Verhaltens- und Handlungsweisen; dies kommt auch in Präambeln zu Richtlinien und Lehrplänen der einzelnen Bundesländer deutlich zum Ausdruck. Dort werden sie mit Begriffen wie *Demokratie, Freiheit, Gerechtigkeit, Kooperation und Solidarität* zutreffend beschrieben.

Als Prozeß findet Erziehung in der allgemeinbildenden Schule auf den Schüler gerichtet intentional, aber auch funktional, d.h. durch die Existenz der Schule bzw. durch unbewußte Handlungen u.ä., statt. Er ist nicht an bestimmten Situationen festgemacht - "erziehende" Situationen erweisen sich oftmals als nicht mehr erzieherisch als andere! - sondern sie durchzieht latent das gesamte System Schule.

Mit dem Blick auf die Strukturen dieses Systems (vgl. Schulsoziologie), die Abhängigkeit, die geringe Flexibilität, die Handlungseinengung u.ä. stellt sich allerdings die Frage, inwieweit sich Mündigkeit dort erreichen läßt, wie eng man diesen Begriff auch immer auslegen mag. Groothoff sagt von der Erziehung, sie zeige sich als "Führung der Jugend in ihre M ü n d i g k e i t auf dem Umweg über den G e h o r s a m. Solches Führen aber ist mehr ein Geleiten als ein Dirigieren" (Groothoff 1964, S. 79). Es scheint danach der Erziehungsprozeß an allgemeinbildenden Schulen, bedingt durch deren Strukturierung, eher dem Dirigieren nahezukommen und es bedarf gewiß großer Anstrengungen des Lehrers als educator, den ihm belassenen Freiraum angesichts der geschilderten und seiner eigenen Situation als gleichfalls Dirigierter, non–dirigistisch erzieherisch zu nutzen. Da Erziehung stark an Gewöhnung und Vorbild gebunden ist, steht die Wirklichkeit dem Anspruch auf Erziehung zur Mündigkeit der Schüler in vielen Belangen entgegen.

Der strukturelle Rahmen des Systems allgemeinbildende Schule bewirkt heutzutage ein eher formelles und hierarchisches statt ein personenzugewandtes und demokratisches Verhältnis der Personen zueinander. Ein besonders deutliches Beispiel ist das Durchkreuzen der Erziehungsaufgabe des Lehrers durch die ihm ebenfalls gestellte Aufgabe des Beurteilens, die nicht an sich, wohl aber wegen der schwerwiegenden Folgen für das gesamte Leben des Schülers eine Situation zwischen Lehrer und Schüler schafft, die beiden die Herstellung eines wirklichen pädagogischen Bezuges erschwert.

2.5111 Beratung

Der Prozeß des Beratens erfordert eine Kommunikationssituation, d.h. mindestens Beratene und Berater gehören dazu. Als Berater fungiert in der allgemeinbildenden Schule zumeist der Lehrer, aber auch dessen Vorgesetzte. Beratene können sich aus genau demselben Personenkreis dann ergeben, wenn die eigenen Kollegen die Berater sind. Dies ist der Fall in der Ausbildung, bei Fachkonferenzen, bei neuen Themen und vermittelnden Moderatoren etc. Vor allem aber werden in der Schule Schüler und Eltern beraten. Sie werden dann beraten, wenn dies der Lehrer intendiert (Unterricht, Elternabend etc.) oder wenn die Klienten eine Beratung des Lehrers suchen.

Was den Lehrer angeht, ist seine Bereitschaft gefordert, sich in den zentralen Fragen seines Berufsfeldes und in den, aller Erfahrung nach, vermutlich an ihn gestellten Beratungsaufgaben kompetent zu machen. Im Zusammenhang mit denjenigen, sein Urteil einschränkenden Faktoren (vgl. "Schulfunktionen"), gilt besonders, in die Beratung - wenn irgend möglich - keine Vorurteile und Fehleinschätzungen einfließen zu lassen.

Ein Lehrerkollegium kann Beratungsaufgaben verteilen und somit durch differenzierte Bearbeitung die über das Alltägliche hinausgehende Beratung kooperativ bewältigen (vgl. 2.5232).

2.5112 Gesundheit

Schulhygiene bedeutet die Schaffung und Förderung gesunder psycho–physisch–sozialer Lebensbedingungen bei Schülern, Lehrern und in der Schule, samt der Abwehr entgegenstehender Faktoren. Teilgebiete der Schulhygiene sind: Hygiene des Schülers (Gewöhnung, Übung, Vorbild und Belehrung - also Gesundheits*erziehung* durch Informationen, Sport und Prophylaxe -, Fürsorge sowie Umgang mit kranken und behinderten Schülern); Hygiene des Schulgebäudes und der –einrichtung; Hygiene des Schullebens (gesundheitsgemäße Organisation des Schulbesuchs, des Schultags, des Schulunterrichts, der Sozialbeziehungen - also des Schulklimas - und die Vermeidung besonderer Belastungen durch Strafen, Zensuren und Hausaufgaben) und Hygiene des Lehrers, vor allem Fragen seiner Belastung und Erkrankungen. In institutionalisierter Form werden Teile der Schulhygiene durch den Schularzt vertreten.

Schulhygiene ergibt sich aus der schulpädagogischen Aufgabe, für das Wohl des Schülers zu sorgen. Alle schulhygienischen Intentionen sind der pädagogischen unterzuordnen.

Der Gedanke, den zu erziehenden Schüler insgesamt, also auch gesundheitlich zu fördern, ist der Pädagogik eigentlich immanent. Daher finden sich in der Schulgeschichte immer wieder schulhygienische Ansätze, auch wenn oft nur ein Teilbereich, wie die Schulstrafen, gesundheitliche Informationen oder das Schulgebäude thematisiert werden. Seit der Aufklärung, als deren Vertreter zum einschlägigen Thema die Ärzte J.P. Frank und B.C. Faust sowie die Pädagogen und Philanthropen J.B. Basedow, C.G. Salzmann, J.C.F. Guts–Muths hier zu nennen sind, entfaltet sich die Idee einer gesundheitsgemäßen Erziehung und Schule. Unter den Bedingungen einer reaktionären Pädagogik und Schulpolitik um die Mitte des 19. Jahrhunderts sowie unter dem Nationalsozialismus, wird die Schulhygiene teils zur Durchsetzung eines ideologischen Erziehungskonzeptes (Normierung, Rassismus) mißbraucht. Vorstellungen der Reformpädagogik vereinen sich mit einer der Schulhygiene immanenten und eigentlich konformen humanen und liberalen Schulidee.

Der Tabletten–, Alkohol– und Zigarettenkonsum von Kindern und Jugendlichen, das Drogenproblem und Fragen der Sexualerziehung sind aktuelle Themen der Schulhygiene. Die Schule als Ort der Gesundheitserziehung muß über Information und hygienische Schulbauten hinaus eine Atmosphäre schaffen, in der die Probleme Jugendlicher nicht durch Streß vermehrt, sondern durch Kommunikation und Kooperation minimiert werden. Ziel der Schulhygiene sind das physische, psychische und soziale Wohlbefinden des Schülers.

2.512 Bildung

Bildung hat ihren begrifflichen Ursprung im "mythisch–theologischen und naturphilosophisch–spekulativen Bedeutungsfeld" (Lichtenstein 1971, S. 921). Mitte des 18. Jahrhunderts erfolgt "der Übertrag des Bildungsbegriffs in die pädagogische Fachsprache ... in der Pädagogik der Aufklärung, die Bildung aus den theologischen, mystischen und metaphysischen Zusammenhängen gelöst und zu einem Schlüsselwort für die Lehre von der Erziehung und dem Unterricht macht" (Menze 1970, S. 136). Das Wort, dessen Verbalform die Bedeutungen "einer Sache Gestalt und Wesen geben" sowie "eine Gestalt nachbilden" (Duden, Herkunftswörterbuch) aufweist, hat im Pädagogischen im wesentlichen vier unterschiedlich weite Bedeutungen. Bildung wird verstanden als

- Menschliches In–der–Welt–Sein, also ein lebenslanges Phänomen, das eigene wie fremde Handlungen absichtsvoll oder unbeabsichtigt umfaßt
- Prozeß und Ergebnis der genannten Handlungen
- Aneignung einer Kultur
- Ausbildung für spezielle Bereiche (vgl. Menze 1970).

Jeder dieser Begriffsinhalte spricht das "Verhältnis des Menschen zur Welt"

(Menze 1970, S. 159) an, als das wir Bildung demnach, wenn auch sehr allgemein, übereinstimmend bezeichnen können. Welt aber umgreift das Ganze an Dingen und Ideen, an Belebtem und Unbelebtem und ist von hoher Komplexität, so daß menschliches Handeln in diesem Felde nicht ohne Selektion möglich erscheint.

Nietzsche habe bereits, führt Blass aus, "die gesamtkulturelle Mannigfaltigkeit und Komplexität der Lebenswelt als Problem erkannt und die Lösung dieses Problems an das menschliche Subjekt als die allein komplexitätsreduzierende Instanz gebunden.... Damit ist ... unverkennbar, daß sich Nietzsche auf der Linie des traditionellen Bildungsverständnisses bewegt, insofern er nämlich dieses in einer Theorie der proportionierlichen Entfaltung der Kräfte bzw. harmonischer Entfaltung der Interessen in eine solche an das individuelle Subjekt gebundene Reduktion von Weltkomplexität konzipiert hat. Vornehmlich in der Bildungsbedeutung der Sprache bei Humboldt, in der Interessenlehre Herbarts und in der Philosophie des objektiven Geistes bei Hegel sind solche Bildungstheorien entwickelt worden, die als Reduktionstheorien ... verstanden werden können" (Blass 1981, S. 34). Sie sollten den Gebildeten in die Lage versetzen, ein Verhältnis zur Welt aufgrund seiner individuellen Fähigkeit (als Synonym für z.B. "ausgebildete Kräfte" oder "Vielseitigkeit der Interessen") sie historisch zu überblicken und einzuschätzen (vgl. Blass 1981, S. 33), zu gewinnen.

Die Reduktion von Komplexität wird hier über den für die deutsche Geistesgeschichte klassischen Weg der Metaphysik der Subjektivität und der philosophischen Anthropologie vollzogen. Andere wissenschaftstheoretische Ansätze benennen für die Reduktion von Komplexität durch Bildung andere Instanzen.

N. Luhmann glaubt von seinem systemtheoretischen Ansatz her, "Lernen und Bildung in ihrer komplexitätsreduzierenden Funktion nicht vom Subjekt her verstehen zu dürfen, sondern allein von einem sinnsetzenden System her deutlich und erklärbar machen zu können. Die Tendenz, den Bezug zum sinnsetzenden Subjekt im Bildungsdenken zu eliminieren, führt konsequent dazu, Sinn nur noch systemimmanent oder funktional zu begreifen. Komplexitätsreduktion durch funktional gesteuerte Systeme bedeutet in bildungstheoretischer wie in erziehungstheoretischer Hinsicht, Bildung und Bildungssysteme (wie Schule und Unterricht) unabhängig von der Subjektivität der in ihnen lebenden Subjekte und Individuen zu beschreiben, zu analysieren und zu verstehen. Eine solche Konzeption läuft Gefahr, die Subjekte des Bildungssystems an einen subjektlosen, anonymen, vielleicht perfekt funktionierenden Apparat bürokratischer Organisationen auszuliefern" (Blass 1981, S. 35).

Aber auch der Ansatz von J. Habermas, der diesen subjektlosen Reduktionsansatz der Bildung kritisiert, weil die Stiftung der Ich–Identität als zentraler Bildungskategorie nach seinem Verständnis durch Reduktion in funktional gesteuerten Systemen zerstört werde und nur durch den identitätsstiftenden Diskurs gewährleistet sei, liefere - kritisiert Blass - den "Edukanden an einen unabschließbaren, weil in seinen pädagogischen Wahrheitskriterien ungesicherten Diskurs" aus, was ebenfalls eine "Entsubjektivierung des Erziehungsvorganges" (Blass 1981, S. 37) bedeute.

Diese Befürchtungen sind als Tendenzen nicht zu leugnen. Es bleibt das Dilemma, daß, je komplexer eine Gesellschaft ist, der einzelne überhaupt nicht - also auch nicht im Prozeß der Bildung - alleine Sinn schaffen kann; er muß Sinn im wesentlichen übernehmen. Allerdings sehen wir in der Übernahme des systemtheoretischen Paradigmas keineswegs schon den Mitvollzug einer möglicherweise tendenziell mitbewirkten Entsubjektivierung des Bildungsprozesses. Die Tatsache des im Abschnitt zur Schulsoziologie aufgewiesenen "subjektiven Faktors" im Bildungssystem in Verbindung mit der Methode des Diskurses scheint in geeigneter Weise die Möglichkeiten des einzelnen, soweit dies überhaupt in einer pluralistischen Gesellschaft möglich ist, offen zu halten. Allerdings bleibt es die beständige Aufgabe des Bildungsdenkens, dem Individuum einen recht großen Spielraum zu lassen, um alle Vermassungen und Funktionalismen auf das Notwendigste zu begrenzen.

In der gegenwärtigen Diskussion hat Bildung (nach Menze 1970) in den vier folgenden relevanten Ansätzen die Komplexität der Wirklichkeit reduziert:

Theorie der formalen Bildung

Ziel der Bildung ist hier die Stärkung der im Menschen angelegten Kräfte, nach Schleiermacher: Geist, Verstand, Körper, Gefühl und Humanität; nach Herbart: Charakter. Additiv gereihte Gegenstände der Bildung, wie sie eine materiale Bildungsauffassung fordert, werden nach dem Ideal der formalen Bildung als sekundär angesehen. Dennoch findet man gerade im Zusammenhang mit formaler Bildung nicht selten einen erstaunlichen inhaltlichen Traditionalismus (z.B. wenn von Bildungswert des Klassischen gesprochen wird).

Theorie der kategorialen Bildung

Sie versöhnt formale mit materialer Bildung, indem eine wechselseitige Verbindung Mensch und Welt durch Kategorien der Weltbewältigung (z.B. Exemplarisches, Elementares, Emanzipatorisches) gestiftet wird, auf die sowohl Inhalte wie das Vermögen der Menschen bezogen sind (Vertreter: W. Klafki).

Dialogik der Bildung

Mitmensch und Leben werden als Herausforderungen angesehen, denen sich der Mensch zu stellen hat. Sachlichkeit und Mitmenschlichkeit sind die, in einer "Pädagogik der Entsprechung" (Th. Ballauff) vermittelten, Prämissen dieser Beziehung.

Bildungstheorie des Technischen

Die Bildungsintentionen leiten sich aus den bestimmenden Faktoren der jeweiligen Kultur ab. Hic et nunc werden Wissenschaftsorientiertheit und Spezialistentum genannt. (zum gesamten Abschnitt vgl. Menze 1970, S. 159ff.).

Es soll hier keine grundlegende Kritik der einzelnen Konzepte der Bildung entwickelt werden. Da wir Bildung aber als bestimmend für das Bildungssystem betrachten, kommt es uns darauf an, eher die Gemeinsamkeiten aller Konzepte in ein gemeinschaftliches Bildungsverständnis für die heutige Schule einzubringen sowie sie bei allen offenen Fragen aufzuzeigen.

Von besonderer Problematik ist die Formulierung allgemeinverbindlicher Bildungsziele. Hier wirkt sich der Umweltbezug der Bildung aus. Diese stellt sich in ihrer Pluralität, mit ihren teils widersprüchlichen Interessen und den jeweils auf ihren Eigen–Sinn bezogenen, funktional differenzierten Systemen und Subsystemen derart differenziert dar, daß einem Weltbezug des Individuums, bezogen auf persönliches und öffentliches Leben und Zusammenleben nicht durch allgemeinverbindlich Ziele zu entsprechen ist. So resümiert Th. Litt: "Bildung ist weder eine erreichbare Form des subjektiven oder objektiven Geistes noch ein intentionaler Bezug auf die ideale Formung des zu Bildenden, sondern Hineinbilden eines geistigen Wesens in einen weiteren Gesamtzusammenhang von geistiger Beschaffenheit und Selbstentfaltung des Geistes als aktive, dialektische Auseinandersetzung von Gegensätzen, ... Als gebildet darf danach nur gelten, wer diese Spannungen sieht, anerkennt und als aufhebbares Grundmotiv in seinen Lebensplan einbaut" (Litt). Diese Varianz der Bildungsziele spiegeln auch die aufgeführten vier Theorieansätze wider.

Desgleichen fehlen dort inhaltlich eindeutige Festlegungen von Bildung. Dies folgt aus dem hohen Allgemeinheitsgrad aller Bildungsziele, die somit relativ weit interpretierbar und mit Inhalten belegbar bleiben. Jedes dieser Bildungskonzepte erhält sich so die Möglichkeit, differenten Umweltanforderungen reaktiv begegnen zu können, ohne das Konzept rasch ändern zu müssen.

Alle Bildungstheorien, ihre Auslegungen, Modifikationen oder Prioritätenfestsetzungen, die pädagogische Praxis und das politische System, machen gemeinsam den Sinn des Bildungssystems aus. Den Selektionen der Umweltkomplexität stellen sie die Eigenkomplexität des Systems gegenüber, die dadurch ein Handlungspotential für zahlreiche Umweltzustände bereitstellt.

Der Bezug der vorgestellten Bildungstheorien auf die Gesellschaft der Bundesrepublik Deutschland wird durch die Beziehung des Sinns jener auf den Sinn dieser gestiftet. Die Gemeinsamkeit gegenwärtiger Bildungskonzepte nämlich scheint mir mit dem Begriff der Kompetenz des Individuums für seine Welt angemessen überschrieben zu sein. "'Gebildet' kann ... ein Mensch in Zukunft nur dann genannt werden, wenn er jede seiner Lebensdimensionen und –aufgaben entsprechend ihrer eigentümlichen Struktur handhabt und den zwischen ihnen beschlossenen Widersprüchen, Konflikten und Entscheidungen eine individuell überzeugende Version gibt" (Giesecke, in: Dauerhauer/Kluge 1977, S. 50).

Kompetenz also richtet sich auf die Umgebung des Menschen, letzthin auf seine Gesellschaft. Ist aber - wie die Bildungstheorien fordern - der Mensch in seinen Kräften gefördert worden (formale Bildung) und/oder besitzt er Kategorien der Weltbewältigung (kategoriale Bildung) und/oder kann er seiner Umwelt sachlich und mitmenschlich entsprechen (Dialogik der Bildung) und/oder orientiert er sich an den Gegebenheiten seiner jeweiligen Kultur (Bildungstheorie des Technischen), dann vermag er im Idealfalle die Anforderungen in seinem Zusammenleben mit anderen in dieser Gesellschaft einzulösen, die den Sinn dieser Gesellschaft ausmachen, nämlich: Demokratie, Freiheit, Gerechtigkeit und Gemeinsinn (vgl. "Erziehung").

Allerdings darf nicht übersehen werden, daß es in jeder Gesellschaft auch anderswirkende Kräfte gibt, die diesen Idealen entgegenstehen, z.B. Egoismus und Machtstreben. Genau hier liegt die Aufgabe der Pädagogik, der es darum gehen muß, nicht bloß gesellschaftliche Ziele unkritisch abzubilden, sondern solche Ziele in den Bildungsprozeß einzufügen, die ein faires und humanes Zusammenleben in der Gesellschaft bewirken können.

2.5121 Unterrichten

Die Unterrichtsstruktur gibt die Bedingungen und den Entscheidungsspielraum für den Prozeß des Unterrichts vor. Ausgangsbedingungen sind ein personell besetztes Feld mit einer Schülermenge, die in Schulklassen und –gruppen organisiert ist und Lehrern auf der anderen Seite, die ihnen als Klassen- oder/und Fachlehrer zu gewissen Zeiten (Stundenplan) zugeordnet sind.

Gemäß der Aufgliederung in verschiedene Fächer und dementsprechend inhaltlichen und intentionalen Angeboten aus den Lehrplänen und Curricula vollzieht sich der Unterrichtsprozeß als Kommunikation zwischen den Beteiligten mit der Lehrabsicht des Lehrers, der Lernen bewirken will. Er kann aufgrund seiner durch Tradition und Rahmenbedingungen vorgegebenen Position weitgehend selbst bestimmen, welche genauen Ziele mit welchen Methoden und Medien angestrebt werden sollen. Dem Lehrer ist dabei auch die Freiheit gegeben, kooperativ mit Kollegen wie mit Schülern zu arbeiten.

Die mögliche Vielfalt bei der Ausgestaltung des Unterrichtsprozesses, der zahlreichen Subprozessen Raum gibt, z.B. Informieren, Darbietung, Moderation, global: Lernen und Lehren, ist abhängig von den beteiligten Schülern und in besonderer Weise von der Kompetenz des Lehrers zur Gestaltung des Unterrichtsprozesses wie seiner subprozessualen Abläufe. Die Mündigkeit des Lehrers selbst ist die Grundlage für das Nutzen von Freiräumen, die ihm die vier "Primate", nämlich der "Verwaltung", der "Schulaufsicht", der "Schuldisziplin" als Verhaltensregulatoren sowie der "staatlichen Zensur" (Fischer 1972, S. 133f.) belassen (zum Unterricht vgl. ausführlich "Zur Theorie des Unterrichts").

2.5122 Leistung

Das Verhältnis der Schüler untereinander ist an unseren Schulen in aller Regel durch Konkurrenz geprägt. Im Wirtschaftsleben bezeichnet dieser Begriff den Wettbewerb verschiedener Anbieter. In der Pädagogik findet dieses Wort im Zusammenhang mit Wettbewerb und Leistung Anwendung.

Schüler treten dann in Konkurrenz zueinander, wenn sie Leistungen für eine Rangskala (Zensur, Zeugnis) oder ein Selektionsverfahren (Numerus clausus, Sitzenbleiben) erbringen. Tatsächlich laufen Auswahl und Klassifizierung der Schüler in

Ritualen ab, so daß sie ihnen bereits gewohnheitsmäßig nachkommen und das Konkurrenzverhältnis internalisiert haben.

Das Konkurrenzverhalten steht den Zielen der Kooperation und Solidarität in der Schule entgegen. Bei leistungsbezogenen Aufgaben in Konkurrenz zueinander ergaben Untersuchungen eine Abnahme von Kooperation und die Zunahme von Rivalität bei Schülern (vgl. Seiffke-Krenke 1981). Kontraproduktiv zur Leistung selbst verhält sich Konkurrenz dann, wenn sie zur Besetzung eines Lernprozesses mit Angst oder Hemmungen beim Lernenden führt (vgl. "Schulpsychologie").

Andererseits beinhaltet das Konkurrenzprinzip aus der Sicht der Verhaltensbiologie wohl eine ursprüngliche und daher zu berücksichtigende Verhaltensweise im Kontext der Aggression, deren Ignorierung zu unkontrollierten Formen führen (Vandalismus), deren frühzeitige Ritualisierung in der Schule aber leistungsstimulierend wirken kann (vgl. von Cube/Alshuth 1986).

Auch die Befürworter des Konkurrenzprinzips in der Schule erkennen, daß "Wettbewerb oft rücksichtslos, hart, vernichtend" geführt wird. Sie plädieren unter dem Stichwort "Fairneß" für die erzieherische Eingewöhnung humaner Wettbewerbsregeln (gleiche Bedingungen, Schutz der Schwächeren) und zielen letztlich auf eine durch Erziehung bewirkte reflektierte Verhaltenssteuerung.

Eine pädagogisch legitimierte Leistung, aber ohne Geltung des Konkurrenzprinzips, will auch die klassische Pädagogik. Dem Dilemma des sich aus der Macht gesellschaftlicher Ansprüche ergebenden Leistungsdrucks begegnet sie durch den Vorschlag, diese so umzugestalten, daß die Leistung von den Schülern als "körperliche, sittliche und geistige Selbstbeanspruchung" (Lichtenstein-Rother 1971) aufgefaßt werden kann. Die Frage der Hausaufgaben steht in diesem Zusammenhang. Der Schüler sollte von ihnen einerseits durchaus gefordert werden, er sollte sie aber andererseits als interessant, sinnvoll und vor allem als angemessen erleben.

Durch personelle und soziale Unterschiede (vgl. "Schulsoziologie" und "Schulpsychologie") sind gleiche Leistungsvoraussetzungen, die eigentlich die Vorbedingung eines fairen Leistungsvergleichs wären, nicht gegeben. Das Thema der kompensatorischen Erziehung ist ein gutes Beispiel sowohl für Chancenungleichheit als auch für Möglichkeiten zur Herstellung größerer Chancengerechtigkeit. Die dem Lehrer und der Schule aufzuerlegenden Verhaltensweisen in bezug auf die von Schülern zu fordernden Leistungen sind:

- von den Schülererfahrungen ausgehen
- mitgebrachte Werte und Normen - wo möglich - nicht diskriminieren
- schicht- und gruppeninterdependente Vorgehensweise
- Förderung durch differenzierende Methoden
- differente Zielsetzungen.

2.52 Schüler und Lehrer

2.521 Gemeinsamkeiten

Die Aufgaben der Bildung und Erziehung bestimmen das Zusammenwirken von Lehrern und Schülern in der Schule. Daraus leitet sich zum einen ein Verantwortungsverhältnis des Lehrers ab, der für eine angemessene Bildung und Erziehung des Schülers sorgen muß. Der Schüler sollte den Lehrer akzeptieren, soweit es um die Wahrnehmung der genannten Aufgaben geht. Darüber hinaus muß der Schüler durchaus nicht die Gesamtpersönlichkeit des Lehrers bejahen, wie auch der Lehrer nicht alle Seiten der Schülerpersönlichkeit verantworten kann. Es ist ein belastendes Mißverständnis, wenn sich Lehrer wie Schüler durch überzogene Forderungen im Bereich von Anforderung und Anerkennung emotional überfordern.

Allerdings trägt ein in vielen Bereichen gutes Verhältnis zwischen Lehrer und Schüler zu beider Zufriedenheit bei und fördert im übrigen die Erziehungs- und Bildungsabsichten des Lehrers ungemein. Mindestens genau so wichtig und in engem Zusammenhang damit zu sehen ist die Förderung eines günstigen *Klassen-, bzw. Schulklimas.* Es besteht - ohne die durch die unterschiedlichen Rollen bestehenden Schranken zu verwischen - in einer Atmosphäre gegenseitiger Achtung, die sich in freundlichem, höflichen, verständnisvollen Umgange ausdrückt. Ohne Zweifel ist ein gutes Lernklima ebenfalls Teil des Schulklimas, denn Anforderungen an die Schüler, gehören selbstverständlich zur Aufgabe der Schule und zwar durchaus im Interesse der Schüler. Allerdings ist Fairneß bei den abzufordernden Leistungen ebenso Voraussetzung, wie die Vermeidung von Angst und Furcht vor Fehlern durch sanktions- und stressfreie Aufgabenbeurteilung.

2.522 Schüler

2.5221 Lebensweltprobleme

Das Leben vieler Schüler scheint durch Unsicherheit geprägt zu sein. Die äußeren Anzeichen dieser Unsicherheit sind - nicht nur bei Jugendlichen - die "New age"-Bewegung, Jugendkulturen, Esoterik, Drogen, Gewaltbereitschaft, Vandalismus und ein spürbar stärker werdender Egoismus. Als Ursache ist rasch von einer Sinnkrise die Rede, mit der nicht das Fehlen von Sinn, sondern eher die Beliebigkeit verschiedener Sinnangebote gemeint ist, die dem Streben gerade junger Menschen nach Halt und Sicherheit zuwiderläuft.

Die Schule würde es sich zu leicht machen, wenn sie in diesem Punkt auf die Erziehungsverantwortung der Eltern verweist und sich hinter achselzuckendem Bedauern zurückzieht, man könne in der Schule nicht generelle gesellschaftliche Probleme lösen. Die Richtigkeit dieser Behauptungen muß nicht erörtert werden, dennoch ist die Schule - wer wollte daran zweifeln? - von diesen Problemen betroffen, weil die Schüler sie leibhaftig mit in die Schule tragen. Daraus ergibt sich, daß die Schule mit diesen Themen umgehen muß.

Verallgemeinernd kann man sagen, die Schule muß auf die Situation ihrer Schüler reagieren. Sie muß sich fragen, mit welchem Wissen, welchen Problemen, welchen Defiziten ihre Schüler zum Unterricht kommen. Sie wäre überfordert, wollte sie die entsprechenden Probleme lösen; sie wäre aber nachlässig, würde sie nicht versuchen, gegen Intoleranz, gegen Gewalt, gegen Selbstzerstörung und gegen fehlenden Lebenssinn zu arbeiten. Zu dieser Frage, deren Ursachenvielfalt wir natürlich im Rahmen dieser Schrift nicht nachgehen können, werden wir an anderer Stelle einige Hinweise zu geben versuchen (vgl. "Schul- und Unterrichtspraxis"). Hier fragen wir zunächst nach den außerschulischen Lebensumständen der Schüler.

Diese lassen sich gegenwärtig unter drei Schwerpunkten zusammenfassen (vgl. Fölling-Albers 1989), die natürlich beständig zu überprüfen sind (vgl. regelmäßig Shell-Jugendstudien):

- Leben aus zweiter Hand
- Leben in zunehmender Vereinzelung
- Leben angesichts bedrohter Zukunft.

Leben aus zweiter Hand meint die Mediatisierung des Lebens, die für den Schüler zweifellos einen Verlust an Erfahrungen in einer realen Wirklichkeit mit sich bringt. Zugleich vermindert die Auditivität und Visualität dieser Medien die Möglichkeit phantasievollen Umgangs mit Schrift und Sprache. Leben aus zweiter Hand ist weitgehend abstrakt, entfernt und unverbindlich. Es beläßt den Schüler oft in Passivität. Andererseits bietet es eine Fülle von Informationen, Konzepten, an Wahrheiten und Sinnsetzungen an. Es zeigt dem Schüler eine so vielgestaltige, bunte Welt, daß der Schüler (und nicht nur er) sich darin verirren muß. Andererseits schaffen die Medien unserer Zeit auch neue und gerade von Kindern und Jugendlichen kreativ nutzbare neue Handlungsmöglichkeiten.

Leben in zunehmender Vereinzelung zielt auf die familiäre Situation der Schüler.

Folgende Fakten liegen gegenwärtig vor: *Die Stabilität der Familien geht zurück.* Die Krise der Institution Ehe in unserer Gesellschaft betrifft augenblicklich über 10 % der Schüler, die alleine mit einem Elternteil leben. Sie leiden aber unter den Folgen einer zerrütteten Ehe bereits vor der Trennung und sie leiden weiter unter der neuen, meist unbefriedigenden wirtschaftlichen und vielleicht auch beruflichen Situation des sie betreuenden Elternteils.

Die allgemeine Erwerbstätigkeit hat zugenommen. Bei nahezu der Hälfte der Schüler gehen beide Elternteile arbeiten. Wenngleich finanzielle Probleme dadurch minimiert werden und die Schüler durch einen besseren Lebensstil (Urlaub, Freizeitgestaltung) viele Anregungen erhalten können, so entstehen doch viele Probleme durch eine ungenügende Lösung der Tagesbetreuung der Kinder. Die Luxurierung des Schülerlebens, gepaart mit großen Freiräumen durch abwesende Erziehungsberechtigte, erschweren bei den Schülern die Bereitschaft zum Verzicht, zur Anstrengung, zur Rücksichtnahme und Einordnung. Sofern die Erwerbstätigkeit der Eltern in

Arbeitslosigkeit umschlägt, mag sich vielleicht die Betreuungssituation verbessern, die dann aber auftretenden ökonomischen und vor allem psychischen Probleme wirken sich wohl noch gravierender auf die Situation des betroffenen Schülers aus.

Immer weniger Kinder wachsen mit Geschwistern oder Nachbarskindern auf. Bereits 68,4 % aller Schüler bis zu 15 Jahren (Zahlen von 1990) sind Einzelkinder; 26,9 % haben ein Geschwister; nur wenig über 4 % der Schüler sind zu dritt oder mehr Kindern zu Hause.

Die Schüler erfahren sich auf diese Weise unter Gleichaltrigen außerhalb der Schule nurmehr individuell. Die besondere Förderung, die Einzelkinder durch die ungeteilte Aufmerksamkeit ihrer Erziehungsberechtigten erhalten, stellt keinen genügenden Ausgleich für fehlende Erfahrungen in der Gruppe der Gleichaltrigen dar.

Bei vielen Schülern kommt in der Freizeit das Moment der Verinselung hinzu. Familien mit Kindern werden wegen teurer Wohnungen und Häuser in weitläufige, zentrumsferne Gegenden gedrängt, in denen es an jugendgemäßer Infrastruktur mangelt. Wohlmeinende Eltern, die dazu in der Lage sind, bringen ihre Kinder an den Nachmittagen zu völlig voneinander isolierten Veranstaltungen. Die Freizeit der Kinder und Jugendlichen wird aber auf diese Weise zerstückelt. Anders als bei der Nachbarschaftsgruppe, von der es in aller Regel nur eine einzige gab, muß sich das Kind nun nicht mehr darum bemühen, sich in einen festen Kreis von Gleichaltrigen einzufügen und seinen Platz zu finden. Es übt sich nicht in der Mühe, soziale Beziehungen zu knüpfen und sie auch um den Preis des Nachgebens und Zurücksteckens zu erhalten. Die vielen Aktivitätszirkel sind austauschbar; wenn man in einer dieser Gruppen nicht zurecht kommt, tritt man einfach der nächsten bei. Hinzu kommt, daß diese Gruppen meist in hohem Maße vorgeprägt sind und für eigene soziale Experimente keinen Raum lassen.

Mit der Situation geringer oder unverbindlicher Kontakte der Schüler geht auf der anderen Seite ein stark emotionalisiertes Verhältnis zu den wenigen Erwachsenen einher, zu denen ein engerer Kontakt besteht. Die für die menschliche Entwicklung günstige emotionale Wärme auf der einen Seite korrespondiert jedoch mit einer großen Abhängigkeit von den Eltern oder gar nur von einem Elternteil, der zu Unselbständigkeit und Verlustängsten führen kann Zudem wissen wir, daß die meisten Eltern ihren Kindern sehr hohe Erwartungen entgegenbringen; gerade die vereinzelten und alleine auf diese Eltern fixierten Kinder und Jugendlichen sind diesem Erwartungsdruck und eventuellen Sanktionen bei Versagen geradezu ausgeliefert.

Mit der drastischen Verkleinerung der Familie und der Einschränkung sozialer Außenkontakte verringern sich auch die Erfahrungsmöglichkeiten des Jugendlichen was Not, Behinderung, Krankheit und Tod angeht und wie man damit umgehen kann.

Leben angesichts bedrohter Zukunft formuliert die größere Unsicherheit in der die Schüler leben. Das betrifft sowohl ihre individuelle und abhängige Situation in der Gegenwart, dies meint aber auch gesellschaftliche und weltweite Probleme, vor die der Jugendliche nicht erst als Erwachsener gestellt wird, sondern die ihm täglich und allgegenwärtig über die Medien nahegebracht werden und die ihm oft Angst machen.

Ob man angesichts dieser Fakten von einem "Verschwinden der Kindheit" reden kann, mag zu bezweifeln sein. Von einer anderen Kindheit mit Gefahren und neuen Möglichkeiten allerdings kann sehr wohl gesprochen werden. Zusammenfassend sehen wir uns einem hochgradig informierten aber zugleich auch überforderten und daher desorientierten Schüler gegenüber. Wir konstatieren ein Defizit an Sozialerfahrungen außerhalb der Elternbindung und bemerken das Fehlen freigestalteten aktiven Handelns. Diesen Fakten muß die Schule entsprechen, indem sie - dies sei hier vorausgeschickt - Orientierung leistet und sie ermöglicht sowie Handlungen in sozialen und sachlichen Bereichen zuläßt, damit die Schüler dementsprechende Erfahrungen machen können.

2.5222 Schwierige Schüler

Viele Schwierigkeiten, vor die uns Schüler im Unterricht stellen, haben ihre Ursache in den aufgezeigten Lebenssituationen und in einer fehlenden Entsprechung, einem zu geringen Ausgleich, den die Schule liefern könnte (vgl. Anregungen unter "Schul- und Unterrichtspraxis"). Zu bestimmten "Lernschwierigkeiten" hält die Pädagogische Psychologie Hilfen bereit (vgl. "Schulpsychologie"). Auch soziale Probleme, die in der bisherigen Entwicklung der Kinder oder in den Elternhäusern ihre Ursache haben, sind nicht vom Lehrer, sondern allenfalls von entsprechenden Therapeuten zu bearbeiten.

Einige Probleme schafft sich das Schulsystem und die Aufgaben, die es erfüllen muß und will, selbst: Leistungsschwierigkeiten und mangelnde Einordnung in tradierte Schulregeln gehören dazu. Diesen Problemen kann eine differenzierte Schule, die mehr auf individuelle Bedürfnisse, Begabungen und Fragen eingeht, eher begegnen, als ein formelles System, ohne verständnisvolle und freundliche Atmosphäre. Eine für den Schüler günstige Schule unterstützt auch die Therapie bei außerschulisch begründeten Schwierigkeiten.

Eine derart differenzierte Schule empfiehlt sich nicht nur zur Minimierung von Schülerproblemen, sie scheint überhaupt die einzig zulässige Reaktion auf die zunehmende Heterogenität der Schülerschaft zu sein. Da wir in modernen Industriegesellschaften den wachsenden Verschiedenheiten der Gruppierungen nicht mit einen unangemessenen Einheitsnationalismus begegnen können, sondern Toleranz und differenziertes Betrachten und Handeln üben und Gemeinsamkeiten im Diskurs erreichen müssen, wird auch die Schule der Zukunft nur dann angemessen sein, wenn sie durch Aufgliederung in den Ansprüchen der stark unterschiedlichen Schülerschaft entspricht. Die allgemein angestrebten Ziele der Schule werden unter diesem Aspekt solche sein, die dem Zusammenleben mit Ungleichen förderlich sind.

2.5223 Beurteilen, Strafen

Wir wollen an dieser Stelle keine dezidierte Aussage über die Erteilung von Zensuren und Zeugnissen vorlegen; Angaben darüber sind den amtlichen Vorschriften zu entnehmen. Unter pädagogischen Gesichtspunkten sind dabei besonders die Alternativen zu Zensur und Zeugnis zu bedenken, nämlich beispielsweise die Form individueller Beurteilung, wie sie aus reformpädagogischen Ansätzen (Petersen–Pädagogik, Odenwaldschule u.a.) bekannt sind. Wohl aber sollte zu diesem Punkt noch einmal in Erinnerung gerufen werden, was zur Frage der Leistung und zur Zusammenarbeit von Lehrern und Schülern oben gesagt wurde. Wenn irgend möglich, sollte die Leistung eines Schülers individuell bewertet werden.

Auch die Frage der Schulstrafen ist in amtlichen Vorschriften (Schulordnungen) geregelt. Pädagogisch erscheint eine Strafpädagogik allemal problematisch, wenngleich es sicherlich eine Illusion wäre, wann man glaubte, die Schule könne ganz auf Strafe oder deren Androhung verzichten. Allgemein läßt sich zu diesem Thema sagen, daß ein für die Schüler interessanter Unterricht, der die didaktischen Prinzipien beachtet und eine gute Klassenatmosphäre die besten Garanten einer Strafprophylaxe sind.

2.523 Lehrer

2.5231 Reflexivität als Qualifikation

Was muß ein Lehrer als Berufsqualifikation besitzen? Unstrittig ist, daß er fundierte Kenntnisse in den von ihm gelehrten Schulfächern hat. Weiterhin wird angeführt, er müsse allgemein- und fachdidaktisches sowie erziehungswissenschaftliches Wissen aufweisen. Bei dem Versuch, dieses Wissen näher zu bestimmen, treten unter den Fachleuten Meinungsverschiedenheiten über den Umfang, die Verbindlichkeit und die Praxisnähe auf.

Das hier vorgelegte Buch stellt einen Vorschlag in dieser Richtung dar, den wir hier nicht näher zu beschreiben brauchen. Aus der vorgelegten Konzeption geht hervor, daß die Verfasser in der Tat der Auffassung sind, es gäbe über das Schulfachwissen und über eine daran orientierte Didaktik (beides ist nicht Gegenstand unserer Ausführungen) hinaus, ein festzumachendes Berufswissen, über das ein Lehrer verfügen müsse.

Maßstab dieses Berufswissens sind die Tätigkeiten, die ein Lehrer auszuführen hat und der Ort an dem dies geschieht (vgl. im einzelnen unter "Schul- und Unterrichtspraxis"). Es versteht sich von selbst, daß etliches von diesem Wissen der steten Überprüfung und gegebenenfalls Ergänzung und Erneuerung hedarf und man im einen oder anderen Punkt unserer Darstellung mal mehr, mal weniger fordern könnte oder mal eine gründlichere Darlegung erwarten oder Teile entbehrlich finden könnte.

Gravierender als eine bestimmte Menge an Berufswissen und -kenntnissen erscheint uns für den Lehrer die Qualifikation des Reflektierens. W. Schulz fordert, daß Lehrer das Theoretisieren lernen und meint, sie müßten in der Lage sein, berufliche Situationen zu analysieren und zu bewältigen, Probleme zu erkennen und nach schüleradäquaten Ansätzen von Lösungen suchen können. Dazu ist Fachwissen sicher die Voraussetzung. Notwendig aber ist dazu auch die Fähigkeit mit einschlägigen wissenschaftlichen Aussagen umgehen, auf hohem Abstraktionsniveau Situationen betrachten und mit Rücksicht, Achtung und Vorsicht gegenüber dem Schüler, mit Engagement, Phantasie und Handlungskompetenz auf die Praxis in Schule und Unterricht einwirken zu können.

2.5232 Innovation als Aufgabe

Wie der Prozeß des Beratens fordert derjenige des Innovierens, der sich zumeist auf Wissen und Haltungen des Lehrers selbst bezieht, den kompetenten und lernbereiten Lehrer oder bezogen auf eine ganze Schule - ein interessiertes, sachkundiges Lehrerkollegium.

Innovieren heißt, auf der Basis der Sachkundigkeit und unter Berücksichtigung der besonderen Verantwortlichkeit des Lehrers, generelle Neuerungen im allgemeinbildenden Schulwesen sowie fremde und eigene Ideen konkret an den jeweiligen Arbeitsplatz des betreffenden Lehrers einzubringen, sie mindestens zu erwägen oder zu erproben. Es mag sich dabei um einen selbstgefundenen oder einen übernommenen methodischen Weg im Mathematikunterricht, ein neues oder für den Unterricht neues oder neu verwendetes Medium oder aber um ein Verfahren zur Stundenplanerstellung (z.B. ein entsprechendes Computerprogramm) handeln.

Alle solche Innovation setzen allerdings selbstverständlich vorherige Erprobungen voraus. Innovationen, wie ich sie verstehe, versuchen zwischen zwei Extremen zu vermitteln, nämlich einer unkritischen Neuerungssucht einerseits und der Furcht vor jeder Veränderung andererseits.

2.6 Organisation der Schule

2.61 Aufbau des Schulwesens

Das Schulsystem setzt sich aus verschiedenen Schulformen und –arten zusammensetzt (vgl. nachstehende Abb.).

Die allgemeinbildende Schule in der Bundesrepublik Deutschland baut auf der Grundschule als einer vierjährigen Primarstufe (in Berlin und Brandenburg sechsjährig) für alle schulfähigen und schupflichtigen Kinder auf. Sonderschulen, die es parallel zu allen Schulformen gibt und die für Schüler mit unterschiedlichen Defiziten oder Behinderungen gedacht sind, bleiben hier außer Betracht. Als Spezialfall schließt sich daran in Niedersachsen eine zweijährige Förderstufe an. Es folgen als

Sekundarstufen I und 11 undifferenziert die Gesamtschule oder differenziert Hauptschule (bis 9./10. Schuljahr), Realschule (bis 10. Schuljahr) und Gymnasium (bis 13. Schuljahr. Das Ende mit Klasse 12 - in den östlichen Bundesländern traditionell üblich - ist in der Diskussion). Die Sekundarstufe bietet unterschiedliche Abschlüsse mit verschiedenen qualitativ steigenden Berechtigungen an, deren Erwerb die Berechtigungen der jeweils darunter liegenden einschließt:

1. Der Hauptschulabschluß, der in aller Regel die Voraussetzung für den Beginn einer Lehre (Berufsausbildung) bildet.
2. Der Realschulabschluß - die Fachoberschulreife -, der von besonders qualifizierten Schüler auch an der Hauptschule zu erwerben ist, er bildet die Eingangsberechtigung für ein außerordentlich differenziertes System beruflicher Weiterbildungsinstitutionen, von denen ich beispielhaft nur medizinisch- und pharmazeutisch-technische Lehranstalten, Bilanzbuchhalterschulen, Technikerkurse, Krankenpflegeschulen, Kindergärtnerinnenausbildungsstätten nennen möchte. Über die Fachoberschule ist der Weg auf eine Fachhochschule möglich.
3. Das Abitur, das in aller Regel die uneingeschränkte Zugangsberechtigung zum Hochschulstudium eröffnet.

Der öffentliche Dienst hat sein Besoldungs– und Rangordnungssystem an diesen Schulabschlüssen orientiert.

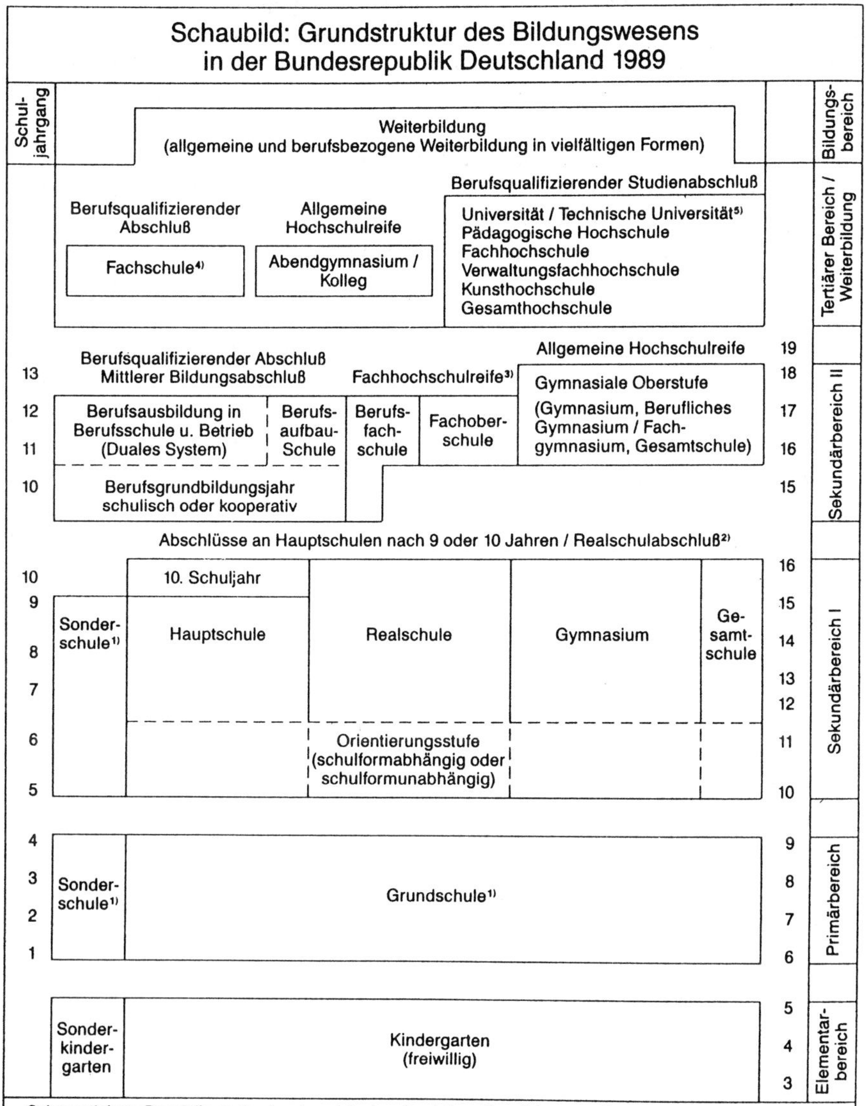

Schematisierte Darstellung. In einzelnen Ländern bestehen Abweichungen. Durchlässigkeit zwischen den Schulformen ist bei Erfüllung bestimmter Voraussetzungen grundsätzlich gewährleistet. Vollzeitschulpflicht 9 Jahre (in BE und NW 10 Jahre), Teilzeitschulpflicht 3 Jahre.

1) Sonderschulen mit verschiedenen Sparten entsprechend den Behinderungsarten im Bereich der allgemeinbildenden und beruflichen Schulen.

2) Nachträglicher Erwerb dieser Abschlüsse für Erwachsene an Abendhauptschulen und Abendrealschulen möglich.

3) Die Fachhochschulreife kann auch z. B. an Berufsfachschulen und Fachschulen erworben werden.

4) Dauer 1 bis 3 Jahre; einschließlich Schulen des Gesundheitswesens, die für Berufe des Gesundheits- und Pflegedienstes eine berufliche Erstausbildung vermitteln.

5) Einschließlich Hochschulen mit einzelnen universitären Studiengängen (z. B. Theologie, Philosophie, Medizin, Verwaltungswissenschaften, Sport). Quelle: Der Bundesminister für Bildung und Wissenschaft: Grund- und Strukturdaten 1989/90.

(vgl. Becher/Bennack 1993, S. 19)

Die genannten allgemeinbildenden Schulen mit ihren Abschlüssen treten uns auch in besonderen Arten entgegen. Bei den Gymnasien gibt es unterschiedliche Ausrichtungen, wie mathematisch–naturwissenschaftliche, neusprachliche, altsprachliche und Sonderformen, z.B. die Höhere Handelsschule. Fast alle Schulen, aber zumeist das Gymnasium und die Gesamtschulen treten in Halbtags– und in Ganztagsform, als Internate oder ortsteilgebundene Schulen auf. Schulen können in unterschiedlicher Trägerschaft stehen. Sie werden im Normalfall von den Kommunen oder den Bundesländern unterhalten. Daneben aber gibt es auch Schulen in freier Trägerschaft, beispielsweise kirchliche Schulen oder Schulen deren Träger ein Verein ist, wie etwa bei den freien Waldorfschulen. Aber auch unter der Trägerschaft des Staates können sich an Schulen ganz besondere Programme ausbilden (vgl. 2.461); es gibt z.B. öffentliche Schulen, die sich nach der Pädagogik M. Montessoris oder P. Petersens ausrichten, die der Arbeitsschulbewegung oder einer anderen reformpädagogischen Idee folgen.

Neben den aufgezeigten Arten der allgemeinbildenden Schule gibt es Ergänzungs- und Aufbauformen, die an Realschulen und Gymnasien angeschlossen sind oder als eigenständige Formen für Überwechsler von "unteren" Schulformen existieren. Dieses Faktum weist auf den Umstand hin, daß das gegenwärtige Schulsystem in der Bundesrepublik Deutschland einen hohen Grad an Durchlässigkeit aufweist. Trotz des eigentlich für Aufsteiger hinderlichen zumeist vertikal gegliederten deutschen Schulsystems, sind auf diese Weise weitere Bildungsgänge nicht am Ende einer Schulform abgeschlossen. Auch die Abendformen der Realschule und des Gymnasiums, Kollegs u.a., in denen Erwachsene Bildungsabschlüsse nachholen können, öffnen vielen Menschen Wege zu höherer Schulqualifizierung.

Der aufgezeigte Arten- und Formenreichtum allgemeinbildender Schulen kommt formal den Bedürfnissen einer pluralistischen, mobilen und aufstiegsorientierten Leistungsgesellschaft mit dem Anspruch des Einräumens dementsprechender Chancen entgegen.

2.62 Generelle Regelungen im Schulwesen

2.621 Schulpflicht

Schulpflicht ist die gesetzlich verankerte Aufgabe von Eltern, Ausbildern oder Jugendlichen, am Wohn- oder Arbeitsort in einem gewissen Lebensabschnitt (in der Regel 6.-18. Lebensjahr, bzw. bis zum Ausbildungsende) den Besuch einer allgemeinbildenden und/oder beruflichen Schule durchzuführen, zu ermöglichen bzw. sicherzustellen. Sie bedeutet eine Einschränkung der Freiheit des Kindes und des Elternrechts, sichert auf der anderen Seite aber den Anspruch des jungen Menschen auf Bildung.

Die Idee einer allgemeinen Schulpflicht in der abendländischen Schule ist zunächst an die Vermittlung der christlichen Lehre gebunden. M. Luther meint, "die

Obrigkeit" solle "die Untertanen ... zwingen, ihre Kinder zur Schule zu halten" (1530); die Weimarer Schulordnung (1619) verordnet einen staatlichen Schulzwang; dieser wird erstmals wirksam 1642 in Gotha durchgesetzt. Zur christlichen tritt eine aufklärerisch-utilitaristische Intention hinzu: Der ausgebildete Bürger nützt dem Staat und kann aufgrund von dessen Prosperität glücklich leben. Durchgesetzt wird die allgemeine Schulpflicht endgültig 1825 in Preußen, das sie schon 1717 proklamiert hatte. Eine "Allerhöchste Kabinets-Ordre" bestimmt: "Eltern, oder deren gesetzliche Vertreter, welche nicht nachweisen können, daß sie für den nöthigen Unterricht der Kinder in ihrem Hause sorgen, sollen erforderlichen Falls durch Zwangsmittel und Strafen angehalten werden, jedes Kind nach zurückgelegtem fünften Jahre, zur Schule zu schicken". Verordnet ist hier eigentlich keine Schulpflicht sondern eine Unterrichtspflicht. Die Schulpflicht ist erst in der Weimarer Reichsverfassung (1919) verankert. Mit der Durchsetzung der allgemeinen Schulpflicht übernimmt der Staat die pädagogische Verantwortung für alle und die Sorge für besondere (z.B. behinderte, fremdsprachige, schwierige) Kinder.

Die Schulpflicht ist durch Landesgesetze geregelt; das führt zu länderbedingten Unterschieden, z.B. in der Dauer der Vollzeit-Schulpflicht (in Norrhein-Westfalen seit 1980 zehn Jahre). In Deutschland insgesamt dauert die Schulpflicht (d.h. Vollzeit- und berufliche Teilzeit-Schulpflicht) 12 bis 13 Jahre; d.h. sie reicht bis über die Volljährigkeitsgrenze mit Konsequenzen für schulische Verkehrsformen (Religionsmündigkeit schon mit 14 Jahren; Selbstvertretung der Schüler anstelle der Erziehungsberechtigung der Eltern) hinaus. Änderungen der Schulpflicht-Dauer werden mehr von ökonomischen als pädagogischen Erwägungen bestimmt, so war der Lehrstellenmangel ein Motiv der Schulpflichtverlängerung in Nordrhein-Westfalen; die gegenwärtige Diskussion um die Begrenzung der weiterführenden Schule auf 12 Jahre hängt u.a. mit dem Kostenfaktor Schule zusammen. Probleme im Zusammenhang mit der Schulpflicht sind die Regelung von Schulversäumnissen und –ausschlüssen.

2.622 Schulklassen

Schulen gliedern sich in Schulklassen auf, die in aller Regel nach dem Prinzip der Jahrgangsklasse organisiert sind. Von der Einschulung nach dem vollendeten 6. Lebensjahr beginnend, besuchen gleichaltrige Kinder gemeinsam in einer Klasse die Schule. Stellen sich Leistungsschwierigkeiten bei einzelnen Schülern ein, können sie "Sitzenbleiben", d.h., sie werden in eine vom Alter her niedrigere Klasse versetzt, um den Stoff noch einmal zu wiederholen.

Für die Größen der Schulklassen existieren seitens des Gesetzgebers Richtwerte. Aus ihnen lassen sich dann die Klassenfrequenzen errechnen, d.h. die Anzahl der Schüler pro Lehrer an einer bestimmten Schule, Schulform oder im gesamten Schulwesen.

2.623 Lehrplan

Für alle Schulformen werden unter der Regie der Kultusministerien der Länder fachbezogene Richtlinien und Lehrpläne erstellt. Sie werden von einberufenen Kommissionen erarbeitet und enthalten, nach Schulformen, Schulfächern bzw. -fachgruppen und Schulklassen getrennt, eine Auswahl zu lehrender Inhalte und vorangestellter Prinzipien der Lehre (Richtlinien).

Zumeist handelt es sich bei den Inhalten um Auswahlstoffe, aus denen die Lehrenden, entsprechend den oft gleichfalls angegebenen Zielen, unter Bezug auf die Situation der Schüler, eine Auswahl treffen. Ein immer wieder zu beobachtender Fehler in der Schule besteht in der unterrichtlichen Behandlung aller Stoffe; dies führt einerseits zu wenig gründlicher Bearbeitung der Themen und andererseits zu einer inhaltlichen Überbürdung der Schüler.

2.624 Fächerkanon und Stundenplan

Jede Schulform besitzt eine bestimmten *Fächerkanon*, die sie teils von einer anderen Schulform unterscheidet; in Gymnasien beispielsweise können alte Sprachen zum Fächerkanon gehören, die in Realschulen nicht anzutreffen sind. Dort werden normalerweise zwei (neue) Fremdsprachen unterrichtet, während in Hauptschulen nur eine Fremdsprache anzutreffen ist. Grundschulen besitzen z.B. eigene Fächerkombinationen in Gestalt von Sachunterrichtsbereichen (Gesellschaftslehre, bzw. Naturwissenschaft/Technik), die in den anderen Schulformen nicht auftreten.

Für jede Schulklasse ist eine bestimmte Unterrichtsstundenzahl (in aller Regel jeweils 45 Minuten) pro Schulfach und Woche festgeschrieben. Die vorgesehenen Fächer haben daran einen bestimmten Anteil (z.B. 3 Sportstunden pro Woche) (*Stundentafel*). Jede Schule organisiert nun, für die Dauer eines Schuljahres, welche Fächer in welchen Unterrichtsstunden an jedem Wochentag auf die Klassen entfallen.

Die Stundenpläne regeln - bei genereller Festlegung des morgendlichen Beginns der ersten Schulstunde - einerseits den Schultag der Schüler, z.B. die Anzahl der Stunden pro Tag. Sie regeln auch die tägliche Unterrichtszeit der Lehrer, für die es schulformunterschiedliche Richtzahlen gibt.

2.625 Schulzeit

An welchen Tagen die Schüler die Schule besuchen müssen und an welchen Tagen Schulfrei ist oder Ferien sind, das wird - nach Absprache der Kultusminister über den Ferienrahmen und einen differenzierten Ferienbeginn - in Länderhoheit geregelt.

Nicht nur das Schuljahr, auch der Schultag ist geregelt und zwar unterschiedlich, ob es sich um Halb- oder Ganztagsschulen handelt.

Die Halbtagsschule findet nur am Nach– oder (häufiger) am Vormittag statt. Im 19. Jahrhundert sprach man im Zusammenhang mit der Halbtagsschule vom 'ungeteilten' Unterricht im Gegensatz zum 'geteilten' Ganztagsunterricht, der durch eine Mittagspause unterbrochen wurde. Bis weit ins 19. Jahrhundert hinein ist der Ganztagsunterricht in Deutschland die Norm. Die Schüler besuchen altersentsprechend 3-4 Zeitstunden vor- und 2–3 Zeitstunden nachmittags die Schule. Eine Halbtagsschule ist damals eine Ausnahme für extrem weite Schulwege oder eine Notlösung, genannt 'Abteilungsunterricht' für Gruppen am Vor– und am Nachmittag, wenn der Klassenraum oder die Lehrerzahl nicht für alle Schüler reichten, wie dies z.B. in den deutschen Nachkriegsschulen häufig vorkam.

Mit der Durchsetzung der Halbtagsschule bleibt die Betreuung der Schüler am Nachmittag eine Aufgabe der Familienerziehung; allenfalls durch Hausaufgaben wirkt die Schule auf diesen Zeitraum ein. Ob sie künftig, gedrängt durch massive Probleme bei der Eingliederung Jugendlicher, deren Ursache häufig in Defiziten der häuslichen Erziehung gesehen wird, diesen Freiraum wieder stärker regulieren wird, wie dies bereits heute in den Ganztagsschulen geschieht, hängt nicht nur vom Handlungsdruck oder den verfügbaren Ressourcen ab, sondern von der Überzeugungskraft der in Ganztagsschulen entwickelten Beispiele und Konzepte der Freizeitpädagogik und des Schullebens.

Zwischen den Unterrichtsstunden liegen die Schulpausen. Sie dienen der Erholung für Schüler und Lehrer und bieten Gelegenheit für außerunterrichtliche Sozialkontakte und Freiräume.

Eine Schulpause gibt es Anfang des 19. Jahrhunderts nur zwischen Vor– und Nachmittagsunterricht. Bei kurzem Schulweg konnten die Schüler in dieser Mittagspause zu Hause essen, ferner bot sich Gelegenheit zum Spiel. Je eine Schulpause nach zwei Unterrichtsstunden wird um 1860 verbindlich eingeführt; die Forderung danach hatte es aber bereits viel früher gegeben. Zweck der Pausen ist das "Austreten", die Bewegung an frischer Luft (für schlechte Witterung gab es vereinzelt Pausenhallen) und die Ernährung. Aus Furcht vor Unzucht und Streichen durch unbeaufsichtigte, frei umherlaufende Schüler erläßt man rigide Pausenordnungen, die erst mit der Reformpädagogik langsam zugunsten eines größeren Freiraums der Schüler verschwinden.

Pausen sind heute durch die Stundentafeln in den Schulen mitgeregelt; sie sind nach Schulen und Regionen von unterschiedlicher Zahl und Dauer. Es lassen sich jedoch Kurzpausen von ca. 5–10 Minuten Dauer von der "großen Pause" (ca. um 10 Uhr) bis zu 30 Minuten Dauer unterscheiden. Die Schulpause als Teil der Organisation des herkömmlichen Schultags wird bei einer Zunahme schülerorientierten Unterrichts weniger fixiert sein können sondern nach den individuellen Schülerbedürfnissen in Anspruch genommen werden dürfen.

Aktuell im Zusammenhang mit der Schulpause diskutierte Fragen sind: Schülerverhalten, –ernährung (etwa die Angebote der Schulkioske) und Schulhofgestaltung. Klage wird über die Schüleraggression in der Schulpause geführt, sowie über Schülerunfälle die teils dadurch geschehen. Abgesehen davon, daß es sich bei dem Gewaltproblem offenbar um ein über die Schule hinausgehendes Thema handelt, liegen gewisse Problemursachen auch in den Lebensverhältnissen der Schüler in der Schule und schließlich zu einem gewissen Teil auch in der Schulhofgestaltung. Schulhöfe sollten, um Schülern genügend Anregung, Ablenkung und Freiraum zu bieten, Platz für ausreichende Bewegung und Spiel zulassen. Für den Projektunterricht oder eine aktive Elternmithilfe liefert die Schulhofgestaltung ein lohnendes Feld. Neben einem baulichen bedarf es dazu jedoch eines pädagogischen Konzepts. Durch gemeinsame Mahlzeiten (Frühstück; in Ganztagsschulen auch Mittagessen) in der Schulpause können zudem ernährungswissenschaftlich richtige Verhaltensweisen eingeübt werden.

2.626 Schulordnungen

Das Geschehen in der Schule, sei es die Vertretung von Schülern und Lehrern, Entscheidungsvorgänge, Konferenzen oder Disziplinarmaßnahmen, ist innerhalb der Bundesländer durch allgemeine Schulordnungen geregelt.

2.627 Schulaufsicht

Lehrer sind als Beamte Teil des Staatsapparates. Sie sind als letztes Glied eingebunden in eine hierarchische Personalstruktur der administrativen Organisation mit direkten und indirekten Vorgesetzten, summarisch als "Schulaufsicht", untere (Schulrat), mittlere (Regierungspräsident) und obere (Ministerium), bezeichnet. Aufsicht bedeutet unter historischem Gesichtspunkt gewiß auch Auswahl und Kontrolle. Diese Funktionen bleiben bestehen, sie werden aber ergänzt und mehr und mehr überlagert durch Moderations- und Weiterbildungsfunktionen der Schulaufsicht.

2.63 Innere Schulorganisation

Neben den dargestellten übergreifenden Regelungen im Schulwesen gibt es organisatorische Maßnahmen, die von den einzelnen Schulen ergriffen werden können. Es handelt sich dabei um den Versuch, der jeweils besonderen Situation der Schulen und Klassen zu entsprechen, während es sich bei den bisher genannten Regelungen um formale und allgemeingültige handelt.

Aus den Darlegungen zur außerschulischen Situation der Schüler ergaben sich Defizite in Bezug auf Sozialkontakte über die Eltern hinaus und ein Mangel an Handlungsmöglichkeiten und Realitätsbezug. Andererseits zeigte es sich, daß die Schüler ein Überangebot an Informationen erhalten. Aus diesen Bedingungen und den Ansprüchen einer modernen Bildung, die weniger auf ganz bestimmte Inhalte sondern auf thematisch weitgehend unspezifische, vielmehr auf verhaltensbezogene Qualifikationen im Bereich des späteren politischen, beruflichen und persönlichen Lebens zielt, ergeben sich für alle Schulen ganz bestimmte organisatorische Notwendigkeiten.

Die Schulen müssen zeitliche Freiräume und außerschulische Orte für exploratorische Übungen möglichst oft für mehrere Schüler schaffen, um Realitätsnähe, Handeln und Sozialerfahrungen zu gewährleisten. Sie müssen heutzutage neben der Vermittlung von Inhalten die Ordnung des Gewußten durch Gespräche, Systematisierungen und Reflektieren fördern.

2.631 Differenzierung

Äußere (nach Schulformen, -klassen oder Schülergruppen zusammengestellt aus verschiedenen Klassen) unterscheidet man von *innerer Differenzierung* (innerhalb des weiter bestehenden Klassenverbandes).

Durch Differenzierung löst die Schule das Problem der Unterschiedlichkeit der Schüler, der Anforderungen oder der Interessen. Differenzierung ist immer dann angezeigt, wenn es entweder nicht möglich oder nicht nötig ist, daß ein und dasselbe Ziel von allen Schülern erreicht wird. Das versteht sich von alleine mit Blick auf verschiedene Jahrgangsklassen oder auf bestimmte Schulabschlüsse. Innerhalb einer einzigen Klasse treten jedoch häufig große Leistungsunterschiede der Schüler auf, die - unter der Maßgabe der Sicherung eines Grundlernstoffes bei möglichst allen Schülern - eine zusätzliche Hilfe für einen Teil der Schüler sinnvoll erscheinen lassen. Die davon nicht betroffenen Schüler erhalten eine andere Aufgabe, die das insgesamt behandelte Thema bereichert. In anderen Stoffgebieten der Schule kommt es nicht in jedem Falle, wie dies meist bei lehrgangsmäßigen Fächern (Mathematik, Physik) der Fall ist, auf das Erlernen ganz bestimmter Inhalte sondern eher auf Grundsätzliches, Exemplarisches oder Methodisches an. Dort ist eher eine Differenzierung entsprechend den besonderen Interessen der Schüler möglich.

In Schule und Unterricht kann durch variable Themen, Methoden, Medien und Hilfen auf die angesprochene Unterschiedlichkeit reagiert und die Differenzierung durchgeführt werden.

2.632 Schulleben

Es liegen im wesentlichen zwei Bestimmungen des Schullebens vor: Einmal sind alle Geschehnisse außerhalb des Unterrichts, bzw. solche zu seiner Ergänzung angesprochen, andererseits werden die erzieherisch besonders wirksamen Ereignisse in der Schule gemeint, gleichgültig ob im oder außerhalb des Unterrichts. Die wichtigsten Themen, die im Zusammenhang mit dem Schulleben diskutiert werden, entsprechen beiden Begriffsbestimmungen: Es handelt sich um Pausen, Schulfahrten, -wanderungen und exkursionen, Praktika, Schullandheim, Feiern, Aufführungen, Lesungen u.ä.

In jedem Falle sind mit den genannten hervorgehobene Ereignisse angesprochen, die für den Schüler deswegen eher als andere Schulvorgänge im Gedächtnis bleiben. Dies gibt ihnen auch eine hervorragende Bedeutung und verlangt die besondere Beachtung derjenigen Grundsätze, die in den Forderungen der Schulpädagogik, insbesondere im Abschnitt über Schüler und Lehrer, von uns herausgestellt wurden. Die herausgehobene Stellung des Schullebens als erzieherisches Moment in der Schule wird vor allem von den Alternativschulen (z.B. nach P. Petersen, R. Steiner. M. Montessori) betont. Die Gestaltungsmöglichkeiten des Schullebens hängen am Ort Schule von der Schulausstattung ab (vgl. im folgenden).

2.633 Schulausstattung

Alle individuellen und im Sozialverband stattfindenden Schülerarbeitsformen verlangen z.B. Materialen, mit denen gearbeitet werden kann, also z.B. Medien aller Art, Sammlungen, Materialien, Stoffe. Dazu müssen sowohl Aufbewahrungs- wie Arbeitsräume zur Verfügung stehen, die über die Möglichkeiten bloßer Klassenräume hinaus gehen. Außer den traditionellen Musik-, Zeichen-, Biologie-, Physik- und Chemieräumen sowie den Schülerbibliotheken ist in diesem Zusammenhang an Werkstätten aller Art zu denken. Überhaupt ist unter der Berücksichtigung zu fordernder Freiräume an viele und vielerlei spezielle Aufenthalts-, Kommunikations- und Arbeitsräume zu denken. Wir wollen auf zwei Orte im folgenden besonders eingehen:

Schulhof (s.o. unter "Pause")

Schulbibliothek- Schülerbücherei

Die Schülerbücherei ist eine den Schülern klassenweise oder für die ganze Schule als Ausleih– oder Freihandbibliothek zur Verfügung gestellte Buchsammlung. Der Einschluß auch einer Lehrerbücherei erscheint möglich, zumal im Bestand der Fächer besonders Überschneidungen mit Schülertexten vorkommen; mit dieser Ergänzung kann man von einer Schulbibliothek sprechen.

Schülerbüchereien gründen in der Idee der Volksaufklärung, später Volks- und Arbeiterbildung. Lehrerbüchereien stehen in der Tradition der Lehrerkonferenzen und Lesevereine des 18./19. Jahrhunderts. Buchsammlungen für Schüler in Schulen gibt es spätestens, seit die Gemeinden für arme Kinder, die durch die Einführung der allgemeinen Schulpflicht nun ebenfalls eine Schule besuchten, dort kostenlose Schulbuchexemplare deponierten. Im Zuge der Reformpädagogik erhält das Buch in der Schule und mit ihm die Schülerbücherei als Ort der Hinführung zur Kinder- und Jugendliteratur durch pädagogisch ausgewählte Texte mit der Absicht der Leseerziehung, wie auch als Arbeitsmittel, einen höheren Stellenwert.

Bei heutzutage größerer Zugänglichkeit der Informationen durch Massenmedien, stellt sich weniger als früher das Problem der Informationsbeschaffung als das ihrer Aufnahme, Auswahl und Einordnung. Die Leseerziehung will die Schüler von der Lesetechnik über das sinnentnehmende zum kritischen Lesen führen. Der die Schülerbüchereien als "Werkstatt" für Schüler und Lehrer im indirekten Unterricht (vgl. 4.3) und bei der Freiarbeit nutzende Fachunterricht soll Grundlagen, Motivation und Interesse zur selbständigen Weiterarbeit, auch im Sinne der Freizeiterziehung schaffen. Dies alles kann das öffentliche Bibliothekswesen - fern der Schule - nicht leisten.

Um bei den Schülern Interesse und Neugier auf die Schülerbücherei wachzuhalten und der Schule ein gewisses Maß an pädagogischer Einwirkung auf zukünftiges Medien- und Leseverhalten zu ermöglichen, sind Aktualität durch stete Modernisierung (Kriterien dazu u.a.: Schülerinteressen, Bestsellerlisten, Jugendbuchpreise) ebenso unerläßlich, wie die Erweiterung der Schülerbibliothek durch Tonträger, Programmsysteme und -programme und durch Videos. Die Auswahl, Anschaffung, Erfassung, Lagerung, Ausleihe und Vorstellung (u.a. Autorenlesungen und Vorlesewettbewerb) des Bestandes ist im übrigen ein geeignetes Betätigungs-, Übungs- und Bewährungsfeld für selbstverantwortete Schüleraktivität.

Schuldruckerei

Die Schuldruckerei ist eine schul- oder klasseneigene Druckerei, die von den Schülern betrieben wird, um Arbeitsvor- und -unterlagen sowie -ergebnisse zu drucken.

Eingeführt wurde die Schuldruckerei 1924 durch C. Freinet an einer französischen Elementarschule in der Nähe von Cannes. Die Verwendung der Schuldruckerei wie die gesamte Freinet-Pädagogik ist mit der Arbeitsschulbewegung im Zusammenhang zu sehen. In Frankreich vor allem, aber auch in anderen Ländern, so in der Schweiz und in Deutschland, wird die Idee der "Tatschule" (Ferriere) mit der Schuldruckerei als wesentlichem Element, von vielen Lehrern in ihre praktische Schularbeit aufgenommen. Sie lassen Schülerarbeiten aus dem Unterricht von den Schülern selbst drucken, tauschen diese Erzeugnisse mit anderen Freinet–Schulen oder -Klassen aus und korrespondieren miteinander. Es entstehen selbstproduzierte Schulbücher, Schülerzeitungen und Arbeitsmittel. In Europa, auch in Deutschland, gibt es eine regelrechte Freinet-Bewegung von Schulen und Klassen, die die Schuldruckerei in dieser Weise nutzen.

Die schulpädagogischen Merkmale der Schuldruckerei liegen einmal im Bereich des handlungsorientierten Unterrichts, indem die Schüler durch Selbsttätigkeit zur selbständigen Arbeit gelangen. Der Motivation und dem Interesse kommt die Echtheit des Schreibanlasses, also die wirkliche Nutzung der Texte im Unterricht, entgegen. Wichtig ist auch der Bezug der Schuldruckerei zur Lebenswirklichkeit der Schüler, in der Texte, mit denen die Schüler in der Schuldruckerei aktiv umzugehen gelernt haben, eine große Rolle spielen. Die "Schuldrucker" (Jörg) setzen in aller Regel den handwerklichen Druck ein; damit spielt auch manuelle Geschicklichkeit und die Kooperation mit anderen in den Lernprozeß hinein. Es stellt sich in diesem

Zusammenhang allerdings die Frage, ob die Schuldruckerei künftig auf die Möglichkeiten der Computer-Textverarbeitung verzichten kann, um einem musealen Berufsbild von Drucker zu folgen; Aktualität und Lebensnähe wird z.T. gegen manuelle und soziale Lernformen abzuwägen sein.

Die Schuldruckerei kann in allen Schulformen, auf allen Schulstufen und in vielen Schulfächern eingesetzt werden. Überall dort, wo es um textlich oder bildhaft gefaßte Materialien als Grundlage oder als Ergebnissse des Unterrichts geht, hat sie ihren Platz. Ganz besonders wird ihre Funktion beim sprachlichen Anfangsunterricht, z.B. bei der Eigenfibel, hervorgehoben.

2.64 Schule und Unterricht

2.641 Schule gestalten

Bindung und Freiheit, Handeln und Reflektieren, Ordnen und Entdecken - damit sind diejenigen Faktoren genannt, die als Ziele wie als Kriterien schulischen Handelns gelten können; sie wurden von der Sache her weiter oben in der Theorie der Schule ("Schulpädagogik" und "Schulorganisation") und der Theorie des Unterrichts ("Didaktik" und "Methodik") angesprochen, begründet und ausgeführt.

Es soll an dieser Stelle noch einmal zusammenfassend gesagt werden, daß eine Schule als bloße "Lehranstalt" heutigen Schülern deshalb nicht mehr entspricht, weil mit Stoffvermittlung alleine den Bedürfnissen der Kinder und Jugendlichen nicht zu entsprechen ist. Damit ist nicht gemeint, die Schule solle keine Forderungen an die Jugend herantragen, keine Leistungen fordern; vielmehr meinen wir, genau dies müsse geschehen. Freilich geht es um Leistungsanforderungen, die drei Bedingungen zu erfüllen haben: sie müssen angemessen, aktuell und handlungsbezogen sein. Die Aktualität ist mit dem notwendigen Interesse der Schüler zu begründen (vgl. folgenden Abschnitt "Schüler motivieren"); der Handlungsbezug leitet sich wie auch die Angemessenheit von Mangelsituationen im außerschulischen Leben vieler Schüler ab (vgl. "Schulpädagogik", "Schüler"); wir konstatierten: Handlungsarmut, fehlende Sozialerfahrungen und mangelnde Orientierung bei relativ großer Informiertheit.

Um auf diese Bedingungen zu reagieren, muß die Schulgestaltung

- zeitliche Räume des individuellen und gruppenweisen Arbeitens, des Reflektierens, Fragens, Sprechens und Diskutierens zulassen, die zu Sozialerfahrungen führen und Gespräche über Sinnfragen zulassen, die Orientierung ermöglichen;
- Räume bereitstellen, in denen die Schüler tatsächlich handeln können, so daß sie nicht mehr nur - wie in der Medienwelt - Handlungen als bloß abstrakte Ereignisse erleben.

Als Orte der Schulgestaltung lassen sich Räume und Ereignisse festmachen:

- *Gebäude*, samt *Räumen*, *Fluren*, *Höfen*, in denen die aufgestellten Erfordernisse erfüllt werden sollen, müssen vielgestaltiger als bisher sein. Die Klassenräume, die Bibliothek, die Aula, die naturwissenschaftlichen Arbeitsräume, die Sport-

und Schwimmhalle, die Werk- und Kunsträume müssen konsequent zu wirklichen Arbeitsräumen umgestaltet werden, in denen die Schüler individuelle und gruppengemäße Plätze und Arbeitsmaterialien vorfinden.

- *Unterricht* und *Schulleben* brauchen den erwähnten Raum, der von den Schülern selbsttätig und immer selbständiger genutzt wird. Der Lehrer wird sich, weil die Schüler je individuelle Fähigkeiten und Probleme haben, um unterrichtliche Differenzierung bemühen. Er wird jedoch, weil ihnen Sozialerfahrungen fehlen, zugleich um Gelegenheiten des sozialen Lernens bedacht sein.

In Gestalt von *Alternativschulen* liegen Modelle vor, die mit unterschiedlichen Zielen und Methoden versuchen, eine schülergerechtere Schule zu gestalten. Im einzelnen kennen wir: Montessori-, Daltonplan-, Waldorf- (R. Steiner), Freinet-, Jenaplan- (P. Petersen) und freie Schulen (vgl. Klaßen et al. 1993). Die einzelnen Vorschläge sind hier nicht angemessen im einzelnen darzustellen. Sie werden im übrigen durchaus heterogen begründet. Die Ansätze "reichen von einer okkulten Gesamtschau der Welt und des Menschen (Rudolf Steiner), von experimentell–erfahrungswissenschaftlichen Theorien mit z.T. religiös-mystischen Komponenten (Maria Montessori) über anthropologisch-sozialwissenschaftliche Konzepte (Peter Petersen) bis hin zu gesellschaftlich emanzipatorischen Ansätzen (Celestin Freinet, ... Freie Schulen)". Bei der Beschäftigung mit einem solchen Schulmodell ist sehr wohl nach dem intendierten Menschenbild zu fragen; eine unreflektierte Bejahung dieser oder jener Alternativschule nur alleine wegen der attraktiven Schulgestaltung erscheint voreilig.

Bei aller Unterschiedlichkeit und vielleicht auch Fragwürdigkeit manches Ansatzes der Alternativschulen lassen sich gewisse Gemeinsamkeiten in der Schulgestaltung feststellen, die nahe an unsere oben genannten Forderungen heranreichen. Überall findet sich eine starke *Kind- oder Jugendlichenorientierung*, eine nicht nur den Intellekt, sondern den *ganzen Menschen ansprechende Erziehung*, der Gedanke einer *selbstverantwortlichen und selbstverwalteten Schulgemeinde* unter der Mitwirkung der Eltern und eine beabsichtigte Gemeinschaftserziehung durch kooperative Lern- und Umgangsformen (vgl. Klaßen et al. 1993, S. 10).

Im einzelnen weisen diese Reformschulen folgende Merkmale auf, die sich - sofern sie nicht ideologisch "aufgeladen" sind - durchaus als Vorbild im Sinne der von uns erhobenen Forderungen eignen:

- Ein "anregungsreiches Schulleben, mit Festen, Feiern, Darbietungen, Ausstellungen, Ausflügen . . .;
- Gestaltung einer ästhetisch und intellektuell anregenden Lernlandschaft" (Materialien, Räume in und außerhalb der Schule);
- "Aufnahme fächerübergreifender Lernbereiche und Unterrichtsprojekte;
- Möglichkeit der Mitbestimmung des Kindes (d.Verf.: resp. Schülers) bei der Wahl von Lernaktivitäten hinsichtlich Art (Methode) und Inhalt;
- hohe Bedeutsamkeit der Selbstbildungsmittel zur individuellen Arbeit, Partner- und Gruppenarbeit;
- sprachlich differenzierte (nicht zahlenmäßig normierte) und informell-

persönliche Leistungsbeurteilung;

- Bildung von Lerngruppen nach anderen Gesichtspunkten als Leistungs- und Altershomogenität (entweder prinzipiell oder zusätzlich)" (z.B. Differenzierung nach Neigung oder nach Erfahrung);
- "Öffnung der Schule gegenüber dem räumlichen und sozialen Umfeld als wichtigem Lern- und Erfahrungsraum;
- Betonung der kindlichen (d.Verf.: resp. jugendlichen) Eigenaktivität" (Klaßen et al. 1993, S. 11).

2.642 Schüler motivieren

Zur dargestellten psychologischen Sicht der Motivation als Grundlage, fügen wir hier einen pädagogisch begründeten Motivationsansatz hinzu. Wir haben also der Frage nachzugehen, was einen Schüler in der Schule dazu bewegt, einen bestimmten Inhalt zu lernen?

Bei der Darstellung des "Didaktischen Prinzips" (vgl. "Theorie des Unterrichts", "Didaktik") der Motivierung führen wir aus, der Schüler müsse einen Lernanreiz verspüren, der durch Identifikation, Interesse oder die Einsicht in die Notwendigkeit des Lernens anzuregen sei.

Zuerst ist hierdurch der Lernstoff angesprochen! Wir meinen, daß kein noch so geschickter methodischer "Kniff" einen Lernenden dauerhaft an ein ihn nicht anreizendes Thema zu binden vermag. Es gilt also, durch die Kenntnis des Schülers und seiner Lebensumstände, entsprechende Themen einzubringen oder anzuregen. Besondere Probleme stellen sich dann, wenn Inhalte als unbedingt notwendig erkannt werden, deren Akzeptanz beim Schüler allerdings gering ist.

Eines kann man dazu vorweg sagen: Schule und Lehrer operieren sehr häufig mit dem Argument der Notwendigkeit, ein bestimmtes Wissen vermitteln zu müssen, ohne daß sich dies immer rechtfertigen läßt. Der gegenwärtige Bildungsbegriff (vgl. "Schulpädagogik", "Bildung") jedenfalls legt Verhaltensweisen und Einstellungen des Gebildeten nicht aber ganz bestimmte Wissensinhalte fest. Daraus folgt, daß keineswegs alle tradierten Schulinhalte zugleich auch unerläßlich notwendig zu lernen sind. Gewiß liegt es in der Verantwortung der Lehrer, den Schülern Lesen, Schreiben und ein gewisses Maß an Rechnen beizubringen; gewiß aber auch müssen nicht alle Schüler in gleicher Weise genauestens über die französische Revolution, die Agrarwirtschaft der Eifel oder das Flugverhalten von Enten informiert werden. Ohne hier in eine genaue Diskussion um das Für und Wider des inhaltlichen Lernzwangs einzugehen, soll nur zur Zurückhaltung bei diesem Mittel und zur strengen Begründungsargumentation in diesen Fällen aufgerufen werden.

Diese Vorsicht bei der Formulierung von Notwendigkeiten von zu Lernendem minimiert tatsächlich das Problem, Schüler gegen ihr Interesse oder ihre Einsicht zu einem Lernziel zu führen. Sollten sich aber für die nach strengem Maßstab begründbar notwendigen Inhalte (z.B. Bruchrechnen) tatsächlich die Schüler nicht intrinsisch motivieren lassen, ist auf Faktoren extrinsischer Motivierung zurückzugreifen (vgl. "Schulpsychologie", "Lernhilfen").

Es erhöht allerdings die Bereitschaft des Schülers auch über den bisherigen Horizont hinausgehenden neuen Impulsen des Lehrers zu folgen, wenn er bisher damit gute Erfahrungen gemacht hat. Damit sind die situativen Bedingungen (vgl. a.a.O.) angesprochen, unter denen das Lernen stattfindet. Sie spielen nicht nur dann eine große Rolle für die Lernmotivation des Schülers, wenn er über vorhandenes Interesse oder Einsicht noch keinen Zugang zu einem Thema gefunden hat, die Situation am Lernort ist überhaupt ein wesentlich bestimmender Faktor der Motivation.

Bisher gemachte günstige Lernerfahrungen, gute materielle Lernbedingungen, ein positives Lernklima, Bedingungen, die im vorigen Abschnitt als Maxime der Schulgestaltung umrissen wurden, erleichtern es jedem Schüler, Interessen zu formulieren, zu endecken und ihnen auch mit der Möglichkeit des Scheiterns - nachzugehen. Es kann doch in diesem Zusammenhang gewiß nicht der Bildung dienen, wenn Oberstufenschüler ihre Leistungskurse nicht nur nach ihren Interessen, sondern, wegen des n.c.'s, nach der erreichbaren Zensur auswählen!

Vom Lehrer erfordert die Berücksichtigung der Interessen der Schüler bei der Auswahl und Anregung von Lerninhalten die genaue Kenntnis seiner Schüler und ihres Hintergrundes (vgl. 4.53, 5.13) sowie Lehr- und Lernverfahren und Freiräume, die es ihm ermöglichen, mit einzelnen oder mehreren Schülern zu kommunizieren.

3. Zur Theorie des Unterrichts

Beim Unterricht haben wir es mit einer aus verschiedenen Instanzen bestehenden Struktur zu tun, die man in ein personales sowie ein abstrakt-sächliches Feld unterteilen kann. Dieses besteht aus Inhalten, Gehalten, Gegenständen und Lokalitäten, aus Ein- und Auswirkungen, jenes aus Lehrern und Schülern sowie mehr oder weniger außenstehenden Personen und Personengruppen.

Die Personen interagieren vor, in und mit dem Umfeld. Dies führt dazu, daß Unterricht nicht statisch, sondern dynamisch ist - er ist also ein Prozeß. Der Unterrichtsprozeß ist - wie Schule überhaupt - von den dort wirkenden institutionellen Rahmenbedingungen und Einflüssen abhängig (vgl. 2.31).

Prozesse zeichnen sich durch den Wechsel von Zuständen aus und insofern es sich bei ihnen um absichtsvoll herbeigeführte Prozesse handelt, ergeben sich die Fragen nach dem Anfangszustand, dem beabsichtigten Endzustand und den Einwirkungen zur Erreichung der Zustandsänderung (vgl. 2.5).

Die Didaktik äußert sich zur Grundfrage: Wozu soll was und eventuell wie gelernt werden? Es handelt sich also um die Frage der Auswahl, der Ziele und Methoden des Lernens. In allen drei Fällen liegen aus der tradierten Unterrichtsrealität, -administration, -kunst und wissenschaft reichlich Vorbilder vor. Sie treten uns in Gestalt bestehender Lehrpläne respektive Curricula, in gewohnheitsmäßigen Ansprüchen gegenüber der Schule sowie in ebensolchen eingefahrenen Entsprechungen und in einer Vielzahl von vorstrukturierten, teils gar ritualisierten Unterrichtsszenen gegenüber.

Eine wissenschaftlichen Ansprüchen genügende Didaktik wendet sich diesen Fragen mit der Bestandsaufnahme der Gegebenheiten, der Analyse ihrer Wirksamkeiten, der Innovation anderer Formen und Verfahren samt deren Evaluierung zu.

Ganz am Anfang solcher Aufgaben steht die Frage nach den Zielen von Unterricht überhaupt; auf diese Frage wird es - je nach Perspektive - immer eine andere Antwort geben. Gesellschaftliche Mächte wünschen die Erfüllung von Funktionen durch die Schule; Schüler sollen für gesellschaftliche Aufgaben, als Bürger, Berufstätige oder Privatmenschen qualifiziert werden. Interessengruppen wünschen entsprechend ausgerichtete Schulintentionen; Gewerkschaften z.B. möchten emanzipierte Kollegen; Arbeitgeber optimal handelnde Mitarbeiter. Dieser Vielheit der Forderungen steht die prinzipielle Einheit der unterrichtlichen Aufgabe gegenüber, nämlich der Bildung des Menschen zu dienen (vgl. ausführlicher oben unter "Theorie der Schule", "Schulpädagogik").

Das Nachdenken über "Didaktik" war und ist von unterschiedlichen Wissenschaftspositionen her möglich (vgl. im folgenden "Didaktische Modelle"); es unterliegt bestimmten Prämissen (vgl. im folgenden "Didaktische Prinzipien") und es vollzieht sich auf einer allgemeinen wie auch einer fachlich-spezifischen Ebene (vgl. im folgenden "Allgemein- und Fachdidaktik").

3.1 Didaktische Modelle

Das Wort "Didaktik" stammt aus dem Griechischen und bedeutet "lehren, unterrichten, beweisen". Als Begriff der pädagogischen Terminologie kennen wir ihn seit dem 17. Jahrhundert, vor allem aus dem Werk des J.A. Comenius, der "didactica magna" von 1657. Sie sei, so der Verfasser, "die vollständige Kunst, alle Menschen alles zu lehren oder Sichere und vorzügliche Art und Weise, in allen Gemeinden, Städten und Dörfern eines jeden christlichen Landes Schulen zu errichten, in denen die gesamte Jugend beiderlei Geschlechts ohne jede Ausnahme rasch, angenehm und nützlich in den Wissenschaften gebildet, zu guten Sitten geführt, mit Frömmigkeit erfüllt und auf diese Weise in den Jugendjahren zu allem, was für dieses und das künftige Leben nötig ist, angeleitet werden kann" (Comenius 1966, 9).

Nach Comenius beschreibt "Didaktik" also den Unterricht und zwar seine Ziele, seine Inhalte, die Art und Weise, die Adressaten, indirekt die Lehrenden, an die sich sein Buch richtet und die Stätte an der Unterricht stattfindet. Damit ist eigentlich auch der heutige Themenkreis der Didaktik umrissen.

Allerdings entspricht der Ansatz von Comenius dem Typus einer normativen Didaktik, die heute als unwissenschaftlich gilt. Normative Didaktik geht von Setzungen (z.B. Religion, Ideologie) als Prämissen aus; sie verallgemeinert konkrete Erfahrungen zu Prinzipien (Induktion), diese werden dann auf neue Fälle angewandt (Deduktion). Die Problematik eines solchen Didaktikverständnisses für seine Handhabung im heutigen Schulunterricht besteht einmal in der Tatsache widerstreitender Interessen in pluralistischen Industriegesellschaften. Über das von Comenius genannte Ziel der "Frömmigkeit" dürfte heute kaum Konsens herzustellen sein. Die zweite Schwierigkeit normativer Didaktik ist ihre mangelnde Stringenz. Sie besteht in der Tatsache, daß aus gleichen Normen durchaus unterschiedliche Ziele abgeleitet werden und daß unterschiedliche Normen durchaus gleiche Intentionen verfolgen können (vgl. Blankertz 1969, S. 25). Aus den gleichen christlichen Normen sind für den Unterricht in Schulen im Verlaufe der Geschichte beispielsweise von den christlichen Konfessionen durchaus unterschiedliche Ziele abgeleitet worden; politisch "rechte" wie "linke" Diktaturen verordnen ihren Schulen in gleicher Weise "Kampfbereitschaft" gegen ihre Gegner als Ziel. Auch außerhalb der genannten politischen Gegebenheiten leben normative Didaktiken fort. Wir finden Beispiele in den Ableitungen der Waldorf–Pädagogik aus der Anthroposophie Steiners oder in den Freien Schulen aus der Antiautoritären Bewegung.

Wichtig ist, daß hier kein Werturteil über diese oder jene Norm samt ihren Deduzierungen gefällt werden soll. Wir wollen nur klarstellen, daß bei normativen Didaktikkonzepten diese sich eben gegenüber anderen Werten abschließen und dogmatisch auf der Richtigkeit der eigenen Position beharren.

"Moderne" Gesellschaften und damit ihre Schulen müssen von einer Vielzahl von Normierungen ausgehen; sie sind sich der unterschiedlichen Induktions- und Deduktionsmöglichkeiten bewußt. Seit W. Dilthey besitzt die Pädagogik einen entsprechenden Didaktikbegriff mit dem Anspruch des Anwendens objektiver (statt wie bei normativer Didaktik subjektiver) Methoden.

Seither entwickelten sich - oftmals in Entsprechung zu allgemein wissenschaftlichen Trends verschiedene Theorien und Modelle der Didaktik:

- Eine *experimentelle Didaktik* (schon um die Jahrhundertwende), der es mittels empirischer Unterrichtsforschung um die Feststellung von Unterrichtsfakten und -gesetzmäßigkeiten ging (Beispiele: O. Kroh, Psychologie des Schulkindes; P. Petersen, Pädagogische Tatsachenforschung; F. Winnefeld, Pädagogisches Feld);
- eine (geisteswissenschaftliche) *bildungstheoretische Didaktik*, die gesellschaftliche Einflüsse auf die Schule ideologiekritisch prüft und sie nach dem Maßstab pädagogischer Ansprüche, insbesondere festgemacht am Bildungsbegriff, einschätzt (Beispiele: E. Weniger, Lehrplantheorie; W. Klafki, Bildungstheorie und Didaktik);
- eine *lerntheoretische Didaktik*, die alle im Unterricht wirksamen Erscheinungen, Strukturelemente (Normen, Fakten, Formen) wissenschaftlicher Kontrolle unterwerfen will. Der Bildungsbegriff wird nicht mehr als zentrale Instanz gesehen, vielmehr rückt der Zusammenhang von inhaltlichen und methodischen Entscheidungen in den Mittelpunkt (Beispiele: P. Heimann, Didaktik als Theorie und Lehre; P. Heimann, W. Schulz, G. Otto, Unterricht - Analyse und Planung; H. Roth, Pädagogische Psychologie);
- eine *informationstheoretische, kybernetische, systemtheoretische und strukturtheoretische Didaktik*. Der Informationstheorie geht es um die Sicht des Unterrichts als Informationsübermittlungssystem; die Kybernetik befaßt sich mit Vorgängen des Regelns und Steuerns; die Systemtheorie behandelt die Beziehungen der einzelnen Elemente des Unterrichts. Die strukturtheoretische Didaktik versucht die informationstheoretischen, kybernetischen und systemtheoretischen Unterrichtsaspekte zusammenzufassen. All diesen Didaktikansätzen ist gemeinsam, daß sie von einem der Naturwissenschaft entlehnten Wissenschaftsbegriff ausgehen. Nach dem kritisch-rationalistischen Forschungsparadigma stellen sich "Wertfragen", wie diejenigen nach bestimmten Unterrichtsinhalten und -intentionen, dem Wissenschaftler nicht; sie werden im vorwissenschaftlichen Raum, z.B. politisch, diskutiert und entschieden. Alle von der strukturtheoretischen Didaktik zusammengefaßten Ansätze zielen daher ausschließlich auf eine Optimierung der Unterrichtseffizienz (Beispiele: J.S. Bruner, Unterrichtstheorie; F. von Cube, kybernetische Grundlagen des Lehrens und Lernens; H. Frank, Programmiertes Lernen; E. König/H. Riedel: systemtheoretische Didaktik; K. Weltner, Informationstheorie);
- eine *curriculare Didaktik*, die aus wissenschaftlichen Ergebnissen und kultureller Überlieferung, gesellschaftlichen Anforderungen und individuellen Bedürfnissen Schul- und Unterrichtsziele ermitteln, ordnen und organisieren sowie evaluieren will (Beispiele: Chr. Möller, curriculare Didaktik; S.B. Robinsohn, Revision des Curriculums) und
- eine *kritisch-kommunikative Didaktik*, die sich den Lernzielen Demokratisie-

rung und Humanisierung verpflichtet weiß, und der es daher um die Emanzipierung der Schüler geht, weshalb der Unterricht in Aussage und Form diesem Anspruch genügen muß (Beispiele: K.H. Schäfer/K. Schaller, Kritische Erziehungswissenschaft; R. Winkel, Antinomische Pädagogik und Kommunikative Didaktik).

Einige der genannten Ansätze sind heute wissenschaftlich überholt, wie die normative Didaktik, andere haben für die Unterrichtswirklichkeit keine Bedeutung gewonnen oder ihre Bedeutung verloren, so die experimentelle und die system- und strukturtheoretische Didaktik. Andere Modelle enthalten lediglich besonders herausgestellte Aspekte, die bereits in den übrigen Ansätzen vorhanden sind; es läßt sich auf diese Weise die curriculare Didaktik hinsichtlich des Lehrplandiskurses dem bildungstheoretischen Ansatz zurechnen. Die Zielorientierung ist dem lehrtheoretischen wie dem kybernetischen Modell immanent. Die kritisch-kommunikative Didaktik will nach eigenem Bekunden "Einseitigkeiten und Verkürzungen" der übrigen Modelle ausgleichen, ansonsten aber auf sie zurückgreifen. Diese -übrigens durchaus berechtigten - Ergänzungen betreffen, abgesehen von den intentionalen Setzungen, die stärkere Einbeziehung des unterrichtlichen Kommunikationsprozesses, die Beachtung einer möglichst offenen Planung und die Berücksichtigung der Eigenverantwortlichkeit von Lehrern und Schülern.

Als didaktische Grundmodelle sollen das bildungs-, das lern- und das kybernetisch–informationstheoretische Didaktikmodell näher betrachtet werden.

3.11 Bildungstheoretische Didaktik

3.111 Theorie der Bildung

Klafki definiert eine Didaktik im weiteren Sinne, womit alle unter die Fragen "was" und "wie" zu fassenden Fragen angesprochen sind. Didaktik im engeren Sinne befaßt sich mit der Frage der Unterrichtsinhalte, geht also auf methodische oder mediale Unterrichtsprobleme nicht ein.

Der Bildungsbegriff ist die zentrale Kategorie dieses (engeren) Didaktikansatzes (nähere Erläuterungen s. "Theorie der Schule", "Schulpädagogik"). Aufgabe der Didaktik ist es, aus der Fülle des Lernbaren (Bildungsinhalte) diejenigen Lernstoffe zu ermitteln, die mit einer gewissen Wahrscheinlichkeit im Lernenden fruchtbar werden können, d.h., die sein Verhältnis zur Welt kompetenter gestalten. Diese Eigenschaft macht den Bildungsgehalt eines Lehrgegenstandes aus, der mit Hilfe einer didaktischen Analyse (s. 5.1) ermittelt wird. Die fünf Grundfragen der didaktischen Analyse zielen auf "Exemplarizität", "Gegenwartsbedeutung", "Zukunftsbedeutung", "Struktur" und "Adäquate Fälle" (vgl. Abb.).

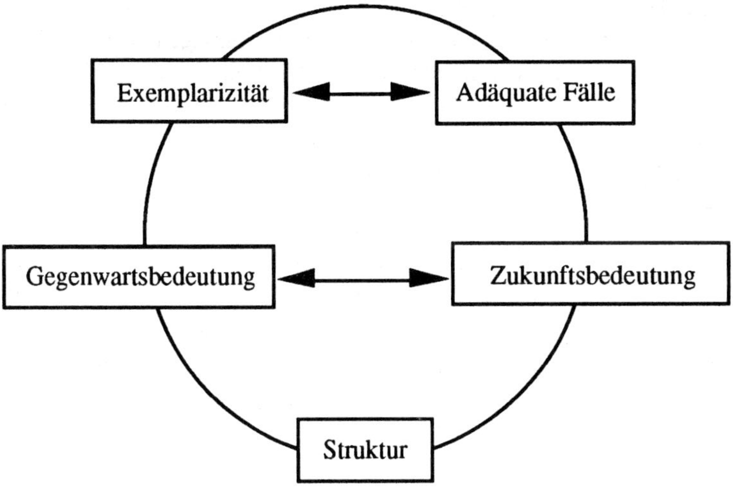

1. Exemplarizität
   Welches Allgemeine läßt sich an diesem Besonderen erschließen?

2. Gegenwartsbedeutung
   Welche Bedeutung hat dieser Inhalt bereits im Leben der Schüler, bzw. sollte er haben?

3. Zukunftsbedeutung
   Worin liegt die Bedeutung für die Zukunft der Schüler?

4. Struktur
   Welches ist die Struktur des Inhaltes?
   (Momente, Beziehungen, Schichtung, übergreifender Zusammenhang, Zugänglichkeit)

5. Adäquate Fälle
   Welche konkreten Fälle machen die Struktur des Inhalts interessant, begreiflich, anschaulich?

(Memmert 1977, S. 16)

In den Lehrplänen der Schulen ist Bildung also, entsprechend zum angesprochenen Schüler, das Kriterium der Auswahl, Gewichtung, Anordnung und Vermittlung. In jeder Unterrichtsstunde trägt der Lehrende die Verantwortung für die Bildungsmöglichkeit des Lernenden.

3.112 Unterrichtsvorbereitung

Die Unterrichtsvorbereitung wird in der bildungstheoretischen Didaktik wie folgt gegliedert:

1. pädagogische Vorbesinnung
2. didaktische Analyse
3. methodische Vorbesinnung
4. Unterrichtsplanung
5. Nachbesinnung

Nach W. Kramp (in Klafki 1964 b) besteht die Pädagogische Vorbesinnung aus dem Nachdenken

1. über die "Aufgaben des Unterrichts" in dieser besonderen Schule, in diesem besonderen Fach;
2. über die "Möglichkeiten und Grenzen des Lehrers" (Stärken und Schwächen in bezug auf die Schüler, den Stoff und die Methoden);
3. über die "besondere pädagogische Situation" (Schüler selbst und ihr Hintergrund, Klasse und Schule).

"Der Kern jeder zulänglichen Unterrichtsvorbereitung ist die didaktische Analyse. Ihre Aufgabe besteht darin, den Bildungswert (–gehalt) jener Unterrichtsgegenstände zu ermitteln, die durch allgemeine Richtlinien und örtliche Lehrpläne für die einzelnen Bildungsstufen vorgesehen sind" (Klafki erstmals 1958, hier 1964 (b), 40). Der ursprünglichen Analyse dienten die 5 Grundfragen; sie sind mittlerweile durch Klafki selbst zu folgendem Schema der Unterrichtsvorbereitung neu geordnet worden.

Im ursprünglichen bildungstheoretischen Planungsmodell werden die methodischen und medialen Entscheidungen erst nach den inhaltlichen getroffen. Bei Klafki gilt das Primat der Didaktik i.e.S. (als Theorie der Bildungsinhalte) v o r der Methodik (später modifiziert als "Primat der didaktischen Intentionalität im Verhältnis zu allen anderen didaktischen Entscheidungsdimensionen" (Klafki 1964, S. 46)).

Zur Vorbereitung des Unterrichts zählt in diesem Vorschlag nach der methodischen Vorbesinnung und dem Planungskonzept die "Nachbereitung"; ihre Ergebnisse geben Auskunft über besondere Merkmale des abgelaufenen Unterrichts, sie fließen in die nächsten Stundenvorbereitungen ein.

Perspektivenschema zur Unterrichtsplanung nach Klafki

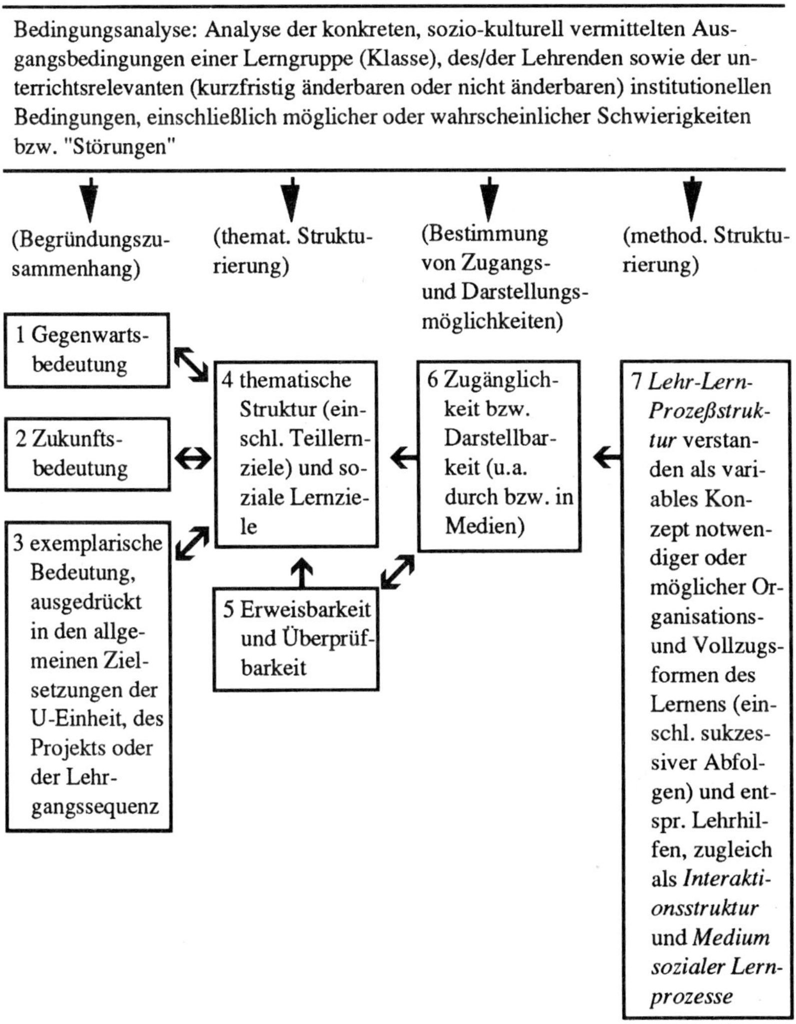

(Gudjons et al. 1989, S. 14)

3.12. Lehrtheoretische Didaktik

3.121 Theorie des Unterrichts

Das lehrtheoretische Didaktikmodell geht von der Wirkung bestimmter unterrichtlicher Strukturelemente sowie begleitender und außerunterrichtlicher Faktoren aus. Diese gilt es zu analysieren und für die Unterrichtsplanung einzusetzen. Modellhaft stellt Schulz diese Struktur wie folgt dar (vgl. Abb.):

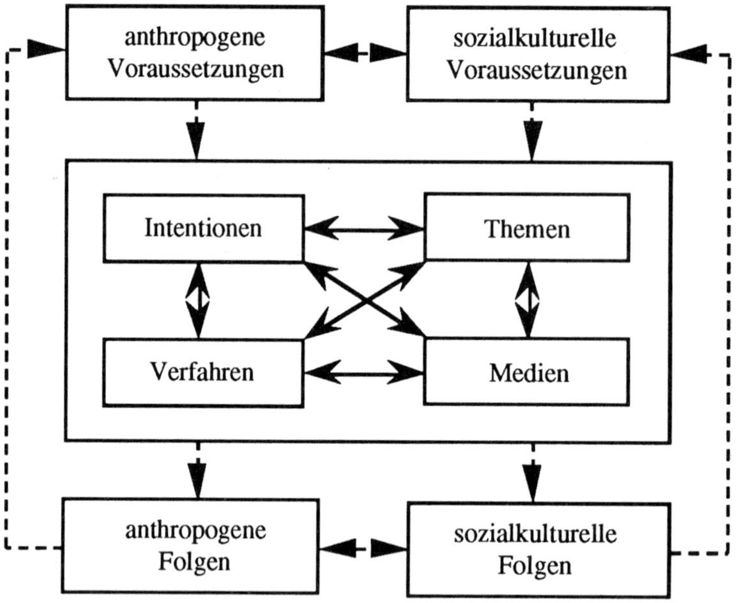

(vgl. Schulz 1969, S. 29)

Bei den Intentionen, Themen, Methoden und Medien spricht Schulz von "Entscheidungsfeldern"; die Voraussetzungen des Unterrichts heißen bei ihm "Bedingungsfelder". Diese Bezeichnungen erklären sich von ihrer Funktion bei der Unterrichtsvorbereitung her, wo diese angetroffen werden, jene aber Variable nach den Entscheidungen des Unterrichtenden sind.

Die angesprochene Beziehung der lehrtheoretischen zur lernzielorientierten Didaktik ergibt sich aus dem Zusammenhang von "Intention" und "Thema" im Strukturschema.

Mögliche Intentionen des Unterrichts liegen nach W. Schulz in der kognitiven, der emotionalen oder der pragmatischen Dimension, sie können verschiedenen Qualitätsstufen, nämlich (steigend) Anbahnung, Entfaltung und Gestaltung entsprechen.

Mit dem Element "Thema" sprechen Heimann, Otto und Schulz einen Aspekt an, dem - wie dargestellt - die Bildungstheoretiker ihr ganz besonderes Augenmerk gewidmet haben. Die Lehrtheoretiker bejahen Bildung als Ziel jeden Unterrichts durchaus und fordern ergänzend die Sach- und Fachbezogenheit des Unterrichts, der so zu ordnen und zu strukturieren sei, daß er für den Schüler bedeutsam werden könne.

Die Frage der Methodik stellt die lehrtheoretische Didaktik breit dar. Es werden Methodenkonzeptionen (ganzheitlich-analytisch, elementhaft–synthetisch, Projekt- und fachgruppenspezifische Verfahren), Artikulationsschemata (Unterrichtsstufen, -schritte), Sozialformen (Frontalunterricht, Kreis, Teilgruppen- und Einzelunterricht), Aktionsformen (direkte, indirekte) und Urteilsformen unterschieden (vgl. "Methodik" im folgenden).

Medien sollen im lehrtheoretischen Didaktikmodell wegen ihrer allgemein großen Bedeutung in der Lebenswelt der Gegenwart in besonderer Weise berücksichtigt werden. Sie können nach Schulz "monovalent" oder "polyvalent" bezogen auf die Intentionen des Unterrichts sein. Die Themen des Unterrichts repräsentieren sie als "Abbildung", "Muster" oder "Symbol" (vgl. ausführlicher "Didaktische Prinzipien - Anschauung" unten). Methodisch gesehen können sie Lehr- oder Lernmittel, sie können, wenn die Schüler selbständig damit arbeiten und ihre Arbeit auch kontrollieren können, auch Arbeitsmittel sein.

Als "institutionelle Voraussetzungen" des Unterrichts nennt Schulz die "anthropogenen" und die "sozial-kulturellen Voraussetzungen" des Unterrichts. Dabei handelt es sich um Anlagen, Einstellungen, Haltungen oder Gewohnheiten die die Schüler als Personen oder als Mitglieder sozialer Verbände von außerhalb der Schule in diese mitbringen. Gemeint sind aber auch solche Manifestationen, die sich innerhalb von Schule und Klasse herausgebildet haben. Es steht außer Frage, daß Schule und Unterricht einerseits stets von diesen Bedingungen ausgehen müssen, daß sie sie aber andererseits durch ihr Bestehen sowie ihre Abläufe auch immer wieder mitverändern helfen. An dieser Stelle sei allerdings vor der häufig überschätzten Möglichkeit der Schule gewarnt, verändernd auf den außerschulischen Bereich einwirken zu können.

Die genannten Voraussetzungen müssen von der Didaktik beachtet werden. Dazu sind sie zu ermitteln, zu analysieren und zu hinterfragen. Schulz spricht in diesem Zusammenhang von der *Bedingungsprüfung*, die Normenkritik, Faktenbeurteilung und Formenanalyse umfaßt. "Normenkritik" meint das Bedenken vorhandener Normen sowie deren kritische Überprüfung; "Faktenbeurteilung" nimmt alle relevanten Gegebenheiten, die in den Unterricht hineinspielen in den Blick (z.B. Ergebnisse der Milieu-, der Jugend-, Medien– oder Schulforschung); die "Formenanalyse" schließlich beachtet die den Unterricht bisher strukturierenden Verkehrs-, Lehr- und Lernformen. (vgl. insgesamt zum lehrtheoretischen Modell Heimann/Otto/Schulz 1969).

In späteren Jahren überhöhte W. Schulz sein Didaktikmodell durch Leitziele für den Schüler, die er allem Unterricht voranstellen wollte: Emanzipation, Kompetenz und Solidarität.

3.122 Unterrichtsplanung

Das lehrtheoretische Modell orientiert sich bei der Planung des Unterrichts am Strukturmodell und schlägt folgenden Ablauf der Planungsschritte vor:

1. Bedingungsanalyse des Unterrichts
   a) anthropogene Unterrichtsvoraussetzungen
   b) sozial-kulturelle Unterrichtsvoraussetzungen
2. Intentionen
3. Thema (en)
4. Methoden
5. Medien
6. Verlaufsplanung
7. Weiterführung des Unterrichts.

Die Bedingungsanalyse besteht zunächst in einer für den Unterricht relevanten "Normenkritik", "Faktenbeurteilung" und Formenanalyse" (Schulz erstmals 1965, hier 1969, S. 37ff.). Es folgt die Ermittlung der angesprochenen unmittelbaren Unterrichtsvoraussetzungen, die Schulz später (1972) als "Ausgangslage der Unterrichtsteilnehmer" und "institutionelle Voraussetzungen" bezeichnete. Dem folgen die vier "Entscheidungsfelder" "Intention", "Thema", "Verfahren" und "Medien", sowie eine Verlaufsplanung und Überlegungen zur Fortsetzung des Unterrichts.

Drei Prinzipien der Planung führt Schulz ein: Interdependenz, als Element widerspruchsfreier Planung der Einzelelemente, Variabilität, um auf unerwartete und wichtige Ereignisse reagieren zu können und Kontrollierbarkeit, um den Unterricht nicht im Unverbindlichen zu belassen (vgl. Schulz 1969, S. 44ff.).

3.13 Kybernetische Didaktik

3.131 Theorie des Unterrichts

Die kybernetische Didaktik sieht ihre Hauptaufgabe darin, Unterricht zu optimieren. Sie faßt Erziehung und Ausbildung als Regelung auf, darzustellen am Regelkreismodell (vgl. Abb.):

Dieses Modell macht die nach der Auffassung der kybernetischen Didaktik wissenschaftstheoretisch begründete Grenze zwischen den von außen eingegebenen Schul- und Unterrichtszielen (SOLL-Wert) und dem zu beeinflussenden und zu analysierenden Unterrichtsgeschehen deutlich. Der Unterricht erscheint deutlich als Prozeß unter Beteiligung verschiedener Funktionsträger. Der Vorteil dieser Sichtweise besteht in der Möglichkeit zu objektivierter differenter Betrachtung der spezifischen Stationen während des Unterrichts. Gefahren des Modells liegen in der Nichtbeachtung der "unwissenschaftlichen" Unterrichtsaspekte und dem damit eher möglichen Mißbrauch optimaler Strategien für alle möglichen Zwecke.

Die Aufgabe des didaktischen Wissenschaftlers besteht darin, die Erreichung von Lernzielen durch Unterricht zu optimieren. Seine besonderen Einflußmöglichkeiten liegen im Bereich der Strategieentwicklung und der Steuerung, durch eine dementsprechende Modifizierung des "Stellgliedes" und des "Reglers". Felix von Cube hat in seinem Werk "Kybernetische Grundlagen des Lernens und Lehrens" aufgrund bereits vorliegender Forschungsergebnisse (aus der Lernpsychologie wie aus der Pädagogik, z.B. des "Exemplarische Prinzip") grundlegende Aussagen über verschiedene Strategien vorgelegt. Er unterscheidet Kenntnis-, Erkenntnis-, Einstellungs-, Fertigkeits- und Strategien zum produktiven (u.ä.) Denken (von Cube 1982, S. 241ff.).

3.132 Unterrichtsplanung

Die Unterrichtsplanung der kybernetischen Didaktik wird nach der Vorlage des Regelkreises konzipiert und beinhaltet folgende Schritte:

1. Zielplanung
2. Strategieplanung
3. Medienplanung
4. Kontrollplanung
5. Verlaufplanung (vgl. Abb.)

Unter kybernetischer Unterrichtsplanung wird die Planung der zielbezogenen Steuerung des Unterrichts verstanden. Die kybernetische Didaktik (F. von Cube) übernimmt weitgehend die strukturellen Annahmen der lehrtheoretischen Didaktik. Sie tritt im übrigen für die wissenschaftliche Untersuchung der Mittel-Ziel-Relation unter Berücksichtigung der Bedingungen zur Optimierung von Unterrichtsstrategien ein. Planerische Vorentscheidungen im Bereich der Zielerreichung werden als zweckrational angesehen und somit als gegenüber wissenschaftlicher Erforschung offen (vgl. von Cube 1982, 342).

Die Zielplanung enthält folgende Aufgaben: die Reflexion der Ziel- und Zeitvorgaben, der Adressaten und Realisationsmöglichkeiten; die Entscheidungsmöglichkeiten der Unterrichtsbeteiligten, die Reflexion und Legitimation der gewählten Ziele selbst.

Die Strategieplanung besitzt den Soll- und den Ist–Wert als Ausgangspunkt. Sie verfolgt sodann drei Schritte:

a) Anordnung der Teilziele (zeitlich/strategisch)
b) Auswahl oder Entwicklung von Lehrstrategien (als zu optimierende Überordnung und Zielrichtung von Methoden, Unterrichtsformen und -prinzipien) (Beispiele für Strategien: Kenntnisstrategien, Erkenntnisstrategien, Einstellungsstrategien etc. - vgl. v. Cube 1982, S. 241ff.)
c) Methodenplanung.

Die Medienplanung bedenkt das Zeichenrepertoire der Adressaten und eine mögliche Art und einen Grad der Codierung des Stoffes (auditiv oder audiovisuell, Abstraktionsniveau).

Kybernetische Unterrichtsplanung

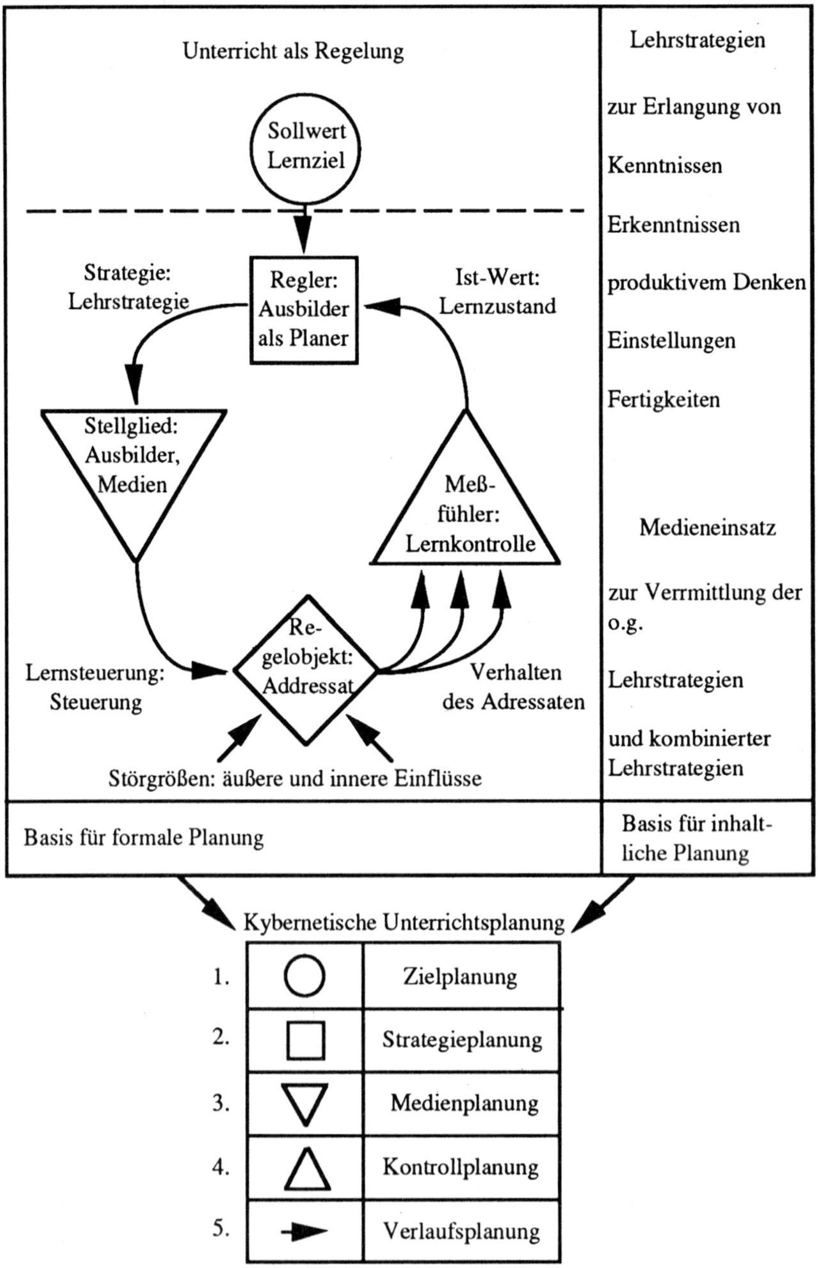

(von Cube 1982, S. 350)

Die Kontrollplanung beschäftigt sich weniger mit der Durchführung der Lernkontrollen selbst; hierzu liegen seitens der Testpsychologie hinreichend Ergebnisse vor. Vielmehr geht es an dieser Stelle um den Ort innerhalb der Lehrstrategie, an denen sinnvoll Lernkontrollen stattfinden sollen.

Von Cube spricht in diesem Zusammenhang von der didaktischen Situation. Sie bezeichnet die Stellen, an denen der spezielle Regelungsprozeß Unterricht rückgekoppelt wird. Grundsätzlich kann dieser Regelungsprozeß auch ohne Rückkoppelung auskommen, jedoch zumeist bedarf eine Lehrstrategie auf dem Wege zur Erreichung des Lernziels der Absicherung vorauszusetzender Teilaspekte, Grundkenntnisse etc. Die didaktische Situation bezeichnet diesen Ort, an dem während des Unterrichts versucht wird, die jeweiligen IST-Werte der Schüler durch Steuerungsoperationen auf eine gemeinsame und für das Weiterschreiten notwendige Basis zu bringen. Wenn auch die didaktischen Stationen nicht unbedingt mit den Teilzielen des Unterrichts zusammenfallen müssen, dürfte deren Zusammenfallen im Zusammenhang mit Lernkontrollen zweckmäßig sein. Zwischen der Eigenaktivitit der Lernenden und der Häufigkeit didaktischer Stationen besteht ein direkter proportionaler Zusammenhang; darstellende Strategien brauchen weniger didaktische Stationen.

Nach der Festlegung aller Vorentscheidungen erfolgt die Verlaufsplanung.

3.2 Didaktische Prinzipien

Didaktische Prinzipien sind Grundlagen für unterrichtliches Handeln, mit der Intention, den Lernprozeß zu optimieren. Sie bilden zum einen Teil die gesammelten Erfahrung von Unterrichtenden, dann jedoch sollten sie - unter dem Aspekt einer notwendigen wissenschaftlichen Fundierung des pädagogischen Handelns - theoretisch begründet werden. Sie entstammen andererseits pädagogisch–theoretischen Überlegungen.

Die didaktischen Prinzipien beziehen sich auf den Lernstoff - und zwar gleichgültig ob es sich um Kenntnisse, Fertigkeiten oder Haltungen handelt -, auf den Lernenden und die Art und Weise des Lernprozesses.

3.21 Sach- und Zielgemäßheit

Ziel des Unterrichts ist die Vermittlung von Kenntnissen, Fertigkeiten, Fähigkeiten und Haltungen. Sie werden dadurch bewerkstelligt, daß die Schüler mit Lerninhalten in Beziehung kommen. Die Tatsache, daß nicht alle Inhalte per se vom Schüler verstanden werden können, begründet Didaktik als Auswahl- und Übermittlungswissenschaft und bedingt den Vorgang der *didaktischen Transformation.* Mit didaktischer Transformation ist ein Vorgang gemeint, der einen als Lerninhalt deklarierten Inhalt so umgestaltet, daß er einerseits die Sache hinreichend richtig wiedergibt, daß er aber andererseits dem Ziel, daß der Schüler diesen Sachverhalt verstehe, entsprechen kann.

Es kann hierbei durchaus zu wechselseitigem Ausschluß kommen. Gegenstände können sich derart dem Lernen entziehen, daß sie nur um den Preis einer verfälschenden Vereinfachung zu lernen wären. *Eine Verfälschung des Gegenstandes durch didaktische Transformation ist jedoch abzulehnen!* Die Begründung für eine strenge Sachrichtigkeit bei der Stoffvermittlung im Unterricht sowie für eine nur daran orientierte Zielauswahl ist lerntheoretisch durch die Problematik des Übermittelns von bewußt falschen Informationen für nachfolgende Lernprozesse herzuleiten. Die ethische Frage eines solchen Vorgehens soll hier nur erwähnt werden.

Sachgemäßheit als Unterrichtsprinzip hat allerdings zur Folge, daß nicht jeder Lernende zu jeder Zeit alles lernen kann. *Zielgemäßheit* beinhaltet deshalb eine Zielhierarchie, die sich an den Lernmöglichkeiten der Schüler orientiert. Fragen des Alters, der Begabung, des Interesses werden in ihrer unterschiedlichen Beantwortung zu unterschiedlichen Zielen führen. Bezogen auf diese Differenzen bedeutet *Zielgemäßheit* desweiteren allerdings eine stringente Beachtung der Adressaten des Lernprozesses (siehe unten "Schülergemäßheit").

3.22 Schülergemäßheit insgesamt

Der einschlägige Terminus früherer Didaktik hierzu lautet "Kindgemäßheit". Schülergemäß auch im Sinne des für den schulischen Unterricht zentralen Anliegens der "Bildung" - ist, was ihn in seiner Persönlichkeitsentwicklung unterstützt, ihn der Umwelt qualifizierter gegenübertreten läßt, d.h. ihn im Umgang mit ihr vernünftiger, mündiger und humaner sein läßt. Schülergemäßheit also bedingt zuallererst die *Förderung* des Lernenden.

Der Schülergemäßheit entgegenstehende Faktoren sind die gesellschaftlichen Ansprüche an die Schule, die im Prinzip unabhängig von den Bedürfnissen der Schüler erhoben werden. Die Schule kann gewiß nicht am "Bedarf" ihrer jeweiligen Umgebung vorbei arbeiten. Sie würde die Legitimation in ihrer Gesellschaft verlieren und damit ihre Subsistenz. Wenn uns also die Berücksichtigung der gesellschaftlichen Erwartungen durch die gesellschaftliche Eingliederung der Schule aufgenötigt wird, wenn auch anerkannt werden muß, daß es gewiß auch im Interesse des Schülers ist, Erwartungen der Gesellschaft entsprechen zu können, so muß doch auch bedacht werden, daß Schülergemäßheit im strengen Sinne im Falle eines Widerspruchs zur Gesellschaft die konsequente Parteilichkeit zugunsten des Schülers bedeutet.

Die unterrichtlichen Maßnahmen der Differenzierung, Motivierung und Aktivierung begünstigen die Schülergemäßheit des Unterrichts, sie stellen daher von der Schülergemäßheit abzuleitende didaktische Prinzipien dar.

Alle entsprechenden Prinzipien sind allerdings streng daran zu messen, ob sie nicht zur Unterforderung der Schüler führen; der Einsatz dieser Prinzipien muß - wie aller Unterricht - letztlich dazu dienen, die Schüler von fremder Lernhilfe mehr und mehr unabhängig zu machen.

3.221 Schülergemäßheit durch Differenzierung

Differenzierung stellt ein Moment der Unterrichtsorganisation dar (Näheres siehe "Theorie der Schule" "Schulorganisation"), es gründet sich allerdings auf das Prinzip der Schülergemäßheit des Unterrichts und intendiert, der Individualität des Schülers zum Zwecke seiner Förderung zu entsprechen.

Die Individualität des Schülers manifestiert sich in der Differenz seiner Lernvoraussetzungen, den kognitiven, sprachlichen, emotionalen und motivationalen. Ihr muß, soll Schülergemäßheit gewährleistet sein, Geltung verschafft werden. Diesem Zweck dienen eine Fülle unterschiedlicher Differenzierungsmittel und Differenzierungsarten.

Der Differenzierung teils entgegenstehend ist die Aufgabe der Schule, den Schüler für ein Leben im Sozialverband fähig und bereit zu machen. Diese Tatsache spricht gegen eine uneingeschränkte und ständige Individualisierung des Unterrichts. Dagegen spricht auch die Erkenntnis der Sozialpsychologie, daß Lernen sich in Sozialverbänden klärt, bzw. sich erst von dorther legitimieren läßt. In diese Richtung weist zugleich die Anthropologie, die ganz allgemein und dann natürlich auch mit Bezug auf Lernen, von der Bindungsbedürftigkeit des Menschen spricht.

Daraus folgt: Differenzierung ist für das Lernen des Individuums ebenso notwendig wie die Sozialbindung allen Lernens; sie kann also keine ausschließliche didaktische Maßnahme sein.

3.222 Schülergemäßheit durch Motivierung

Ein häufiges Mißverständnis zur Motivierung des Schülers besteht in einer sehr vordergründigen Beschreibung dieses Sachverhalts, der sich in bloßer "show“, als kurzzeitiger "Gag" darbietet. Motivation in ihrer vollen Unterrichtsbedeutung muß eine längerdauernde Beziehung zwischen dem Schüler und dem Gegenstand stiften. Die Psychologie hat diese sachbezogene Motivation festgemacht am Begriff der *intrinsischen Motivation* und sieht diese im Gegensatz zu sachfremder "aufgesetzter", *extrinsischer Motivation* (z.B. ein Bonbon als Lern–Lohn) (zu "Motivation" vgl. "Schulpsychologie").

Wann also wird der Schüler durch Motivation ihm selbst gemäß gefördert? Er muß sich vom Lernthema und -prozeß *angesprochen* fühlen, um sich mit diesem Vorgang zu *identifizieren*. Hierzu müssen die Voraussetzungen des Interesses, der Einsicht in den Sinn dieses Lernens und ein gewisser *Lernreiz* vorhanden sein.

Nur eine konsequente Beachtung der jeweiligen *Schülersituation* verhilft diesem Ziel zum Durchbruch. Die Berücksichtigung der *Lebensumstände* des Schülers sowie die Vermittlung von *Wichtigkeit* und *Aktualität* des Gelernten, vermitteln dem Schüler den Eindruck, daß sich die Mühe, sich mit einer Frage auseinanderzusetzen, für ihn lohnt.

3.223 Schülergemäßheit durch Aktivierung

"Handeln" hat sich als ein Grundbedürfnis des Menschen, insbesondere in der Phase des Heranwachsens erwiesen. L. Wigger nennt Handlungen "bewußte und willentliche, d.h. zweckbestimmte Tätigkeiten, die von vernünftigen und sich selbst bestimmenden Subjekten auf der Grundlage ihres Wissens unter gegebenen natürlichen und gesellschaftlichen Bedingungen wie unter normativen Ansprüchen vollzogen werden" (Wigger 1983, S. 128). Mit der Bestimmung der Aktivierung als Handeln des Schülers wird ein bloßer "Aktionismus" ausgeschlossen.

Auf einfacherem Niveau ist "Agieren" bereits bei den höheren Tieren nachzuweisen. Der Psychologie U. Undeutsch faßt eine Reihe entsprechender Forschungsergebnisse sinngemäß wie folgt zusammen (unveröffentlichter Vortrag am 7.11.1989 in Köln): Risikobereitschaft und Entdeckungsdrang sei - abgeleitet aus der Beobachtung bei Primaten und anderen höheren Lebewesen - auch typisch für die Entwicklung des Menschen. Bei Tieren ist eine Art Jugendphase mit Spannungen oder Restriktion dann zu beobachten, wenn sie entweder das elterliche Revier verlassen, um ein neues zu finden, oder wenn sie, wie die Primaten während der Geschlechts- und Sozialreife, ihren neuen Platz im Sozialgefüge des Stammes erringen müssen.

Auch für den Menschen seien Handlungen, Anstrengung und Kampf nicht nur in der Jugendzeit während einer langen Phase seiner Entwicklung stete Begleiter seiner Triebbefriedigung gewesen; dies schreiben F. von Cube und D. Alshuth in ihrem Buch "Fordern statt Verwöhnen". Der moderne Mensch erziele Triebbefriedigung zu oft mühelos, er werde dementsprechend "verwöhnt". Das in der langen Stammesgeschichte des Menschen somit angelegte Handlungsbedürfnis werde heutzutage kaum mehr gebraucht und baue sich gerade bei jungen Menschen in unerwünschter Form ab. Gewalterscheinungen oder Aussteigermentalität in modernen Gesellschaften seien auf ein nicht ausgeschöpftes Handlungspotential zurückzuführen. Die Pädagogik müsse, fordern von Cube und Alshuth, die Tatsache des vorhandenen Handlungspotentials bei Jugendlichen berücksichtigen und ihnen sinnvolle Aktivitäten abfordern, z.B. Explorationsverhalten und Möglichkeiten fairen Wettkampfs zum Abbau vorhandener Aggressionen.

Gewiß muß jede monokausale Erklärung gegenwärtiger Erziehungsprobleme mit aller Vorsicht betrachtet werden. Jedoch spricht für Selbsttätigkeit und Selbständigkeit des Schülers im Unterricht, für viele Möglichkeiten des handelnden Umgangs mit den Lern"dingen" nicht nur ein stammesgeschichtlich begründetes Aktivitätsbedürfnis, sondern es sprechen gewichtige pädagogische Erfahrungen und vor allem die Ergebnisse der Lern- und Entwicklungspsychologie dafür; in diesem Zusammenhang sei an J. Piaget's Satz erinnert, daß Denken verinnerlichtes Handeln sei.

3.23 Elementarisierung insgesamt

Bei der Elementarisierung geht es um die Art und Weise der *didaktischen Transformation*, von der bereits gesagt wurde, daß sie bei aller *Schülergemäßheit sachangemessen* bleiben müsse. Möglichkeiten der Elementarisierung sind die Vereinfachung, Strukturierung und Veranschaulichung. Sie können durchaus gemeinsam auftreten. Ihre Gültigkeit im Unterricht ist gebunden an die jeweilige Fähigkeit der Schüler. So wie Lernanfänger oder schwache Lerner eines großen Elementarisierungsanteils bedürfen, sinkt der entsprechende Anteil mit steigendem Schülervermögen. Ziel des Unterrichts muß es also sein, zunächst auf den vereinfachten, strukturierten und veranschaulichten Unterrichtsgegenständen aufzubauen und weitere Einzelheiten, weitere Beziehungen hinzuzufügen sowie das Abstraktionsniveau zu erhöhen. Letztes Ziel des Unterrichts ist die Befähigung des Schülers, sich mit der untransformierten Wirklichkeit auseinanderzusetzen. Die Elementarisierungsformen sind nicht Selbstzweck, sondern Mittel zum Erreichen dieses Zieles.

3.231 Elementarisierung durch Vereinfachung

Ein an sich komplexer Sachverhalt wird im Unterricht weniger komplex dargeboten, so daß ohne Sachverfälschung das Verständnis der Lernenden erreicht werden kann. Diese Komplexitätsreduktion kann auf den Ebenen der Sache selbst und der Vermittlung der Sache erfolgen.

Die Vereinfachung der Sache selbst kann durch die Verminderung von Informationen, die nicht zum Kern einer Sache gehören, erreicht werden. Um Schülern beispielsweise ein Gedicht nahezubringen, sind nicht alle Informationen über den Dichter, die Epoche und über alle Auslegungsmöglichkeiten notwendig. Medien, in Gestalt von Bildern, Modellen oder Schemata, repräsentieren bereits eine vereinfachte Wirklichkeit (vgl. 4.4).

Darüber hinaus ist im Bereich des Unterrichtsmediums eine weitere Vereinfachung möglich. Die Sprache kann in Wort und Schrift durch den Verzicht auf komplexe Satzstrukturen, den Verzicht auf Fremdwörter u.ä. ebenso vereinfacht werden, wie Darstellungen aller Art.

3.232 Elementarisierung durch Strukturierung

Strukturierung bedeutet die Aufgliederung eines Sachverhaltes, wobei die Strukturierung in den Teilen selbst, im Verzeichnis solcher Einzelheiten und in der Darstellung des Konzepts des Gesamt-Teil-Zusammenhangs besteht. Alleine die Aufteilung des Schulunterrichts in Fächer und in Einzelthemen sowie in der Vorstellung von Bildung, von der diese Einzelthemen zusammengefaßt werden, stellt eine solche Strukturierung dar. Strukturen minimieren die notwendige Aufnahmeleistung und ermöglichen so erst das Lernen. Wollte man z.B. ein längeres Gedicht in einem Zuge lernen, wäre man überfordert, also lernt man es in aller Regel Strophe für Strophe; man strukturiert die Gesamtheit also zum Zwecke des besseren Lernens, wobei bereits Rhythmus, Versmaß, Endungen und der thematische Zusammenhang als vorgegebene Strukturierungen das Verstehen und Lernen unterstützen.

Wichtig ist allerdings, daß bei der Einzelbetrachtung die Gesamtheit des Stoffes nicht verloren geht. Unterricht hat darauf zu achten, daß - bei aller einzelheitlichen Betrachtung - Gesamtheiten beachtet werden. So muß die Gesamtstruktur in geeigneter Weise immer wieder ins Gedächtnis gerufen werden. Dies ist bei unserem Gedichtbeispiel unproblematisch, weil am Ende des Lernens und beim Vortrag das Ganze sichtbar ist. Anders verhält es sich bei vielen anderen Einzelgliederungen des schulischen Lernens. Wer denkt in der Mathematik bei der Multiplikation stets an die Addition oder die Division; wer bei der Blüte an die ganze Pflanze? Und doch ist die Sicht des Ganzen nicht aus dem Auge zu verlieren, weil erst im Gesamtzusammenhang Kenntnisse zu Erkenntnissen werden können.

Es darf aber auch die Ganzheit nicht ständig in den Blick gerückt werden, weil sonst die günstigen Lerneffekte der Aufgliederung wieder verloren gehen. Es reicht aus, dem Lernenden zu Beginn einer Beschäftigung mit einem Thema die Gesamtstruktur samt den Einzelteilen und unter Einschluß des nunmehr thematisierten Einzelthemas einsichtig zu machen, wobei auf die Form der Veranschaulichung durch Skizzen als Möglichkeit hier nur hingewiesen wird. Beim Erreichen von Teil- oder Endzielen im Verlaufe der Themenerarbeitung sind ferner die Wirkung dieser Ergebnisse auf die Gesamtheit oder andere Teile von ihr zu bedenken. Dieser Vorgang sorgt zumeist in hinreichender Weise für eine genügende Gesamtsicht bei einzelheitlicher Themenbearbeitung.

3.233 Elementarisierung durch Veranschaulichung

Anschauung ist als Begriff in Pädagogik, Philosophie (= Auffassung, Meinung) und Psychologie (= Wahrnehmung) zu unterscheiden. Pädagogische Anschauung meint inhaltlich ausgewählte Sachverhalte und Gegenstände aus Natur und Geist, die dem Lernenden die Welt erschließen sollen. Sie kann ferner aus methodischer Sicht als Lernoptimierungshilfe verstanden werden.

In seiner "Didactica magna" (Kap. 17) sieht Comenius Anschauung methodisch, wenn er als Voraussetzung eines leichteren Lehrens und Lernens fordert, daß 'alles durch sinnliche Anschauung gelehrt wird'. Diese methodische Richtung, die im Anschauungsunterricht die Realität mittels der Sinne erfassen will, heißt Sensualismus.

Comenius aber ist es auch, der im gleichen Text (Kap. 18) über die Anschauung als bloß methodisches Arrangement hinausweist. Sein Grundsatz für den Unterricht: 'Nichts soll auf bloße Autorität hin gelehrt werden, alles vielmehr durch eine den Sinnen und der Vernunft zugängliche Darlegung' enthält, nach Michael, "eine bemerkenswerte Verkoppelung von emanzipatorischer Funktion des Unterrichts überhaupt und der Notwendigkeit anschaulicher rationaler Grundlegung des Lernens" (Michael 1983).

Erst mit dem Umbruch, der durch den pädagogischen Realismus erfolgt, kann Anschauung diese auf Reflexion zielende Bedeutung erhalten. Bis zum Humanismus ging es primär um die Aneignung autoritativer Einsichten, und der Erwerb der Begriffe (verba) schloß das Verstehen der damit benannten Gegebenheiten (res) ein. Mit der Fraglichkeit einer allgemeingültigen Sicht der Dinge geht die Notwendigkeit der Bemühung eines jeden um seine Anschauung der Gegebenheiten einher.

Ob Pestalozzi sich von Kants Aussage, Anschauungen ohne Begriffe seien leer, inspirieren ließ, bleibt unklar; zur Frage der Priorität der Dinge oder des Denkens für den Erkenntnisgewinn sagt er, daß 'jede Erkenntnis von der Anschauung ausgehen und auf sie müsse zurückgeführt werden können'. Herbart hebt gerade das Prozeßhafte bei Pestalozzi hervor, 'den Geist des Kindes zu bauen, eine bestimmte ... Erfahrung darin zu konstruieren, ... das zu geben, was dann weiterhin verarbeitet und besprochen werden kann'.

In der praktischen Anwendung dieser Gedanken blieb allerdings nur die methodisch eingeengte Instrumentalisierung der Anschauung. "Der Unterricht erschöpfte sich in formalistischen Sprachübungen an Anschauungsobjekten, weit entfernt davon, Anschauung und Erkenntnis als geistige Kraft im Kinde zu entbinden und methodisch zu schulen" (Michael 1983).

Die Reformpädagogik begreift Anschauung, u.a. in Form des heimatkundlichen Anschauungsunterrichts, auch wieder inhaltlich. Die Richtlinien zur Aufstellung von Lehrplänen für die Grundschule von 1921 fordern, daß 'Wissensstoffe' in diesem Fach nicht 'bloß äußerlich angeeignet' werden, 'sondern möglichst alles, was die Kinder lernen, von ihnen innerlich erlebt und selbsttätig erworben wird'.

Aktuell führt Klafki in seiner Theorie der kategorialen Bildung aus: Anschauung beziehe sich auf den gesamten Bereich der "Begegnung des jungen Menschen mit einem Objektiven". Diese erfolge unmittelbar und werde oft erst durch Bemühungen des Lernenden fruchtbar. Aufgabe der Pädagogik sei es, "prägnante Erfahrungen und Erlebnisse aufzuspüren", oder zu "schaffen, in denen oder an denen das Wesentliche zur Erscheinung kommt". Dann könne man von "kategorialer Anschauung" sprechen (Klafki 1964 (b)).

Die Auffassung, daß Anschauung stets auch eine inhaltliche Kategorie besitzt und keineswegs nur Mittel zum Zweck der Erreichung eines Unterrichtszieles ist, scheint auch mit dem Blick auf andere unterrichtstheoretische Ansätze konsensfähig zu sein. Wenn in der Unterrichtspraxis heute von Mitteln der Veranschaulichung die Rede ist, geht es, ganz im Sinne der Interdependenz als Planungsprinzip des Unterrichts (W. Schulz), immer zugleich auch um die Möglichkeit kategorialer Anschauung für den Lernenden.

Veranschaulichungsmittel können (nach Keck) Originale sein oder die Wirklichkeit abbilden (z.B. ein Bild), nachbilden (z.B. ein Modell) und darstellen (z.B. ein Schema). Sie dienen im Unterricht drei Zielen: der Motivations-, Erkenntnis- und Reproduktionshilfe. Michael weist darauf hin, daß inadäquate Veranschaulichung irreführend sein kann, daß ein Überangebot an Anschauung den Lernenden desaktiviert, also der kategorialen Anschauung zuwiderläuft und daß eine Verfehlung der Anschauung dann eintritt, wenn die Veranschaulichung für die Wirklichkeit selbst gehalten wird (vgl. Michael 1983).

3.24 Exemplarisches Prinzip

Das exemplarische Prinzip verbindet Momente der elementarisierenden Vereinfachung und Strukturierung mit den unterschiedlichen Prinzipien der Schülergemäßheit.

Gegen die große Stoffülle im Unterricht wollte M. Wagenschein den Unterricht "wesentlicher" machen. Er intendierte, daß die Anzahl der Unterrichtsthemen in den Fächern reduziert, daß die verbleibende geringere Anzahl der Themen im Unterricht hingegen gründlicher behandelt werden sollte. Diese intensivierte Bearbeitung von Unterrichtsthemen soll folgende Grundlagen aufweisen:

- Themenauswahl unter dem Aspekt ihrer Fachbedeutsamkeit
- Themenauswahl unter dem Aspekt ihrer Exemplarität
- Themenauswahl unter dem Aspekt ihrer vielseitigen Bezüge innerhalb und außerhalb des Faches.

Mit den genannten Überlegungen zur Themenauswahl soll eine bessere Schülermotivierung erreicht werden:

- weitgehende Aktivierung der Schüler.

Ein Beispiel für die Verwirklichung des exemplarischen Prinzips kann die Behandlung der Tulpenblüte im Biologieunterricht sein. Sie stellt den Typus Blüte dar, sie ist damit ein Beispiel für viele weitere Blüten. Das Thema sollte mit Schülerexperimenten an den Blüten selbst, mit Fragen und Versuchen zur Befruchtung, zur Vererbung u.ä. verbunden werden. Wenn die Schüler in mehreren Unterrichtsstunden und als Hausaufgabe Gelegenheit erhalten, sich intensiv mit dem Thema auseinanderzusetzen, besteht durchaus die Möglichkeit, daß sie über das bloße Einprägen des Unterrichtsstoffes hinaus, ein schöpferisches und weiterwirkendes Interesse an Biologie, am Experimentieren oder Forschen finden können. Diese Weiterungen sind in einem Unterricht, der nicht dem exemplarischen Prinzip folgt, sondern die Schüler Stunde für Stunde mit vorbereiteten "Lernhappen" versorgt, kaum denkbar.

3.25 Überprüfung des Gelernten

Verschiedene Planungsmodelle des Unterrichts sprechen von der Notwendigkeit, den Erfolg des Unterrichts zu überprüfen. Damit ist zunächst einmal gemeint, daß sich der Lehrende vergewissert, inwieweit seine Lehrstrategien erfolgreich waren. Es gibt verschiedene Möglichkeiten der Überprüfung, ob ein Stundenziel oder -teilziel erreicht wurde oder nicht. Diese wichtige Aufgabe für die Planung von Unterricht in bezug auf Wiederholungen, Differenzierung und eventuelle Förderung ist von der Kontrolle der Lernenden zum Zwecke der Beurteilung deutlich zu trennen; letztere sollte erst dann erfolgen, wenn jedem Schüler die Chance gegeben wurde, den Stoff zu beherrschen.

Kurzfristig läßt sich der Lernerfolg beim Schüler durch eine dementsprechende Frage oder Aufgabe, die den Kern des neuen Wissens oder Könnens verlangt, ermitteln. Eine von jedem Schüler einzeln und alleine zu lösende Aufgabe bringt hier mehr Gewißheit als die Generalabfrage der ganzen Klasse ("Habt Ihr das verstanden"?). Die Überweisung der Überprüfung in die Hausaufgaben birgt für den Lehrer die Ungewißheit, ob der Schüler selbst die Leistung erbringen konnte, daher erscheinen Hausaufgaben als ungünstiges Mittel der Lernüberprüfung.

Langfristig erfährt der Lehrer in späteren Unterrichtsstunden, bei der Wiederholung oder bei der Anwendung des Gelernten, ob ein Sachverhalt verstanden, eine Fähigkeit oder Fertigkeit beherrscht wird. Schließlich dienen auch Klassenarbeiten der Überprüfung des Gelernten. Diese aber haben die weitere Funktion der Beurteilung des Schülers.

Der schulische Beurteilungsprozeß verläuft in der Regel wie folgt: Formal sollte der Lernerfolg infolge vorausgegangenen Unterrichts der Beurteilungsgegenstand sein. Anders als bei Tests der verschiedenen Art und Weise sollte aus der schulischen Beurteilung die Frage der Ermittlung grundsätzlicher Begabungen und Eigenschaften herausgehalten werden. Kurz gefaßt: Die Schule soll nur das Beurteilen, was sie vermittelt hat! Eine solche Grundlegung jeder schulischen Beurteilung zeigt sowohl die Bemühungen des Schülers wie den Erfolg oder Mißerfolg des Lehrers auf.

In jede Leistung, auch wenn dies nicht i.e.S. ausdrücklich als Leistung gemessen werden soll, wirken persönliche und soziale Voraussetzungen mit ein. Auf Seiten des Schülers wie des Lehrers wirken Herkunft, angeborene und erworbene Fähigkeiten, Fertigkeiten, Kenntnisse, Einstellungen und Haltungen sowie die Sicht der aktuellen Situation fördernd oder hemmend.

Gewöhnlich drückt der Lehrer sein Urteil über den Lernerfolg des Schülers in einer Zensur aus. Er erteilt diese Zensur für schriftliche Arbeiten oder für mündliche Leistungen mit mehr oder weniger subjektivem Gehalt als Einzelzensur und als Zeugnis, das zumeist jedes halbe Jahr erstellt wird und zuvor Gegenstand einer Lehrerkonferenz ist an der u.a. alle Lehrer der Klasse teilnehmen.

Die Jahreszeugnisse entscheiden zunächst über "Steigen" und "Sitzenbleiben", über die eventuelle Verteilung auf Leistungskurse, am Ende einer Schulzeit über die Qualität von Abschlüssen, die entweder weitere Möglichkeiten eröffnen (Übergänge in "höhere" Schulen, Studium, Lehre) oder verwehren. Sie haben jedoch auch für das Anspruchsniveau, die Motivation oder die Stellung in der Gruppe auf Seiten des Schülers Gewicht, so daß die Notengebung heute diejenige von morgen mitbestimmt.

In zahlreichen Arbeiten wurden Fehler im Lehrerurteil festgestellt und ein Zusammenhang mit Persönlichkeitsmerkmalen des Schülers (Herkunft, Geschlecht, Verhalten) in Abhängigkeit von denen des Lehrers aufgezeigt. Unter diesem Gesichtspunkt wird ein auf der Beurteilung der Schule beruhender Selektionsprozeß durch die Schule selbst (vgl. "Schulsoziologie") fragwürdig. Abgesehen von diesen subjektiven Faktoren der Beurteilung, die durch Aufklärung und Information der Lehrer gemildert werden können, bleiben als Grundprobleme schulischer Beurteilung die unterschiedlichen Voraussetzungen der Schüler, also die Chancenungerechtigkeit durch Milieu und Begabung, und eine für Prognosen zu schmale Basis des Schulurteils, das meist auf der Rezeption von Schulwissen beruht und handwerkliche, explorative, kreative, organisatorische u.a. Fähigkeiten weitgehend außer acht läßt.

Die genannten Schwierigkeiten haben in der Schule zu vorsichtigerem Umgang mit Zensur und Zeugnis geführt. In den ersten Grundschulklassen wird aus diesem Grunde bereits ein"Sitzenbleiben" ausgeschlossen und die Leistungen nicht mehr durch Zensuren sondern durch (allerdings standardisierte) Berichte über den individuellen Leistungsstand ersetzt. In den meisten genannten Alternativschulen (vgl. 2.641) wird - mindestens in den unteren Jahrgängen - auf Noten und Zeugnisse verzichtet. Später werden sie wegen der Vergleichbarkeit von Abschlüssen amtlich gefordert.

3.26 Festigung

Gelerntes, nicht gefestigt, wird vergessen; man muß also dafür sorgen daß der Schüler sich das Gelernte einprägt und zum festen Bestand des Wissens bzw. des Denkens und Verhaltens macht.

Besondere Erlebnisse oder mit besonderen Erlebnissen verbundene Fakten prägen sich dem Menschen gut ein und es ist eine wichtige Erkenntnis der Lernpsychologie daß emotionale Beteiligung einen Lernprozeß vertieft. Zur Verwirklichung des Prinzips der Festigung läßt sich also die Forderung aufstellen, zu lernende Inhalte womöglich mit Emotionalität zu verbinden. Es versteht sich aus pädagogischer Verantwortung, daß sich im Unterricht das bewußte Herbeiführen negativer Emotionen (z.B. Furcht, Ekel) verbietet und eher über positive Emotionen die Festigung von Gelerntem erreicht wird. In Verbindung mit Freude am Spielen und am Erfolg, Spannung auf eine Lösung oder im Wettkampf, Neugier, etwas in Erfahrung zu bringen, sind Lernziele dauerhafter einzuprägen.

Eine weitere Grundbedingung besseren Einprägens von Gelerntem ist die Verbindung mit Handlungen; darauf geht das Prinzip der "Aktivierung" näher ein (s.o.).

Selbst unter solch begünstigenden Bedingungen manifestiert sich Gelerntes nur selten ganz von selbst dauerhaft. Es bedarf verschiedener Formen der Festigung im Unterricht: des Wiederholens, Übens und Anwendens.

Wiederholen bedeutet ein vielmaliges Vorkommen desselben Unterrichtsgegenstandes; Üben bedeutet ein vielfaches Umgehen mit ihm; Anwenden schließlich bedeutet das Praktizieren der Kenntnisse, Fähigkeiten, Fertigkeiten und Haltungen, die gelernt wurden.

Die genannten Festigungsformen bauen aufeinander auf; sie besitzen die Vielheit als gemeinsames Merkmal. Vielheit bedeutet Varianz des Zugangs, der Zusammenhänge, der Unterstützung, der beteiligten Partner oder der medialen Repräsentanz, wobei z.B. der Schülervariabilität durch ein Angebot unterschiedlicher medialer Codierung (Text, Bild, Ton) entsprochen werden könnte.

Gelerntes - dies also die Maxime - soll mehrmals wiederholt dem Schüler dargeboten werden. Die geforderte Varianz dieser Vielfachheit versteht sich auch wegen der Gültigkeit des Prinzips der Motivierung ganz von selbst. Der Schüler soll stets neue und interessante Elemente im Lernprozeß vorfinden. Zugleich wird mit dieser Variabilität, die auch für den Bereich der Übung gilt, die zum erstmaligen Lernen notwendige Elementarisierung abgebaut, so daß sich die Komplexität des Lerngegenstandes behutsam erhöhen kann. Diese Funktion des Abbaus didaktischer Transformation zugunsten angestrebter komplexer Realitätssicht des Lerngegenstandes erfüllt in ganz besonderer Weise die Anwendung des Gelernten.

Der Erfolg des Lernens hat sich also keineswegs eingestellt, wenn der Schüler eine gelernte Überzeugung formulieren oder das gelernte Wissen in einer Klassenarbeit schriftlich fixieren kann. Erst wenn das Wissen von Dauer ist, wenn es in fremden Zusammenhängen angewandt wird, wenn sich Einsichten im Handeln auswirken, ist von einem Lernerfolg zu sprechen. Nur durch eine über Wiederholung, Übung und Anwendung von Gelerntem erreichte Selbständigkeit des Lernenden ist dies zu bewerkstelligen.

3.3 Allgemeine Didaktik und Fachdidaktik

Fachdidaktik entsteht als Bedarf bei der Vermittlung fachwissenschaftlicher Inhalte. Die Zunahme an Komplexität der Lebenswelt erhöht die Notwendigkeit, der nachwachsenden aber auch der erwachsenen Generation Fakten zu vermitteln und Zusammenhänge zu verdeutlichen. Gleichgültig, ob diese Inhalte in gefächertem oder ungefächertem Unterricht, ob sie schüler- oder lehrerorientiert vermittelt werden, die didaktische Reflexion über sie ist keineswegs überflüssig, sondern gerade gegenwärtig und zukünftig höchst notwendig, weil, gleichgültig in welchen Zusammenhängen, aus welchen Anlässen, mit welchem Spezialisierungs- oder Allgemeinheitsgrad Inhalte an Schüler herangetragen werden, diese in einer immer komplexer werdenden Umwelt der didaktischen, und das heißt sachlich richtigen wie verständlichen, Reduktion bedürfen.

Die Stellung der Fachdidaktiken zur Allgemeinen Didaktik legt Keck fest. Die Fachdidaktik sieht er als Klammer zwischen Fachwissenschaft und Unterricht; die Allgemeine Didaktik faßt die Verantwortlichkeiten, die jede Lehre für den Schüler übernimmt, zusammen. Das Verhältnis von Fach- und Allgemeiner Didaktik besteht für Keck demnach in einem notwendigen Wechselbezug bei der Aufgabe des Unterrichts (vgl. Keck et al. 1990, S. 22 ff.; Abb.).

U. Sandfuchs hebt den doppelten Ansatz der Fachdidaktik hervor. Sie vermag weder auf eine bestimmte Inhaltlichkeit noch auf die Beachtung des pädagogischen Hintergrundes bei der Vermittlung derselben zu verzichten; Köhnlein spricht in diesem Zusammenhang von den Aufgaben der "Optimierung und Humanisierung" (vgl. Keck et al. 1990, S. 10 ff. und S. 40 ff.).

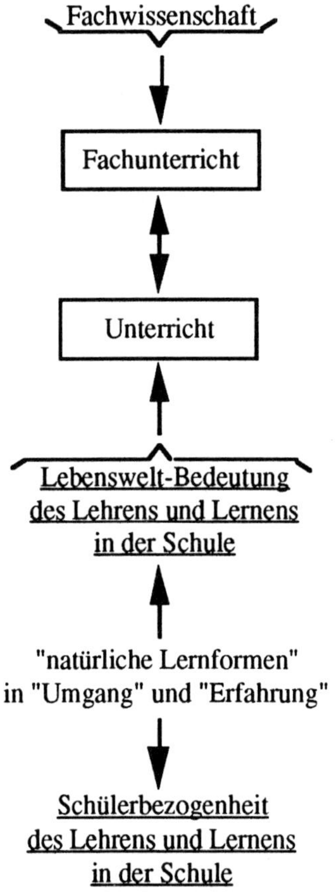

<u>Fachdidaktik</u>

Theorie des Fachunterrichtes

Auswahl und Anordnung der Fachinhalte mit Hinsicht auf fachwissenschaftlich notwendiges Wissen und in Entsprechung zur bildungstheoretischen Zielsetzung von Unterricht

<u>Allgemeine Didaktik</u>

Theorie des schulichen Unterrichtes

Entwicklung von Kriterien für die Inhalts- und Verfahrensbestimmung zur Analyse und Konstruktion von Unterricht unter dem pädagogischen Leitziel:
Erziehung zu selbstständigem Handeln (Bildung) und unter Einschluß paidologischer Erkenntnisse der Bezugswissenschaften und der Reflexion schulinstitutioneller Bedingungen

(Keck et al. 1990, S. 27)

4. Schul- und Unterrichtspraxis *(Ingbert von Martial)*

Kenntnisse über Unterricht gehören zu den Voraussetzungen, von denen eine erfolgreiche Tätigkeit des Lehrers abhängt.

Im Rahmen des Schulpraktikums sind gute Kenntnisse der den Unterricht aufbauenden Elemente zunächst Voraussetzung für eine erfolgreiche Hospitation. Ohne zu wissen, was im einzelnen Unterricht ausmacht, wird eine gezielte Beobachtung des Unterrichts, dem der Hospitant beiwohnt, kaum möglich sein. Gute unterrichtstheoretische Kenntnisse erleichtern den genauen Zugriff auf Unterricht.

Kenntnisse über Unterricht sind auch in anderen Situationen der Lehrerausbildung erforderlich: Fruchtbringende Fachgespräche mit den Mentoren und Fachleitern sind ohne die genaue Kenntnis des Gegenstandes, um den es geht, kaum denkbar. Auch für die eigenen Unterrichtsversuche sind zureichende unterrichtstheoretische Grundlagen erforderlich. Sie liefern das gedankliche Instrumentarium, auf das bei der Planung, der Vorbereitung, der Durchführung und der Analyse des Unterrichts zurückgegriffen kann.

Wir resümieren kurz, was unter Unterricht zu verstehen ist (vgl. hierzu auch Kap. 3).

- Unterricht wird veranstaltet, um bei den Schülern Lernfortschritte zu erreichen. Schüler sollen im Unterricht lernen.
- Das Lernen der Schüler wird durch den Lehrer unterstützt. Das Lehren ist die Hilfe, die dem Schüler durch den Lehrer im Unterricht zuteil wird.
- Der Unterricht in der Schule erfolgt planmäßig und kontinuierlich.
- Im Unterricht werden Ziele verfolgt, die durch die Arbeit an Lerninhalten (Themen) erreicht werden sollen.
- Die Vermittlung von Lerninhalten erfolgt nach Maßgabe professioneller Methoden des Lehrens und Lernens.
- Im methodisch gestalteten Lehren und Lernen im Unterricht werden Informationen enthaltende und Informationen vermittelnde Gegenstände verwendet. Sie werden Medien genannt.
- Es werden organisatorische Vorkehrungen getroffen (Bestimmung von zeitlichen Abläufen, Bereitstellung von Räumen und Medien), welche die ökonomische und ungestörte Durchführung des Unterrichts ermöglichen sollen.
- Der Unterricht in der Schule ist von äußeren und inneren Bedingungen abhängig. Die äußeren Bedingungen entstammen dem Bereich der Kultur, der Politik und der Gesellschaft. Die inneren Bedingungen sind durch die am Unterricht beteiligten Lehrer und Schüler vorgegeben.

Die genannten Merkmale lassen folgende globalen Bereiche des Unterrichts erkennen, mit denen sich die Theorie des Unterrichts zu befassen hat:

- Ziele
- Inhalte (Themen)
- Methoden und Medien
- Organisation

- personale Faktoren
- soziokulturelle Faktoren.

Diese Bereiche umfassen viele einzelne Bestandteile des Unterrichts. Den verschiedenen Bereichen des Unterrichts angehörende Bestandteile des Unterrichts stehen in charakteristischen Beziehungen zueinander. Seine Orientierung erhält der Unterricht von den Zielen. Diese geben aller unterrichtsrelevanten Aktivität die Richtung vor und bestimmen einen Rahmen für die Auswahl der Themen. Die Ziele sollen durch die Arbeit an Themen realisiert werden. Die Auswahl der Methoden und Medien sowie die organisatorischen Vorkehrungen richten sich nach den Zielen und Themen. Es geht hier um die Frage, was geeignet ist, um eine zielförderliche Arbeit an den vorgesehenen Inhalten des Unterrichts zu ermöglichen. Was gelernt wird und wie gelernt wird ist abhängig von den personalen und soziokulturellen Bedingungen des Unterrichts.

Von ihrem Zweck her kann die Kommunikation im Unterricht als zielgerichtet verstanden werden. Zwar kommt es oft zu Störungen der unterrichtlichen Intentionalität. Schüler sind nicht immer dem Unterricht mit voller Aufmerksamkeit zugewandt. Auch bei Lehrern mag das gelegentlich der Fall sein. Dennoch wird man im großen und ganzen die Aktivität von Lehrer und Schülern als zielgerichtet betrachten dürfen. Was der Lehrer im Unterricht tut, ist weitgehend durch die Lernziele bestimmt, die er realisiert sehen möchte. Das Handeln des Lehrers ist darauf gerichtet, bei den Schülern Lernfortschritte zu erreichen. Unter diesem Gesichtspunkt ist die gesamte Lehrer-Schüler-Aktivität zu betrachten. Thema, Methode und Medien dienen dazu, die Interaktionen in der Lehr-Lern-Gruppe so zu gestalten, daß bei den Schülern neue Leistungsformen entstehen.

Die methoden- und medienbestimmte Arbeit am Thema kann als Vermittlung, Aufnahme und Verarbeitung von Information verstanden werden. Jedes einzelne Element unterrichtsrelevanter Tätigkeit von Lehrer und Schülern wird man unter diesem Gesichtspunkt betrachten können. Es hat eine bestimmte Bedeutung im Prozeß des Unterrichts.

Zentraler Informationsvermittler im Unterricht ist der Lehrer. Vor allem durch die Sprache und den Gebrauch von Medien stellt er Information bereit, die der Arbeit am Thema dienlich ist. Aber auch die sprachlichen Beiträge der Schüler und ihre Arbeit mit Medien sind Bestandteil des informationellen Prozesses. Durch diese Aktivitäten wird dem Lehrer und anderen Schülern Information (sprachliche Äußerungen zum Thema, Demonstration an der Tafel) übermittelt oder aber es wird Information gesammelt (Lesen in einem Buch), die in irgendeiner Form wieder in den Unterricht Eingang finden kann. Dieser Prozeß läßt sich durch das nachfolgende Schaubild schematisch darstellen.

Die durch Personen oder Medien vermittelte Information wird mit Hilfe der Sinnesorgane wahrgenommen. Sie gelangt in das aktuelle Bewußtsein, in dem die Verarbeitung der Information erfolgt. Die Wahrnehmung ist nicht als schlichte Abbildung von Sinnesreizen zu verstehen, die jedem Wahrnehmenden in gleicher Weise gewissermaßen zustößt. Der Wahrnehmende ist vielmehr aktiv. Seine Wahrnehmung wird

Zielgerichtete Kommunikation im Unterricht

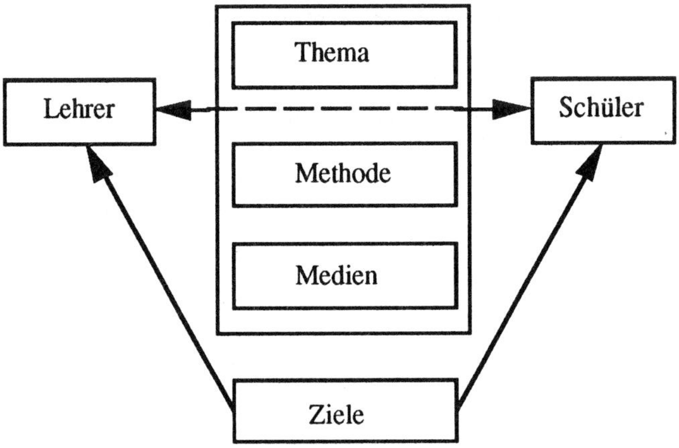

durch das Bewußtsein gelenkt. Nicht alle auf die Rezeptoren der Sinnesorgane auftreffenden Signale werden wahrgenommen. Was wahrgenommen wird ist durch das aktuelle Interesse des Wahrnehmenden und sein Vorwissen beeinflußt. Auf einer Autoausstellung zum Beispiel wird einem Erwachsenen vielleicht eine neue Form der Karosserie, einem Kind dagegen ein Stoffhäschen hinter der Windschutzscheibe auffallen.

Wahrnehmen ist immer dann Bestandteil des Lernens, wenn dieses sich nicht auf die Arbeit an Informationen, die bereits im Gedächtnis des Lernenden gespeichert sind, beschränkt. Informationsaufnahme durch Wahrnehmung findet im Unterricht beispielsweise statt, wenn im Unterrichtsgespräch verbale Informationen ausgetauscht werden, wenn die Schüler ein Experiment beobachten oder selbst durchführen, wenn eine Fotografie gezeigt oder einem Tafelbild Information entnommen wird. Die wahrgenommene Information gelangt in das Bewußtsein. Sie wird hier zumeist mit anderen Bewußtseinsinhalten in Verbindung gebracht und verarbeitet. Möglicherweise werden aus dem Gedächtnis erinnerte Informationen mit der neuen Information verglichen. Das führt möglicherweise zu schlußfolgernden Denkoperationen. Beispiel: Im Mathematikunterricht sollen die Schüler erkennen, daß eine Diagonale ein Parallelogramm in zwei kongruente Dreiecke teilt. Der Lehrer zeichnet in ein Parallelogramm an der Tafel eine Diagonale ein. Die Schüler stellen fest, daß zwei Dreiecke entstehen, die in drei Seiten übereinstimmen. Sie erinnern sich an die Kongruenzsätze, die im Unterricht bereits behandelt wurden. Sie wissen daher, daß zwei Dreiecke kongruent sind, wenn sie in drei Seiten übereinstimmen. Daraus folgern sie, daß die beiden Dreiecke, die durch die Diagonale des Parallelogramms erzeugt wurden, kongruent sind.

**Informationsaufnahme
und Informationsverarbeitung**

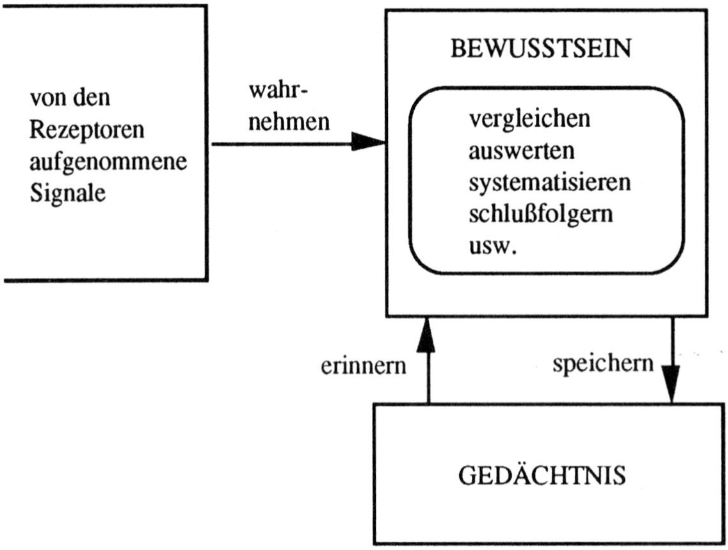

Bei dem Versuch, unterrichtliche Lernvorgänge genau zu erfassen, wird man sich auf die Ebene der angedeuteten Lernoperationen begeben müssen. Erst dann eröffnet sich die Möglichkeit, die Bedeutung einzelner sprachlicher Beiträge oder medial vermittelter Informationen für den Fortgang des Lernens zu erfassen.

Zur Erläuterung ein weiteres Beispiel: Gegenstand des Mathematikunterrichts in einer sechsten Klasse war das Teilen von Brüchen durch eine ganze Zahl. Eine Regel sollte gefunden werden. Zur Veranschaulichung des Lerninhaltes benutzte die Lehrerin bildliche Darstellungen von Brüchen (Kreise und Teile davon), die vermittels eines Tageslichtschreibers sichtbar gemacht wurden. Die Erörterung des Problems fand im Rahmen eines Lehrgesprächs statt. Durch die Bildinformation und die verbalen Beiträge des Gesprächs entstanden Bewußtseinsinhalte, die mit bereits gespeicherten Informationen in Verbindung gebracht, erinnert und ausgewertet wurden. Durch den Vergleich der Ergebnisse aus der Betrachtung verschiedener, auch immer wieder bildlich dargestellter Brüche und daraus gezogener Folgerungen wurde schließlich die gewünschte Regel ermittelt: Man teilt einen Bruch durch eine ganze Zahl, indem man den Zähler durch die ganze Zahl teilt.

Es deutet sich an, welche Überlegungen anzustellen sind, um einen Unterricht zu planen und durchzuführen, der eine optimale Aufnahme und Verarbeitung von Information ermöglicht. Zunächst ist an die Gestaltung der möglichen Wahrnehmungen zu denken. Es sind günstige Bedingungen für die Wahrnehmung der Information herzustellen, die für das Lernen im Unterricht relevant ist.

- Die Information muß problemlos zugänglich sein. Die Informationsträger müssen also je nach dem Erfordernis des beabsichtigten Lernvorgangs gut sichtbar, hörbar, handhabbar, gegebenenfalls auch riechbar und schmeckbar sein.
- Da selektiv wahrgenommen wird, die Aufmerksamkeit also auch auf Nebensächliches gerichtet werden kann, ist die wahrzunehmende Information zielgerecht auszuwählen. Eine verwirrende Informationsfülle ist zu vermeiden.
- Bei der Präsentation der Objekte muß den Schülern klar sein, worauf es jeweils ankommt. Die Unterrichtsführung muß für die Schüler durchschaubar sein. Sie müssen sofort erkennen, welche Bedeutung der angebotenen Information im Lernvorgang zukommt.

Diese Bedingungen werden zum Beispiel erfüllt, wenn das Tafelbild klar und übersichtlich ist, die den Schülern vorgelegten Texte verständlich sind, die verwendeten Dias wesentliche Elemente des Lerninhalts veranschaulichen, Lehrer und Schüler deutlich sprechen.

Erforderlich ist auch, daß der Unterricht die Ebene konkreter Lernoperationen trifft. Es ist erforderlich, strategisch sinnvolle, dem Lernstand der Schüler angemessene Folgen von Lernoperationen zu ermöglichen. Der Lehrer wird abzuklären haben, welches Vorwissen vorhanden ist und also in Erinnerung gerufen werden kann. Er wird abschätzen müssen, welche einzelnen Lernoperationen nötig sind, damit die Schüler das im Unterricht verfolgte Lernziel erreichen können. Er muß überlegen, welche Informationen dargeboten werden müssen und auf welche Wissensbestände wohl zurückgegriffen werden kann, damit sinnvolle Vergleiche angestellt, Hypothesen aufgestellt und Schlußfolgerungen gezogen werden können.

Die Erfordernisse der Informationsvermittlung und Informationsverarbeitung müssen bei der Planung des Unterrichts berücksichtigt werden. Sie sind einzubringen bei der Planung einer den Schülern angemessenen Folge von Teillernzielen, der zu erarbeitenden Elemente des Themas, der methodischen Gestaltung des Unterrichts und des Medieneinsatzes. Insgesamt ist der Unterricht so zu gestalten, daß eine Folge von Lernoperationen angeregt wird, die zu dem gewünschten Lernergebnis führt.

4.1 Die Bestimmung der Lernziele

4.11 Lernziele im Kontext des Unterrichts

Die Festlegung von Lernzielen geht den anderen Entscheidungen des Unterrichtsentwurfs voran. Wenn im Unterricht das Ziel verfolgt wird "Die Schüler sollen die Merkmale verschiedener Prosatextgattungen kennen", ist damit eine Entscheidung getroffen, an der sich die Entscheidungen in anderen Bereichen des Unterrichts orientieren.

Zunächst einmal ist festzulegen, mit Hilfe welcher Themen das genannte Lernziel inhaltlich ausgefüllt werden soll. Hier mögen dann Textsorten wie Essay, Satire, Glosse, Fabel, Märchen oder Ähnliches in Betracht gezogen werden. Nach der globalen Entscheidung für bestimmte ausgewählte Textsorten wird danach im einzelnen festzulegen sein, welche Texte behandelt werden sollen. Im Fall der Textsorte Satire mag die Wahl zum Beispiel auf die Satire "Kinohelden" von Siegfried Sommer fallen (vgl. 5.64).

Liegen Ziel und Thema des vorgesehenen Unterrichts fest, stellt sich die Frage nach den geeigneten Formen der Vermittlung. Es geht dann darum festzulegen, wie methodisch vorgegangen werden soll und welche Medien verwendet werden sollen. Im groben wird vielleicht folgender Aufbau der Stunde vorgesehen: Rezitation des Textes "Kinohelden" durch einen Schauspieler (der Text wird von einer Tonkassette abgespielt); die Schüler bekommen dann ein Textblatt und lesen den Text selbst; Besprechung des Textes; die Ergebnisse werden an der Tafel festgehalten (allgemeine Merkmale satirischer Texte und ihre sprachliche Realisierung im vorliegenden Text).

Die Überlegungen zu den Zielen des Unterrichts stellen ebenso wie die Überlegungen zu den Themen, Methoden und Medien die vorgegebenen soziokulturellen und personalen Voraussetzungen in Rechnung. Es wird hier unter anderem um die Frage gehen, was in den Richtlinien vorgesehen und was mit der Klasse machbar ist (vgl. hierzu 4.5).

4.12 Einteilung von Lernzielen

Lernziele geben an, welche Veränderungen im Bereich des Wissens, Könnens, Bewertens oder Wollens sich am Ende eines Lernvorgangs eingestellt haben sollen. Die Beschreibung dessen, was als Ergebnis des Lernens erreicht werden soll, erfolgt dadurch, daß die Veränderung des Verhaltens des Lernenden in bezug auf bestimmte thematische Elemente festgelegt wird.

Zur Erläuterung zwei Beispiele:

- Die Schüler sollen den Buchstaben m kennen.
- Die Schüler sollen den Buchstaben m schreiben können.

Offenbar handelt es sich hier um zwei verschiedene Lernziele. Zu einem und demselben thematischen Element (Buchstabe m) werden jeweils verschiedene Verhaltensweisen genannt (Kennen, Schreibenkönnen).

Es ist sinnvoll, an einem Lernziel Inhaltsteil und Verhaltensteil zu unterscheiden.

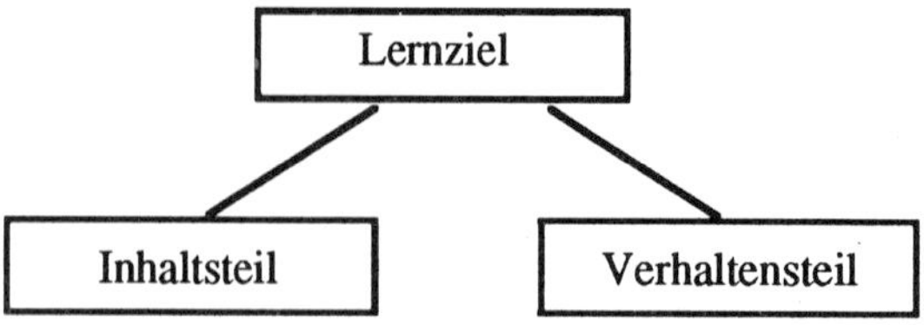

Das bezüglich der thematischen Elemente erworbene Verhalten läßt sich, darauf weisen die genannten Beispiele hin, Bereichen zuordnen, die sich in der Art deutlich voneinander unterscheiden. Die Unterschiede des Verhaltens bieten sich daher als Kriterium für die Einteilung der Lernziele an. Lernziele erhalten bei gleichbleibendem Inhaltsteil durch die Variation des Verhaltensteils offenbar eine andere Qualität.

Lernziele lassen sich in drei qualitativ unterschiedliche Befähigungsbereiche einteilen, den

- kognitiven
- psychomotorischen und
- affektiven

Bereich.

Ein anderer Gesichtspunkt für die Einteilung der Lernziele ist der Grad der inhaltlichen Konkretion, die sich in den Formulierungen der Lernziele zum Ausdruck bringt. Oft werden die Lernziele nach drei Stufen der Konkretion eingeteilt in

- Richtziele
- Grobziele und
- Feinziele.

4.121 Einteilung der Lernziele nach der Art der Befähigung

Die Einteilung der Lernziele nach der Art der Befähigung in kognitive, psychomotorische und affektive Lernziele richtet sich nach den Bereichen geistiger und praktischer Aktivität, auf die sich menschliches Lernen erstreckt. Lernen führt zum Erwerb von Wissen, zur Befähigung, Handhabungen auszuführen, zu Gefühlen und Einstellungen. In die vollständige Beschreibung der Lernziele gehen die Tätigkeiten ein, die in bezug auf thematische Elemente ausgeübt werden sollen.

◆ *Kognitive Lernziele*

Sie erstrecken sich auf den Erwerb von intellektuellen Fähigkeiten. Es geht hier um ein Lernen, das u.a. auf die Aneignung von Informationen, den Vergleich informationeller Elemente, Klassifizierung, Begriffsbildung und schlußfolgerndes Denken gerichtet ist.

Lernziele des kognitiven Bereichs sind beispielsweise:

- Die Schüler sollen die römischen Zahlen kennen.
- Die Schüler sollen die allgemeinen Merkmale satirischer Texte nennen können.
- Die Schüler sollen die "Jugendstil" genannte Phase der Architektur zeitlich einordnen können.
- Die Schüler sollen das Gedicht "Der Erlkönig" aufsagen können.
- Die Schüler sollen erklären können, warum durch eine Spule das elektromagnetische Kraftfeld verstärkt werden kann.

In der Lernzieltaxonomie des kognitiven Bereichs, die von Benjamin S. Bloom und anderen entwickelt wurde, werden sechs Stufen kognitiver Lernziele unterschieden. Den Stufen werden Fähigkeiten unterschiedlichen intellektuellen Anspruchs zugeordnet. Die Einteilung folgt dem Grad des zunehmenden Anspruchs und der Komplexität der gedanklichen Operationen. Sie beginnt mit einfachen Lernzielen, die auf bloße Kenntnisnahme gerichtet sind, und endet mit einer Gruppe von Lernzielen, deren Gegenstand die kognitiven Lösungsstrategien selbst sind.

1. Kenntnis
   (Informationselemente)
2. Verständnis
   (Herstellen von Zusammenhängen zwischen Informationselementen)
3. Anwendung
   (produzierende Anwendung von Zusammenhängen, Transfer)
4. Analyse
5. Synthese
6. Beurteilung (Bloom u.a. 1976)

◆ *Psychomotorische Lernziele*

Sie zielen auf die Handhabung von Gegenständen und die Ausübung körperlicher Aktivitäten (Umgang mit Instrumenten, Werkzeugen, Geräten, sportliche Betätigung, Singen, Musizieren, Malen, Schreiben). Es geht mit anderen Worten um den Erwerb von Fähigkeiten, die psychomotorische Koordination ermöglichen.

Lernziele des psychomotorischen Bereich sind zum Beispiel:

- Die Schüler sollen einen elektrischen Schaltkreis bauen können.
- Die Schüler sollen Bilder mit Hilfe der Spritztechnik herstellen können.
- Die Schüler sollen mit Hilfe einer Skalenlupe die Abmessung von Lupinensamen bestimmen können.
- Die Schüler sollen den Aufschwung am Barren ausführen können.

Auch für den psychomotorischen Bereich sind Lernzieltaxonomien entwickelt worden. Sie gehen auf Dave (1968) und Guilford (1958) zurück. Die Taxonomie von Dave ist an der zunehmenden Komplexität der psychomotorischen Koordination orientiert.

◆ *Affektive Lernziele*

Sie betreffen den Bereich der Gefühle, Werte, Einstellungen und Verhaltensorientierungen. Als Beispiele für Ziele, die dem affektiven Bereich zuzuordnen sind, seien genannt:

- Die Schüler sollen den Wert der Nächstenliebe als Maßstab der Verhaltensorientierung übernehmen.
- Die Schüler sollen die Persönlichkeitsrechte des Grundgesetzes als Grundlagen

eines demokratischen Rechtsstaates akzeptieren.

- Die Erlebnisfähigkeit der Schüler für ästhetische Formen soll entwickelt werden.
- Die Schüler sollen die Bereitschaft entwickeln, bei der Arbeit in Gruppen einander zu helfen.

Krathwohl hat den Versuch unternommen, die Lernziele des affektiven Bereichs im Rahmen einer Taxonomie zu ordnen (Krathwohl/Bloom/Masia 1975). Die Taxonomie reicht von Lernzielen, die mehr auf vorläufige Anmutung gerichtet sind, bis zu Lernzielen, die die Verinnerlichung von Werthaltungen beschreiben.

4.122 Einteilung nach Lernzielebenen

Lernziele finden sich in einer Vielzahl von Dokumenten (z.B. Lehrplänen, Richtlinien, Schulbüchern, theoretischen Schriften zur Didaktik). Ihre Formulierung weist unterschiedliche Stufen der Eindeutigkeit auf. Es finden sich abstrakte Lernzielbeschreibungen, die viele alternative Konkretisierungen zulassen, also wenig eindeutig sind. Lernziele dieser Art werden Richtziele genannt. Andere Lernziele haben zwar einen höheren Grad an Konkretheit, lassen aber noch verschiedene Interpretationen zu. Sie werden als Grobziele bezeichnet. Ferner finden sich Lernziele, die keine Alternativen zulassen, also eindeutig sind. Hier wird die Befähigung, die am Ende eines Lernvorgangs erreicht sein soll, genau beschrieben. Diese Gruppe von Lernzielen wird mit dem Terminus Feinziele bezeichnet (vgl. Möller 1976).

Die genannten Lernzielebenen sollen an einigen Beispielen erläutert werden:

◆ *Kognitiver Bereich*

- Die Schüler sollen über grundlegende Kenntnisse der Zahlentheorie verfügen (Richtziel).
- Die Schüler sollen Eigenschaften der natürlichen Zahlen kennen (Grobziel).
- Die Schüler sollen die Primzahlen in der Menge der natürlichen Zahlen von 1 bis 100 nennen können (Feinziel).

Im ersten Beispiel handelt es sich um ein umfangreiches, abstraktes, viele Möglichkeiten der Konkretisierung offenlassendes Lernziel. Das zweite Lernziel ist konkreter gefaßt. Es grenzt das Thema auf die natürlichen Zahlen ein, läßt aber offen, was im einzelnen gelernt werden soll. Im dritten Fall ist die Lernzielangabe eindeutig. Sie zielt auf einen kleinen, genau benannten Inhalt. Für Deutungen gibt es keinen Spielraum.

Lernzielebenen

Lernzielart	Formulierung	Merkmale	Funktion
Richtziel	Beschreibung mit umfassenden und unspezifischen Begriffen	Geringerer Grad an Eindeutigkeit und Präzision, schließt nur sehr wenige Alternativen aus	Bestimmung der normativen Grundlagen für die Entwicklung von Lernzielen
Grobziel	Vage Endverhaltensbeschreibung	Mittlerer Grad an Eindeutigkeit und Präzision, schließt viele Alternativen aus	Erstellung von Lernzielen im Rahmen von Lehrplan oder Unterrichtseinheit
Feinziel	Endverhaltensbeschreibung, nähere Bestimmung des Endverhaltens	Höchster Grad an Eindeutigkeit und Präzision, schließt alle Alternativen aus	Erstellung von Lernzielen für Unterrichtsstunde oder -abschnitt

(vgl. Möller 1976, S. 80)

◆ *Psychomotorischer Bereich*

- Die Schüler sollen über experimentelle Fertigkeiten verfügen (Richtziel).
- Die Schüler sollen einfache Versuchsanordnungen im Rahmen der Elektrizitätslehre herrichten können (Grobziel).
- Die Schüler sollen mit Hilfe von Polsteckern, Kabeln, Batterie, Schalter und Glühlampe mit Fassung einen Schaltkreis bauen können (Feinziel).
- Die Schüler sollen Polstecker und Kabel verbinden können (Feinziel).

◆ *Affektiver Bereich*

- Die Schüler sollen gesund leben wollen (Richtziel).
- Die Schüler sollen Nichtraucher sein wollen (Grobziel).
- Die Schüler sollen ihnen angebotene Zigaretten ablehnen und dem Anbieter dabei erklären, daß sie Zigarettenrauchen für gesundheitsschädlich halten (Feinziel)
  (vgl. hierzu Peterßen 1975, S. 57).

Der Formulierung der Feinziele sollte in eindeutiger Weise zu entnehmen sein, welche Ergebnisse des Unterrichts vorgesehen sind. Das macht einerseits die genaue Angabe der thematischen Elemente erforderlich, die Gegenstand des Lernens sind. Außerdem ist die Aktivität präzise zu beschreiben, die im Hinblick auf die thematischen Elemente gezeigt werden soll. Erst die eindeutige Formulierung eines Lernziels macht es möglich zu überprüfen, ob es erreicht wurde oder nicht.

Was erreicht werden soll ist nicht klar, wenn die Lernzielangabe beispielsweise lautet "Die Schüler sollen das Gedicht 'Der Erlkönig' lernen." Eindeutigkeit dagegen liegt vor, wenn gefordert wird "Die Schüler sollen das Gesicht 'Der Erlkönig' fließend aufsagen können" oder "Die Schüler sollen das Gedicht 'Der Erlkönig' sinngemäß wiedergeben können".

Die Feinziele geben an, was nach der Bewältigung gewisser Lernschritte im Unterricht erreicht worden sein soll. Bekanntlich lernen nicht alle Schüler in einer Klasse das Gleiche. Manche erreichen einen größeren Lernfortschritt als andere. Man wird also die Frage aufwerfen können, was ein Feinziel besagen soll. Soll das benannt werden, was nach Absicht und geplantem Verlauf des Unterrichts als maximal erreichbar betrachtet wird? Oder wird das angegeben, was mindestens von jedem Schüler nach Beendigung des jeweiligen Lernabschnitts erreicht worden sein soll?

Ob die vom Lehrer angestrebten affektiven Lernziele im Unterricht erreicht wurden, ist vielfach kaum zu überprüfen. Aus verbalen Äußerungen, die über Einstellungen Auskunft geben, lassen sich zwar gewisse Anhaltspunkte gewinnen. Doch zeigen sich durch Unterricht bewirkte Einstellungsveränderungen oft in Verhaltensweisen, die außerhalb des Unterrichts zu beobachten sind. Dennoch ist die Angabe der vorgesehenen affektiven Lernziele durchaus sinnvoll. Sie bestimmen mit die Orientierung des Lehrerverhaltens und ermöglichen daher seine Erklärung.

Christine Möller hat die Auffassung vertreten, daß bei der Formulierung der Feinziele auch der Beurteilungsmaßstab anzugeben ist. Es soll angegeben werden, was mindestens von Schülern, denen zugesprochen werden soll, daß sie das Lernziel erreicht haben, geleistet werden muß (vgl. Möller 1976, S. 75). Entspricht man dieser Forderung, so müßte anstelle eines der oben angeführten Feinziele beispielsweise formuliert werden: "Die Schüler sollen 20 der 26 Primzahlen in der Menge der natürlichen Zahl von 1 bis 100 nennen können."

Lernzielformulierungen dieser Art haben sich bislang nicht durchgesetzt. Sie machen Überlegungen erforderlich, welche über die Beschreibung der angestrebten Lernfortschritte der Schüler hinausreichen in den Bereich der Leistungsbewertung.

Wir haben gesagt, daß die Formulierung der Feinziele eindeutig sein muß. Wann liegt die geforderte Eindeutigkeit vor? Ist erforderlich, daß stets jede Einzelheit des gewünschten Lernfortschritts als Feinziel beschrieben werden muß? In der Planungspraxis ist abzuwägen, welcher Grad der Genauigkeit im Zusammenhang der gesamten schriftlichen Planung nötig ist.

Wir kommen noch einmal auf eines unserer Beispiele zurück: "Die Schüler sollen einen elektrischen Schaltkreis bauen können." Diese Angabe wird man als eine mehrere Tätigkeiten zusammenfassende ökonomische Fassung eines Feinziels verstehen können: Aus Batterie, Schalter, Kabeln und Glühbirne mit Fassung soll ein Schaltkreis zusammengesetzt werden. Gewiß sind genauere Angaben zu dem zu erlernenden Sachverhalt denkbar als sie das Lernziel enthält. Es ließe sich beispielsweise unter anderem noch genauer angeben: “Die Schüler sollen Stecker und Kupplungen verbinden können.” “Die Schüler sollen Kabel an die Pole der Batterie anschließen können.”

Auf Einzelheiten dieser Art eingehende Überlegungen des Lehrers bei der Planung des Unterrichts sind durchaus wünschenswert. Der Lehrer wird sich bereits bei der Analyse des Themas Klarheit darüber verschaffen müssen, welche Einzelheiten bei der Arbeit am Thema zu beachten sind. Sie müssen ihm vor Augen stehen, weil er nur dann in der Lage ist, alle die Arbeitsschritte im Unterricht anzuregen und durchzuführen, die erforderlich sind, um den gewünschten Lernfortschritt zu erreichen. Alle einzelnen Elemente des Themas sind in der Unterrichtsplanung zu dokumentieren. Die Frage, ob bei der Formulierung der Feinziele auch die Erarbeitung kleinster thematischer Elemente berücksichtigt werden soll, ist jeweils nach pragmatischen Gesichtspunkten zu entscheiden. Dort wo die Reihenfolge der Schritte belanglos ist (wie zum Beispiel wenn angegeben werden soll, welche neuen lateinischen Vokabeln die Schüler kennen sollen) oder Einzelheiten eines thematischen Elements bereits bei der Themenanalyse genannt wurden, dürfte eine zusammenfassende Formulierung der Feinziele angemessen sein (“Die Schüler sollen die zu Stück 51 angegebenen Vokabeln kennen”). Entscheidend ist, daß die einzelnen Lernschritte und ihre Reihenfolge insgesamt so genau wie nötig in der Unterrichtsplanung dokumentiert werden. Schwerfällige Pedanterie ist verfehlt.

4.13 Lernprozesse als zielrelevante Faktoren

Wir haben oben festgestellt, daß für die Festlegung von Lernzielen der zu lernende Inhalt und das gewünschte Verhalten von Belang sind. Lernzielformulierungen geben an, welche Verhalten die Schüler bezüglich eines thematischen Elements erwerben sollen. Auf diese Weise lassen sich die im Unterricht angestrebten Lernergebnisse recht gut erfassen.

Allerdings findet in den Festlegungen von Lernzielen, die sich auf das zu lernende Thema und das Verhalten beschränken, ein wichtiger qualitativer Gesichtspunkt keine ausreichende Berücksichtigung. Von großer Bedeutung für die Kompetenzen, die in Lernvorgängen erworben werden, ist nämlich die Art und Weise, wie das Lernziel erreicht wird. Es geht hier um die Frage, wie die Lernprozesse beschaffen sind, die das Lernen im Unterricht bestimmen (vgl. hierzu auch König/Riedel 1979, S. 80 ff.).

Lernen kann auf recht unterschiedliche Weisen vor sich gehen. Es kann darin bestehen, daß Schüler vom Lehrer Informationen übernehmen, die bereits mehr oder weniger in Ergebnisform ausgearbeitet sind. Die Lernaktivität der Schüler besteht dann im wesentlichen darin, nachzuvollziehen, was der Lehrer vorgedacht oder vorgemacht hat.

Das Lernen verläuft anders, wenn die Schüler genötigt sind, selbst mit Hilfe vorgegebener oder vielleicht gar noch zu suchender Informationsträger bestimmte Lernergebnisse hervorzubringen. Beispiele: Sie finden selbst eine Dreieckskonstruktion heraus. Sie finden selbst heraus, wie die Teile eines Modellbaukastens zu montieren sind. Geht es darum, Zahnräder eines Elektromotors auf einer Welle zu montieren (Getriebe), so sind verschiedene Wege denkbar, das Ziel zu erreichen; verschiedene Möglichkeiten einfach auszuprobieren oder aber eine konstruktive Lösung (Ermitteln von Eigenschaften der Gegenstände und konstruktives Zusammenfügen des Getriebes).

Es ist offensichtlich, daß die verschiedenen Lernprozesse unterschiedliche Qualifikationen trainieren. Sie fördern nachvollziehendes Denken oder selbständiges produktives Denken auf unterschiedlicher Ebene.

Werden im Unterricht Lernziele überwiegend durch rezeptives Lernen angestrebt, wird beim Lernenden nicht die Befähigung gefördert, selbständig Lernergebnisse zu erarbeiten. Der Schüler bleibt in seiner Lernhaltung mehr dem nachvollziehenden Denken verhaftet. Sieht der Unterricht dagegen oft Lernprozesse vor, welche das produktive Denken des Schülers herausfordern, werden sich Kompetenzen anderer Art entwickeln können. Der Schüler wird auch die Befähigung zum eigenständigen und produktiven Finden von Lösungen erwerben.

Es liegt daher nahe, auch die Lernprozesse bei der Festlegung von Lernzielen zu berücksichtigen. Sie sind offenbar, zumindest langfristig, für die Entwicklung von Kompetenzen von großer Bedeutung.

König/Riedel (1979) haben vorgeschlagen, die Thema und Verhalten umfassende Lernzielformulierung durch die Angabe der intendierten Lernprozesse zu ergänzen. Dieser Vorschlag hat sich bislang nicht durchgesetzt. Dennoch kann es als sinnvoll betrachtet werden, bei der Erläuterung der Lernziele auf die Lernprozesse einzugehen, die in dem vorgesehenen Unterricht ablaufen sollen. Überlegungen zur Gestaltung des unterrichtlichen Lernens werden etwa folgende Lernprozesse in Rechnung stellen:

- *rezeptives Lernen*
  - mechanisch rezeptiv
    (z.B. Auswendiglernen von Gedichten, Formeln oder Zahlen)
  - sinnvoll rezeptiv
    (z.B. sinngemäßes Speichern von Texten)
- *Lernen durch Einsicht*
  (Hier geht es um das Lösen von Problemen. Manche Formen des Lernens durch Einsicht sind mehr experimentell, andere mehr begrifflich orientiert.)
  - Versuch und Irrtum
    (Lernen durch Versuch und Irrtum ist mehr experimentell orientiert)
  - Umstrukturieren
    (z.B. von der alphabetischen Anordnung von Objekten übergehen zur nach Merkmalen geordneten Klasseneinteilung)

- Anwenden von Strategien
  (z.B. Daten sammeln (etwa Temperatur im Tagesablauf), vergleichen, auf Regelhaftigkeit auswerten; "Turm von Hanoi"-Problem)
- Systemdenken
  (Einzelheiten als Teile eines Ganzen zu erfassen suchen: z.B. Ausschlag einer Kompaßnadel in der Umgebung eines von elektrischem Strom durchflossenen Leiters als Erscheinung des Magnetismus)

- *Kreativität*
- *Modellernen*
- *Konditionierung*

(vgl. z.B. Angermeier/Bednorz/Schuster 1984).

König/Riedel (1979) haben gezeigt, daß die Entscheidung über die Lernprozesse bei der Festlegung der Ziele Perspektiven für die methodische Gestaltung des Unterrichts und den Medieneinsatz eröffnen. Selbständige und eigenproduktive Formen des Lernens erfordern Sozialformen, welche in einem gewissen Umfang freies Arbeiten einschließen (z.B. Gruppenunterricht, Einzelarbeit, Unterrichtsgespräch). Ebenso ergeben sich auch Konsequenzen für den Medieneinsatz. Es müssen Materialien, Geräte und Texte bereitgestellt werden, welche ein eigenständiges Arbeiten der Schüler möglich machen.

Die im Unterricht praktizierten Arbeitsformen sind nicht nur als Instrumente zur Erarbeitung von fachlichen Lernzielen zu betrachten. Von ihnen hängt es auch weitgehend ab, welche Lernprozesse den Unterricht bestimmen.

Soll im Unterricht durch Einsicht gelernt werden, sind immer wieder Formen individualisierten Arbeitens vorzusehen. In einer Klasse sind zumeist Schüler unterschiedlicher Intelligenz versammelt. Auch das individuelle Arbeitstempo ist unterschiedlich. Schüler, die sehr schnell Zusammenhänge sehen, lernen im Klassenunterricht stellvertretend für andere durch Einsicht. Mit ihren Beiträgen im Klassenunterricht teilen sie die Ergebnisse ihres einsichtigen Lernens den anderen mit. Dadurch bleibt den langsameren Mitschülern nur die Möglichkeit, rezeptiv zu lernen. Manche kommen im Klassenunterricht fast immer zu spät. Sie haben hier kaum Gelegenheit, Kompetenzen im Bereich des produktiven selbständigen Lernens zu erwerben.

Es ist daher sinnvoll, im Unterricht auch Arbeitsphasen vorzusehen, in denen Einzelarbeit oder Kleingruppenarbeit durchgeführt wird. Durch diese Differenzierung des Unterrichts wird der Unterricht individualisiert. Es wird dem Lerntempo und den Verstehensmöglichkeiten einzelner Schüler entsprochen. Auf diese Weise werden für viele Schüler neue Möglichkeiten des Lernens eröffnet.

Im Unterricht haben verschiedene Formen des Lernens ihre Berechtigung. Auch rezeptives Lernen wird es im Unterricht immer wieder geben müssen. Zu fordern ist eine Variabilität sowohl bei den Lernprozessen als auch bei den Sozialformen und beim Medieneinsatz. Der Unterricht sollte darauf angelegt sein, durch Vielseitigkeit in den genannten Bereichen bei den Schülern vielfältige Kompetenzen zu fördern.

4.14 Folgen von Lernzielen

Der Unterricht wird durch Folgen von Lernzielen unterschiedlicher Stufe bestimmt. Eine Unterrichtsreihe wird darauf angelegt sein, Schritt für Schritt eine Anzahl von Grobzielen zu erreichen. In einer Unterrichtsstunde wird auf dem Weg zum Unterrichtsziel eine Folge von Teillernzielen durchlaufen. Oft kann die Folge der Teillernziele nicht beliebig angeordnet werden. Die Struktur des Themas oder die Notwendigkeit, durch den Gang vom Leichten zum Schweren, Verständlichkeit herzustellen, legen eine bestimmte Reihenfolge der Teilziele nahe. Immer geht es darum, ausgehend von einem Ausgangszustand in geordneter Weise den vorgesehenen Endzustand zu erreichen.

Folgen von Teillernzielen

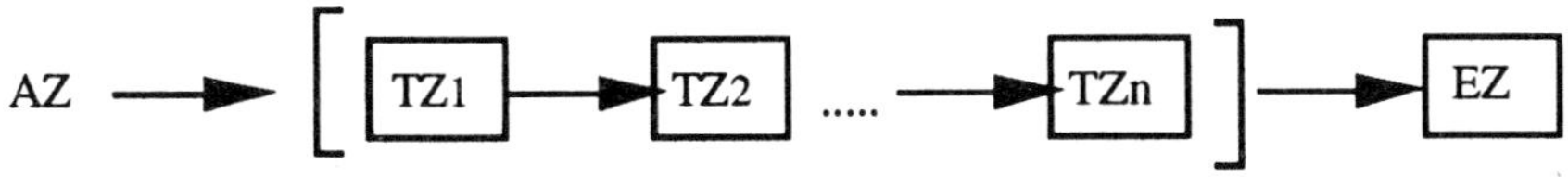

AZ = Anfangszustand
TZ1 = Teillernziel 1
TZ2 = Teillernziel 2
TZn = Teillernziel n
EZ = Endzustand

4.2 Die Auswahl der Unterrichtsinhalte

Die meisten Themen des Unterrichts haben ein fachwissenschaftliches Äquivalent. Die wissenschaftliche Struktur des Themas kann vielfach nicht unmittelbar in den Schulunterricht übernommen werden. Vereinfachung und Modifizierung sind oft erforderlich, um die Inhalte dem Verständnis der Schüler anzupassen. Die in fachdidaktischer Absicht vorgenommene Transformation darf indes der wissenschaftlichen Struktur der Inhalte nicht widersprechen oder den Blick für fachwissenschaftliche Fragestellungen verstellen.

Die Erfassung der Thematik im Rahmen der allgemeinen Didaktik vermag weder fachwissenschaftliche noch fachdidaktische Aspekte zu berücksichtigen. Aussagen der allgemeinen Didaktik betreffen den Unterricht beliebiger Fächer. Sie müssen also von vielen fachspezifischen Einzelheiten absehen. Themen weisen von Fach zu Fach teilweise große Unterschiede auf. Daher müssen die Begriffe, mit denen die Thematik in allgemeindidaktischer Perspektive erfaßt werden soll, einen hohen Grad an Abstraktion aufweisen, wenn sie auf den Unterricht in allen Fächern anwendbar sein sollen.

In manchen allgemeindidaktischen Modellen finden sich brauchbare Konzepte der Inhaltsanalyse. Im folgenden sollen die von Klafki und König/Riedel entwickelten Konzepte kurz dargestellt werden. Insbesondere der von Klafki entwickelte Vorschlag zur Themenanalyse wird in der Praxis der Unterrichtsplanung häufig verwendet.

4.21 Die Themenstruktur nach Klafki

Im Rahmen seines Entwurfs zur didaktischen Analyse beschreibt Wolfgang Klafki die Themenstruktur mit Hilfe der Kategorien Strukturmoment, Strukturzusammenhang, Bedeutungsschichtung und übergreifender sachlicher Zusammenhang (Klafki 1963, S. 138 f.; Klafki 1980 b, S. 37 ff.).

◆ *Strukturmomente des Themas*

Wenn man Unterricht plant, wird man zunächst einmal darüber nachdenken müssen, aus welchen Bestandteilen das Thema besteht. Damit wird die Voraussetzung für weitere Überlegungen geschaffen, durch die geklärt werden soll, wie die Thematik im Unterricht zu entwickeln ist, wie der Unterricht aufgebaut werden kann.

Klafki nimmt an, daß jeder Inhalt eine charakteristische Struktur hat. Er ist aufgebaut aus einzelnen Momenten, die in einem Zusammenhang stehen. Für den Inhalt "Benzinmotor" lassen sich beispielsweise folgende Momente angeben: Ausdehnung von Gasen bei Erhitzung, Entzündungstemperatur von Benzinen, Zündkerze, Übersetzung der Kolbenbewegung in eine Drehbewegung, Kurbelwelle.

◆ *Strukturzusammenhang*

Die Ermittlung der Strukturelemente eines Themas muß ergänzt werden durch Überlegungen, welche sich auf den Zusammenhang der inhaltlichen Elemente beziehen. Klafki unterscheidet verschiedene Arten von Zusammenhängen, in denen die Momente eines Lerninhalts verbunden sein können: z.B. logische Folge, kausale Folge, Wechselwirkung, Mittel-Zweck-Beziehung.

Zwei Gruppen von Zusammenhängen werden unterschieden:

- logische Zusammenhänge und
- sachliche Wirkungszusammenhänge.

Logische Zusammenhänge finden sich dort, wo die Beziehungen zwischen den einzelnen Elementen des Themas durch schlußfolgerndes Denken ermittelt werden. In Fächern wie Mathematik und Physik finden sich besonders zahlreiche Inhalte dieser Art.

Sachliche Wirkungszusammenhänge finden sich zum Beispiel bei Themen des Faches Geschichte. Eine Folge von Ereignissen und Handlungen von Personen läßt sich nicht als logischer Zusammenhang verstehen. Hier sind Zweck-Mittel-Beziehungen in Verbindung mit situativen Faktoren bestimmend. Wirkungszusammenhänge anderer Art finden sich zum Beispiel dann, wenn eine chemische Reaktion oder ein physikalischer Vorgang zum Gegenstand des Unterrichts gemacht werden (Kausalität und Wechselwirkung).

◆ *Bedeutungsschichtung*

Klafki nimmt ferner an, daß ein Inhalt zudem verschiedene Bedeutungsschichten enthalten kann. Der Inhalt "Oktoberrevolution 1917 in Rußland" z.B. kann danach als bestehend aus der Schicht der historischen Tatsachen, der Schicht der Ideologie und schließlich aus der Schicht der historischen Grundphänomene wie Staat, Regierung, Revolution usw. aufgefaßt werden. Die Bedeutungsschichten selbst wiederum können jeweils für sich als ein Gefüge aus Momenten und deren Zusammenhang verstanden werden. In der Tat müssen die Vorgänge der Oktoberrevolution im Zusammenhang mit den Normen und den Staatstheorien dieser Zeit gesehen werden. Dieser geistige Hintergrund prägt die Handlungen der an den Geschehnissen beteiligten Personen mit. Was diese an Motiven entwickeln, hängt teilweise von dieser Schicht von Bedeutungen ab.

Auch am Beispiel der Fabel läßt sich die Bedeutungsschichtung erklären. Die Fabel ist eine literarische Gattung mit bestimmten Merkmalen. Fabeln erzählen Geschichten, in denen meist Tiere die Hauptfiguren darstellen. Die Tiere handeln und sprechen. Die Beschreibung der Handlungen.ist aber nur die vordergründige Schicht. Sie dient zur Darstellung einer Allegorie: Was die Tiere tun, soll typisches menschliches Verhalten demonstrieren. Die Allegorie verweist auf die dritte, lehrhafte Bedeutungsschicht der Fabel: Die Fabel enthält eine Lebensweisheit.

Die Kategorie der Bedeutungsschichtung gibt dem Lehrer den Anstoß, das Thema auf verschiedene Ebenen von Bedeutungen hin zu durchdenken. Daraus ergeben sich Anregungen für die thematische Gliederung des Unterrichts.

◆ *Übergreifender sachlicher Zusammenhang*

Unterrichtsinhalte stehen häufig nicht für sich isoliert, sondern im Zusammenhang mit anderen Inhalten. Das Thema "Verstärkung des magnetischen Kraftfeldes" zum Beispiel steht im Zusammenhang mit dem Thema "Elektromotor". Dieses beinhaltet die technische Anwendung des zuerst genannten Inhalts aus dem Bereich der physikalischen Theorie.

4.22 Die Themenstruktur nach König/Riedel

König/Riedel gliedern im Rahmen ihrer systemtheoretischen Didaktik die Thematik in vier Bereiche. Es werden vier Grundformen unterschieden, nämlich

- Information
- Technik
- Einstellung und
- Verhaltensweise

In der systemtheoretischen Didaktik wird die Forderung nach gleichmäßiger Ausbildung in den Grundformen erhoben. Das bedeutet, daß im Unterricht nicht nur Informationen gelernt werden sollen, also z.B. geometrische Figuren und deren Eigenschaften, geschichtliche Ereignisse, Klimazonen usw. Auch die Befähigung zu Handhabungen unterschiedlicher Art (Techniken), z.B. Landkarten lesen, ein Mikroskop bedienen, den Aufschwung am Barren ausüben, soll erworben werden.

In angemessenem Umfang sollen ebenfalls Einstellungen und Verhaltensweisen Gegenstand des Lernens im Unterricht sein. Z.B. soll sich Unterricht nicht darauf beschränken, Informationen über die demokratische Staatsform zu vermitteln. Er soll vielmehr auch dazu beitragen, demokratische Einstellungen und ihnen entsprechende Verhaltensweisen zu entwickeln (vgl. König/Riedel 1979, Bd. I, S. 12, 21 ff.).

Bei der Beschreibung der verschiedenen Komplexitätsstufen der Unterrichtsinhalte werden die Kategorien

- Element
- Klasse und
- System

verwendet (König/Riedel 1975, Bd. I, S. 36 ff.). Von Element ist die Rede, wenn der Lerninhalt ein Objekt oder ein Ereignis ist, das nur hinsichtlich seiner individuellen Merkmale betrachtet wird (z.B. Reh als heimische Tierart). Wird er jedoch unter dem Gesichtspunkt der Merkmale, die er mit anderen Unterrichtsobjekten gemeinsam hat, zum Gegenstand des Lernens, dann wird von Klasse gesprochen (z.B. Reh als Paarzeher). Werden die Relationen zu anderen Elementen in Betracht gezogen, dann wird das Unterrichtsobjekt auf der Ebene eines Systems behandelt (z. B. Reh im Zusammenhang mit dem Ökosystem Wald).

Weitere Hinweise auf die Verwendung der von Klafki und König Riedel genannten Kategorien bei der Themenanalyse finden sich an späterer Stelle (vgl. 5.12).

4.23 Themenanalyse und Themenbestimmung

Im Rahmen der Unterrichtsplanung wird die Themenanalyse dazu verwendet zu ermitteln, welche inhaltlichen Elemente im einzelnen in einer Themenangabe enthalten sind. Peterßen spricht hier von der "Elementarisierung" des Themas (Peterßen 1992, S. 119 ff.). Die Themenanalyse schafft die Voraussetzung für die Themenbestimmung, das heißt die Entscheidung darüber, welche thematischen Elemente für die Behandlung im Unterricht vorgesehen werden sollen.

Eine Planung kann mehrere aufeinander folgende Schritte der Inhaltsanalyse und der Inhaltsbestimmung enthalten. Die Gründe dafür sind planungsökonomischer Natur. Die Anzahl der möglichen konkreten Inhalte, die unter einen vorgegebenen allgemein formulierten Inhalt gefaßt werden können, ist vielfach sehr groß. Unter den jeweils gegebenen Umständen können nur bestimmte Alternativen ernsthaft in Betracht gezogen werden. Es erscheint von daher sinnvoll, nach der Ermittlung der einem bestimmten inhaltlichen Bereich zugehörigen Alternativen die Analyse zunächst einmal zu unterbrechen, um diejenigen Inhalte festzulegen, die weiterverfolgt werden sollen. Auf diese kann sich dann die weitere Analyse konzentrieren. Diese Vorgehensweise kann so lange fortgesetzt werden, bis hinreichend konkrete Inhalte ermittelt worden sind, die für die vorgesehene Planungseinheit als angemessen betrachtet werden können.

Das Ergebnis der Themenanalyse und der Themenbestimmung gibt eine Übersicht über die Zusammenhänge der ausgewählten thematischen Elemente. Der inhaltliche Zusammenhang der thematischen Elemente ist sicherlich für die Reihenfolge, die bei der Erarbeitung der ausgewählten thematischen Elemente zu beachten ist, bedeutsam. Aus didaktischen Erwägungen sind hier aber unter Umständen Abweichungen von der Logik des Inhalts zweckmäßig. Bei der Behandlung der Eigenschaften der natürlichen Zahlen wird man beispielsweise in der Unterstufe des Gymnasiums nicht der Logik der fachwissenschaftlichen Axiomatik (Peano-Axiome) folgen können. Vielmehr wird ein anschauliche und anwendende Elemente einschließender Aufbau des Inhalts gesucht werden müssen.

Anknüpfend an die im vorangehenden dargestellten Aspekte der Themenerfassung lassen sich für die Zwecke der Themenanalyse und Themenbestimmung im Rahmen der Unterrichtsplanung die folgenden Leitfragen entwickeln:

- Welchen Inhaltsbereichen läßt sich das vorgesehene Thema zuordnen (Information, Technik, Einstellung, Verhaltensweise)?
- Welche Inhaltsbereiche sollen in dem vorgesehenen Unterricht Berücksichtigung finden?
- Welcher Komplexitätsstufe ist das Thema zuzuordnen (Element, Klasse, System)?
- Welche Eigenschaften hat das Element?
- Aus welchen Elementen bestehen die Klasse oder das System?
- Welche Beziehung besteht zwischen den Elementen?
- Besitzt das Thema verschiedene Bedeutungsschichten?
- In welchem übergreifenden Zusammenhang steht das Thema?
- Welche Inhalte müssen vorausgesetzt werden, damit eine erfolgreiche Behandlung des Themas erwartet werden kann?

4.3 Die methodische Gestaltung des Unterrichts

Wir haben gesehen (vgl. 4), daß Lernen aus vielen verschiedenen begrenzten Operationen besteht. Wenn wir Unterricht vorwegnehmend in der Planung oder aber begleitend und nachgehend in der Beobachtung und Analyse erfassen wollen, müssen wir uns auf die Einzelheiten des Unterrichts einlassen. Es bedarf dazu eines feingliedrigen Instrumentariums, das die einzelnen Beiträge von Lehrer und Schülern in ihrer Bedeutung für den Fortgang des Lernens im Unterricht zu erfassen gestattet.

Unterrichtsmethoden gehören zu den Mitteln, die Lehrer planvoll einsetzen, um möglichst schnell, wirkungsvoll und erzieherisch angemessen die Ziele des Unterrichts zu erreichen. Unterrichtsmethoden bestehen aus erprobten Formen der Aktion, der Interaktion und der Organisation. Sie sind darauf angelegt, Lernprozesse in geeigneter Weise zu strukturieren. Das zu den Zielen des Unterrichts führende Lehren und Lernen soll mit ihrer Hilfe so gestaltet werden, daß die Erarbeitung des Themas ermöglicht und in lernförderlicher Weise organisiert wird.

Es lassen sich verschiedene Bereiche der Unterrichtsmethodik unterscheiden.

4.31 Aktionsformen des Lehrens und Lernens

Unterricht wird durch das Lehren des Lehrers und die Lernoperationen der Schüler gestaltet. Über weite Strecken besteht der Unterricht aus direkten Interaktionen von Lehrer und Schülern. In manchen Abschnitten des Unterrichts tritt die direkte Interaktion zurück (z.B. Einzelarbeit, Hören einer Schulfunksendung). Die verschiedenen Formen der Beiträge der am Unterricht beteiligten Personen zum Lehr-Lern-Prozeß sollen hier als Aktionsformen des Lehrens und Lernens bezeichnet werden. Die verschiedenen als Aktionsformen bezeichneten Beiträge von Lehrern und Schülern können sowohl im Klassenunterricht als auch in anderen Sozialformen des Unterrichts vorkommen.

4.311 Aktionsformen des Lehrens

Im Unterricht geht es immer wieder darum, den Schülern neue Informationen zugänglich zu machen. Dies geschieht durch Mitteilungen des Lehrers und mediale Darbietungen. Die inhaltsvermittelnde Aktivität des Lehrers zielt auf die Vermittlung der Elemente und der Struktur des Themas. Dazu ist erforderlich, in den einzelnen Schritten des Lernvorgangs themen- und adressatenadäquate geistige Prozesse zu erzeugen.

Die inhaltsvermittelnde Aktivität des Lehrers vollzieht sich im wesentlichen im Lehrervortrag oder in der Lehrerdemonstration.

4.3111 Lehrervortrag

Unter Lehrervortrag sollen alle sprachlichen Beiträge des Lehrers verstanden werden, die eine gewisse Geschlossenheit und zeitliche Ausdehnung aufweisen. Wenn beispielsweise der Lehrer zu Beginn einer Unterrichtsstunde in ein neues Thema einführt oder an irgendeiner Stelle des Unterrichts eine längere Darstellung eines

Sachverhalts gibt, handelt es sich im Sinne unseres Wortgebrauchs um einen Lehrervortrag. Man kann beim Lehrervortrag verschiedene Akzente, die bei der Darstellung gesetzt werden, unterscheiden:

- Erzählung
  Bei der Erzählung handelt es sich um eine Darstellung von Ereignissen und Erlebnissen in ihrem zeitlichen Ablauf. Zu den Merkmalen der Erzählung gehört die persönliche Stellungnahme und vielleicht auch das Beteiligtsein des Erzählers.
- Schilderung
  Im Gegensatz zur Erzählung tritt bei der Schilderung das persönliche Element der Darstellung zurück. Die Schilderung gibt eine eher sachliche und distanzierte Darstellung von Ereignissen und Erlebnissen.
- Bericht
  Der Bericht stellt einen Vorgang sachlich dar.
- Beschreibung
  Die Beschreibung gibt eine sachliche Darstellung eines Gegenstandes.

Der Lehrervortrag ist dem Klassenunterricht zuzuordnen. Längere Darlegungen des Lehrers finden sich aber auch in anderen Situationen des Unterrichts. Während des Gruppenunterrichts zum Beispiel kann es vorkommen, daß der Lehrer einer Gruppe, die Schwierigkeiten bei der Bearbeitung ihres Auftrags hat, bestimmte Sachverhalte ausführlich erläutert. Beiträge dieser Art wird man als *Lehrerdarlegungen* bezeichnen können. Sie sind vom Lehrervortrag, der sich an die Klasse als Auditorium wendet, zu unterscheiden.

4.3112 Lehrerdemonstration

Die Darbietung von Information über das Thema des Unterrichts geschieht vielfach mit Hilfe medialer Informationsträger. Beispiele: Der Lehrer führt im naturwissenschaftlichen Unterricht einen Versuch vor. Er macht im Kunstunterricht vor, wie man mit Hilfe der Spritztechnik ein Bild gestaltet. Er zeigt Schülern, die in Zweiergruppen arbeiten sollen, wie man mit einem Mikroskop umgeht. Der Lehrer fertigt ein Tafelbild an, in dem die Ergebnisse der Arbeit am Thema festgehalten werden.

Manchmal wird aber auch der Körper als Mittel der Demonstration eingesetzt. Das ist beispielsweise der Fall, wenn der Lehrer im Sportunterricht einen Handstand vormacht.

4.3113 Lehrerimpulse

Der Lenkung des Lernvorgangs durch Impulse des Lehrers kommt im Unterricht großes Gewicht zu. Die Möglichkeiten sind in diesem Bereich recht umfangreich. Sprachliche Impulse können zum Beispiel die Form eines Fragesatzes haben. Sie können auch als Befehlssatz oder als einen Sachverhalt darstellende Aussage formuliert sein. Auch mit Hilfe von gestischen oder mimischen Mitteln (Achselzucken oder fragender Blick) übermittelte Information sowie Hinweise mit Hilfe von Medien (stumm auf eine bestimmte Stelle eines Schaubildes zeigen) können als Impuls wirksam werden.

Zur Beschreibung der verschiedenen Arten von Impulsen bedarf es eines differenzierten begrifflichen Instrumentariums. Eine grobe Erfassung der Lenkungsstrategie ermöglicht zumeist keinen befriedigenden Einblick in den jeweiligen unterrichtlichen Zusammenhang.

Es bringt beispielsweise wenig Erkenntnis festzustellen, daß ein Abschnitt des Unterrichts im wesentlichen aus einem Frage-Antwort-Spiel zwischen Lehrer und Schülern bestehe. Die Kategorien <Frage> und <Antwort> gestatten nur eine grobe Einschätzung der unterrichtlichen Funktion eines Beitrags. Welche Lernmöglichkeiten sich in einem Austausch von Fragen und Antworten eröffnen, hängt davon ab, welche Anregungen von den Fragen des Lehrers ausgehen und wie ergiebig die Antworten der Schüler sind. Der argumentative Zusammenhang, in dem Fragen und Antworten stehen, ist von Bedeutung. Fragen können zum Beispiel darauf ausgerichtet sein, Vergleiche, Hypothesenbildung, Folgerung, Begründung, Präzisierung oder Weiterführung anzuregen. Sie können aber auch auf einfache Wiedergabe von Sachverhalten, etwa im Anschluß an die Lektüre eines Textes, angelegt sein. Ob sie geeignet sind, Lernvorgänge zu fördern, muß jeweils aus dem Zusammenhang des gesamten Unterrichts erschlossen werden.

Schöne Beispiele für straff gelenkte Frage-Antwort-Spiele bieten die Platonischen Dialoge. In ihnen dominiert der Meister und dem Gesprächspartner ist die Rolle zugedacht, teilweise nur mit kurzen Antworten (manchmal nur ein einziges Wort) an der Lösung des Problems beteiligt zu sein. Ein unterrichtsähnliches Frage-Antwort-Spiel findet sich beispielsweise im Menon-Dialog, in dem Sokrates einen Sklaven zu der Erkenntnis zu führen versucht, daß der Flächeninhalt des Quadrats über der Diagonale eines Quadrats doppelt so groß ist wie der Flächeninhalt des Quadrats, von dem ausgegangen wird. Gegenstand des Gesprächs zwischen Sokrates und dem Sklaven ist ein relativ schwieriges Problem. Die Lösung gelingt nur, indem der Meister das Gespräch straff führt. Allerdings führt er es so, daß der Lernende sein eigenes Wissen aktivieren und einsetzen kann und mit daran beteiligt ist, vielfältige argumentative Zusammenhänge zu eröffnen. Am Ende gelangt der Dialog zu dem gewünschten Ergebnis. Es wäre eine reizvolle Aufgabe darzulegen, in welcher Weise die Hinweise, Fragen und Aufforderungen des Sokrates den Lernvorgang zum Ziel lenken.

Impulse werden den Schülern zumeist mit Hilfe der gesprochenen Sprache übermittelt. Allerdings kann der Lehrer sich auch anderer Mittel bedienen. Impulse können über verschiedene Sinnesorgane wirksam werden. Im Chemieunterricht kann der Lehrer die Schüler durch eine Geruchsprobe dazu anregen, das Diacetyl als wirksamer Bestandteil des Butteraromas zu identifizieren. Wenn er die Schüler die Erwärmung eines Reagenzglases ertasten läßt, in dem eine chemische Reaktion abgelaufen ist, macht er darauf aufmerksam, daß hier Energie freigeworden ist.

Zumeist sind die im Unterricht zu beobachtenden Impulse akustische oder optische Impulse. Akustische Impulse können verbal oder nonverbal sein. Im Musikunterricht kann der Lehrer beispielsweise durch rhythmisches Klopfen dazu anregen, unterschiedliche Formen des Taktes zu erkennen. Im Rahmen der Hörerziehung können in einer Schulfunksendung Folgen von unterschiedlichen Geräuschen dazu benutzt werden, Anstöße zum Wiedererkennen von Vorgängen in der Realität zu geben. Optische Impulse können sich mimischer oder gestischer Mittel bedienen. Die zweifelnde Miene des Lehrers deutet den Schülern an, daß die aktuellen Schülerbeiträge noch nicht am Kern eines Problems angelangt sind, die Überlegungen also fortgeführt werden müssen. Zeigt der Lehrer auf eine bestimmte Stelle des Tafelbildes (beispielsweise auf einen Winkel in einer geometrischen Figur), wissen die Schüler, daß sie an dieser Stelle ansetzen müssen.

Impulse entfalten ihre lernförderliche Wirksamkeit, wenn sie der jeweiligen Unterrichtssituation entsprechend eingesetzt werden. Oft ist es sinnvoll, die Lenkung des Schülerverhaltens zunächst einmal mit offenen Impulsen zu versuchen. Ein Tätigkeitsimpuls könnte hier am Anfang stehen. Wenn der Lehrer beispielsweise sagt, "Schaut euch noch einmal die Tabelle an", nimmt er inhaltlich nichts vorweg. Er überläßt es vielmehr zunächst einmal den Schülern, ein Ergebnis zu finden. Kommen sie alleine nicht weiter, wird er mit Hilfe von Denkanstößen oder inhaltlich stärker lenkenden Impulsen die Überlegungen der Schüler massiver zu beeinflussen versuchen. Der Übergang zu engeren Impulsen ist in diesem Fall der Unterrichtssituation angemessen.

Zuweilen läßt sich beobachten, daß ein Lehrer, der sich unter Zeitdruck sieht, den Schülern nicht ausreichend Zeit läßt, um die in den Impulsen enthaltenen Anregungen aufzunehmen. Schnelle Folgen von Impulsen können verwirren. Schüler brauchen eine gewisse Zeit, um zu Ergebnissen zu gelangen. Ein Lehrer, der eigenen Überlegungen der Schüler wirklich Raum lassen will, wird die Geduld aufbringen müssen abzuwarten, ob eine angemessene Schülerreaktion kommt.

◆ *Themenorientierte Aktivierung der Schüler durch Impulse*

Tätigkeit herausfordernde Impulse

Durch auf das Thema bezogene Tätigkeit herausfordernde Impulse versucht der Lehrer, die Schüler für die Arbeit am Thema zu aktivieren und Anregungen für die Auseinandersetzung mit dem Thema zu geben. Friedrich Winnefeld (1971) bietet zur Erfassung des hierauf bezogenen Lehrerverhaltens folgende Kategorien an:

- Tätigkeitsimpuls
  Mit Hilfe von Tätigkeitsimpulsen versuchen Lehrer, die Lerntätigkeit der Schüler in offener Weise zu lenken. Der Tätigkeitsimpuls enthält keinen Hinweis auf

ein thematisches Element. Er fordert nur zu einer bestimmten Tätigkeit auf. Den geeigneten Weg zur Auseinandersetzung mit dem Thema sollen die Schüler selbst suchen. Beispiele: "Schaut euch mal das Tafelbild an!" "Vergleicht doch bitte die beiden Tabellen!" "Beobachtet, was geschieht, wenn ich nun den Schalter betätige und Strom durch die Spule fließt!"

- Denkanstoß
  Der Denkanstoß ist ein themenbezogener Impuls, der nur einen recht allgemein gehaltenen Hinweis auf ein thematisches Element enthält. Er ist ein offener Impuls. Den Schülern soll die Möglichkeit gegeben werden, den Zugang zu dem in Frage stehenden Inhalt selbst zu finden. Beispiel: Im Mathematikunterricht soll gelernt werden, wie man den Flächeninhalt eines Dreiecks berechnet. Bekannt ist, wie man den Flächeninhalt eines Parallelogramms berechnet: Grundlinie mal Höhe. Die Berechnung des Flächeninhalts beim Dreieck soll auf die Berechnung des Flächeninhalts beim Parallelogramm zurückgeführt werden. Der Lehrer möchte die Schüler anregen, den Weg selbst zu finden. Er gibt mit Hilfe des Tafelbildes einen Denkanstoß: "Und wenn wir nun eine Hilfslinie einzeichnen?" Er zeichnet dabei eine Diagonale in das Parallelogramm ein.

Inhaltlich akzentuierte Impulse

Der Denkanstoß läßt die Richtung der Auseinandersetzung mit dem Lerninhalt offen. Wenn Denkanstöße nicht zum geeigneten Zugriff der Schüler führen, wird eine engere Lenkung des Schülerverhaltens erforderlich. Zu diesem Zweck setzen Lehrer *inhaltlich akzentuierte Impulse* ein, welche vorgeben, wie die Auseinandersetzung mit dem in Frage stehenden thematischen Element gesucht werden soll:

- Analyseimpuls
  Analyseimpulse sind alle Anregungen des Lehrers, einen Gegenstand des Lernens in seine Elemente zu zerlegen oder jedenfalls einige seiner Elemente zu bestimmen und näher zu charakterisieren: "Welches ist denn das Verb des Hauptsatzes?" ist eine wohlbekannte, auf Analyse angelegte Frage beispielsweise aus dem Lateinunterricht.
- Syntheseimpuls
  Mit Hilfe von Syntheseimpulsen regt der Lehrer die Schüler dazu an, einen Oberbegriff zu bilden, aus einzelnen Ergebnissen auf ein Gesetz zu schließen, Teilerkenntnisse zusammenzufassen. Beispiel: "Was ergibt sich denn nun aus dem Vergleich der Angaben über den Geldumlauf, die Zinshöhe und die Inflationsrate in den einzelnen Quartalen der letzten Jahre?"
- Verdeutlichungsimpuls
  Ein Verdeutlichungsimpuls ist eine Aufforderung des Lehrers, einen Sachverhalt klarer darzustellen. "Wir müssen doch noch einmal auf die Grammatik zurückkommen. Wann wird denn nun ein passé simple verwendet? Könnt ihr versuchen, das an einigen Beispielen zu erläutern?" Der Verdeutlichungsimpuls im

Sinne Winnefelds zielt auf die semantische Ebene. Inhaltliche Momente sollen besser erfaßt werden.

- Präzisierungsimpuls
  Der Präzisierungsimpuls zielt auf die syntaktische und sigmatische Ebene. Er fordert dazu auf, exakter zu formulieren, zu zeichnen oder vorzumachen. Beim Präzisierungsimpuls wird die Adäquatheit der Darstellung angemahnt. “Kannst du das einmal genauer sagen?” ”Zeichne das noch einmal neu! Verwende bitte ein Lineal!”
- Akzentuierungsimpuls
  Der Akzentuierungsimpuls soll die Schüler dazu herausfordern, das Wesentliche aus den behandelten Inhalten herauszufinden, Schwerpunkte zu setzen. “Was hat denn hier zunächst einmal Vorrang?” Bei der Behandlung des Themas 'Satire' als Textgattung sind verschiedene Darstellungsebenen unterschieden worden. Der Lehrer betont: “Wir wollen immer die Zuordnung der einzelnen Textteile zu einer der Darstellungsebenen im Auge behalten.”
- Verbesserungsimpuls
  Mit einem Verbesserungsimpuls gibt der Lehrer den Schülern die Anregung, in einer Aussage, einem Text, einer Versuchsanordnung oder einer Zeichnung Fehler zu entdecken oder zu korrigieren. “Warum fließt nur ein so geringer Strom? Was muß an dem Schaltkreis verändert werden?” fragt ein Lehrer, der festgestellt hat, daß irrtümlich statt einer durchgehenden parallelen Schaltung an einigen Stellen eines Schaltkreises Reihenschaltungen vorgenommen wurden.
- Vermutungsimpuls
  Vermutungsimpulse zielen darauf ab, aufgrund der bisherigen Kenntnisse Annahmen über Zusammenhänge zu bilden, die sich zwar andeuten, aber noch nicht sicher erkannt sind. Beispiel: Bei dem Versuch, die Mauerreste einer mittelalterlichen Burg mit Hilfe eines alten Stiches zu identifizieren, stellt der Lehrer fest: “Der Name Torturm müßte uns doch eigentlich etwas verraten.”
- Vergleichsimpuls
  Vergleichsimpulse wollen dazu anregen, Gegenstände, Zahlenreihen, Aussagen, Bilder usw. hinsichtlich gemeinsamer Merkmale miteinander zu vergleichen. “Und wenn wir uns an die Fabel 'Der Löwe und die Maus' erinnern?” sagt der Lehrer im Anschluß an die vorläufige Besprechung des Inhalts der Fabel “Der Adler und die Nachtigall” im Rahmen eines Unterrichts, in dem das Thema Fabel als Textsorte behandelt wird.
- Entscheidungsimpuls
  Entscheidungsimpulse sind Aufforderungen des Lehrers, sich für eine unter mehreren Möglichkeiten (Positionen oder Vorgehensweisen) zu entscheiden, um zunächst einmal einen bestimmten Weg (vielleicht den am ehesten Erfolg versprechenden) im Unterricht zu verfolgen. Ein Entscheidungsimpuls kann auch zu erneutem Nachdenken über die vorliegenden Sachverhalte anregen. “Welchem Vorschlag folgen wir denn nun? Wollen wir die Lösung mit Hilfe des Sinussatzes versuchen oder nehmen wir den Cosinussatz?”

- Begründungsimpuls
  Begründungsimpulse fordern dazu auf, für einen Sachverhalt oder eine Aussage Ursachen oder Gründe anzugeben. "Warum muß denn hier ein Komma stehen?" Weiteres Beispiel: Die soziale Lage im Gefolge der frühen Phase der Industrialisierung und politische Entwicklungen in Deutschland sind besprochen worden. Der Lehrer fragt: "Wodurch wurden nun gesellschaftliche Fehlentwicklungen zur 'sozialen Frage'?"
- Wertungsimpuls
  Wertungsimpulse fordern dazu auf, Stellungnahmen im Sinne von Werturteilen abzugeben. Die Bewertung kann weltanschaulichen Charakter haben, sich aber auch auf die objektivierbare Qualität von Sachverhalten beziehen. "Kann man das denn gutheißen?" "Ist das der einfachste Beweis?"
- Folgerungsimpuls
  Mit Hilfe von Folgerungsimpulsen will der Lehrer dazu anregen, aus vorgegebenen Ursachen oder Gründen durch logisches Schließen zu neuen Ergebnissen zu gelangen. "Du weißt doch, daß testis (Zeuge) Maskulinum und Femininum sein kann. Was kommt jetzt in Frage?" "Wenn nun der Winkel α gleich dem Winkel β ist?"

◆ *Lenkung des Verlaufs*

Zahlreiche Impulse des Lehrers zielen nicht unmittelbar auf die Arbeit am Thema. Sie dienen der Lenkung des Unterrichtsverlaufs. Verlaufsgestaltende Impulse lenken das Lernverhalten dadurch, daß Erwartungshaltungen geweckt werden und unmittelbar Einfluß auf das Verhalten der Schüler genommen wird. Es ist sinnvoll, globale und enge Impulse der Verlaufssteuerung zu unterscheiden.

Globale Verlaufssteuerung

Zur *globalen Verlaufssteuerung* dienen Hauptimpuls, Gliederungsimpuls und Abgrenzung:

- Hauptimpuls
  Häufig leiten Hauptimpulse den Unterricht oder neue Phasen des Unterrichts ein. Sie geben an, was im Unterricht oder in einer Phase des Unterrichts Gegenstand des Lernens sein soll. Beispiel: "Wir haben schon Verschiedenes über Magnetismus oder magnetische Stoffe gelernt. Heute wollen wir uns etwas ausführlicher mit dem Elektromagnetismus befassen." Es handelt sich hier nicht um eine bloß äußere, mehr nebensächliche Maßnahme des Lehrers. Vielmehr wird auf diese Weise eine Perspektive für die Einordnung der nun folgenden Einzelheiten des Unterrichts, eine vorausgehende kognitive Organisation also, vorgegeben. Die gewünschte Richtung der Aufmerksamkeit und der Aktivität der

Schüler wird verdeutlicht.

- Gliederungsimpuls
  Mit dem Gliederungsimpuls wird angedeutet, in welche Arbeitsschritte der Unterricht oder Teile des Unterrichts eingeteilt werden sollen. Auch hier handelt es sich um ein Mittel der vorausgehenden Organisation. Die Schüler erfahren, was der Lehrer insgesamt ins Auge gefaßt hat. Voreilige Vorgriffe auf Elemente des Themas, welche die Schüler als zum Thema gehörig erkennen, die aber noch nicht ausreichend vorbereitet sind, werden auf diese Weise vermieden. Beispiel: "Wir wollen erst einmal einige Versuche durchführen und dann darüber nachdenken, ob wir eine Gesetzlichkeit herausfinden. Gegebenenfalls werden wir versuchen, diese mit Hilfe einer Formel auszudrücken."
- Abgrenzung
  Abgrenzende Impulse sind oft die Reaktion auf Schüleräußerungen. Sie dienen dem Lehrer dazu, deutlich zu machen, daß von Schülern ins Spiel gebrachte thematische Elemente besser noch nicht jetzt, sondern an einer späteren Stelle des Unterrichts behandelt werden. "Wie sollten erst die Vorgänge und Bedingungen der Englischen Revolution selbst genau kennenlernen. Ob wir daraus für uns heute etwas lernen können, ob man überhaupt aus der Geschichte lernen kann, können wir, wenn ihr wollt, anschließend erörtern."

Feinsteuerung des Verlaufs

Manche Impulse des Lehrers sind auf die *Feinsteuerung des Verlaufs* angelegt. Sie dienen dazu, organisatorische Tätigkeiten anzuregen, die äußere disziplinarische Ordnung und die Aufmerksamkeit der Schüler aufrechtzuerhalten. Einige Beispiele:

- Sachordnungsimpuls
  Sachordnungsimpulse sind alle Aufforderungen des Lehrers, Gegenstände verschiedener Art bereitzuhalten oder wegzuräumen, Verhaltensweisen zu zeigen oder zu beenden, Tätigkeiten in einer bestimmten Reihenfolge durchzuführen. "Teilt bitte die Arbeitsblätter aus!" "Ihr könnt zu zweit arbeiten." "Nehmt bitte zuerst die gelben Kabel, die kürzeren." "Hört jetzt bitte mit der Gruppenarbeit auf, auch, wenn ihr noch nicht fertig seid."
- Disziplinarischer Ordnungsimpuls
  Hier handelt es sich um die Aufforderung des Lehrers, ein diszipliniertes Verhalten zu zeigen. "Wenn ihr alle auf einmal redet, versteht niemand etwas."
- Ermutigung
  Mit Ermutigungen bemüht sich der Lehrer, die Schüler dazu zu bringen, weiterzumachen, nicht aufzugeben. Die Ermutigung kann vom Lehrer als persönlicher und mitfühlender Kontakt gemeint sein. Im Zusammenhang des Unterrichts hat die Ermutigung jedoch auch die Aufgabe, den Verlauf des Unterrichts durch die Aktivierung der Schüler günstig zu beeinflussen, Schüler zum Erfolg zu führen. Beispiele: "Laß dir Zeit, du kommst schon drauf." "Großartig. Das ist ja wirk-

lich ein guter Einfall."

- Bremsung
  Mit Bremsungsimpulsen versucht der Lehrer, das Arbeitstempo des Unterrichts einzuschränken. Er hat vielleicht bemerkt, daß einige Schüler nicht mitkommen und stellt fest: "Ich glaube es geht zu schnell. Fassen wir zunächst einmal zusammen und überlegen, wie wir zu dem Ergebnis gelangt sind."

4.312 Lernakte der Schüler

Unterricht besteht in einem unter methodischen Gesichtspunkten organisierten Prozeß, der sich auf die Ziele des Unterrichts zubewegt. Dieser Prozeß wird von Lehrer und Schülern gemeinsam gestaltet. Daher ist nicht nur das Lehrerverhalten, sondern auch das Schülerverhalten mit methodischen Kategorien zu erfassen. Die Lernakte der Schüler lassen sich teilweise mit Hilfe von Kategorien beschreiben, die denen ähnlich sind, die bei der Charakterisierung der Aktionsformen des Lehrens verwendet wurden.

4.3121 Schülervortrag

Die aktive Mitarbeit der Schüler ist eine Voraussetzung für erfolgreichen Unterricht. Der Vortrag von Schülern ist eine der Möglichkeiten, die Schüler an der Gestaltung des Unterrichts zu beteiligen. Situationen, in denen die Schüler durch Vortragen an der Informationsvermittlung beteiligt werden können, ergeben sich im Unterricht häufig. Sie sollten vom Lehrer genutzt werden. Längere Darlegungen von Schülern finden sich nicht nur im Klassenunterricht. Im Gruppenunterricht zum Beispiel kann es dazu kommen, daß Schüler sich in geschlossener Darstellung ausführlich zu ihrer Sicht eines Problems äußern, das sie gemeinsam erarbeiten sollen.

Vorbereitende Hausaufgaben, deren Gegenstand es beispielsweise war, bei älteren Menschen Erkundungen zur Stadtgeschichte einzuholen, legen es nahe, zu Beginn der Stunde die Schüler über die Ergebnisse ihrer Nachforschungen berichten zu lassen. Auch in der Phase der Arbeitsvereinigung beim Gruppenunterricht ergibt sich Gelegenheit zum Schülervortrag. Je nach der Aufgabe, die im Gruppenunterricht bearbeitet werden sollte, ist es sinnvoll, daß ein Mitglied der Gruppe beauftragt wird, über die von der Gruppe erarbeiteten Ergebnisse zu berichten. Zum Schülervortrag kommt es auch, wenn Schüler Texte oder Aufsätze vorlesen oder Referate vortragen.

4.3122 Schülerdemonstration

Im Unterricht bietet sich auch häufig Gelegenheit, Schüler dadurch an der Gestaltung des Unterrichts zu beteiligen, daß ihnen Demonstrationen übertragen werden. Die Arbeit an der Tafel, die Beteiligung beim Vorführen eines Versuchs oder auch die selbständige Ausführung, das Vormachen einer Übung im Sportunterricht sind Beispiele.

4.3123 Schülerimpulse

Beiträge der Schüler, von denen lernförderliche Anregungen ausgehen, können als Schülerimpulse bezeichnet werden. Schülerimpulse können im besonderen durch Sozialformen hervorgelockt werden, die den Schülern ein hohes Maß an Selbsttätigkeit abfordern. Wenn Schüler im Gruppenunterricht oder im Unterrichtsgespräch im größeren Umfang auf ihre eigene Aktivität angewiesen sind, ergibt es sich weitgehend von selbst, daß sie einander durch Fragen, Denkanstöße und Aufforderungen bei der Erarbeitung des Themas anregen und unterstützen.

Die oben beschriebenen Kategorien zur Erfassung der Lehrerimpulse lassen sich teilweise auch zur Erfassung der Schülerimpulse verwenden. Wenn zum Beispiel in einem Unterrichtsgespräch eine Schülerin einen Schüler auffordert, "Mach mal eine Satzanalyse, Björn!", so handelt es sich hier offenkundig um einen Analyseimpuls. Wenn ein Schüler einwirft "Ich bin nicht mitgekommen", versucht er so auf den Unterrichtsverlauf Einfluß zu nehmen. Das Arbeitstempo soll gedrosselt werden. Eine Wiederholung wird angemahnt.

4.3124 Hausaufgaben

Hausaufgaben, die alleine bewältigt werden, sind ein weiteres Beispiel für nichtinteraktive Lernaktivität der Schüler. Hausaufgaben werden zwar zumeist außerhalb der Schule bearbeitet (manchmal werden Hausaufgaben schon in der Schule begonnen oder erledigt). Dennoch sind sie zum Unterricht hinzuzurechnen. Sie sind nachbereitende oder vorbereitende Hausaufgaben. Sie dienen dazu, entweder den vorangegangenen Unterricht nachzubereiten (z.B. Übung, Zusammenfassung, Reinschrift, Ausarbeitung) oder den kommenden Unterricht vorzubereiten.

Hausaufgaben sind ein methodisches Mittel, das selbständiges Arbeiten der Schüler ermöglicht. Sie sind nur dann angemessen, wenn sie so beschaffen sind, daß sie von den Schülern auch tatsächlich bewältigt werden können. Auf die Auswahl der Hausaufgaben wird der Lehrer daher einige Mühe verwenden müssen. Die Hausaufgaben sollten sich in der Regel aus dem Unterricht entwickeln. Sie sind zu erklären. Auf jeden Fall muß sich der Lehrer vergewissern, daß die Schüler die Aufgabenstellung verstanden haben.

4.32 Sozialformen des Unterrichts

Die Interaktionen der Lehr-Lern-Gruppe im Unterricht finden sich in unterschiedlicher Weise organisiert. Die Organisationsformen der Interaktion im Unterricht wollen wir Sozialformen des Unterrichts nennen. Die Sozialformen können in Klassenunterricht, Gruppenunterricht und Einzelarbeit eingeteilt werden.

4.321 Klassenunterricht

Beim Klassenunterricht besteht die Lehr-Lern-Gruppe aus der ganzen Klasse. Mögliche Formen sind das Lehrgespräch und das Unterrichtsgespräch.

4.3211 Lehrgespräch

Beim Lehrgespräch ist der Lehrer der zentrale Kommunikator. Die Interaktionen spielen zwischen Lehrer und Schülern. Schüler-Schüler-Interaktionen finden nicht oder nur selten statt. Der Lehrer ist immer am Gespräch beteiligt. Die Schüler als Gesprächspartner des Lehrers wechseln.

Lehrgespräch

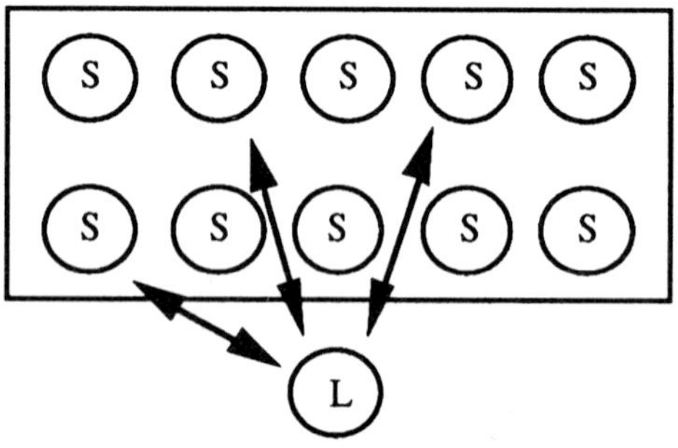

Der Fortgang des Unterrichts ist maßgeblich durch Impulse des Lehrers bestimmt. Zu den Anregungen des Lehrers in Gestalt von Fragen, Aufforderungen und Denkanstößen äußern sich die Schüler. Der Lehrer nimmt ihre Beiträge entgegen. In diesem Wechselspiel von Lehreraktion und Schülerreaktion lenkt der Lehrer den Unterricht auf die angestrebten Lernziele hin.

Das Lehrgespräch wird in der Literatur mitunter als Frontalunterricht charakterisiert. Es wird auch als fragend-entwickelnder Unterricht bezeichnet.

4.3212 Unterrichtsgespräch

Eine andere Form des Klassenunterrichts ist das Unterrichtsgespräch. Die vorherrschende Form der Interaktion ist hier anders als beim Lehrgespräch. Der Lehrer nimmt sich im Unterrichtsgespräch zurück. Gewünscht ist, daß die Schüler mehr hervortreten und die Erarbeitung des Themas stärker beeinflussen.

Besondere Bedeutung für die Gestaltung der Interaktionen im Unterrichtsgespräch kommt der Sitzordnung zu. Während beim Lehrgespräch die Schüler neben- oder hintereinandersitzen, wird beim Unterrichtsgespräch die Sitzordnung so gewählt, daß alle leicht Blickkontakt miteinander aufnehmen können. Daher ordnet man die Sitze in Form eines Kreises oder eines Hufeisens (U-Form). Zumeist wird die Hufeisenform gewählt. Sie gestattet leicht die Integration eines zentralen Mediums in den Unterricht, zum Beispiel der Tafel oder des Tageslichtprojektors. Wird die Verwendung eines zentralen Mediums erforderlich, kann dieses bei der hufeisenförmigen Sitzordnung von allen gut eingesehen werden.

Die Möglichkeit, leicht miteinander in Blickkontakt treten zu können, bietet für die Aktivierung der Schüler im Unterricht Vorteile. Aus der Erforschung des Verhaltens in Gruppen ist bekannt, daß der Blickkontakt zur Interaktion herausfordert. Er erleichtert die Aufnahme verbaler Interaktionen.

Unterrichtsgespräch
Kreisform

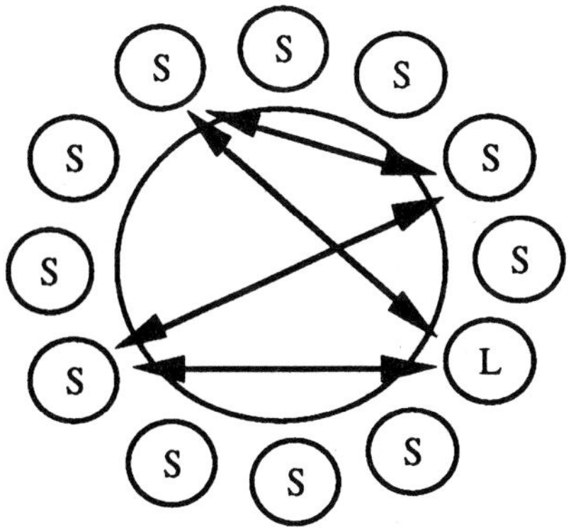

Unterrichtsgespräch
U-Form

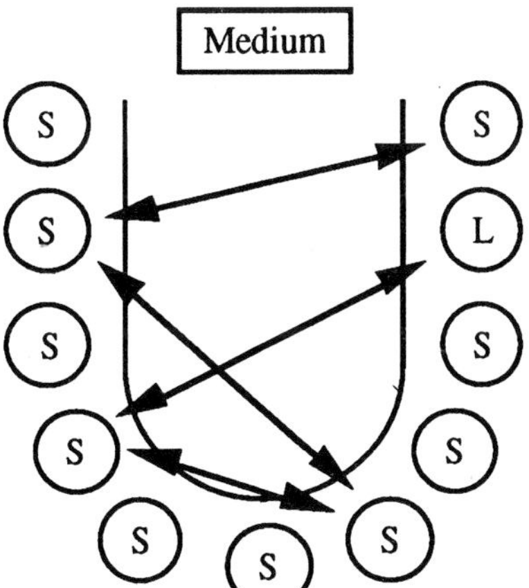

Im Unterrichtsgespräch nimmt der Lehrer in der Sitzordnung keine herausgehobene Stellung ein. Er tritt auch in der Organisation der räumlichen Anordnung zurück, indem er sich oft an einer beliebigen Stelle in den Kreis oder das Hufeisen einreiht. Möglicherweise kann durch dieses sichtbare Zurücktreten des Lehrers die Aktivierung der Schüler noch verstärkt werden.

Für die Durchführung des Unterrichtsgesprächs ist es vorteilhaft zu verabreden, daß derjenige, der das Wort hatte, seinen Nachfolger bestimmt. Es wird auf diese Weise vermieden, daß die Schüler sich immer wieder an den Lehrer wenden, um zu Wort zu kommen. Der Lehrer muß eingreifen, wenn er beobachtet, daß überwiegend enge Freunde sich gegenseitig "drannehmen" und auf diese Weise nicht alle Schüler die gleiche Möglichkeit haben, zu Wort zu kommen.

Zuweilen unterstellt sich auch der Lehrer dieser Verabredung. Allerdings wirkt diese Regelung oft künstlich, da im Unterrichtsgespräch, wie auch bei anderen Organisationsformen des Unterrichts, sich oft die Notwendigkeit für ein sofortiges Eingreifen des Lehrers ergibt. Der Umweg über die Wortmeldung erscheint dann von der Sache her umständlich und gestellt.

Wir haben Lehrgespräch und Unterrichtsgespräch nach charakteristischen Merkmalen unterschieden. In der Unterrichtswirklichkeit sind oft Mischformen zu beobachten. So kann es vorkommen, daß in einem Abschnitt einer Unterrichsstunde, der durchweg als Lehrgespräch geführt wird, ein spontaner Wortwechsel zwischen Schülern aufkommt. Andererseits kann ein Unterrichtsgespräch in ein Lehrgespräch übergehen, wenn beispielsweise ein Element des Themas den Schülern unerwartete Schwierigkeiten bereitet und der Lehrer sich genötigt sieht, den Unterricht streckenweise stärker zu führen. Beim Unterrichtsgespräch zu verbleiben, erwiese sich in diesem Fall als unergiebig.

Organisatorische Formen des Unterrichts sind nicht als Bestandteile eines Dogmas zu betrachten. Es kann nicht darauf ankommen, sie jeweils in Reinform zu praktizieren. Die Aufgabe des Lehrers ist es, auf die jeweiligen Gegebenheiten des Unterrichts, die teilweise nicht vorhersagbar sind, durch Variation der methodischen und medialen Instrumente einzugehen.

4.322 Gruppenunterricht

Beim Gruppenunterricht wird die Klasse in mehrere Gruppen aufgeteilt, die während einer bestimmten Phase des Unterrichts mehr oder weniger selbständig lernen. Die Gruppen können gleiche oder verschiedene Arbeitsaufträge übernehmen.

◆ *Formen des Gruppenunterrichts*

Arbeitsteiliger Gruppenunterricht

Von arbeitsteiligem Gruppenunterricht wird gesprochen, wenn den Gruppen unterschiedliche Arbeitsaufträge erteilt werden, die einander ergänzen. Möglicherweise wird ein Thema in Unterthemen aufgeteilt, die den Gruppen zur Erarbeitung aufgegeben werden. Am Ende der Gruppenarbeit werden dann die Ergebnisse, die in den Gruppen erarbeitet worden sind, zusammengefaßt.

Arbeitsgleicher (konkurrierender) Gruppenunterricht

Beim arbeitsgleichen Gruppenunterricht bearbeiten die Gruppen den gleichen Arbeitsauftrag. Die Ergebnisse werden nach Abschluß der Arbeit in den Gruppen miteinander verglichen. Abweichungen wird nachgegangen. Einander ergänzende Aspekte werden zu einem Gesamtergebnis zusammengefaßt. Da alle den gleichen Gegenstand bearbeitet haben, geben die Ergebnisse über die Qualität der Arbeit in den Gruppen Auskunft. Es läßt sich daher sagen, daß die Gruppen in einem gewissen Umfang im Wettstreit miteinander stehen. Aus dieser Sichtweise wird in der Literatur der arbeitsgleiche Gruppenunterricht teilweise auch als konkurrierender Gruppenunterricht bezeichnet. Der arbeitsgleiche Gruppenunterricht ist im Unterricht häufiger anzutreffen als der arbeitsteilige Gruppenunterricht. Er ist leichter zu organisieren als der arbeitsteilige Gruppenunterricht.

Mischform von arbeitsteiligem und themengleichem Gruppenunterricht

Oft läßt sich eine Form des Gruppenunterrichts vorteilhaft einsetzen, die Züge des arbeitsteiligen und des arbeitsgleichen Gruppenunterrichts verbindet. Dabei wird folgendermaßen verfahren: In der Klasse werden Abteilungen gebildet. Den Abteilungen werden unterschiedliche Arbeitsträge erteilt. Sie arbeiten also arbeitsteilig. Innerhalb der Abteilungen werden mehrere Gruppen gebildet, denen der gleiche Arbeitsauftrag zugewiesen wird. Bei ihnen liegt also Arbeitsgleichheit vor. In jeder Abteilung werden Ergebnisse erarbeitet, die vergleichbar sind. Das hat gegenüber dem rein arbeitsteiligen Gruppenunterricht, bei dem ein Arbeitsauftrag nur einmal erteilt wird, Vorteile. Gelangt eine Gruppe beim arbeitsteiligen Gruppenunterricht zu keinem brauchbaren Ergebnis, so fällt der Beitrag dieser Gruppe bei der Erarbeitung des Themas zunächst einmal aus. Er muß dann im Klassenunterricht gemeinsam nachgearbeitet werden. Das sprengt mitunter den vorgesehenen Ablauf des Unterrichts. Bei der geschilderten Mischform von Arbeitsteilung und Themengleichheit arbeiten mehrere Gruppen an demselben Arbeitsauftrag. Die Wahrscheinlichkeit eines völligen Ausfalls wird dadurch geringer. Beispiel: Im Physikunterricht wurde das Thema "Das elektromagnetische Kraftfeld wird verstärkt" behandelt. Der Lehrer knüpfte an die Erkenntnis der vorangehenden Stunde an, daß in der Umgebung eines von Strom durchflossenen elektrischen Leiters (eines Drahtes) ein magnetisches Kraftfeld vorhanden ist. Er ließ die Schüler im Rahmen eines Ideenwettbewerbs Hypothesen zu der Frage entwickeln, ob durch eine geeignete Verformung des Drahtes eine Verstärkung des magnetischen Kraftfeldes erreicht werden kann. Aus der Klasse kamen drei Vorschläge: Knäuel, Spule, Spirale. Im gruppenunterrichtlich organisierten Schülerexperiment sollten die Hypothesen überprüft werden. Es wurden in der Klasse drei Abteilungen gebildet, deren jede aus mehreren Gruppen bestand. Jeder Abteilung wurde als Arbeitsauftrag eine der drei Hypothesen zugewiesen. Zu jeder Hypothese wurden mehrere vergleichbare Ergebnisse erarbeitet. Durch alle Ergebnisse zusammen wurde eine Klärung der Frage herbeigeführt, ob das magnetische Kraftfeld durch eine geeignete Anordnung des elektrischen Leiters verstärkt werden kann.

◆ *Abschnitte des Gruppenunterrichts*

Es lassen sich verschiedene typische Abschnitte der Gruppenarbeit unterscheiden. Folgende Einteilung kann vorgenommen werden:

Gruppenbildung und Organisation

Bevor mit dem Lernen in Gruppen begonnen werden kann, sind zunächst einmal die Gruppen zu bilden. Oft werden die Schüler so zu Arbeitsgruppen zusammengefaßt, wie sie sich nach der Sitzordnung zusammenfinden. Nicht immer ist jedoch eine Gruppierung dieser Art sinnvoll. Wenn beispielsweise im experimentellen Unterricht in jeder Gruppe Schüler vertreten sein müssen, die über bestimmte Fertigkeiten bereits verfügen, kann es ratsam sein, eine gezielte Zusammenfassung der Schüler in den Arbeitsgruppen vorzunehmen. Das ist möglicherweise auch der Fall, wenn der Lehrer den Gruppenunterricht nutzen möchte, um einigen Schülern besonders intensiv zu helfen. Er wird dann vielleicht einige besonders schwache Schüler in einer Gruppe vereinigen wollen. Eine Gruppenbildung, die allein den Wünschen der Schüler folgt, ist nicht immer ratsam. In der Unterrichtsforschung sind Kombinationen von Schülermerkmalen ermittelt worden, die einem Erfolg der gemeinsamen Arbeit in Gruppen entgegenstehen. Finden sich beispielsweise Schüler mit schwacher Intelligenz, schwacher Leistungsmotivation und hoher Kohäsion in einer Arbeitsgruppe zusammen, so muß mit sehr schlechten Ergebnissen der Gruppenarbeit gerechnet werden (Schell 1975). Auch auf die Größe der Gruppe ist zu achten. Als optimal gelten Gruppengrößen von vier bis sechs Schülern (Sjølund 1976). In der ersten Phase des Gruppenunterrichts geht es nicht nur um die Bildung der Gruppen. Es sind auch organisatorische Vorkehrungen zu treffen. Gegebenenfalls sind Tische und Stühle geeignet zusammenzustellen. Die Medien müssen zur Verfügung gestellt werden.

Erteilen der Arbeitsaufträge

Die Erteilung der Arbeitsaufträge an die Schüler erfordert eine gute Vorbereitung und Sorgfalt. Wenn die Schüler in den Gruppen weitgehend selbständig arbeiten sollen, muß ihnen klar vor Augen stehen, worin die Fragestellung besteht und was sie machen sollen. Die Formulierung der Arbeitsaufträge muß daher ausreichend ausführlich und unmißverständlich sein. Bevor die Arbeit in den Gruppen beginnt, sollte sich der Lehrer im Gespräch mit der Klasse vergewissern, daß die Arbeitsaufträge wirklich verstanden worden sind. Eine wirkungsvolle Arbeit in der Gruppe wird anderenfalls nicht möglich sein. Auch während der Gruppenarbeit ist immer wieder zu kontrollieren, ob den Schülern die Fragestellung klar ist.

Lernen in der Gruppe

Dieser Abschnitt ist der Kern des Gruppenunterrichts. In ihm sollen die Schüler so weit wie möglich selbständig die vorgesehenen Lernziele erreichen. Die Phase des Lernens in der Gruppe bietet dem Lehrer Gelegenheit zu differenzierter Hilfe. Er kann sich nun denjenigen Gruppen und Schülern besonders intensiv zuwenden, die der Lehrerhilfe stärker bedürfen. Die vorliegende Phase des Gruppenunterrichts ist auf keinen Fall vom Lehrer als Ruhepause zu nutzen oder als Gelegenheit, unterrichtsfremden Tätigkeiten nachzugehen (z.B. Korrigieren von Heften).

Arbeitsvereinigung

Die Ergebnisse der Gruppenarbeit müssen im Klassenunterricht zusammengetragen, verglichen und ausgewertet werden. Beim arbeitsteiligen Gruppenunterricht nimmt dieser Abschnitt im allgemeinen mehr Zeit in Anspruch als beim arbeitsgleichen Gruppenunterricht, da die Ergebnisse aller Gruppen mit einer gewissen Ausführlichkeit dargelegt werden müssen. Bei der Arbeitsvereinigung ist eine angemessene mediale Unterstützung oft sehr hilfreich. Darstellungen an der Tafel oder mit Hilfe eines Tageslichtprojektors vermögen die Zusammenfassung der Ergebnisse zu erleichtern. Stehen mehrere Tafeln oder genügend große Tafeln zur Verfügung, kann je nach Lage der Dinge verabredet werden, daß zum Arbeitsauftrag der Gruppen gehört, die Ergebnisse ihrer Arbeit an der Tafel zusammenzutragen. Bei der Verwendung eines Tageslichtprojektors kann man in die Gruppe Transparentfolie und Folienschreiber geben und den Auftrag erteilen, eine geeignete mediale Darstellung der Ergebnisse der Gruppenarbeit vorzulegen. Es kann auf diese Weise zu einer anschaulichen und konzentrierten Darstellung der Arbeitsergebnisse kommen.

4.323 Partnerarbeit

Wenn die Lerngruppe nur aus zwei Schülern besteht, wird von Partnerarbeit gesprochen. In der Literatur zur Unterrichtsmethodik wird die Partnerarbeit mitunter als spezielle Form der Gruppenarbeit verstanden. Für diese Auffassung spricht, daß die Partnerarbeit oft in ähnlicher Weise eingesetzt wird wie der Gruppenunterricht.

Die Partnerarbeit wird manchmal zur Einübung der Verhaltensweisen benutzt, die im Gruppenunterricht benötigt werden. Der Schwerpunkt ihres Einsatzes liegt in der Primarstufe. Sie wird dort oft in der Übungsphase verwendet (z.B. Arbeit mit Rechenkarteien oder Rechtschreibkarteien, Partnerdiktate). Aber auch in der Erarbeitungsphase kann der Einsatz der Partnerarbeit sinnvoll sein.

4.324 Einzelarbeit

Nicht alle Aktivität der Schüler im Unterricht vollzieht sich in der Interaktion mit dem Lehrer oder den Mitschülern. Wenn Schüler für sich allein am Thema arbeiten, finden Lernoperationen statt, ohne daß andere Personen in den Lernprozeß unmittelbar einbezogen sind.

Wenn Schüler für sich allein Aufgaben des Unterrichts bewältigen sollen, innerhalb und außerhalb (z.B. Hausaufgaben) der Schule, soll von Einzelarbeit gesprochen werden. Die Einzelarbeit bietet Gelegenheit, den Unterricht den individuellen Möglichkeiten des einzelnen Schülers anzupassen. Die Aufgaben können auf seinen individuellen Lernstand abgestellt werden. Der Lernvorgang gestaltet sich nach dem Lerntempo des einzelnen. Der Lehrer kann seine Hilfe den individuellen Erfordernissen anmessen. Insbesondere ermöglicht es die Einzelarbeit dem Lehrer, sich gezielt schwächeren Schülern zuzuwenden.

Die Durchführung von Einzelarbeit setzt voraus, daß Medien zur Verfügung stehen, mit denen Schüler arbeiten können. Als Beispiele seien genannt Arbeitsblätter, Textblätter, Bücher, Geräte zum Zeichnen und Basteln, Materialien.

4.33 Einteilung des Unterrichts in Abschnitte oder Phasen

Die Beobachtung lehrt, daß Unterricht offenbar kein ungegliedertes Gebilde ist, sondern einen Aufbau besitzt. Er ist in der Regel in deutlich wahrnehmbare Abschnitte oder Phasen eingeteilt. Dafür gibt es Gründe.

- Der zu lernende Inhalt besteht aus einer Anzahl von Elementen, die in einem bestimmten Zusammenhang stehen. Die planvolle Erarbeitung des Inhalts gliedert sich daher in einzelne Lernschritte.
- Auch der Lernvorgang selbst hat eine eigene Struktur. Die Aneignung von Neuem erfordert zunächst eine erste Annäherung. Geht es um die Lösung eines Problems, muß die Fragestellung erfaßt werden. Es kommt vielleicht zu einer schrittweisen Lösung. Auch Übung und die Einordnung des Neuen in bereits gelernte Bestände wird erforderlich.
- Das Lernen im Unterricht ist an festgelegte Zeiteinheiten gebunden. Es ist daher erforderlich, eine geeignete zeitliche Einteilung des Unterrichts zu finden. Der Unterricht muß so geplant werden, daß im Verlauf einer Unterrichtsstunde für die Schüler greifbare Ergebnisse sichtbar werden.

Die offenbar aus verschiedenen Gründen naheliegende Einteilung einer Unterrichtsstunde in eine Anzahl von Abschnitten kann unter verschiedenen Gesichtspunkten erfolgen. Es finden sich

- die Einteilung nach Teillernzielen
- die Einteilung nach Lernstufen und
- die Einteilung nach Arbeitsphasen.

4.331 Einteilung nach Teillernzielen

Am Ende einer Unterrichtsstunde sollen bestimmte Lernziele erreicht sein. Auf dem Weg dorthin sind Schritt für Schritt Teilergebnisse zu erzielen, die in Gestalt von Teillernzielen beschrieben werden können. Wenn das Thema eine lineare Anordnung der Teillernziele zuläßt, kann Unterricht als Folge von Abschnitten dargestellt werden, in denen jeweils Aufgaben zu bewältigen sind. die als Realisierung der angestrebten Teillernziele betrachtet werden können.

4.332 Einteilung nach Lernstufen

Psychologische Beschreibungen des Lernens im Unterricht zeigen, daß Lernvorgänge charakteristische Verlaufsformen besitzen. Heinrich Roth (1982) beschreibt, einer didaktischen Tradition folgend, ein Stufenmodell des Lernvorgangs (erinnert sei hier an die Lernstufen Herbarts und der Herbartianer). Die Stufen werden bei konkreten Lernvorgängen nicht immer linear durchlaufen. Es kann zum Überspringen von Stufen kommen. Erreicht der Lernende zunächst kein Ergebnis, kann der Lernvorgang auf einer früheren Stufe erneut einsetzen. Das Modell beansprucht nicht die dogmatische Anwendung auf jeden einzelnen Lernvorgang. Insgesamt will es jedoch Kategorien bereitstellen, welche die Erfassung aller vorkommenden Lernvogänge möglich machen.

Das Lernstufenmodell von Heinrich Roth, das wir als Beispiel für die Einteilung von Unterrichtsabschnitten nach Lernstufen skizzieren wollen, unterscheidet sechs Stufen (vgl. hierzu 2.421):

- Stufe der Motivation
  Damit Lernen zustande kommt, muß der Schüler sich dem Gegenstand des Lernens zuwenden. Es muß eine Motivation für das Lernen gegeben sein. Eine interessante Einleitung des Lehrers in das Thema kann die Aufmerksamkeit der Schüler verstärken. Oft wird auch eine langfristig angelegte Leistungsmotivation die Zuwendung zu den Themen des Unterrichts wie selbstverständlich herstellen. Erfolgt die Zuwendung aus Interesse am Thema, kann von einer intrinsischen Motivation gesprochen werden. Vielfach wird eine mehr von äußeren Gründen bestimmte Zuwendung zum Gegenstand des Lernens angenommen werden können. Die Schüler möchten eine akzeptable Note bekommen, einen Schulabschluß erreichen.
- Stufe der Schwierigkeiten
  Der Erwerb einer neuen Leistungsform wird zunächst einmal mit mehr oder weniger großen Schwierigkeiten verbunden sein. Die Aneignung des Neuen muß geleistet werden. Handelt es sich nicht einfach nur um das Lernen eines neuen Wortes im Fremdsprachenunterricht, sondern um die Lösung eines Problems, werden Zugänge gesucht werden müssen.
- Stufe der Lösung (der Lösungsvermutung)

Ist ein Zugang gefunden worden, steht möglicherweise ein Lösungsweg vor Augen. Ob er zu einem brauchbaren Ergebnis führt, muß erprobt werden.

- Stufe des Tuns und Ausführens
  Auf dieser Stufe geht es nun darum, die Lösungsvermutung zu erproben. Hält sie der Überprüfung stand?
- Stufe des Behaltens und Einübens
  Ein einmal erreichtes Ergebnis wird oft nicht auf Dauer behalten. Es müssen Gelegenheiten zur Anwendung und Einübung des Gelernten gegeben werden. Die Intensität der Einspeicherung ist abhängig von Wiederholungen in zeitlichen Abständen.
- Stufe des Bereitstellens, der Übertragung und der Integration des Gelernten
  Zumeist geht es nicht um das Lernen isolierter Informationen. Es geht darum, größere Informationseinheiten zu bilden. Verbindungen zu bereits früher Gelerntem sollen hergestellt werden. Zusammenhänge sollen erkannt werden. Die Vernetzung der neuen Informationen mit dem bereits Gelernten stellt nicht nur eine Erweiterung der intellektuellen Kompetenz dar, sondern vergrößert auch die Intensität der Einspeicherung in das Gedächtnis.

Lernstufenmodelle erheben den Anspruch, die Vorgänge zu erfassen, die bei der Erarbeitung neuer Inhalte ablaufen. Fassen wir den Unterricht formal als Folge von Abschnitten auf, die von Teillernziel zu Teillernziel fortschreitet, so ist im Prinzip jeder Lernvorgang in einem dieser Abschnitte durch das Lernstufenmodell zu erfassen. Die Lernstufen verfeinern sozusagen die Einteilung des Unterrichts nach Teillernzielen.

4.333 Einteilung nach Arbeitsphasen

Eine in Stundenentwürfen oft anzutreffende Form der Gliederung benennt die Arbeitsphasen des Unterrichts. Es handelt sich hier um eine relativ grobe und großflächige Einteilung des Unterrichts. Diese Form der Gliederung hat für die Praxis der alltäglichen Unterrichtsplanung den Vorteil, leicht überschaubar und leicht handhabbar zu sein.

- Einstieg
  Als Einstieg wird die Eröffnung einer Unterrichtsstunde bezeichnet. Der Einstieg eröffnet einen ersten Zugang zum Thema. Er sollte Anregungen für die Arbeit am Thema enthalten und Perspektiven eröffnen. Ein gut gewählter Einstieg kann die Schüler dauerhaft aktivieren. Der die Unterrichtsstunde eröffnende Abschnitt wird oft auch als Motivationsphase bezeichnet.
- Erarbeitung
  Aufgabe dieser Phase des Unterrichts ist die Arbeit am Thema. Die Erarbeitungsphase ist vielfach in eine Anzahl von Abschnitten unterteilt. Bei der Feingliederung dieser Phase werden vor allem zwei Wege beschritten: Sie wird nach den Teillernzielen des Unterrichts oder nach den Elementen des Themas, die

Schritt für Schritt Gegenstand des Lernens werden sollen, eingeteilt.

- Zusammenfassung
  An die Erarbeitung des Themas oder von Teilen des Themas kann eine Zusammenfassung anschließen. Diese dient dazu, den Ertrag der Arbeit am Thema in gedrängter Form herauszustellen. Das Wesentliche und Zentrale des Themas sollen benannt werden. Das Thema soll auf diese Weise überschaubar werden. Gute Zusammenfassungen erleichtern das Verständnis und das Behalten des Gelernten.
- Übung und Anwendung
  Ebenso wie die Zusammenfassung dienen auch Übung und Anwendung der Sicherung des Gelernten. Diese Phase gibt dem Lehrer auch Gelegenheit zu überprüfen, in welchem Umfang die Schüler bei der Erarbeitung des Themas erfolgreich waren.
- Einordnung und Ausblick
  Das Thema der Stunde ist oft Teil eines größeren Ganzen. Es wird bei der Durchführung des Unterrichts daher erforderlich, die Einordnung in einen größeren Zusammenhang vorzunehmen. Die Anbindung an die in vorangehenden Stunden erarbeiteten Inhalte ist möglicherweise in einem gewissen Umfang schon beim Einstieg oder in der Erarbeitungsphase vorgenommen worden. Eine ausführliche und die Zusammenhänge artikulierende Darstellung am Schluß der Stunde ist aber auch dann angemessen. Auch das trägt zur Sicherung des Ertrags bei. Ein Ausblick auf die Fortsetzung des Unterrichts vermag weiterführende Perspektiven zu eröffnen und bereitet im kleinen bereits die kommende Unterrichtsstunde vor.

Die genannten Arbeitsphasen sind nicht als ein dogmatisch zu handhabendes Gliederungsschema mißzuverstehen. Die angegebene Reihenfolge der Phasen ist nicht zwingend. In der Unterrichtspraxis ist oft zu beobachten, daß Übungen oder Zusammenfassungen vorkommen noch bevor die Erarbeitungsphase insgesamt abgeschlossen ist. Je nach der Beschaffenheit oder dem Schwierigkeitsgrad des Themas sehen Lehrer es als sinnvoll an, bereits nach einer teilweisen Erarbeitung zusammenzufassen, zu üben oder eine Anwendung der bisherigen Ergebnisse zu versuchen.

4.34 Methodenkonzeptionen

Methodenkonzeptionen sind "großflächige" methodische Formen. Sie sind teilweise auf die Gestaltung von Unterrichtsreihen oder ganzen Lehrgängen angelegt. Aber auch einzelne Unterrichtsstunden können nach Maßgabe einer Methodenkonzeption aufgebaut sein.

◆ *Projektunterricht*

Mit dem Projektunterricht ist der Name des amerikanischen Reformpädagogen John Dewey eng verbunden. Nach seiner Vorstellung sollte der Projektunterricht

"Learning by doing" ermöglichen (Dewey/Kilpatrick 1935). Zumeist ist Projektunterricht ein fächerübergreifender Unterricht, bei dem die Lebensnähe der bearbeiteten Lerninhalte von großer Bedeutung ist. Ein bekanntes Beispiel Deweys für einen lebensnahen Projektunterricht ist der Unterricht zum Thema "Typhus". Ausgangspunkt dieses Fallbeispiels war, daß Kinder der Familie Smith immer wieder in der Schule fehlten, weil sie an Typhus erkrankten. Zur Aufgabe des Projektunterrichts wurde gemacht, die Gründe für die Typhuserkrankungen durch Erkundungen vor Ort, Befragungen von Fachleuten und Literaturstudium herauszufinden. Durch praktische Maßnahmen auf dem Hof der Familie Smith sollten zudem künftig Erkrankungen verhindert werden.

- *Analytische Methode*

  Bei der Gestaltung von Lernvorgängen geht die analytische Methode vom Ganzen zum Teil. Ein Beispiel ist die Ganzheitsmethode des Erstleseunterrichts. Hier werden zunächst ganze Sätze oder Wörter erlernt. Ausgehend davon werden die Silben und Buchstaben erschlossen.

- *Synthetische Methode*

  Genau umgekehrt wie die analytische Methode geht die synthetische Methode vom Teil zum Ganzen. Auch hier kann wieder auf den Erstleseunterricht als Beispiel verwiesen werden. Die synthetische Methode des Lesenlernens geht vom Lernen der einzelnen Buchstaben aus. Auf die Kenntnis der Buchstaben baut das Lernen der Wörter auf.

- *Das exemplarische Verfahren*

  Das exemplarische Verfahren zielt auf die Konzentration von Unterrichtsinhalten. Es soll zur Bewältigung der Stoffülle beitragen. Eine Gruppe von möglichen Lerninhalten soll dadurch zugänglich gemacht werden, daß ein repräsentativer Inhalt ausgewählt und im Unterricht behandelt wird. An ihm werden die wesentlichen Merkmale herausgearbeitet, welche für die ganze Gruppe charakteristisch sind. Die anderen Repräsentanten der Gruppe werden nur in Form eines orientierenden Überblicks behandelt. Beispiele: Bei der Behandlung des Themas "Steppe" wird die Pampas als Exemplum für Steppenlandschaften behandelt. Beim Thema "Korbblütler" steht der Löwenzahn im Mittelpunkt des Unterrichts. Über Sonnenblume, Studentenblume, Aster, Dahlie, Ringelblume, Gänseblümchen usw. wird ein orientierender Überblick gegeben (vgl. 3.24).

- *Fächerübergreifender Unterricht*

  Als fächerübergreifend wird ein Unterricht bezeichnet, der Inhalte aus verschiedenen Fächern aufgreift. Der Projektunterricht ist häufig ein fächerübergreifender Unterricht. Im fächerübergreifenden Unterricht wird eine Integration der verschiedenen Fächern entstammenden Inhalte angestrebt. Wenn beispielsweise das Thema "Romantik" fächerübergreifend behandelt wird, können etwa musikalische, literarische und die Malerei betreffende Aspekte der Romantik zur Sprache kommen.

◆ *Paralleler Fachunterricht*

Beim parallelen Fachunterricht liefern mehrere Fächer ihren Beitrag zu einem Thema. Während der fächerübergreifende Unterricht in der Regel von einem einzigen Lehrer durchgeführt wird, sind am parallelen Fachunterricht zumeist mehrere Lehrer beteiligt (es sei denn, daß ein Lehrer zufällig mehrere Fächer in einer Klasse unterrichtet). Beispiel: Am Berufswahlunterricht beteiligen sich mehrere Fächer. Im Fach Politik werden die Berufsfelder behandelt. Im Fach Deutsch wird erarbeitet, wie man ein Bewerbungsschreiben verfaßt. Der Geographieunterricht befaßt sich mit Verwaltung, Handel, Industrie und Gewerbe in einem Bundesland und speziell in einer Region. Auf diese Weise wird ein Überblick über berufliche Möglichkeiten gegeben.

◆ *Epochenunterricht*

Der Epochenunterricht wird auch als Periodenunterricht bezeichnet. Das Verfahren wird gelegentlich bei Fächern angewendet, die im Stundenplan nur über wenige Stunden verfügen. Einige dieser Fächer werden zu einer organisatorischen Einheit zusammengefaßt. Für einen bestimmten Zeitraum (meist einige Wochen) werden die Stunden aller beteiligten Fächer einem Fach zur Verfügung gestellt. Der Unterricht in den anderen Fächern fällt dann aus. Nach Ablauf des verabredeten Zeitraums wechselt die Zuteilung der Stunden. Alle beteiligten Fächer haben auf diese Weise eine Zeitlang mehr Stunden zur Verfügung. Man verspricht sich von dieser Regelung eine stärkere Konzentration des Unterrichts und eine Verbesserung des Lernerfolgs.

4.4 Die Auswahl der Medien

Lernen im Unterricht geschieht vielfach in der direkten Kommunikation von Lehrern und Schülern. Mittel der Interaktion sind hier Sprache, Gestik und Mimik. Beim medienvermittelten Lernen wird die Lehrer-Schüler-Interaktion um materielle Objekte erweitert. Der Einsatz der Medien kann unmittelbar in die direkte Kommunikation, z.B. im Unterrichtsgespräch, einbezogen sein. Das Lernen mit Medien kann aber auch in manchen Phasen des Unterrichts vorherrschend sein: beim Schülerexperiment, beim Empfang einer Schulfernsehsendung, bei der Arbeit an einem Quellentext.

4.41 Die Stelle der Medien im Unterricht

Wir haben oben gesagt (vgl. 4), daß Methoden und Medien als Instrumente verstanden werden können, die eingesetzt werden, um die Ziele des Unterrichts zu realisieren. Die auf die Realisierung der Ziele gerichtete Tätigkeit von Lehrer und Schülern ist strukturiert durch Unterrichtsmethoden. Man lernt z.B. im Unterrichtsgespräch, in der Gruppenarbeit oder alleine. Bei der Erarbeitung der Inhalte werden Medien verwendet.

Die Wirksamkeit der Methoden und Medien beruht unter anderem darauf, daß sie helfen, gleichzeitig ablaufende parallele Lernvorgänge bei den Schülern zu ermöglichen. In der Tat stehen einem Lehrer, der in einer Klasse 30 Schüler unterrichtet, während einer Unterrichtsstunde von 45 Minuten nicht etwa nur 1,5 Minuten für jeden einzelnen Schüler zur Verfügung. Vielmehr wirken methodische und mediale Elemente des Unterrichts als Multiplikatoren. Mit ihrer Hilfe wird der Unterricht so gestaltet, daß die Schüler gleichzeitig lernen können. Wird beispielsweise ein Element des Themas im Lehrgespräch erarbeitet, so deuten die Beiträge des Lehrers und jeweils einzelner Schüler nur jeweils die Oberfläche der Lernaktivität in der Klasse an. Was der Lehrer und die am Gespräch unmittelbar beteiligten Schüler sagen, wird von allen gehört und geht in die Denkbewegung ein, die sich bei jedem einzelnen vollzieht. Insgesamt laufen viele parallele Lernvorgänge ab: Die Schüler nehmen am Gespräch teil, hören zu, denken mit, entnehmen aus Medien Informationen (auf die Tafel schauen, einen Text einsehen usw.).

An der Organisation parallel verlaufender und voneinander in einem gewissen Umfang unabhängiger Lernprozesse sind die Medien maßgeblich beteiligt. Die Information, die an der Tafel steht oder in einem Lehrbuch enthalten ist, über das alle verfügen, kann je nach Bedarf von jedem einzelnen Schüler abgerufen werden. Hat ein Schüler zum Beispiel eine neue Vokabel, einen Satz, eine Formel oder das Bild einer geometrischen Figur nicht behalten oder klar vor Augen, kann er sich diese Information unabhängig von anderen zugänglich machen, wenn sie medial repräsentiert wird. Er schaut zur Tafel hin oder schlägt das Buch auf.

Die mediale Repräsentation von Information unterstützt offenbar die Individualisierung von Lernprozessen. Falls im Fremdsprachenunterricht die vom Lehrer zunächst mündlich neu eingeführten Vokabeln auch an die Tafel geschrieben oder sogleich in das Vokabelheft eingetragen wurden, brauchen die Schüler nicht mehr nachzufragen, wenn die Vokabeln bei der Übersetzung eines Textes benötigt werden.

Zu den Medien des Unterrichts gehören recht unterschiedliche Gegenstände. Manche Medien sind Träger von Information (z.B. Buch, Wandkarte, Schulfernsehen). Andere werden benutzt, um Gegenstände des Lernens zugänglich zu machen (Lupe, Mikroskop). Manche Medien dienen dazu, die Objekte des Lernens zu erzeugen (z.B. das Tafelbild mit Hilfe von Tafel und Kreide). Es werden unterschiedliche Funktionen erkennbar.

Um zu einem sinnvollen Medienbegriff zu gelangen, bedarf es einer näheren Bestandsaufnahme der Rolle der Medien im Lernprozeß.

4.42 Medien als Lernobjekte

Der geeignete Ausgangspunkt für die Bestimmung des Begriffs des didaktischen Mediums ist die Lernsituation im Unterricht. Die zielgerichteten Interaktionen von

Lehrer und Schülern nehmen in irgendeiner Form Bezug auf Lernobjekte.

Das Verhältnis von Lernendem und Lernobjekt bildet den Kern des Lernvorgangs. Lernobjekt ist alles das, was Gegenstand von Lernoperationen wird. Wir denken zunächst an die Informationsaufnahme vermittels der Sinnesorgane. Lernobjekt sind etwa die Zweige verschiedener Arten von Nadelbäumen, die der Lehrer im Biologieunterricht den Schülern zur Verfügung stellt, damit sie daran Erfahrungen sammeln bei der Behandlung des Themas "Unsere Nadelbäume". Die Schüler sollen mit Hilfe der Zweige erfahren, ob die Nadeln spitz sind oder stumpf, lang oder kurz, ob sie einzeln, paarweise oder in Büscheln stehen. Lernobjekte sind auch die Abbildungen von Nadelbäumen und Zweigen mit Zapfen, die der Lehrer mittels eines Tageslichtschreibers auf die Leinwand projiziert. Lernobjekt sind ferner die verbalen Informationen, die der Lehrer den Schülern zum Thema Nadelbäume gibt. Erfahrungen durch Experimentieren mit den Zweigen, optische und akustische Informationen werden von den Schülern in dem Lernvorgang, in dem es um Merkmale von Nadelbaumarten geht, verarbeitet.

Bei der Erarbeitung des Themas "Nadelbäume" rechnet der Lehrer allerdings auch mit gewissen Vorerfahrungen der Schüler. Er knüpft an Kenntnisse an, die sie bisher im Alltag gesammelt haben, beispielsweise auf einem Spaziergang im Wald, in dessen Verlauf sie Zapfen von Kiefern und Fichten fanden, verschiedene Nadelbäume sahen, vielleicht die harzige Rinde betasteten. Soll auf diese vorgegebenen Erfahrungen zurückgegriffen werden, müssen sie zunächst erinnert werden. Die erinnerten Informationen werden mit den neuen Informationen aus dem Unterricht zusammengebracht und verarbeitet. Sie sind ebenfalls als Lernobjekte zu verstehen.

Offenbar kommt es im Verlauf des Unterrichts zu vielfältigen Aktivitäten an Objekten, die für den Fortschritt des Lernens von Belang sind. Reale Objekte werden beobachtet, im Gedächtnis gespeicherte Informationen erinnert und mit neu erworbenen Informationen verglichen. Es kommt zu Schlußfolgerungen. Neue Verknüpfungen von Informationen werden hergestellt (vgl. hierzu auch die Darlegungen zur Aufnahme und Verarbeitung von Information in Abschnitt 4).

Die Lernobjekte, auf die fortwährend in dem geschilderten Vorgang des Lehrens und Lernens eingegangen wird, sind unterschiedlicher Art. Es sind vor allem

- im Gespräch von Lehrer und Schülern verbal übermittelte Informationen, die in das Gegenwartsbewußtsein aufgenommen werden
- erinnerte Gedächtnisinhalte
- Medien, mit denen gearbeitet wird, aus denen dabei Informationen gewonnen werden.

Die im Unterricht verwendeten Medien gehören offenbar zu den Lernobjekten.

Lernen im Unterricht

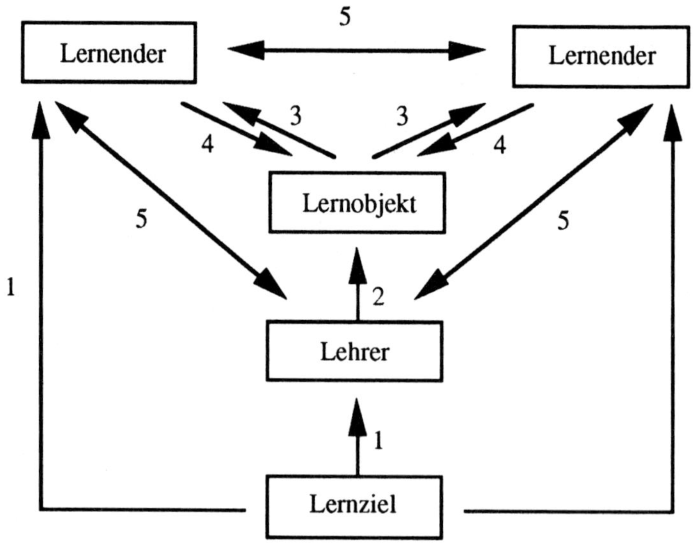

1 Zielorientierung
2 Bereitstellung
3 Information, Anregung
4 Operation
5 Interaktion

4.43 Medien als Hilfsmittel

Von den Lernobjekten unterscheiden wir eine andere Gruppe von Medien, die als Hilfsmittel bezeichnet werden soll. Hilfsmittel sind reale Gegenstände, mit deren Hilfe Lernobjekte bereitgestellt oder erzeugt werden.

Manche Lernobjekte sind nicht unmittelbar der sinnlichen Erfahrung zugänglich. Es sind daher Gegenstände erforderlich, mit deren Hilfe die Wahrnehmung der Lernobjekte möglich wird. Die Teilung von Hefezellen zum Beispiel ist nicht mit bloßem Auge zu beobachten. Man braucht dazu ein Mikroskop. Will man die Skizze, die auf einer Transparentfolie aufgezeichnet ist, allen Schülern gleichzeitig zeigen, so wird dafür ein Tageslichtschreiber benötigt. In diesen Fällen ist eine direkte Bereitstellung des Lernobjekts durch den Lehrer nicht möglich. Es bedarf vielmehr eines Vermittlers, um das Lernobjekt den Lernenden zugänglich zu machen. Man kann sagen, daß im vorliegenden Fall das Lernobjekt mit Hilfe von Hilfsmitteln indirekt bereitgestellt wird.

Direkte und indirekte Bereitstellung des Lernobjekts

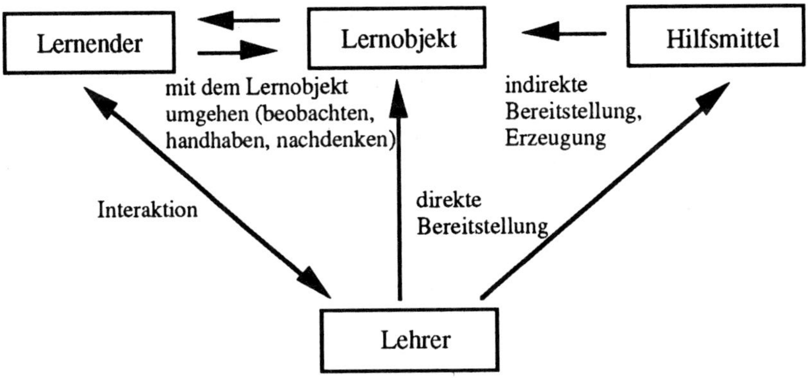

Hilfsmittel dienen auch dazu, Lernobjekte zu erzeugen. Beispiel: Mit Hilfe eines Stücks Kreide wird auf der Tafel ein Tafelbild erzeugt. Kreide und Tafel sind als Hilfsmittel zu verstehen. Das in den Lernprozeß einbezogene Lernobjekt ist das Tafelbild. Es ist Träger der Information, die Gegenstand des Lernens ist. Das Parallelogramm beispielsweise, das auf die Tafel gezeichnet ist, veranschaulicht gewisse geometrische Verhältnisse, die gelernt werden sollen. Die Strukturskizze, mit deren Hilfe im Deutschunterricht die Beziehungen anschaulich dargestellt werden sollen, in denen die in einer Novelle beschriebenen Personen zueinander stehen, ist ebenfalls Lernobjekt, das mit den Hilfsmitteln Tafel und Kreide erzeugt wurde. Die Skizze enthält Informationen über den Inhalt, der Gegenstand des Lernens ist.

Hilfsmittel können auch die Gegenstände sein, mit deren Hilfe ein elektrischer Schaltkreis zusammengebaut wird: Stecker, Kabel, Schalter, Lampenfassung, Glühlampe, Akku. Das gilt jedenfalls dann, wenn der Schaltkreis dazu benutzt wird, den kognitiven Inhalt Schaltkreis zu veranschaulichen: die Bestandteile, den Aufbau, die Funktionsweise.

In einer anders gearteten Unterrichtssituation allerdings können die genannten Gegenstände, aus denen der Schaltkreis zusammengesetzt wird, auch als Lernobjekte vorkommen. Lernobjekte sind sie, wenn im Unterricht nicht nur das kognitive Lernziel verfolgt wird, Wissen über den Schaltkreis zu vermitteln. Sollen die Schüler auch die Technik erlernen, einen Schaltkreis selbst aufzubauen, so sind die genannten Gegenstände in einen psychomotorischen Lernvorgang einbezogen. Der vom Lehrer aufgebaute Schaltkreis wird dann nicht nur zur Veranschaulichung kognitiver Inhalte verwendet. Die Schüler sollen vielmehr mit den Gegenständen umgehen, ihre Handhabung lernen.

Es zeigt sich, daß die Eigenschaft, Hilfsmittel oder Lernobjekt zu sein, nicht von vornherein eine Gegenstandseigenschaft ist. Sie ist vielmehr von der Funktion von Gegenständen im Lernprozeß abhängig. Man kann sagen, daß sie eine funktionale

Eigenschaft ist.

Wenn zum Beispiel die Lupe im Biologieunterricht dazu benutzt wird, ein Insekt, das Gegenstand des Unterrichts ist, den Schülern vergrößert zu zeigen, ist sie Hilfsmittel. Wird aber im Physikunterricht über optische Geräte gesprochen, u.a. auch über die Lupe, so kann eine Lupe zur Veranschaulichung benutzt werden. Sie dient dann zur Demonstration des optischen Geräts Lupe. Die Lupe ist hier als Lernobjekt zu betrachten.

4.44 Der Begriff des Unterrichtsmediums

Unsere Überlegungen gestatten folgende Definition: Unterrichtsmedien sind Objekte, aus denen Informationen für den im Unterricht angestrebten Lernprozeß entnommen werden können. Zu den Unterrichtsmedien gehören aber auch Gegenstände, die dazu dienen, Objekte des Lernens zugänglich zu machen oder zu erzeugen.

In der mediendidaktischen Literatur wird gelegentlich die "Sprache" der Lehrer und Schüler zu den Medien gerechnet. Die oben (vgl. 4.42) gegebene Beschreibung der Lernsituation zeigt, daß es nicht zweckmäßig ist, die Sprache der am Unterricht beteiligten Personen als Medium aufzufassen. Die Sprache gehört zu den Personen, und das Sprachhandeln ist Teil von deren Interaktion. Medien sind von den Personen zu unterscheidende Objekte. Sie werden von diesen gehandhabt.

4.45 Medienfunktionen

Lernen ist ein Vorgang, bei dem aus der Außenwelt stammende Einwirkungen auf das lernende Subjekt einen maßgeblichen Anteil haben. Schüler lernen, indem ihnen im Gespräch mit dem Lehrer Informationen vermittelt werden, indem sie Texte lesen, eine Sendung des Schulfunks anhören, selbständig Experimente durchführen. Auf diese Weise werden neue Kenntnisse und Befähigungen erworben. Obwohl der Einfluß der Außenwelt auf das Lernen offenkundig ist, kann Lernen nicht einfach als Wirkung äußerer Gegebenheiten verstanden werden. Es ist vielmehr auch als ein auf der Aktivität des lernenden Subjekts beruhender Vorgang zu verstehen. Was in einer bestimmten Situation gelernt wird, hängt von subjektiven 'inneren' Bedingungen ab.

◆ *Aufmerksamkeit*

Damit Lernen überhaupt in Gang kommen kann, ist zunächst einmal erforderlich, daß der Lernende auf den Gegenstand des möglichen Lernens aufmerksam wird. Erst dann kann die bewußte geistige Zuwendung beginnen, die Voraussetzung für die Wahrnehmung und die Verarbeitung von Information ist.

◆ *Lernmotivation*

Die Erregung von Aufmerksamkeit mündet nicht notwendigerweise in Lernen ein. Das Subjekt kann seine Aufmerksamkeit wieder abwenden, noch bevor es zur geistigen Arbeit an dem Gegenstand der Aufmerksamkeit gekommen ist. Damit Lernen in Gang kommt, ist die tatsächliche Zuwendung zum Gegenstand des Lernens erforderlich. Diese kommt zustande, wenn eine innere Bereitschaft, ein Motiv zum Lernen vorhanden ist.

◆ *Lernstand und Entwicklungsstand*

Eine adäquate Erfassung der durch die Arbeit am Lerngegenstand zu gewinnenden Informationen und Erfahrungen setzt voraus, daß der Lern- und Entwicklungsstand des Lernenden so beschaffen ist, daß eine erfolgreiche Auseinandersetzung überhaupt erwartet werden kann. Für den Schulunterricht werden bekanntlich aus diesem Grunde die in den Lehrplänen vorgesehenen Inhalte so ausgewählt, daß im großen und ganzen ein Fortschreiten des Lernens nach steigendem Schwierigkeitsgrad erreicht wird.

Das Lernen wird auch durch 'äußere' Bedingungen bestimmt. Von Bedeutung sind die

- Beschaffenheit des Lernobjekts
- seine inhaltliche Einordnung in den gesamten Kontext der Lernschritte
- die zeitliche Strukturierung des Lernvorgangs.

Die äußeren Bedingungen des Lernens werden durch den Aufbau des Themas, die zeitliche Anordnung der im Unterricht zu verfolgenden Ziele, die Wahl der Unterrichtsmethoden und der Medien bestimmt.

Im vorliegenden Zusammenhang interessiert uns im besonderen die Frage, wie die äußeren und inneren Bedingungen des Lernens durch den Einsatz von Medien beeinflußt werden können. Die Medien bestimmen maßgeblich das Profil der Lernsituation. Sie regen zum Lernen an und gehören zugleich, wie wir oben gesehen haben, zu den Lernobjekten, an denen der Lernende lernt. Indem der Lernende sich auf den Umgang mit den Medien einläßt, verändert sich sein Wissen, Können und Werten.

Es lassen sich einige Funktionen unterscheiden, welche die Medien bei der Strukturierung der Lernsituation und des Lernvorgangs erfüllen. Ein bestimmtes Medium kann mehrere Funktionen erfüllen.

Um die Funktionen der Medien zu erfassen, ist davon auszugehen, daß Lernen Aufnahme und Verarbeitung von Information bedeutet. Die Aufnahme von Information erfolgt im Unterricht durch die Kommunikation mit dem Lehrer und den Schülern, sowie durch die Arbeit mit Medien. An früherer Stelle wurde dargelegt, daß dieser Vorgang eine Vielzahl von einzelnen Denkoperationen umfaßt (vgl. hier auch die Überlegungen in 4, insbesondere die Skizze 'Informationsaufnahme und Informationsverarbeitung'; vgl. ferner auch die Darlegungen in 4.42 und 4.43 und die Skizzen 'Lernen im Unterricht' und 'direkte und indirekte Bereitstellung des Lernobjekts').

◆ *Motivation*

Medien werden häufig zu dem Zweck eingesetzt, die Zuwendung der Schüler zum Gegenstand des Lernens zu bewirken oder zu verstärken. Aufmerksamkeit und Interesse sollen durch den Medieneinsatz geweckt oder gelenkt werden. Von einem zum Zweck der Motivation eingesetzten Medium wird erwartet, daß es mehr oder weniger spontan die Lerntätigkeit der Schüler hervorlockt. Die Schüler sollen nachdenken, sich äußern, tätig werden, möglichst von sich aus, auf alle Fälle aber nach einem zusätzlichen Anstoß des Lehrers in Gestalt einer Frage, eines Denkanstoßes oder einer Aufforderung.

- Der satirische Text "Kinohelden" (Siegfried Sommer) soll in einer Unterrichtsstunde analysiert werden. Der von einem Schauspieler gesprochene Text liegt auf Tonband gespeichert vor. Er wird zu Beginn der Stunde abgespielt. Auf diese Weise soll eine erste Darbietung des Textes erfolgen. Erwartet wird auch, daß das Interesse der Schüler durch die ansprechende Rezitation geweckt oder verstärkt wird.
- Als Einstieg in die Behandlung des Themas "Randgruppen in der Bundesrepublik" wird mit Hilfe des Tageslichtprojektors das Bild einer Gruppe von 'Pennern', die auf dem Bordstein sitzen, präsentiert. Die Schüler teilen spontan eigene Erfahrungen mit, die sie mit Nichtseßhaften gemacht haben.
- In einer Mathematikstunde soll ein Thema aus dem Bereich der Wahrscheinlichkeitsrechnung behandelt werden. Die Verteilung der Summen zwischen 2 und 12, die beim Würfeln mit zwei Würfeln gebildet werden können, soll besprochen werden. Der Lehrer eröffnet die Stunde damit, daß die Schüler zu Paaren zusammengefaßt würfeln. Diese Spielsituation zu Beginn der Stunde macht offenkundig Spaß. Im Anschluß daran teilen die Schüler ihre ersten Erfahrungen mit. Alle machen intensiv mit.

◆ *Modell (Vorstellung) der erwarteten Leistung bereitstellen*

Medien, welche Auskunft über die erwartete Leistung geben, tragen zur Artikulierung einer Erwartung gegenüber dem nachfolgenden Unterricht bei. Diese Erwartung gibt dem Lernverhalten eine Orientierung. Die medienvermittelte Information gibt den Schülern eine Übersicht darüber, worauf es im folgenden ankommt. Auf diese Weise gelingt in einem gewissen Umfang die Einordnung von Einzelheiten, die im Unterricht Schritt für Schritt entwickelt werden. Diese vorausgehende Organisation der nachfolgend entwickelten Inhalte beeinflußt positiv den Prozeß des Verstehens.

- Eine Vorstellung von der erwarteten Leistung wird schon durch die Angabe des Unterrichtsziels oder des Themas an der Tafel entwickelt. Beispiel: Der Lehrer schreibt auf die Tafel die Frage "Durch welche Merkmale lassen sich Tageszeitungen charakterisieren?"
- In einer Sportstunde soll eine Technik des Kugelstoßens gelernt werden. Die Technik wird durch einen Film in Zeitlupe oder durch eine Folge von Zeichnungen vorab demonstriert.

◆ *Mitteilung*

Unter Mitteilungen werden im vorliegenden Zusammenhang Informationen verstanden, die sich nicht im engeren Sinne auf das Thema des Unterrichts beziehen. Mitteilungen geben Auskunft über technische oder organisatorische Sachverhalte des Unterrichts.

- In einem Buchprogramm werden technische Hinweise darauf gegeben, wie mit dem Programm gearbeitet werden soll.
- An der Tafel steht, welches Stück aus einem lateinischen Textbuch als Hausaufgabe für die nächste Stunde übersetzt werden soll.

◆ *Themengebundene Informationsvermittlung*

Medien können Träger von analoger (Bilder) oder digitaler (Zeichen) Information über den Gegenstand des Unterrichts sein. Sie dienen dann der themengebundenen Informationsvermittlung.

- Im Lateinunterricht einer fünften Klasse wird die a-Deklination behandelt. Mit Hilfe des Grammatiklehrbuchs sollen die Schüler die Formen der a-Deklination auswendig lernen.
- Thema des Physikunterrichts ist der freie Fall im luftleeren Raum. Der Lehrer demonstriert, wie eine Feder in einem Glasgefäß, in dem ein Vakuum erzeugt worden ist, fast so zügig wie ein Stein zu Boden fällt.
- Im Chemieunterricht soll die Konzentration einer Säure durch Titration ermittelt werden. In die Säure wird Lackmuslösung gegeben. Die Flüssigkeit ist nun rot. Aus einem Titrationsgefäß wird Natronlauge bekannter Konzentration tropfenweise zufließen lassen. Nachdem eine bestimmte Menge Lauge zugeflossen ist, schlägt die Farbe in blau um. Die Säure ist neutralisiert. Aus der Information, die das Medium hergibt (Menge der Natronlauge und deren Konzentration), läßt sich nun die bislang unbekannte Konzentration der Säure berechnen.
- Manche Medien gestatten die Wahrnehmung von originalen Gegenständen und Vorgängen, die auf anderem Wege in der Schulklasse nicht zugänglich wären. Zu nennen ist hier etwa die Informationsvermittlung mit Hilfe von Foto, Film, Fernsehen, Tonband und Hörfunk. Informationen von fernen oder schwer zugänglichen Schauplätzen und aus vergangenen Zeiten werden auf diesem Wege erlebbar.
- Die Wahrnehmung von Lernobjekten kann mit Hilfe von Medien optimiert werden. Soll beispielsweise im Unterricht ein noch unbekannter Text besprochen werden, müssen die Schüler zunächst damit vertraut gemacht werden. Haben die Schüler den Text zur Hand, den der Lehrer vorliest, können sie ihn sowohl sehen als auch hören. Das erhöht die Effektivität der Informationsverarbeitung.
- Manche Medien verfügen über ein vielseitiges Instrumentarium der Informationsvermittlung auch im Falle schwer zu rekonstruierender Sachverhalte. Beispiel: In einer Sendung des Schulfernsehens soll die Entstehung von Kohleflözen dargestellt werden. Die Entstehung der Flöze wird mit Hilfe einer Zeichentrickdarstellung simuliert. Die Vorgänge werden durch einen gesprochenen Text

erläutert. Mit Hilfe einer Schemazeichnung werden die gegenwärtigen geologischen Gegebenheiten dargestellt. Durch Filmaufnahmen aus einem Bergwerk wird die realistische Darbietung eines Teilaspekts möglich. Ein gesprochener Text liefert weitere Erläuterungen.

◆ *Ermöglichung von Erfahrung durch Handhabung*

Medien dienen oft dazu, Informationen durch Handhabung zu gewinnen. Es geht dabei nicht nur darum, durch den physischen Umgang mit den Medien psychomotorische Lernziele zu realisieren. Durch Handhabung gewonnene Erfahrung führt auch zu einem Zuwachs an Wissen. Auch Einstellungen können auf diesem Wege beeinflußt werden.

- Im Physikunterricht sollen die Schüler im Rahmen eines Versuchs lernen, wie man einen Schaltkreis aus Polklemmen, Kabel, Schalter, Lampenfassung, Glühbirne und Batterie aufbaut. Läßt der Lehrer die Schüler selbst je nach der Menge der vorhandenen Medienausstattung einzeln oder in Gruppen mit den Materialien arbeiten, erwerben diese nicht nur das Wissen, wie man einen Schaltkreis herstellt, sondern sie lernen durch Tun auch die Handhabung der Materialien.
- Im Grundschulunterricht lernen die Schüler durch den Umgang mit Schreibgerät und Papier zunächst Buchstaben und schließlich Wörter und Sätze zu schreiben.
- Durch eine geeignete Anmessung der Körperbewegung an den Barren lernen die Schüler im Sportunterricht, den Aufschwung am Barren auszuführen.

◆ *Äußere Hilfe geben*

Medien geben äußere Hilfe, wenn sie nicht als Informationsträger oder als Vermittler von Erfahrung eingesetzt werden, sondern themenrelevante Aktivität lediglich ermöglichen. Das ist stets der Fall, wenn Medien in dem oben beschriebenen Sinne als Hilfsmittel eingesetzt werden.

- Im Geometrieunterricht wird der Satz des Thales behandelt. Die Schüler sollen die hier vorliegenden geometrischen Verhältnisse anhand einer Zeichnung darstellen. Sie benutzen dabei Zirkel, Lineal und Bleistift. Die Handhabung dieser Geräte beherrschen sie bereits. Diese dienen nur dazu, die geometrische Figur zu erzeugen, die Gegenstand des Lernens ist.
- Ein Mikroskop wird dazu benutzt, um den Teilungsvorgang bei Bierhefezellen sichtbar zu machen. Thema des Unterrichts ist die Zellteilung. Das Mikroskop dient dazu, den Zugang zu Lernobjekten herzustellen, denen Information zum Thema entnommen werden kann.

Auch Medien, die auf den ersten Blick lediglich äußere Hilfen geben, können zugleich im Hinblick auf andere Medienfunktionen wirksam werden. Ihre Verwendung kann zu einer Intensivierung des Lernens führen. Das Zeichnen einer geometrischen Figur mit Hilfe von Zirkel, Lineal und Bleistift verbindet zum Beispiel mehrere an der Erzeugung von Wissen beteiligte Elemente. Ein begrifflicher Inhalt, das Bild und der Vorgang des Zeichnens werden zu einem Bestandteil geometrischen

Wissens verbunden. Der Einsatz der äußere Hilfe gebenden Medien beim Zeichnen vergrößert das assoziative Potential des geometrischen Wissens. Die Einspeicherung in das Gedächtnis wird intensiviert.

◆ *Lenken der Aufmerksamkeit*

Medien werden oft in Unterrichtssituationen so verwendet, daß sie die Aufmerksamkeit des Schülers auf ein Lernobjekt oder bestimmte Elemente eines Lernobjekts hinlenken. Auf diese Weise wird versucht, die Einbindung des Schülers in den Lernvorgang aufrechtzuerhalten oder zu verstärken. Mit der Erregung von Aufmerksamkeit ist die tatsächliche Beteiligung am Lernvorgang noch nicht gesichert. Der Schüler kann zwar aufmerksam sein oder werden. Möglicherweise aber ist das Lernobjekt seinem Lernstand nicht angemessen. Denkbar ist auch, daß er durch irgendwelche Vorgänge im Klassenraum abgelenkt wird. Die auf das Lernobjekt gerichtete Aufmerksamkeit zerfällt dann wieder. Lernen findet nur statt, wenn das Aufmerksamwerden zur erfolgreichen Auseinandersetzung mit dem Lernobjekt führt.

- Im Physikunterricht soll das Drehmoment eines starren Körpers, der sich um eine Achse dreht, in Gestalt einer Gleichung bestimmt werden. Bei der Herleitung der Formel wird das Newtonsche Axiom $K = m \cdot b$ benötigt, das an der Tafel steht. Die Schüler sollen überlegen, wie man vorgehen könnte. Nach einigem Abwarten sagt der Lehrer "Schaut her!" und zeigt mit einem Stück Kreide auf das Newtonsche Axiom. Mit Hilfe des Mediums Tafel macht der Lehrer hier die Schüler auf ein mögliches Lernobjekt aufmerksam. Wenn sie mit dem Hinweis des Lehrers etwas anzufangen wissen, geht das Aufmerksamwerden in einen Denkanstoß über, der zum Fortschreiten des Lernvorgangs führt.
- Manche Medien lenken durch hervorstechende Signale die Aufmerksamkeit. Im Grammatikunterricht geht es um die Unterscheidung von Adjektiven und adverbialen Bestimmungen. Der Lehrer arbeitet mit einem vorbereiteten Text, der auf eine Transparentfolie aufgebracht ist. Adverbien sind rot, Adjektive gelb unterstrichen. Die Farben wirken als Signale, welche die Aufmerksamkeit auf diejenigen Wörter lenkt, auf die es in dem gegebenen unterrichtlichen Zusammenhang ankommt.
- Im Physikunterricht wird der Wärmetransport mit Hilfe einer Warmwasseranlage besprochen. Die Skizze eines Heizungssystems wird zur anschaulichen Demonstration des Sachverhalts verwendet. In die Skizze sind Pfeile eingetragen, welche die Bewegungsrichtung des Wärmetransports anzeigen. Pfeile haben eine hohe Signalwirkung. Sie ziehen die Aufmerksamkeit auf sich. Erfassen die Schüler den Inhalt der Zeichnung, kann die Funktion der Pfeile, die Aufmerksamkeit zu lenken, in die Steuerung des Denkens übergehen. Die Pfeile können Anregungen für Überlegungen geben, welche auf die Erfassung des Wärmetransports im Heizungssystem gerichtet sind.

◆ *Denken anregen und steuern*

Medien können als das Denken steuernde Organisatoren im Unterricht eingesetzt werden. Von ihnen können Impulse ausgehen, welche das Finden von neuen Wissenselementen und das Herstellen von Zusammenhängen erleichtern.

- Im Mathematikunterricht sollen die Schüler lernen, wie der Flächeninhalt eines Parallelogramms berechnet werden kann. Dies soll geschehen, indem die Fläche des Parallelogramms mittels der Diagonalen in zwei kongruente Dreiecke zerlegt wird. Die Schüler sollen erkennen, daß die Berechnung des Flächeninhalts des Parallelogramms auf die Berechnung eines zweifach vorhandenen Dreiecks zurückgeführt werden kann. Der Lehrer zeichnet ein Parallelogramm an die Tafel und stellt die Frage, wie man verfahren könne. Nach einer Weile zeichnet er die Diagonale in das Parallelogramm ein. Einige Schüler kommen nun auf den Lösungsweg. Das Eintragen der Diagonale erwies sich als geeigneter Impuls, um die Überlegungen in die gewünschte Richtung zu lenken.
- Im Politikunterricht geht es um das Thema 'Vorurteile'. Der Lehrer teilt ein Arbeitsblatt aus, auf dem unter anderem die Fragen stehen "Was sind Vorurteile?", "Wie entstehen Vorurteile?" Die Schüler sollen in das Arbeitsblatt ihre Antworten auf die genannten Fragen eintragen. Mit Hilfe des Arbeitsblatts werden die auf das Thema bezogenen Überlegungen der Schüler gelenkt.
- Eine durchgehend strukturierte Lenkung des Denkens findet sich auch beim programmierten Lernen (vgl. 4.46).

◆ *Strukturierung von Lernprozessen*

Die Lenkungsfunktion der Unterrichtsmedien kann nicht nur einzelne Lernakte, sondern den Lernprozeß insgesamt betreffen. Lernprozesse bestehen aus vielen einzelnen Lernakten. Sie können als großflächige Zusammenfassungen von Lernakten verstanden werden, die auf die Ausarbeitung charakteristischer Elemente der kognitiven Struktur angelegt sind. Zu nennen sind hier zum Beispiel Lernprozesse, die auf die Unterscheidung von Bedeutungen (Diskriminationslernen), das Lernen von Begriffen und Regeln sowie das Übertragen bereits gelernter Strukturen auf neue Inhalte (Transfer) gerichtet sind. Medien können im Unterricht gezielt so eingesetzt werden, daß sie im Rahmen von Lernstrategien, die auf die Ausarbeitung der genannten kognitiven Strukturen abzielen, ihren Beitrag leisten.

- Diskriminationslernen zielt auf die Unterscheidung von Bedeutungen. Im Biologieunterricht kann es darum gehen, die Blätter verschiedener Laubbäume unterscheiden zu können (Birke, Buche, Eiche, Ahorn usw.). Durch Bereitstellen von Blättern oder Zweigen der verschiedenen Laubbäume oder auch durch die Darbietung von deutlichen Abbildungen läßt sich der auf die Diskrimination ähnlicher Objekte gerichtete Lernvorgang medial unterstützen. Ein weiteres Beispiel: In einer Grammatikstunde, in der es um die Unterscheidung von Adjektiven und Adverbien geht, werden an die Tafel Sätze als Beispiele angeschrieben. Adjektive und Adverbien werden in unterschiedlichen Farben unterstrichen.
- Begriffslernen zielt auf das Erfassen der Merkmale eines Begriffs. Soll der Begriff Blüte gelernt werden, sind die Merkmale des Begriffs deutlich zu artikulieren. Am Modell einer abstrakten Blüte lassen sich die Merkmale der Blüte

(Blütenstiel, Kelchblätter, Staubblätter, Narbe, Stempel usw.) anschaulich demonstrieren.

- Beim Regellernen ist erforderlich, daß die dem Lernobjekt zu entnehmenden Informationen in einer sinnvollen Reihenfolge angeboten werden. Die Reihenfolge soll den in der Regel enthaltenen Gegebenheiten entsprechen. Soll in einem physikalischen Versuch, der beim Ohmschen Gesetz vorliegende Zusammenhang erfaßt werden, muß anhand einer größeren Anzahl von Daten verdeutlicht werden: Bei gleichbleibender Spannung U führt die Vergrößerung des Widerstandes R zur Verkleinerung der Stromstärke i. Als Ergebnis muß die Regel $U = R \cdot i$ erkannt werden. Beim Lernen von Regeln ist die auf Konvention beruhende Reihenfolge von großer Bedeutung. Sollen in einer Fremdsprache die Konjugationen von Verben der verschiedenen Stämme gelernt werden, so folgen wir der eingespielten grammatischen Ordnung der verschiedenen Formen. Die Personen, Singular und Plural, die Anordnung der Zeiten usw. folgen immer der gleichen Reihenfolge. Das Medium Grammatiklehrbuch erleichtert auf diese Weise das Lernen von Regeln.
- Beim Lernen durch Transfer werden bereits gelernte Strukturen auf neue Inhalte übertragen. Medien können diesen häufig vorkommenden Lernprozeß wirkungsvoll unterstützen. Hierzu zwei Beispiele: Auf einem Arbeitsblatt stehen die Wörter wollen, hassen, nennen. Es folgt dann die Aufgabe, nach weiteren Wörtern zu suchen, bei denen nach einem kurzen Vokal ein Konsonant folgt. Im Mathematikunterricht sind Addition und Subtraktion von Vektoren gelernt worden. In einem Physiklehrbuch werden in dem Kapitel, das sich mit Fragen der Statik befaßt, die Kenntnisse der Vektorrechnung auf das Rechnen mit Kräften übertragen.

◆ *Gedächtnisstützende Funktion*

Gespräch, Vortrag und Demonstration sowie Medien wie Film, Schulfunk, und Schulfernsehen bieten die Information in linearen Sequenzen dar. Der Informationsfluß ist hier flüchtig. Nur ein kleiner Teil der auf diesem Wege dargebotenen Information kann behalten werden. Es werden daher im Unterricht Medien verwendet, welche zentrale Teile der Information, die für den weiteren Fortgang des Unterrichts zur Verfügung stehen muß, strukturieren und konservieren. Zu nennen sind hier die Tafel, der Tageslichtprojektor, Hefte, Kladden, Arbeitshefte und Schulbücher. Medien dieser Art konservieren die für das Lernen im Unterricht benötigte Information in einer Weise, daß ein wiederholbarer und schneller Zugriff möglich ist.

- Die Strukturskizze an der Tafel, welche den zeitlichen Aufbau einer Novelle und die Beziehungen der an den geschilderten Ereignissen beteiligten Personen festhält, erleichtert die Besprechung des Textes. Mit Hilfe der Skizze können die Zusammenhänge leichter erinnert werden.

◆ *Unterstützung der Informationsverarbeitung*

Dem vorstehenden Beispiel kann eine weitere Medienfunktion entnommen werden. Geeignete mediale Darstellungen vermögen die Verarbeitung von Information zu unterstützen. Das kann in verschiedenen Phasen des Lernvorgangs geschehen. Bei der Erarbeitung eines Themas können Medien das Verstehen erleichtern (durch anschauliche Demonstration, strukturierende Darstellung, Vereinfachung usw.). Wenn die mediale Darstellung Zusammenfassungen, Übersichten, Merksätze usw. enthält, dient sie zur Sicherung des Gelernten. Medien können auch die Anwendung des Gelernten auf neue Sachverhalte unterstützen.

- Die Strukturskizze, welche die Handlung einer Novelle in abstrahierender Form darstellt, unterstützt nicht nur das Behalten eines größeren Komplexes von Informationen, sondern gibt auch Hilfen bei der Herausarbeitung der zeitlichen Perspektiven und der Relationen zwischen den Personen. Die Information wird mit Hilfe der Strukturskizze verdichtet. Wesentliche Elemente werden hervorgehoben.
- Diese Medienfunktion wird auch an einem anderen Beispiel deutlich. Im Sozialkundeunterricht wird der Kaufvertrag behandelt. Die Rechte und Pflichten von Käufer und Verkäufer werden in einer Schriftskizze gegenübergestellt. In die Skizze werden auch die Faktoren aufgenommen, welche die Erfüllung des Kaufvertrages von seiten des Käufers und des Verkäufers stören. Die Darstellung reduziert den vorliegenden Inhalt auf die zentralen Elemente und macht die Beziehungen zwischen den am Vertrag Beteiligten sichtbar. Sie enthält eine strukturierte Information, die das Erfassen der Zusammenhänge unterstützt.

◆ *Rückmeldung vermitteln*

Medien können dem Lernenden Auskunft darüber geben, ob und in welchem Umfang seine Bemühungen um Lernfortschritte erfolgreich waren. In dieser Hinsicht wirksam werdende Medien geben der weiteren Tätigkeit des Lernenden eine Orientierung. Der Lernende erfährt, ob er auf dem richtigen Weg ist. Er bekommt Hinweise darauf, wo er erneut ansetzen muß, was noch zu verbessern ist.

- Lernprogramme, ob in Buchform oder in Gestalt von Programmen im Rahmen des computerunterstützten programmierten Lernens, geben dem Lernenden von Lernschritt zu Lernschritt eine Rückmeldung über den jeweiligen Lernerfolg. Ähnlich wie im Gespräch zwischen Lehrer und Schüler wird hier dem einzelnen Lernenden kontinuierlich Auskunft über den Stand der Auseinandersetzung mit dem Lernobjekt gegeben.
- Im Physikunterricht soll ermittelt werden, ob durch bestimmte Formen, in die ein als elektrischer Leiter verwendeter Kupferdraht gebracht wird, das magnetische Kraftfeld in der Umgebung des Leiters verstärkt werden kann. In Vorüberlegungen gelangen die Schüler zur Bildung dreier verschiedener Hypothesen. Eine Gruppe von Schülern vertritt die Auffassung, daß ein Drahtknäuel die optimale Verstärkung erbringe. Eine andere Gruppe nennt die Spule, eine dritte die Spirale. Ein Schaltkreis wird aufgebaut. Der mehr oder weniger große Ausschlag einer Kompaßnadel, die in die Nähe des von Strom durchflossenen Leiters (Knäuel, Spule, Spirale) gebracht wird, läßt den Grad der Verstärkung des

Kraftfeldes erkennen. Das Experiment zeigt, daß Spule und Spirale eine Verstärkung der magnetischen Kraft erbringen. Das im Versuch verwendete Medium gibt eine Rückmeldung über die Stichhaltigkeit der theoretischen Überlegungen, die der Bildung der Hypothesen zugrunde lagen.

◆ *Übung*

Manche Medien sind ganz oder teilweise auf den Einsatz in der Übungsphase des Unterrichts angelegt. Übungen sind in geplanten Lernvorgängen, die auf die Realisierung vorgegebener Ziele aus sind, immer wieder erforderlich. Erworbene Leistungsformen müssen durch Übung gefestigt werden.

- Arbeitsblätter, die Übungsaufgaben enthalten, können hier genannt werden. Auch in Lehrbüchern finden sich Teile, die Übungen zu den jeweiligen Themen enthalten.

◆ *Ergebnisse überprüfen*

Von Rückmeldung haben wir gesprochen, wenn die Medien dem Lernenden Rückmeldung geben. In einer etwas anderen Perspektive werden Medien eingesetzt, wenn sie zur Kontrolle der Lernergebnisse dienen. Auch diese Medien geben dem Lernenden eine Rückmeldung über seinen Erfolg bei der Arbeit am Lernobjekt. In erster Linie dienen sie jedoch der Kontrolle des Lernstandes für Dritte, den Lehrer.

- Beispiele für Medien, welche die Lernkontrolle ermöglichen, sind Testbögen, Arbeitsblätter, die Aufgaben enthalten, (Lückentexte, Rechenaufgaben usw.), Klassenarbeitshefte.

4.46 Programmierter Unterricht *(Jürgen Bennack)*

Programmierter Unterricht heißt das Lernen nach Lehrprogrammen, die auditiv und/oder visuell durch herkömmliche Medien, "Lehrmaschinen" (Pressey 1926) oder Computer dargeboten werden. Lehrprogramme sind spezielle Lehralgorithmen, d.h. schrittweise gegliederte Operationsschemata, die der Verarbeitung inhaltlicher Operationen dienen. Sie sind als Regelkreis darstellbar (v. Cube 1982; vgl. IV/2 "Didaktische Modelle" "kybernetisches Didaktikmodell") und bestehen aus Lernelementen, deren mögliche Teile das Urteil (Bewertung der Antwort der Lernenden), das Lehrquant (Information), Frage und Aufruf (Anweisung) sind.

Lernpsychologie und Kybernetik begründen den Programierten Unterricht. Die "operative Konditionierung" Skinners und die "Verstärkung" (reinforcement) Thorndikes verlangen wegen der Lernmotivation ein rasch bestätigtes, erfolgreiches Lernen. Skinners lineare Programme werden durch wegadaptive verzweigte Programme Crowders ergänzt (Programmschleifen, die durch Computerprogramme besonders effektiv auf individuelles Lernen eingehen können).

Zeitadaptiv sind alle Programmarten. Die Kybernetik befaßt sich mit Regelung, mit der Übertragung von Nachrichten (N. Wiener) und dadurch auch mit Informationen. In Deutschland vertieften vor allem F. von Cube und H. Frank diesen Ansatz.

Kennzeichen des Programmierten Unterrichts sind: Lehrobjektivierung (Programm anstatt Lehrperson), Validierung (Erprobung und Erfolgsmessung), Individualisierung (Zeit–, Weg– und Niveauadaptivität) und Aktivierung des Lernenden. Programme werden unterschieden nach ihrer Weggestaltung als linear oder verzweigt, nach der zu erfolgenden Antwort als vorgesehen für selbstformulierte (constructed) oder für eine Auswahlantwort (multiple choice); nach der Herstellung als Text-, Maschinen- oder Computerprogramm im computergestützten Unterricht.

schematische Darstellung der Verzweigungen im Programmierten Unterricht (Wegadaptivität)

Lineares Programm

Programmverzweigungen

a) Verzweigung durch Differenzierung am Programmbeginn

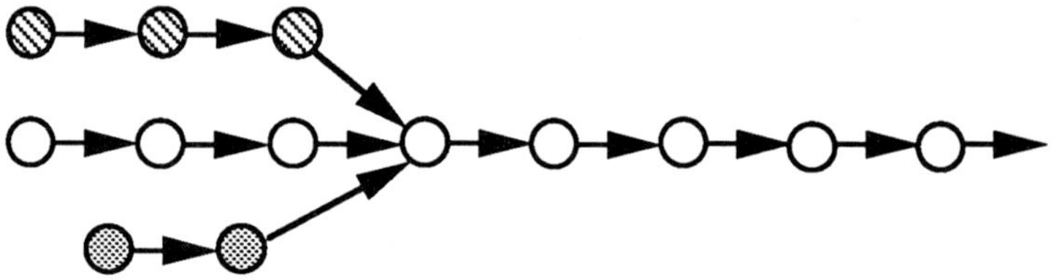

b) Verzweigung durch Differenzierung am Programmende

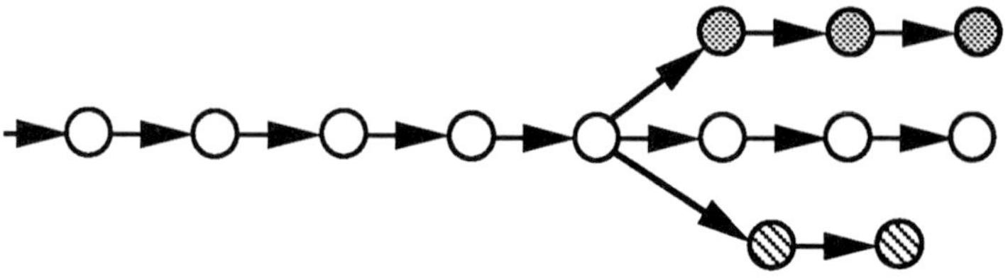

c) Verzweigungen im Programminnern
durch Vorsprung, Rückverweis, Schleife, Nebenweg

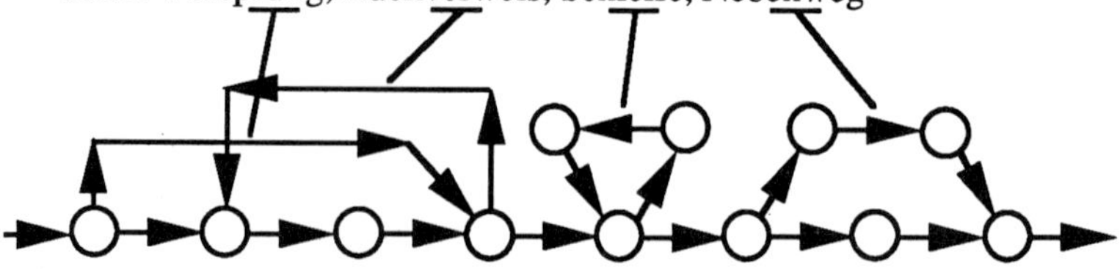

Durch die Verbreitung der Personalcomputer auch in der Schule läßt sich Programmierter Unterricht gegenwärtig attraktiver und vielfältiger in den Unterricht einbringen als die Buchprogramme der 60er Jahre. Programmierter Unterricht ergänzt den Unterricht; er ersetzt ihn nur phasenweise (alternierend), um Lücken zu schließen oder eine gemeinsame Lernbasis zu schaffen, z.B. wegen einer nachfolgenden Kommunikationsphase. Lernen in Gruppen und Programmiertes Lernen werden durch mögliche Gruppenlernprogramme verbunden (vgl. Bennack 1977).

4.5 Bedingungen des Lernens im Unterricht *(Ingbert von Martial)*

Unterricht läßt sich nicht voll erfassen, wenn man sich auf die Gegebenheiten beschränkt, die unmittelbar den Prozeß des Lehrens und Lernens bestimmen. Sicherlich geht es bei der Interaktion von Lehrer und Schülern immer um die Realisierung von Lernzielen. Indem an einem Thema gearbeitet wird, sollen die Schüler bestimmte Lernergebnisse erreichen. Der Prozeß des Lehrens und Lernens kann durch den Einsatz geeigneter Methoden und den Einsatz von Medien optimiert werden. Unterricht bestimmt sich jedoch nicht nur im Prozeß. Was gelernt wird und wie gelernt wird ist vielmehr abhängig von vorgegebenen Bedingungen. Diese Bedingungen lassen sich in zwei Bereiche gliedern, in soziokulturelle und personale Bedingungen.

4.51 Sozialkulturelle Bedingungen

Unter sozialkulturellen Bedingungen des Unterrichts sollen diejenigen Faktoren des Unterrichts verstanden werden, die dem sozialen, politischen und kulturellen Bereich entstammen. Zur Erläuterung des sozialkulturellen Bedingungsfeldes seien einige Faktoren als Beispiele angeführt.

◆ *Klassenfrequenz*

Wieviele Schüler mindestens und höchstens in einer Klasse sind, wird von den Kultusbehörden festgelegt. Auch andere Gegebenheiten wirken sich aus, z. B. ob zu einem bestimmten Zeitpunkt geburtenstarke Jahrgänge die Schule besuchen oder nicht.

◆ *Richtlinien und Lehrpläne*

Der mögliche Rahmen für die Auswahl von Unterrichtsinhalten und Lernzielen wird durch Richtlinien und Lehrpläne bestimmt. Dort werden oft auch zieladäquate Methoden und Medien genannt.

◆ *Ausstattung der Schule mit Räumen und Medien*

Die materielle Ausstattung bestimmt die Möglichkeiten der Organisation und der Durchführung des Unterrichts. Das Vorhandensein von Fachräumen und der Zugriff auf Medien wirkt sich unmittelbar auf die möglichen Lernvorgänge aus. Es hängt von der Medienausstattung ab, ob beispielsweise Experimente im naturwissenschaftlichen Unterricht nur als Lehrerexperimente möglich sind, weil bestimmte Medien nur einmal vorhanden sind, oder auch Schülerexperimente möglich sind. Im ersten Fall können die Schüler nur Informationen, im zweiten Fall durch eigene Handhabung auch Techniken lernen.

- *Schulumwelt (Stadtschule, Landschule)*

  Möglicherweise ist es einem Lehrer in einer Stadtschule gar nicht möglich, im Biologieunterricht etwa die vorbereitende Hausaufgabe zu stellen, bestimmte Pflanzen zu sammeln und zu untersuchen. Konkrete Möglichkeiten des Methodeneinsatzes (vorbereitende Hausaufgaben) hängen also unmittelbar von sozialkulturellen Voraussetzungen ab.

- *Konfessionelle Gliederung*

  In einer konfessionell gemischten Klasse kommt es im Geschichtsunterricht bei der Behandlung der Reformation vielleicht zu Schülerbeiträgen, in denen sich unterschiedliche Bewertungen Luthers oder des Papsttums ausdrücken. Dies mag durch die Konfessionszugehörigkeit beeinflußt sein. Die Schülerbeiträge wirken sich in einem gewissen Umfang auf den Ablauf und inhaltliche Akzente der Themenbearbeitung aus.

- *Familienverhältnisse der Schüler*

  Ob der Lehrer für die Vorbereitung seines Unterrichts damit rechnen kann, daß die Schüler zu einem aktuellen politischen Ereignis Leitartikel aus verschiedenen Tageszeitungen mitbringen, hängt davon ab, ob zu Hause überhaupt eine Tageszeitung bezogen wird und vielleicht überregionale Tageszeitungen bezogen werden. Die Möglichkeit, eine bestimmte vorbereitende Hausaufgabe zu stellen, wird offenbar von sozialkulturellen Voraussetzungen beeinflußt. Davon wiederum ist die Durchführung des Unterrichts abhängig. Wenn der Lehrer schon zu Beginn des Unterrichts mit vielfältigen Ausführungen der Schüler rechnen kann, verläuft der Unterricht anders, als wenn er zunächst eine mehr oder weniger ausgedehnte Phase vorsehen muß, in der er selbst informiert.

  Beengte Wohnverhältnisse können die Möglichkeit beschränken, ungestört die schulischen Hausarbeiten zu erledigen. Andererseits vermag die im elterlichen Haushalt vorhandene Bibliothek zusätzliche Hilfen und Anregungen bereitzustellen. Je nach ihrer Ausbildung vermögen Eltern ihren Kindern zusätzliche Erklärungen zu den Themen des Unterrichts zu geben. Familiäre Gegebenheiten dieser Art können sich auf die schulischen Leistungen auswirken.

4.52 Personale Bedingungen

Was konkret in Unterrichtsstunden geschieht, hängt von den Bedingungen ab, die von den beteiligten Personen in den Unterricht eingebracht werden. Sie werden im folgenden als personale Bedingungen des Unterrichts bezeichnet. Zweifellos beeinflussen Eigenschaften der Schüler maßgeblich den Unterricht. Was im Unterricht möglich ist, hängt beispielsweise von ihrer Intelligenz und ihrer Bereitschaft zur Mitarbeit ab. Auch die Kompetenz des Lehrers und seine individuellen Eigenarten sind bestimmend für die Gestaltung des Unterrichts.

4.521 Lehrer

Die Eigenschaften des Lehrers bestimmen maßgeblich den Unterricht. Von Bedeutung ist nicht nur die Lehrkompetenz im engeren Sinne. Auch persönliche Eigenschaften des Lehrers beeinflussen den Unterricht.

Wie ein Lehrer unterrichtet und welche Inhalte er bevorzugt, auf welcher Ebene sie behandelt werden, ist Ausdruck seines Könnens und seiner persönlichen Vorlieben. Auch die Gewohnheit, sich an bestimmte Medien und Unterrichtsmethoden zu halten, geht in die individuelle Besonderheit der Unterrichtsgestaltung eines Lehrers ein. Manche Lehrer gehen nicht gerne mit technischen Geräten um. Sie werden möglicherweise den Einsatz technischer Medien zu vermeiden suchen. Davon sind natürlich der Verlauf und die Gestaltung des Unterrichts abhängig. Er wird andere Vermittlungsmöglichkeiten suchen. Der Lehrer, der einen Film bei der Behandlung eines Themas einsetzt, wird vielleicht an den Film ein Lehrgespräch anknüpfen. Der Lehrer, der bei der Behandlung des gleichen Themas nicht das technische Medium Film verwendet, wird vielleicht im Gruppenunterricht einzelne Arbeitsgruppen damit beauftragen, aus verschiedenen Büchern Informationen zu sammeln, die dann später in der Klasse im Lehrgespräch behandelt werden.

Die Eigenschaften des Lehrers bestimmen seine Möglichkeiten, einen erfolgreichen Unterricht zu gestalten. Zu nennen sind hier zunächst einmal diejenigen Eigenschaften, welche die Lehrkompetenz im engeren Sinne bestimmen. Sie liefern Perspektiven zur Beurteilung des Lehrerverhaltens. Was hier vor allem von Belang ist, haben wir weiter hinten (vgl. 7.1) zusammengestellt. Aber auch persönliche Eigenschaften des Lehrers bestimmen die Gestaltung des Unterrichts und sind daher dem Bedingungsfeld des Unterrichts zuzurechnen.

Im wesentlichen sind folgende Bereiche zu nennen:

- Unterrichtsstil / Führungsstil
- Sprache
- gestische Eigenheiten
- erzieherische Strategien
- themenbezogene Kompetenz
- methodische und mediale Kompetenz
- Freundlichkeit und Wärme
- Fähigkeit zur sozialen Integration der Lehr-Lern-Gruppe.

4.522 Schüler

Unterricht entsteht aus der Interaktion von Lehrer und Schülern. In diesem Prozeß sind die Schüler als eigenständige Instanz zu verstehen. Sie gestalten den Unterricht mit. Das gilt nicht nur, wenn sie den Intentionen des Lehrers entgegenkommen, sondern auch dann, wenn ihr Verhalten den Intentionen des Lehrers widerstrebt. Die von den Schülern in den Unterricht eingebrachten individuellen Bedingungen sind daher in die Beschreibung des Unterrichts aufzunehmen. Sie sind maßgeblicher Bestandteil des unterrichtlichen Bedingungsfeldes.

◆ *Gruppierungen in der Klasse*

Die Gruppierungen in der Klasse sind für die Möglichkeiten des Lehrers, den Unterricht zu gestalten, von einer gewissen Bedeutung. Der Lehrer muß mit ihnen rechnen. Gruppen mit hoher Kohäsion (Cliquen) können sich auf den Unterricht förderlich auswirken, wenn sich der hohe soziale Zusammenhalt der Schüler mit einer hohen Leistungsmotivation verbindet. Es kann dann in den Gruppen zu einer dem Lernen förderlichen Kooperation kommen. Verbindet sich der hohe soziale Zusammenhalt mit einer geringen Leistungsbereitschaft, ist dagegen ein dem Lernen wenig förderliches Schülerverhalten zu erwarten (Schell 1975). Einzelgänger und Sonderlinge können die Kooperationsbereitschaft innerhalb der Klasse beeinflussen.

◆ *Zusammensetzung der Klasse nach der Begabung*

Eine gewisse Homogenität der Klasse im Hinblick auf die Begabung erleichtert dem Lehrer die Gestaltung des Unterrichts. Heterogenität dagegen macht verstärkte Bemühungen um eine Individualisierung des Unterrichts erforderlich. Methodische Formen, welche eine Individualisierung des Lerntempos, der Lehrerhilfe und vielleicht auch der Aufgaben (Hausaufgaben) ermöglichen, sind vorzusehen.

◆ *Zusammensetzung der Klasse nach dem Geschlecht*

In gemischten Klassen von Jungen und Mädchen besteht in manchen Fächern die Tendenz zur Ausbildung geschlechtsspezifischer Leistungsmotivationen. Mädchen neigen zumindest ab der Mittelstufe zum Beispiel dazu, sich weniger intensiv der Mathematik und der Physik zuzuwenden als Jungen. Neue Fremdsprachen interessieren sie dagegen stärker (von Martial 1989). Faktoren dieser Art bestimmen das Lernverhalten der Schüler. Der Lehrer wird auf sie achten und soweit wie möglich intervenierende Strategien entwickeln müssen.

◆ *Klassendisziplin*

In einer disziplinierten und leistungsmotivierten Klasse wird ein Führungsstil erleichtert, der weniger lenkend und kontrollierend ist. Der Einsatz von Arbeitsformen wird begünstigt, die den Schülern mehr Freiraum und selbständiges Arbeiten ermöglichen.

◆ *Individuelle Lernvoraussetzungen*

Die Lehreffektivität kann durch die Anpassung des Unterrichts an die individuellen Lernvoraussetzungen der Schüler verbessert werden. Im privaten Unterricht ist ein auf den einzelnen abgestimmter Unterricht möglich. Im Unterricht mit einer Schulklasse ist die Anpassung an die Lernvoraussetzungen jedes einzelnen nur schwer zu erreichen. Je mehr Schüler ein Lehrer zu betreuen hat, desto weniger wird er in der Lage sein, die Besonderheiten einzelner Schüler zu erfassen. Trotz aller Schwierigkeiten sollten Lehrer sich um die individuelle Passung ihres Unterrichts bemühen.

Zu den individuellen Lernvoraussetzungen gehören vor allem spezielle Kenntnisse und Fertigkeiten, die überwiegend dem außerschulischen Erfahrungsfeld entstammen; ferner auch spezielle Begabungen und die Motivationslage für schulische Leistungen. Die Bereitschaft, in der Schule etwas zu leisten, kann auch bei schwacher oder mittlerer Begabung noch zu guten Lernerfolgen führen. Kenntnisse und Fertigkeiten, die außerschulischen Erfahrungen entstammen, sind für den Lehrer oft schwer zu ermitteln. Ein aufmerksamer und für die Belange der Schüler aufgeschlossener Lehrer wird aber auch in diesem Bereich mit der Zeit manches in Erfahrung bringen. Das Anknüpfen an individuelle Voraussetzungen bringt für den Unterricht manchen Gewinn.

Beispielsweise kann die Mitgliedschaft eines Schülers in einem Sportverein für die Durchführung des Sportunterrichts von Bedeutung sein. Der Lehrer hat hier Gelegenheit, einzelne Schüler zur Hilfeleistung für andere heranzuziehen. Ein Schüler ausländischer Herkunft kann im Geographieunterricht durch seine besonderen Kenntnisse und Erfahrungen vielleicht interessante Einzelheiten beisteuern. Schüler, die außerschulischen Instrumentalunterricht erhalten, können für den Musikunterricht eine Bereicherung sein.

◆ *Lernstand*

Mit Lernstand sind die überwiegend dem Unterricht entstammenden Kenntnisse, Fertigkeiten, Einstellungen und Verhaltensweisen der Schüler gemeint. Um eine möglichst adressatengerechte Gestaltung des Unterrichts zu erreichen, wird der Lehrer sich ständig über den Lernstand der Schüler informieren müssen. Es bieten sich viele Gelegenheiten, sich des Lernstandes zu vergewissern. Auskunft über den Lernstand geben zum Beispiel die Beiträge von Schülern im Klassengespräch, im Gruppenunterricht oder bei der Einzelarbeit, die Hausaufgaben und Klassenarbeiten. Der Lehrer wird alle sich bietenden Gelegenheiten nutzen müssen, die ihm Auskunft über den Lernstand geben. Nur dann wird er in der Lage sein, den Unterricht auf einer Ebene durchzuführen, die den Möglichkeiten der Schüler gerecht wird.

◆ *Entwicklungsstand*

Wenn wir der Entwicklungspsychologie der Genfer Schule (Piaget) folgen, sind die Lernmöglichkeiten der Schüler in den jeweiligen Entwicklungsphasen unterschiedlich. Für die Planung und Gestaltung von Lernvorgängen zum Beispiel im kognitiven Bereich wird der Lehrer daher erwägen müssen, ob die Schüler sich noch auf der Ebene der konkreten Operationen bewegen oder bereits formales Denken herausgefordert werden kann (zur Übersicht vgl. Mackay 1984, Neimark 1984).

Der sprachliche Entwicklungsstand ist für die Gestaltung des Unterrichts im Deutschunterricht und in den Fremdsprachen von Bedeutung.

Die Möglichkeiten zur fruchtbaren Erörterung moralischer Fragen im Unterricht hängt von dem Stand der moralischen Entwicklung der Schüler ab. Diese scheint nach einer relativ gut abgrenzbaren Stufenfolge zu verlaufen. Die Schule um Kohlberg unterscheidet insgesamt sechs Stufen der Entwicklung, die drei Ebenen zugeordnet werden:

Niveau I. Präkonventionell:
- Stadium 1. Heteronome Moralität
- Stadium 2. Instrumenteller Individualismus und Austausch

Niveau II. Konventionell:
- Stadium 3. Interpersonelle Übereinstimmung
- Stadium 4: Sozialsystem

Niveau III. Postkonventionell:
- Stadium 5. Sozialer Vertrag und individuelle Rechte
- Stadium 6. Universale ethische Prinzipien.

Ob eine Problematisierung bestimmter moralischer Fragen im Unterricht sinnvoll ist, wird der Lehrer jeweils von Fall zu Fall abschätzen müssen. Das hier nicht näher zu erörternde Stufensystem von Kohlberg bietet zumindest gewisse Anhaltspunkte (vgl. hierzu Colby/Kohlberg 1984).

◆ *Besonderheiten des Verhaltens*

Verhaltensschwierigkeiten einzelner Schüler bestimmen den Unterricht. Sie machen häufiger disziplinarische Maßnahmen erforderlich. Der Lehrer ist gezwungen, sich mit ihnen gelegentlich intensiver zu befassen. Er wird zu diesem Zweck vielleicht öfter die Gelegenheit zu Einzelarbeit oder Gruppenunterricht suchen, um dazu Gelegenheit zu einer auf bestimmte Schüler abgestellten Intervention zu bekommen.

4.53 Bedingungsanalyse *(Jürgen Bennack)*

Eine Bedingungsanalyse, die nicht zu jeder Stunde anzufertigen ist, aner als Reflexionsrahmen jedem Unterricht zugrunde liegen sollte, wird die folgenden Bereiche zu berücksichtigen haben:

Bedingungsanalyse des Unterrichts

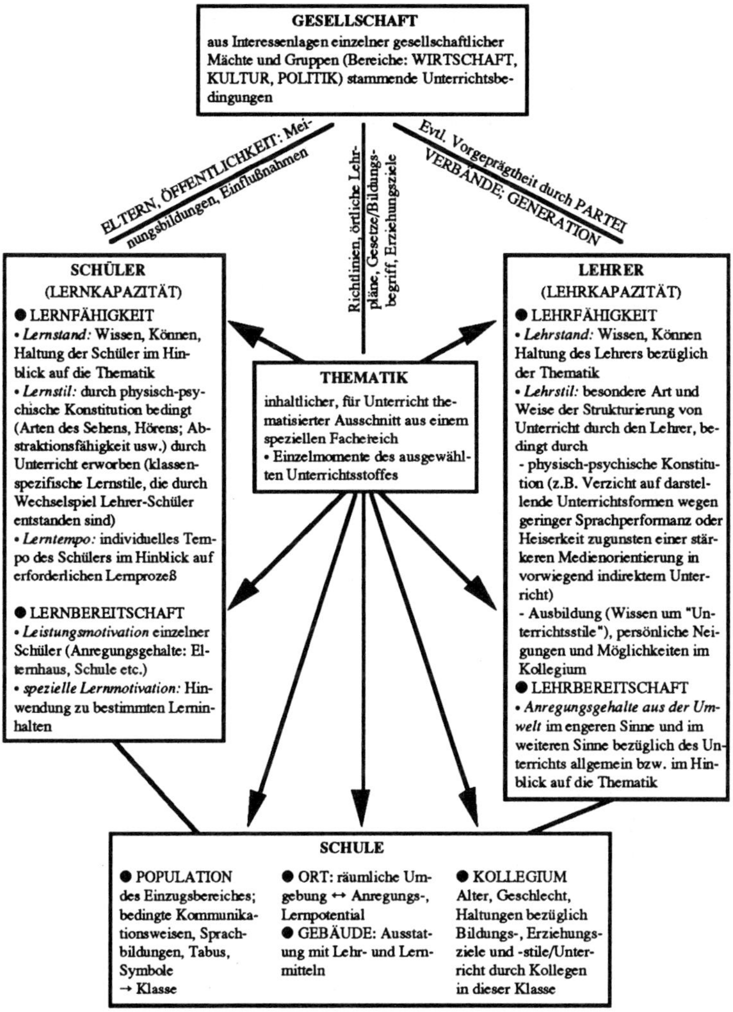

(vgl. Krichbaum et al. 1975, S. 42)

Wie weitreichend die Gestaltung des Unterrichts von den Gegebenheiten des Bedingungsfeldes ist, sei am Beispiel der Medienentscheidung erläutert.

Reicher Mediengebrauch begründet sich durch die zweifellos lernoptimierenden Eigenschaften der Medien im Unterricht. Die Bund-Länder-Kommission für Bildungsplanung und Forschungsförderung fordert (1984), daß in bezug auf die Medien intelligentes Urteilsvermögen geschult, moralisches und soziales Verhalten eingeübt und verstärkt werden sollen. Dieser konstruktive, auf qualifizierten Medienumgang zielende Ansatz führt wohl weiter, als eine auf grundsätzlichen Bedenken beruhende Ablehnung moderner Massenmedien, die die darin befangenen Jugendlichen ohnehin nicht mehr erreicht. Die Vermittlung kritischer Gesichtspunkte (vgl. Postman) gehört dessen ungeachtet weiterhin zur Absicht der Mediendidaktik.

Beim unterrichtlichen Medieneinsatz ist auf die Schüleransprache durch die Aktualität der Medien zu achten. Zur Verwendungsplanung im Unterricht dienen Medientaxonomien, die den Medien spezifische Leistungen zuordnen. Eine Funktionsanalyse enthält wichtige Informationen über Lerneffekte durch Medien. Insgesamt versuchen Medientaxonomien, den Medien bestimmte Ziele und Intentionen zuzuordnen; Defizitausgleich und Ergänzung erfolgt durch die Kombination verschiedener Medien oder von Medien mit Unterrichtsformen (Medienverbund). Über den instrumentellen Gebrauch hinaus sollen Lehrer die Schüler im Sinne des handlungsorientierten Unterrichts aktive Medienarbeit bei der Planung, Erstellung und Einsatz von Medien leisten lassen, um beim Schüler eine reflektierte Medienbenutzung anzubahnen.

Dimensionen der Medienentscheidungen

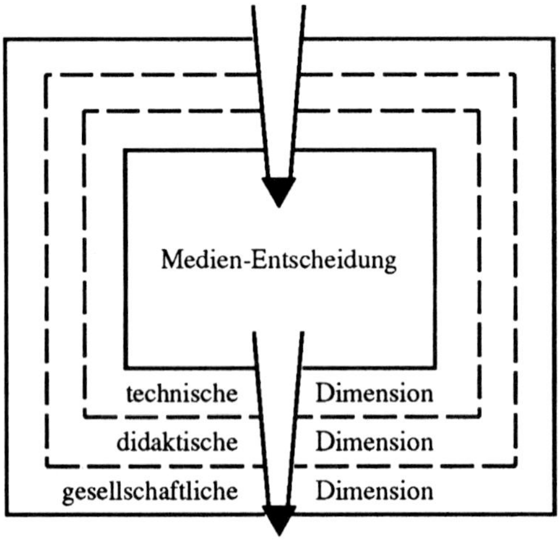

Die Medienentscheidung des Lehrers im Unterricht berührt also keineswegs nur den technischen Aspekt des richtigen und "passenden" Mediums, sie berührt didaktische Fragen nach der Beeinflussung des Schülers, den Gewohnheiten, die er ausprägt, dem Vorbild, das er erhält, und sie berührt schließlich gesellschaftliche Fragen, wie diejenige nach dem Einfluß der Medien auf die Gestaltung der gesellschaftlichen Wirklichkeit (u.a. Gewalt). Ob intendiert oder nicht, jede Medienentscheidung tangiert alle genannten Bereiche.

5. Vorbereitende Analyse und Planung des Unterrichts

(Ingbert von Martial)

Die vorbereitende Analyse geht der Planung des Unterrichts voran. Ihre Aufgabe besteht darin, die Bedingungen und Möglichkeiten des durchzuführenden Unterrichts zu untersuchen. Es soll in analytischer Sicht eine Überschau gegeben werden. Die vorbereitende Analyse rückt die Alternativen in den Blick, über die im Rahmen der Unterrichtsplanung entschieden wird.

5.1 Vorbereitende Analyse

Die Überlegungen der vorbereitenden Analyse richten sich auf die verschiedenen Bereiche des Unterrichts. Sie erstrecken sich auf die vorliegenden

- personalen und soziokulturellen Bedingungen des Unterrichts
- Ziele
- Themen
- Methoden und
- Medien.

Die vorbereitende Analyse zielt darauf ab, mögliche Elemente eines Plans auf ihre Annehmbarkeit, Verträglichkeit und Wirksamkeit unter den vorgegebenen Bedingungen zu untersuchen. Auf die Ergebnisse der vorbereitenden Analyse baut die Planung auf. Sie verwertet die Ergebnisse der Analyse in konstruktiver Perspektive. Es kommt zur Entwicklung eines Plans oder alternativer Pläne, über die dann eine abschließende Entscheidung herbeizuführen ist.

5.11 Zielanalyse

In ihrem ersten Schritt wendet sich die Analyse vorgegebenen Zielen zu, die in Lehrplänen oder speziellen Fachprogrammen, die innerhalb des Kollegiums einer Schule abgesprochen wurden, angegeben werden. Diese Zielvorgaben haben zumeist den Charakter von Richtzielen oder Grobzielen, sind also relativ allgemein gehalten. Sie geben eine gewisse Orientierung vor, bedürfen aber der Auslegung. Die in der Zielangabe enthaltenen Inhalte sind durch Analyse zu bestimmen.

Die Analyse der allgemeinen Ziele erstreckt sich auf

- Dimensionierung und
- Verfeinerung.

Das heißt, es ist einerseits festzustellen, welche inhaltlichen Dimensionen die Lernzielvorgabe umfaßt. Hier geht es um die Frage, ob das Lernziel sich beispielsweise auf den kognitiven Bereich beschränkt oder ob auch psychomotorische oder affektive Zielelemente denkbar sind. Andererseits ist zu ermitteln, welche Einzelheiten gelernt werden sollen. Die Analyse muß also bis auf die Ebene der möglichen Feinziele vordringen.

Heißt die Zielangabe zum Beispiel "Das magnetische Kraftfeld wird verstärkt; theoretischer und experimenteller Zugang", so bleibt zunächst offen, ob die Schüler nur Kenntnisse (kognitiver Bereich) oder auch experimentelle Fertigkeiten (psychomotorischer Bereich) erwerben sollen. Die genannte Zielangabe legt nämlich nicht fest, wie der "experimentelle Zugang" zu gestalten ist. Auch wenn der Unterricht sich auf Lehrerexperimente beschränkt, wird dem Ziel Genüge getan. Die Schüler erwerben dann nur Kenntnisse über den experimentellen Teil des Themas und lernen nicht die Handhabungen. Anders verhält es sich, wenn die Schüler in kleinen Arbeitsgruppen selbständig Schülerexperimente durchführen. Der Unterricht bietet dann Gelegenheit, neben physikalischem Wissen auch experimentelle Fertigkeiten zu erwerben.

Der auf Verfeinerung der Zielangabe gerichteten Analyse sei an einem weiteren Beispiel nachgegangen: Im Deutschunterricht ist die Behandlung verschiedener Textgattungen vorgesehen. Eine der ins Auge gefaßten Textgattungen ist die Satire. Die allgemeine Zielangabe kann dann lauten: "Die Schüler sollen Kenntnisse über satirische Texte erwerben".

Ein Lehrer, der einen zur Realisierung dieses allgemeinen Ziels führenden Unterricht planen möchte, wird sich die Frage stellen, um welche Kenntnisse es im einzelnen gehen soll. Die Analyse der Bedeutungen, die das genannte allgemeine Ziel umfaßt, wird beispielsweise auf folgende, schon konkretere Ziele führen:

- Die Schüler sollen einige satirische Texte kennen.
- Sie sollen Merkmale der Textgattung Satire kennen.
- Sie sollen Elemente der Textsortentheorie kennen und auf satirische Texte anwenden können.

Der auf genauere Bestimmung möglicher Ziele gerichteten Analyse sind Grenzen gesetzt, solange nicht auch das Thema "satirische Texte" mit seinen Bestimmungsstücken dem Lehrer deutlich vor Augen steht. Zielanalyse und Themenanalyse hängen eng zusammen. Ihre Schritte überlagern sich. Der Lehrer muß sich vergewissern, welche Gattungsmerkmale satirischen Texten zugeschrieben werden können, was zu einer Textsortenanalyse gehört, und er muß erwägen, welche Texte und Autoren berücksichtigt werden sollen.

Die Auswahl bestimmter Texte und Autoren führt zu einer inhaltlichen Einschränkung. Jetzt wird die Benennung von Feinzielen sinnvoll. Diese geben an, welche Einzelheiten die Schüler lernen sollen. Folgende Ziele seien genannt:

- Die Schüler sollen Ironie, Humor und Hohn als Elemente satirischer Darstellungen nennen können.
- Sie sollen Parodie und Sarkasmus als satirische Stilmittel nennen können.
- Sie sollen die kritische Funktion satirischer Texte kennen und an Textstellen Elemente moralischer und ästhetischer Kritik belegen können.
- Sie sollen den Text "Kinohelden" (Siegfried Sommer) als Beispiel für einen satirischen Text nennen können.
- Sie sollen parodierende Formulierungen aus dem Text "Kinohelden" angeben können.

5.12 Themenanalyse

Eine Analyse der Themen, die ein Lehrer aus Richtlinien, Lehrplänen oder Lehrbüchern übernimmt, ist aus mehreren Gründen erforderlich. Die Themenstruktur ist zu ermitteln, um

- den sachlichen Aufbau des Themas zu überblicken
- daran sich orientierend die Reihenfolge der einzelnen Schritte bei der Erarbeitung des Themas festlegen zu können
- den Schwierigkeitsgrad der verschiedenen Bestandteile des Themas zu erkennen
- die möglichen Lernprozesse und Lernoperationen bei der Durchführung des Unterrichts zu erwägen.

Bei der Analyse der Themen können Kategorien der Unterrichtstheorie Verwendung finden. Wie wir gesehen haben, werden in der systemtheoretischen Didaktik Grundformen und Komplexitätsstufen der Unterrichtsobjekte beschrieben. Diese können als Analyseinstrumentarium benutzt werden. Auch die von Wolfgang Klafki benutzten Kategorien "Strukturmoment", "Strukturzusammenhang", "Bedeutungsschichtung" und "übergreifender sachlicher Zusammenhang" können bei der Themenanalyse Verwendung finden (vgl. 4.21 und 4.22).

Die Analyse des Inhaltsbereichs kennzeichnet Peterßen zutreffend als "Elementarisierung" (1992, S. 119). Ihr kommt die Aufgabe zu, alle wesentlichen Inhaltselemente und ihr Beziehungsgeflecht aufzudecken. Diese Analyse liefert die Grundlage

- für die Auswahl der thematischen Bereiche, die im Unterricht behandelt werden sollen
- die Planung der Reihenfolge bei der Erarbeitung des Themas
- die Bestimmung der Feinziele.

Wie weit die Analyse eines Inhalts jeweils geht, ist von Fall zu Fall festzulegen. In der Tat ist es in der Regel nicht sinnvoll und vielfach auch gar nicht realisierbar, alle möglichen Bedeutungselemente zu ermitteln, die unter einen vorgegebenen Inhalt gefaßt werden können. Wie weitreichend die Analyse sein soll, ist von der Einordnung des Unterrichtsziels in gegebenenfalls vorliegende Zielhierarchien eines Lehrplans und anderen soziokulturellen Gegebenheiten abhängig zu machen. Wenn beispielsweise im Sachunterricht der Grundschule das Thema "Nadelbäume" behandelt werden soll und die Richtlinien fordern, daß der Sachunterricht zu einer Erschließung der Umwelt des Kindes beitragen soll, so werden damit für eine im Rahmen der Planung sinnvolle Inhaltsanalyse Grenzen gezogen. Die Analyse wird sich dann nicht auf die gesamte Klasse der Nadelbäume zu erstrecken brauchen, sondern nur auf heimische Nadelbäume. In die Festlegung einer sinnvollen Reichweite der Analyse gehen an dieser Stelle offenbar soziokulturelle Faktoren ein. Das ist auch der Fall, wenn nur Klassenmerkmale (Nadeln, Zapfen) sowie individuelle Eigenschaften (Form der Krone) berücksichtigt werden und nicht auch der Nadelbaum als Organismus (System) in Betracht gezogen wird (Wurzeln, Stamm, Zweige, Blätter sowie Funktionen der einzelnen Teile), weil an einer späteren Stelle des Lehrgangs ohnehin die Behandlung des Themas "Baum" als Organismus vorgesehen ist.

Die Inhaltsanalyse ist offenbar eng mit einer auf den Bereich soziokultureller Faktoren gerichteten Bedingungsanalyse verknüpft. Diese liefert Gesichtspunkte für Entscheidungen, welche die Bestimmung von Inhalten betreffen.

Recht differenzierte Vorstellungen über die Abfolge der einzelnen Schritte der Inhaltsbestimmung sind in der Planungstheorie des systemtheoretischen Modells entwickelt worden. Ausgegangen wird hier von dem Ergebnis der Analyse des vorgegebenen Unterrichtsobjekts unter dem Gesichtspunkt der Frage, welche Grundformen möglich sind (vgl. 4.22).

Nach diesem Analyseschritt soll dann zunächst einmal darüber entschieden werden, welche der Möglichkeiten weiter verfolgt werden soll. Handelt es sich zum Beispiel um das Thema "Fußballspiel", können sämtliche Grundformen für die weitere Unterrichtsplanung in Betracht gezogen werden. Es kann also im Unterricht darum gehen, Informationen über das Fußballspiel zu erwerben, Spieltechniken zu erlernen, Einstellungen (z.B. Ritterlichkeit) zu entwickeln sowie bestimmte Verhaltensweisen einzuüben (z.B. den Regeln gemäß zu spielen).

Es wäre nun festzulegen, zu welcher Grundform überhaupt Lernvorgänge geplant werden sollen. Gelangt man im Rahmen der Planung zu dem Ergebnis, daß nur Informationen gelernt werden sollen, braucht die Inhaltsanalyse den übrigen möglichen Grundformen nicht weiter nachzugehen. Sie wird sich dann im weiteren Verlauf auf die Analyse des Inhalts "Fußballspiel" als Information beschränken.

Anders ist vorzugehen, wenn alle vier Grundformen im Unterricht Berücksichtigung finden sollen. Dann sind für die einzelnen Grundformen jeweils eigene Planungsüberlegungen anzustellen. Dies läßt sich damit begründen, daß je nach der Grundform spezifische Lernvorgänge ablaufen. Eine Information zu lernen, erfordert in der Tat andere unterrichtliche Maßnahmen als das Erlernen einer Technik, einer Einstellung oder einer Verhaltensweise (vgl. hierzu König/Riedel 1979, Bd. I, S. 27 ff.).

Die Themenanalyse kann bei den Überlegungen zu den möglichen Grundformen des Themas nicht stehenbleiben. Auch Einzelheiten müssen in den Blick genommen werden. Für die auf Einzelheiten des Themas zielende Analyse steht in der systemtheoretischen Analyse das Instrumentarium der Komplexitätsstufen zur Verfügung. Hier geht es um die Feststellung, ob ein Unterrichtsobjekt als System, Klasse, Element eines Systems, Element einer Klasse oder als relativ isoliertes Element verstanden werden kann. Wird beispielsweise der Inhalt Halbleiter als Klasse betrachtet, so geht es um die verschiedenen Arten von Halbleiterbauelementen und die gemeinsamen Klassenmerkmale. Wird dagegen der Inhalt Halbleiter als System betrachtet, so erstrecken sich die Überlegungen auf Aufbau und Funktionsweise eines bestimmten Bauelementes, etwa einer Diode (vgl. hierzu König/Riedel 1979, Bd. I, S. 42 ff.).

Auf dieser Ebene der Themenanalyse geht es um die Feingliederung der ausgewählten Inhalte. Diese detaillierten Inhaltsbestandteile finden in der Lernzielplanung Verwendung als Inhaltskomponenten operationalisierter Lernziele. Ihre Anordnung in eine für den Aufbau des Lernvorgangs sinnvolle Reihenfolge liefert die Einteilung für die Folge operationalisierter Lernziele (Feinziele), die im Unterricht realisiert werden soll.

5.13 Bedingungsanalyse

Entscheidungen über Ziele, Themen und Verfahren im Rahmen der Unterrichtsplanung machen eine Übersicht über das gegebene Bedingungsfeld erforderlich, das bei der Gestaltung des Unterrichts in Rechnung zu stellen ist. Die Bedingungsanalyse ist Bestandteil der vorbereitenden Analyse. Allerdings wird sie auch in der nachfolgenden Unterrichtsplanung immer wieder erforderlich. Sie ist überall durchzuführen, wo Entscheidungen ein Eingehen auf vorgegebene Bedingungen erforderlich machen.

Wir haben oben (vgl. 4.5) das Feld der sozialkulturellen und personalen Bedingungen des Unterrichts skizziert (vgl.hierzu auch die Darstellung bei de Corte u.a. 1975, S. 197 ff. und Peterßen 1992, S. 403 ff.). Im Rahmen der Bedingungsanalyse ist zu erwägen, welche der genannten Bedingungen für die Entscheidung über Ziele, Themen und Verfahren im jeweils vorliegenden Fall von Belang sind.

5.14 Verfahrensanalyse

Bei der vorbereitenden Verfahrensanalyse geht es um die Frage, welche Methoden und welche Medien eingesetzt werden können, um das vorgesehene Thema erfolgreich zu bearbeiten und die gesetzten Ziele zu realisieren. Die zur Verfügung stehenden Mittel sind daraufhin zu untersuchen, ob sie im Hinblick auf die zu realisierenden Ziele angemessen sind.

5.2 Planung des Unterrichts

Die Planung von Unterricht gehört in irgendeiner Form zum Alltag des Lehrers. Planungen, die im Rahmen der Lehrerausbildung angefertigt werden, dienen auch dazu, Auskunft über den Stand der didaktischen Befähigung von Praktikanten oder Referendaren zu geben. Bei der Anfertigung von Unterrichtsplanungen im Rahmen der Lehrerausbildung ist es daher angebracht, sich nicht auf einen Plan für den durchzuführenden Unterricht zu beschränken. Vielmehr sollte die Darlegung auch didaktische Erläuterungen und Begründungen enthalten. Eine in dieser Weise gestaltete Planung gibt immer auch Auskunft über die didaktische Kompetenz des Kandidaten. Eine ausführliche und gut begründete Planung stellt bereits eine gelungene Teilleistung dar.

Die Planung des Unterrichts kann sich auf unterschiedliche Zeiträume erstrecken. In der Literatur zur Unterrichtsplanung werden die Gesamtplanung schulischer Lehrgänge, wie sie sich in Lehrplänen niedergelegt finden, die Jahresplanung, die Planung einer Unterrichtseinheit und der Entwurf einer Unterrichtsstunde unterschieden (vgl. hierzu etwa Peterßen 1992). Im Rahmen von schulpraktischen Studien wird es darum gehen, einzelne Unterrichtsstunden zu planen, die im Verlauf des Praktikums von Studierenden des Lehramts durchgeführt werden sollen. Auf Überlegungen, welche diese begrenzte Planungsaufgabe betreffen, beschränken wir uns hier.

5.21 Das Verhältnis von vorbereitender Analyse und Planung

In der vorbereitenden Analyse geht es darum, Einsicht in den Aufbau des Themas, die möglichen Ziele und die Bedingungen der besonderen Lernsituation der Klasse zu geben. Die Analyse rückt Möglichkeiten in den Blick. Sie dient der Vorbereitung der Planung.

Die Planung des Unterrichts ist eine auf Konstruktion gerichtete Tätigkeit. Im Verlauf der Planung werden Zuordnungen von Zielen, Themen und Verfahren getroffen. Zeitliche Abläufe werden bestimmt:

- Die im Unterricht zu behandelnden Elemente des Themas werden festgelegt.
- Über die Ziele des Unterrichts wird entschieden.
- Es wird bestimmt, welche methodischen und medialen Mittel zur Realisierung der Ziele Verwendung finden sollen.
- Der zeitliche Ablauf der einzelnen Schritte des Unterrichts und organisatorische Vorkehrungen werden festgelegt.
- Maßnahmen zur Kontrolle des Lernerfolgs werden bestimmt.

5.22 Die Entwicklung des Plans

Die Planung des Unterrichts konkretisiert sich im Plan. Der Plan wird sich darauf konzentrieren darzustellen, welche auf die Lerninhalte bezogenen Ziele verfolgt werden und wie diese mit Hilfe der Methoden und Medien realisiert werden sollen. Allerdings ist der Unterricht, den ein Lehrer durchführen kann, von den Bedingungen abhängig, die er vorfindet. Wenn die Planung auch Begründungen für didaktische Entscheidungen sichtbar machen soll, erscheint es daher sinnvoll, sich im Rahmen der Unterrichtsplanung zu den Bedingungen zu äußern, die für den geplanten Unterricht von Belang sind.

Ob für die soziokulturellen und personalen Bedingungen des Unterrichts (vgl. 4.5) jeweils ein eigener Punkt der Planung vorgesehen werden soll, sei dahingestellt. Da die Bedingungen des Unterrichts die Entscheidung für bestimmte Inhalte, Ziele, Methoden und Medien beeinflussen, läßt sich jeweils bei diesen Punkten der Planung sagen, welche spezifischen Bedingungsmomente in die Entscheidung eingehen. Sollen beispielsweise die vorgesehenen Ziele mit Bestimmungen des Lehrplans be-

gründet werden, so bedarf es dazu nicht eines eigenen Punktes der Planung, in dem die soziokulturellen Bedingungen des Unterrichts zusammengefaßt werden. Auch die Begründung einer methodischen Maßnahme mit der vorgegebenen Medienausstattung der Schule, läßt sich bei den Ausführungen zur Unterrichtsmethodik unterbringen. Beispielsweise kann es auf das Fehlen einer genügend großen Menge von Experimentalgerät zurückzuführen sein, daß ein Versuch im Fach Physik als Lehrerdemonstration und nicht als Schülerversuch im Rahmen des Gruppenunterrichts durchgeführt wird.

Als zweckmäßig erweist es sich jedoch in der Praxis der Unterrichtsplanung, den durch die Schüler vorgegebenen personalen Bedingungen des Unterrichts einen eigenen Punkt der Planung zu widmen.

Der an früherer Stelle gegebenen Beschreibung der Bereiche des Unterrichts ist zu entnehmen, daß die Festlegung der Ziele dem Begründungszusammenhang nach den anderen Elementen der Planung logisch vorangeht. Daraus ergibt sich jedoch nicht, daß bei der schriftlichen Ausführung des Plans die begründungslogische Reihenfolge bestimmend sein muß. Da Angaben zu den Zielen, wie wir wissen, auch thematische Komponenten enthalten (vgl. 4.1), erscheint es unter redaktionellen Gesichtspunkten zweckmäßig, die Ausführungen zur Thematik den Ausführungen zu den Zielen voranzustellen.

Folgende Punkte sollten im wesentlichen bei der schriftlichen Darstellung des Plans Beachtung finden:

I. Allgemeine Angaben

Als erstes sollte die Planung auf den ersten Blick identifizierbar sein. Die Überschrift 'Unterrichtsplanung' sollte daher nicht vergessen werden. Ferner sollte der Plan eine Kopfnote mit Angaben enthalten, die es gestatten, den schulischen Ort des geplanten Unterrichts auf einen Blick zu erkennen. Folgende Angaben dürften hier sinnvoll sein:

- Klasse
- Fach
- Thema der Stunde
- Lehrer
- Schuljahr
- Datum
- Stelle der Stunde im Tagesablauf (z.B. 4. Stunde)

An diese allgemeinen Angaben schließt sich die didaktische Erfassung der vorgesehenen Unterrichtsstunde an.

II. Die Klasse

Welchen Unterricht der Lehrer durchführen kann, ist von der Klasse abhängig, die unterrichtet werden soll. In einer Klasse mit vielen leistungsstarken, gut motivierten und disziplinierten Schülern kann anders unterrichtet werden als in einer Klasse, die weniger günstige Voraussetzungen bietet. Da die mit einer Klasse gegebenen Bedingungen die unterrichtlichen Möglichkeiten stark beeinflussen, ist es sinnvoll, die Ausführungen zu der Klasse an den Anfang der Unterrichtsplanung zu setzen. Vor allem über folgende Punkte sollte Auskunft gegeben werden (vgl. hierzu auch 4.52).

II.1 Zusammensetzung der Klasse

Hierhin gehören Angaben etwa über die Zusammensetzung der Klasse nach dem Geschlecht, über Sitzenbleiber oder die Herkunft der Schüler aus verschiedenen Schulen. Schüler der fünften Klasse eines Gymnasiums zum Beispiel, die aus verschiedenen Grundschulen kommen, können in manchen Fächern Unterschiedliches gelernt haben. Das kann sich auf die Gestaltung des Unterrichts auswirken. Der Lehrer wird sich vielleicht immer wieder bemühen müssen, die von Fall zu Fall sichtbar werdenden Unterschiede auszugleichen, um gleiche Lernvoraussetzungen für alle zu schaffen. Möglicherweise bestehen auch zunächst noch Schwierigkeiten, die Klasse als Sozialverband zusammenzufügen. Das kann sich auf das Klassenklima und die Kooperationsbereitschaft der Schüler auswirken.

II.2 Disziplin, Arbeitshaltung

Disziplin und Arbeitshaltung der Schüler bestimmen in erheblichem Umfang die Möglichkeiten zur Gestaltung des Unterrichts. Ihre negative Ausprägung in einer Klasse können sich bekanntlich recht hinderlich auswirken und die geplante Durchführung des Unterrichts zum Scheitern bringen. Probleme in diesem Bereich sollten in der Planung zur Kenntnis gegeben werden.

II.3 Besondere Schüler

Auch auf Schüler mit besonderen Eigenschaften (z.B. Schwerhörigkeit, Sehschwierigkeiten, Verhaltensauffälligkeiten) sollte hingewiesen werden. Sie bedürfen vielleicht während des Unterrichts der besonderen Aufmerksamkeit und Zuwendung des Lehrers. Ein Unverständnis zum Ausdruck bringender Beitrag eines schwerhörigen Schülers weist möglicherweise nicht auf intellektuelle Schwierigkeiten, sondern auf Fehler in der Wahrnehmung hin.

II.4 Leistungsanspruch der Klasse

Schulklassen unterscheiden sich teilweise deutlich im Leistungsanspruch. Es finden sich Klassen mit vielen guten und sehr guten Schülern. In anderen Klassen mag es eine schmale Leistungsspitze und ein breites Mittelfeld geben. Profile dieser Art wirken sich auf die Arbeitsmöglichkeiten im Unterricht aus. Sie sind in der Unterrichtsplanung zur Sprache zu bringen.

II.5 Lernstand

Lernvorgänge sind in irgendeiner Form die Fortsetzung früherer Lernvorgänge. An deren Ergebnisse knüpft das aktuelle Lernen an. Je nahtloser der Anschluß an vorgängige Ergebnisse ist, desto erfolgreicher wird zumeist das Lernen sein. Es ist daher ratsam, sich bei der Planung des Unterrichts Klarheit darüber zu verschaffen, welches der jeweilige Lernstand der Klasse ist. Der Lehrer muß wissen, mit welchen Lernvoraussetzungen (Wissen, Fertigkeiten, Einstellungen) er rechnen kann.

III. Besonderheiten der Situation

Auch situative Gegebenheiten können auf den Unterricht Einfluß nehmen. In einer sechsten Stunde zum Beispiel ist oft die Konzentration der Schüler beeinträchtigt. Das gilt auch für den Schultag vor Ferienbeginn, möglicherweise auch für eine Stunde nach dem Sportunterricht.

IV. Thema

IV.1 Thema der Unterrichtseinheit

Das Thema, das in einer Unterrichtsstunde behandelt wird, steht vielfach nicht für sich allein. Es ist zumeist eingebettet in einen größeren thematischen Zusammenhang, für den mehrere Stunden vorgesehen sind. Der Stellenwert der im Plan zu entwerfenden Unterrichtsstunde läßt sich andeuten, indem zunächst einmal das Thema der Unterrichtseinheit genannt wird. Es ist nun ersichtlich, um was es im großen und ganzen geht. Falls es einen Zusammenhang zwischen der vorliegenden Unterrichtseinheit sowie vorangehenden und nachfolgenden gibt, sollte auch darauf hingewiesen werden. Das vertieft die Übersicht über die gesamte didaktische Planung.

IV.11 Aufbau des Themas / Aspekte

Um die Einordnung des Themas der Unterrichtsstunde in den übergeordneten thematischen Zusammenhang zu erfassen, ist zunächst einmal anzugeben, welche Elemente das Gesamtthema aufbauen. Auf Einzelheiten kann hier verzichtet werden. Es geht an dieser Stelle nur darum, großflächige Zusammenhänge sichtbar zu machen.

IV.12 Die Bedeutung des Themas als Bildungsinhalt

Ein und dasselbe Thema kann im Unterricht auf unterschiedliche Weise behandelt werden. Die Akzentuierung der Schwerpunkte und die Suche nach Möglichkeiten der Anwendung sind von der Deutung abhängig, die dem Thema gegeben wird. Es ist daher sinnvoll anzugeben, was die Bedeutung des Themas der Unterrichtseinheit ausmacht, welchen Beitrag es zur Allgemeinbildung oder zur beruflichen Propädeutik leistet. Auf diese Weise läßt sich die Entscheidung für das Thema begründen. Entscheidungen sind Bestandteil der Planung.

IV.2 Thema der Unterrichtsstunde

Vor dem skizzierten Hintergrund dürfte es nun leicht gelingen, das Thema der Unterrichtsstunde zu erfassen.

IV.21 Aufbau des Themas

Hier ist anzugeben, wie das Thema der Stunde aufgebaut ist. Die Elemente des Themas und deren Zusammenhang sind zu erläutern. Gegebenenfalls ist auf unterschiedliche Bedeutungsschichten einzugehen. Die Erfassung des Themenaufbaus ist für die nachfolgenden Schritte der Planung von Bedeutung: Die planerischen Überlegungen, die sich auf die Erarbeitung des Themas im Unterricht richten, ziehen notwendigerweise den Aufbau des Themas in Betracht.

IV.22 Stellung des Themas in der Unterrichtseinheit

Anknüpfend an die Ausführungen unter II.1 geht es hier nun darum zu erläutern, wie die vorgesehene Unterrichtsstunde sich in die Unterrichtseinheit einfügt. Es ist festzustellen, welche Inhalte in früheren Stunden, im besonderen in der unmittelbar vorangehenden Stunde, behandelt wurden und wie es nach der geplanten Stunde weitergehen soll.

V. Ziele

Die Unterrichtsziele geben der Tätigkeit des Lehrers die Richtung vor. Was der Lehrer im Unterricht tut, die methodischen und organisatorischen Maßnahmen, die er ergreift, und der Medieneinsatz sind weitgehend von dem Bemühen bestimmt, die vorgesehenen Ziele zu realisieren. Durch die genaue Bestimmung der Ziele schafft sich der Lehrer Klarheit darüber, was er eigentlich anstrebt, welche Lernfortschritte im Unterricht erreicht werden sollen.

V.1 Ziele der Unterrichtseinheit

In der Unterrichtsplanung sollte zunächst einmal angegeben werden, was in der Unterrichtseinheit insgesamt erreicht werden soll. Vor diesem Hintergrund finden die Ziele der zu planenden Unterrichtsstunde eine sinnvolle Einordnung in den Zusammenhang der Unterrichtseinheit. Das Ziel einer Unterrichtseinheit könnte beispielsweise sein "Die Schüler sollen soziale Randgruppen in der Bundesrepublik kennen" oder "Die Schüler sollen elementare Erscheinungen des Elektromagnetismus kennen". Ziele dieser Art haben wir oben als Grobziele bezeichnet (vgl. 4.122).

V.2 Ziele der Stunde

Bei der Zielplanung einer Unterrichtsstunde finden sich oft eine Grobplanung und eine Feinplanung unterschieden. In der Grobplanung werden Zielangaben festgelegt, denen entnommen werden kann, was insgesamt erreicht werden soll. Neben diesen Grobzielen finden sich auch Feinziele. Sie besagen, was jeweils das Ergebnis eines Lernschritts sein soll.

V.21 Grobziele

Oft werden ein oder vielleicht mehrere Unterrichtsziele genannt, die das Gesamtergebnis der Stunde kennzeichnen sollen. Beispiel: "Die Schüler sollen über Nichtseßhafte als soziale Randgruppe der Bundesrepublik informiert sein." "Sie sollen soziale Sensibilität gegenüber Nichtseßhaften entwickeln." Diese Ziele haben offenbar den Charakter von Grobzielen. Sie fassen die Ergebnisse einer größeren Anzahl von Lernschritten zusammen.

V.22 Feinziele

Die Feinziele beschreiben die vorgesehenen Ergebnisse der einzelnen Lernschritte. Beispiel: "Die Schüler sollen wissen, daß gemäß der jüngsten amtlichen Statistik nur 5% der Nichtseßhaften Frauen sind." Die Feinziele sind in eine sinnvolle Reihenfolge zu bringen. Die Anordnung der Feinziele entspricht dem Gang der Erarbeitung des Themas. Sie muß sowohl die Struktur des Themas in Rechnung stellen als auch eine Erarbeitung vorsehen, die für die Schüler verständlich ist. Die Anordnung der Feinziele nimmt die Abfolge der Lernschritte planerisch vorweg.

VI. Methode

Die Unterrichtsmethoden gehören ebenso wie die Medien zu den Mitteln, mit deren Hilfe die Realisierung der Lernziele möglich werden soll. Von den Methoden werden Wirkungen erwartet. Die Planung der methodischen Gestaltung des Unterrichts ist auf die Optimierung der lernförderlichen Wirkungen gerichtet.

VI.1 Phasen des Unterrichts

Die Überlegungen zur Einteilung des Unterrichts in Abschnitte oder Phasen stellen die Ergebnisse der Zielplanung in Rechnung. Die vorgesehene Folge der Feinziele ist die zentrale Vorgabe. Die Phaseneinteilung des Unterrichts berücksichtigt ferner lernpsychologische Aspekte. Dies führt dazu, daß die in der Zielplanung entworfene Einteilung des Unterrichts nach Lernschritten ergänzt wird durch Phasen, die der Motivation, der Wiederholung, der Übung und der Ergebniskontrolle dienen.

VI.2 Arbeitsformen: Lehrer- und Schülertätigkeit

Eine Unterrichtsplanung wird auch Angaben darüber enthalten müssen, welche Formen der Aktivität von Lehrer und Schülern im Kontext des vorliegenden Unterrichts als methodisches Instrumentarium geeignet sind. Das Profil der vorgesehenen Lehrer-Schüler-Aktivität sollte beschrieben und begründet werden. Es kann gekennzeichnet werden durch die Angabe der Sozialformen und der Aktionsformen des Lehrens und Lernens (vgl. hierzu 4.31 und 4.32).

- Bei der methodischen Planung ist zu erwägen, welche Lernsituationen herzustellen sind, um das Erreichen der angestrebten Lernziele zu befördern. Die Sozialformen des Unterrichts sind, wie wir an früherer Stelle gesehen haben, Mittel zur Strukturierung von Lernsituationen. Die Beschaffenheit einer Lernsituation wiederum beeinflußt die Möglichkeiten des Lernens. Zielt der Unterricht zum Beispiel auf das Lernen von Techniken ab, muß die Lernsituation selbständige Handhabungen von realen Gegenständen ermöglichen. Sollen die Schüler nämlich lernen, eine Skalenlupe als Meßgerät zu bedienen, ist als Sozialform Einzelarbeit geeignet. Die Einzelarbeit gestattet die für das Erlernen der Technik unerläßliche Handhabung des Geräts. Ist keine ausreichende Anzahl von Geräten vorhanden, wird man auch Partnerarbeit oder Gruppenarbeit vorsehen können. Liegen andere Lernziele vor, sind ähnliche, auf die Wirksamkeit der Sozialformen gerichtete Erwägungen anzustellen (vgl. hierzu auch 4.32).

- Erläutert werden sollten auch die Schwerpunkte der Aktionsformen des Lehrens und Lernens. Wenn an bestimmten Stellen des Unterrichts beispielsweise ein Lehrervortrag, ein Schülerbericht oder Schülerdemonstrationen an der Tafel oder bei der Durchführung eines Versuchs vorgesehen sind, sollte angegeben werden, warum so verfahren wird.
- Von großer Bedeutung für den Erfolg des Unterrichts sind auch die *Strategien der Impulsgebung* (vgl. 4.3113 und 4.3123). Ein Unterricht, der sich anregender und offener Impulse bedient, kann wirkungsvolle Lernprozesse in Gang setzen. Nicht nur an die vom Lehrer gesetzten Impulse ist hier zu denken. Auch Schülerimpulse, die zum Beispiel durch die organisatorischen Vorgaben des Unterrichtsgesprächs hervorgelockt werden, können eine lernförderliche Wirkung entfalten. Der Anregung und Lenkung von Lernvorgängen durch Impulse ist die gebührende Aufmerksamkeit zu widmen. Impulse lassen sich im Rahmen einer Unterrichtsplanung nicht in allen Einzelheiten im voraus festlegen. Was angemessen ist ergibt sich zum größten Teil aus der sich in jeder Unterrichtssituation individuell gestaltenden Interaktion von Lehrer und Schülern. Dennoch erweist es sich oft als sinnvoll, einzelne zentrale Impulse festzulegen, die geeignet sind, an den Nahtstellen des Unterrichts die Richtung bestimmter Überlegungen anzuregen und neue Perspektiven zu eröffnen. Bei der Erarbeitung des Themas "Schlüsselreize" zum Beispiel kann das Foto eines Kleinkindes als medialer Impuls benutzt werden, um in die Besprechung des sogenannten "Kindchenschemas" einzuleiten. Für den Fall, daß die Aufforderung, "Äußert euch bitte zu dem Foto!", nicht zu dem gewünschten Ergebnis führt, kann die Frage vorgesehen werden, "Was läßt sich denn über die Gefühle sagen, die sich beim Betrachten eines solchen Fotos einstellen?"

VI.3 Hausaufgaben

Die Benennung und Erläuterung der Hausaufgaben ist ein wichtiger Bestandteil der methodischen Planung des Unterrichts. Es ist deutlich zu machen, welcher Stellenwert den Hausaufgaben zugedacht ist als Teil der Erarbeitung des Themas (Zusammenfassung, Fortführung, Ausarbeitung, Vorbereitung eines neuen Themas) oder der Übung.

VII. Medien

Die Medien haben großen Einfluß auf die Gestaltung des Lernvorgangs. In der schriftlichen Planung des Unterrichts sollten die zur Verwendung vorgesehenen Medien genannt und, soweit erforderlich, beschrieben werden. So ist es zum Beispiel ratsam, zentrale Ergebnisse, die im Tafelbild in Gestalt einer Strukturskizze festgehalten werden sollen, anzugeben oder den Aufbau eines Versuchs zu beschreiben. Aufschlußreich ist es auch, die Funktionen der Medien bei der Gestaltung des Lernvorgangs zu erörtern (vgl. hierzu 4.45).

VIII. Strategien der Lernkontrolle

Eine Voraussetzung für erfolgreichen Unterricht ist, daß in jeder Phase des Lernvorgangs an den jeweils aktuellen Lernstand der Schüler angeknüpft wird. Dies für jeden Schüler zu realisieren, wird nur annäherungsweise möglich sein und auch nur dann, wenn der Lehrer sich stets intensiv darum bemüht. Bei der Planung des Unterrichts sollte daher das mögliche Instrumentarium der Lernkontrolle erwogen und bei der schriftlichen Darstellung des Plans beschrieben werden. Die Gelegenheiten zur Lernkontrolle sind auch zeitlich zu fixieren. In Frage kommen:

- Schülerbeiträge im Klassenunterricht
  Beiträge der Schüler zur Erarbeitung des Themas geben Auskunft über den jeweiligen Lernstand. Zu fordern ist, daß möglichst viele Schüler zu Wort kommen. Auf jeden Fall wird darauf zu achten sein, daß für eine bestimmte Leistungsstufe repräsentative Schüler in den verschiedenen Abschnitten des Lernvorgangs aktiv am Unterricht beteiligt werden. Wenn der Lehrer nur mit Schülern arbeitet, die sich melden, schöpft er nicht alle Möglichkeiten aus, über den jeweiligen Lernstand der Klasse informiert zu werden. Stille und zurückhaltende Schüler sind in den Unterricht einzubeziehen.
- Differenzierender Unterricht
  Gelegenheit zur Kontrolle des Lernstandes bieten auch Sozialformen, in denen differenzierender Unterricht möglich wird. Wenn die Schüler beispielsweise in einer Übungsphase des Unterrichts alleine für sich an den auf einem Arbeitsblatt bezeichneten Aufgaben arbeiten, bietet sich für den Lehrer Gelegenheit zu kontrollieren, in welchem Umfang die Aufgaben bewältigt werden können. Im Einzelgespräch läßt sich hier Hilfe und Lernstandskontrolle verbinden. Partnerarbeit und Gruppenarbeit bieten ähnliche Möglichkeiten.
- Hausaufgaben
  Auch die Ergebnisse der Hausaufgaben lassen in einem gewissen Umfang Rückschlüsse auf den Lernstand der Schüler zu. Da nicht alle Schüler ihre Hausaufgabe alleine erledigen, sind jedoch gewisse Vorbehalte zu machen. Möglichkeiten zur Lernkontrolle bieten alle Formen der Hausaufgaben (z.B. schriftliche Hausaufgaben, mündliche Schülerberichte, Zeichnungen, gebastelte Gegenstände).
- Klassenarbeiten
  Gute Möglichkeiten für eine relativ genaue Kontrolle des Lernstandes bieten informelle Tests in Form von Klassenarbeiten. Informelle Tests werden in größeren zeitlichen Abständen durchgeführt. Sie sind zwar für die Notenfindung von großer Bedeutung. Wegen ihrer relativen Seltenheit haben sie im Hinblick auf die fortlaufend notwendige Lernstandskontrolle nur eine ergänzende Funktion.

IX. Verlaufsplanung

Unterricht ist an vorgegebene Zeitraster gebunden. Innerhalb eines bestimmten Zeitabschnitts (Stunde oder Doppelstunde) muß der Unterricht zu einem gewissen Abschluß gelangen. Eine Unterrichtsstunde einfach irgendwie abbrechen zu müssen, beeinträchtigt oft den Lernerfolg. Zur Unterrichtsplanung gehört daher auch die Verlaufsplanung. Der Verlauf des Unterrichts wird so geplant, daß er in der zur Verfügung stehenden Zeit zum Abschluß gelangt.

Es ist zweckmäßig, die schriftliche Verlaufsplanung in eine tabellarische Form zu bringen (vgl. hierzu das Planungsbeispiel in 5.642). Das erhöht die Übersichtlichkeit. Die Verlaufsplanung enthält eine Zeitleiste. Die Abschnitte des Unterrichts werden ferner durch kurze Angaben zu zentralen Bereichen des Unterrichts (Ziele, Thema, Methode, Medien) charakterisiert. In den Spalten Lehrerverhalten und Schülerverhalten wird in Stichworten die vorgesehene Aktivität des Lehrers und das erwartete Schülerverhalten festgehalten. In die Spalte didaktischer Kommentar können Erläuterungen und Begründungen zu dem didaktischen Stellenwert der einzelnen Maßnahmen in kurzer Form eingetragen werden.

5.3 Vorbereitung und Organisation des Unterrichts

Der im Unterrichtsplan gedanklich vorweggenommene Unterricht muß durch die Tätigkeit von Lehrer und Schülern in die Tat umgesetzt werden. Damit dies möglich wird, sind vorbereitende und organisierende Maßnahmen zu treffen, welche die äußeren Voraussetzungen für die Durchführung des Unterrichts herstellen.

Was hier notwendig ist, soll an einem Beispiel erläutert werden. Soll im Unterricht eine Schulfernsehsendung eingesetzt werden, ist es sinnvoll, daß der Lehrer die Sendung schon kennt. Da die Sender Schulfernsehsendungen heute mehrfach ausstrahlen, wird der Lehrer versuchen, einen der Ausstrahlungstermine zu nutzen, die dem geplanten Einsatz der Sendung in der vorgesehenen Stunde vorangehen. Vielleicht schaut er sich die Stunde nur an. Falls ihm ein Videogerät zur Verfügung steht, wird er vielleicht die Sendung auf Videoband aufzeichnen. Steht ihm kein Videogerät zur Verfügung, wird er für den Einsatz der Sendung im Unterricht eine der Sendezeiten vorsehen müssen, die der Sender anbietet. Möglicherweise fällt keine der Sendezeiten in eine der Stunden, die ihm für sein Fach in der Klasse zur Verfügung stehen. Bleibt er bei seinem Plan, die Fernsehsendung zu verwenden, wird er sich um eine Absprache mit Kollegen über einen Tausch der Stunde bemühen. Der Lehrer muß ferner Vorsorge treffen, daß zu der vorgesehenen Zeit ein Fernsehgerät in der Klasse vorhanden ist. Ist die Sendung aufgezeichnet worden, muß er sich auch um ein Videogerät bemühen. Auch wegen der Bereitstellung der Geräte wird eine Absprache mit Kollegen erforderlich werden. Zu den Sendungen des Schulfernsehens gibt es vielfach didaktisches Begleitmaterial. Es ist teilweise für die Hand des Lehrers gedacht. Aber auch Arbeitsmaterial für die Schüler steht oft zur Verfügung. Auch hier werden vorbereitende Aktivitäten erforderlich. Das Material muß besorgt, durchgesehen und für den Gebrauch im Unterricht aufgearbeitet werden (z.B. Kopieren von Vorlagen für Arbeitsblätter).

Es wird deutlich, daß neben der gedanklichen Konstruktion des Unterrichts in Gestalt eines Plans zahlreiche praktische Vorkehrungen zu treffen sind. Hierzu noch einige Beispiele:

- Experimente müssen erprobt und vorbereitet werden.
- Die geeignete Aufstellung von technischen Geräten (z.B. Diaprojektor, Fernseher) muß erprobt werden, damit alle Schüler eine möglichst gute Sicht haben.
- Für bestimmte Unterrichtsformen geeignete Sitzordnungen sind herzurichten (z.B. U-Form oder Kreisform für das Unterrichtsgespräch, Anordnung der Tische für den Gruppenunterricht).
- Transportmöglichkeiten für Geräte sind sicherzustellen (z.B. fahrbares Gestell für den Transport von Fernseher und Videogerät).
- Arbeitsblätter und Textblätter sind herzustellen. Texte müssen beschafft werden.
- Eine Klassenarbeit ist zu entwerfen.
- Absprachen mit Kollegen über die Nutzung von Medien oder die Verlegung oder den Austausch von Stunden sind zu treffen.

5.4 Die nachgehende Unterrichtsanalyse - Nachbereitung

Gegenstand der nachgehenden oder nachbereitenden Unterrichtsanalyse ist der durchgeführte Unterricht. Die nachgehende Unterrichtsanalyse ist nicht als sich selbst genügende Nachbetrachtung einer Unterrichtsstunde zu verstehen. Fand die zu analysierende Stunde im Rahmen der Lehrerausbildung (Praktikum von Studierenden des Lehramtes, Probestunde im Verlauf des Referendariats) oder der Lehrerbeurteilung statt, so gibt die Analyse auch Auskunft über den Stand der Befähigung, Unterricht sachgemäß durchzuführen. Im Alltag des Lehrers dient die nachgehende Unterrichtsanalyse einerseits der Selbstkontrolle. Ihre Ergebnisse können andererseits in die Vorbereitung und Planung des anschließenden Unterrichts eingehen. Die nachgehende Analyse kann z.B. Fehleinschätzungen im Hinblick auf den Lernstand der Schüler, die Wirksamkeit von Methoden, den Schwierigkeitsgrad des Themas oder den geschätzten Zeitaufwand für die Erarbeitung aufdecken. Daraus können für die Fortführung des Unterrichts sachdienliche Folgerungen gezogen werden.

5.41 Bestandsaufnahme

Die Bestandsaufnahme stützt sich auf die durch Beobachtung gewonnenen Informationen über den durchgeführten Unterricht. Diese mögen schlicht als Gedächtnisinhalte oder objektiviert in dokumentarischer Form vorliegen (schriftliche Notizen, Tonaufzeichnungen, Videoaufzeichnungen). Die sich im Rahmen der Bestandsaufnahme bewegende Unterrichtsanalyse bedient sich der durch die Unterrichtstheorie bereitgestellten Kategorien.

- Sie sucht zu erfassen, wie der Unterricht tatsächlich abgelaufen ist. Es geht dabei nicht nur um die Abfolge der einzelnen Schritte, sondern auch um die Erfassung des zeitlichen Rahmens.

- Festzuhalten ist ferner, welches methodische und mediale Instrumentarium eingesetzt wurde. Es ist sinnvoll, auch schon darauf zu achten, ob Abweichungen zum Unterrichtsplan vorliegen.
- Auch das Lehrerverhalten ist in Augenschein zu nehmen. Welche Gesichtspunkte hier vor allem zu berücksichtigen sind, haben wir bei der Beschreibung des personalen Bedingungsfeldes des Unterrichts (vgl. 4.52) und der Kategorien zur Beurteilung des Lehrerverhaltens dargelegt (vgl. weiter hinten 7.1).
- Im Hinblick auf das Schülerverhalten ist unter anderem festzuhalten:
  - der in der Stunde sichtbar gewordene Leistungsstand
  - Arbeitshaltung / Mitarbeit
  - Disziplin
  - soziale Integration der Klasse
  - Kooperativität
  - auffälliges Verhalten einzelner Schüler (zum Schülerverhalten vgl. auch 7.3).

In der Bestandsaufnahme wird zunächst einmal der durchgeführte Unterricht in unterrichtstheoretisch relevanter Weise beschrieben. Er soll dadurch überschaubar und für den Zugriff unter speziellen Aspekten vorstrukturiert werden.

Wenn der Unterricht oder Teile des Unterrichts genau nach Plan abgelaufen sind, sollte in der Bestandsaufnahme nicht das bereits in der Planung Gesagte wiederholt werden. Man wird sich auf Abweichungen und Unerwartetes (z.B. nicht erwartete Schülerbeiträge) konzentrieren.

5.42 Ergebniskontrolle

Die Ergebniskontrolle vergleicht die Lernziele des Unterrichts mit dem tatsächlichen Lernerfolg. Es geht um die Frage, ob das Thema in der vorgesehenen Weise vollständig erarbeitet wurde und ob die Lernziele von allen Schülern der Klasse oder nur von einigen erreicht wurden. Festzuhalten ist auch, in welchem Umfang das Thema behandelt und die Lernziele erreicht wurden.

Die Ergebniskontrolle zielt auf die Ermittlung der Lernfortschritte der Schüler. Es geht noch nicht um die Bewertung des Erreichten, die zu der Frage weiterführen könnte, wie die Qualität des durchgeführten Unterrichts einzuschätzen ist.

5.43 Wirkungskontrolle

Ebenso wie die Ergebniskontrolle zielt auch die Wirkungskontrolle darauf ab, den durchgeführten Unterricht in der Nachbetrachtung durchschaubar zu machen. Es geht hier darum, die Wirkungen der eingesetzten Mittel (Methoden, Medien) zu erfassen. Im Rahmen der Wirkungskontrolle könnte beispielsweise der Frage nachgegangen werden, ob die eingesetzten Medien den gewünschten Erfolg zeitigten. Beispiel: In einer Biologiestunde verwendete die Lehrerin ein Foto, welches das Gesicht eines Kleinkindes zeigte. Sie nahm an, die Präsentation des Fotos werde die Schüler zur weitgehend selbständigen Erarbeitung der Merkmale des Kindchenschemas führen. Hier kann im Rahmen der Wirkungsanalyse die Frage aufgeworfen werden, ob die vermutete Wirkung tatsächlich eintrat.

5.44 Bewertung

Die Bewertung erstreckt sich in erster Linie auf die Lernergebnisse und die Wirkung der eingesetzten unterrichtlichen Verfahren. Es geht hier nicht nur um den bloßen Vergleich von Plan und Wirklichkeit. Vielmehr sollen die erzielten Ergebnisse des Unterrichts und die gewählten Verfahren auch beurteilt werden. Anknüpfend an Ergebnis- und Verfahrenskontrolle soll festgestellt werden, ob die einzelnen Bestandteile des Unterrichtsplans sich im Verlauf der versuchten Realisierung als tragfähig erwiesen haben oder ob Fehleinschätzungen vorlagen.

Eine nachgehende Bewertung von Planelementen ist auch dann nicht überflüssig, wenn der Unterricht insgesamt erfolgreich war. Es ist durchaus möglich, daß der Unterricht nur aufgrund nicht eingeplanter günstiger Begleitumstände und gelungener ad-hoc-Entscheidungen im Verlauf des Unterrichts zu einem guten Ende gebracht werden konnte. Das Aufdecken auch solcher Zusammenhänge ist sinnvoll.

Die auf Bewertung zielende Analyse wendet sich oft auch der speziellen Frage zu, wie die vom Lehrer erbrachte Leistung zu bewerten ist.

Die Bewertung des eigenen Unterrichts im Rahmen der Nachbesinnung ermöglicht es dem Lehrer, sich selbst Rechenschaft abzulegen über die Qualität des von ihm geplanten und auf der Grundlage des Plans durchgeführten Unterrichts. Aus diesem Vorgang wird sich manche förderliche Anregung ergeben.

Die Bewertung kann aber auch durch Dritte vorgenommen werden in der Absicht, zu einer Beurteilung der Fähigkeiten des Unterrichtenden zu gelangen. Das kann etwa im Schulpraktikum oder anläßlich einer Lehrprobe im Referendariat geschehen. Hier geht es um die Bestimmung des aktuellen Ausbildungsstandes.

Die Bewertung des Unterrichts unter dem Gesichtspunkt der Lehrerleistung kann sich auf alle Bereiche des Unterrichts erstrecken: die Ziele und Inhalte, die unterrichtlichen Verfahren und die Annahmen über Bedingungsfaktoren des Unterrichts. Die Gesichtspunkte, die hier zur Sprache kommen können, sind sehr vielfältig. Es kann unter anderem um folgende Fragen gehen:

- Waren die Ziele im Hinblick auf die zur Verfügung stehende Unterrichtszeit angemessen?
- Entsprach das Thema den individuellen Voraussetzungen der Schüler?
- Waren die Anleitungen des Lehrers für den vorgesehenen selbständigen Umgang der Schüler mit den Medien ausreichend?
- Waren die Mittel der Veranschaulichung optimal gewählt?
- Wurden Schüler unterschiedlichen Leistungsstands angemessen bei der Erarbeitung des Themas einbezogen?

Mit Hilfe von Fragen dieser Art soll überprüft werden, ob oder in welchem Umfang der geplante Unterricht 'richtig' war. Einerseits soll geklärt werden, ob die Ziele des Unterrichts unter den gegebenen Voraussetzungen angemessen waren. Andererseits ist zu ermitteln, ob die Prognosen über die Wirkung der in der Planung vorgesehenen Methoden und Medien der Wirklichkeit des Unterrichts entsprachen.

Bei der Bewertung des Lehrerverhaltens ist in Rechnung zu stellen, daß die Qualität der Planung und Durchführung des Unterrichts zwar wesentlich vom Lehrer abhängen, aber auch Faktoren benannt werden können, die er nicht zu verantworten hat.

Die Bewertung des Lehrerverhaltens kann unter vielerlei Gesichtspunkten erfolgen. Auf jeden Fall sollten die an früherer Stelle beschriebenen themenbezogenen, methodischen und medialen Fähigkeiten Gegenstand der Bewertung werden. Manche Merkmale des Lehrerverhaltens sind höchst persönlicher Natur (z.B. gestische oder mimische Eigenheiten) und teilweise kaum korrigierbar. Sie sollten, wenn tolerierbar, außerhalb der Beurteilung bleiben. Dort allerdings, wo durch Bemühungen Verbesserungen erreichbar sein dürften, sollten Züge des Lehrerverhaltens Gegenstand des informierenden und beratenden Gesprächs werden. Das dürfte beispielsweise sinnvoll sein im Bereich der sprachlichen Formulierung, der Lautstärke des Sprechens vor der Klasse, der Zuwendung zum Schüler (Freundlichkeit). Insgesamt bilden die an früherer Stelle beschriebenen Gesichtspunkte zur Beobachtung und Beurteilung des Lehrerverhaltens ein brauchbares Instrumentarium zur Feststellung der gegenwärtigen Qualifikation (vgl. hierzu 7.1).

5.45 Abweichungsanalyse

Die Abweichungsanalyse zielt auf die Ermittlung von Gründen für gegebenenfalls festgestellte Unterschiede zwischen Plan und Realisierung. Die Ergebnisse können möglicherweise für künftige Planungen fruchtbar gemacht werden. Als Gründe für Abweichungen zwischen Plan und tatsächlichem Unterricht kommen unterschiedliche Faktoren in Frage.

Sie sind einerseits bei den Personen zu suchen, die den Unterricht planen und durchführen. Abweichungen können darauf zurückzuführen sein, daß schon die vorbereitende Analyse, die der Prozeßplanung vorangeht, unvollständig oder fehlerhaft war. Sie können auch darin begründet sein, daß bei den im Unterrichtsverlauf notwendig werdenden ad-hoc-Anpassungen des Plans an eine unerwartete Situation Fehleinschätzungen auftreten (Holstein 1976, S. 102f.). Dieser Effekt kann mit der sogenannten "Komplexkapazität" des Lehrerverhaltens erklärt werden (Schorb/Louis 1975, S. 84 ff.). Sie besagt, daß der Lehrer zahlreiche Informationen über die vielschichtige Faktorenkomplexion, als die Unterricht aufzufassen ist, aufnehmen und verarbeiten sowie daraus Handlungsentwürfe herleiten muß. Das gelingt oft nur teilweise, so daß Fehleinschätzungen immer möglich sind.

Abweichungen sind aber auch auf Gegebenheiten zurückzuführen, die der Lehrer nicht beeinflussen kann. Unerwartete Schülerreaktionen und äußere Störungen können sich auf die Gestaltung des Unterrichts nachhaltig auswirken und die geplanten Lernprozesse vereiteln. Wenn man davon ausgeht, daß die selbstgelenkte Aktivität der Schüler ein wesentlicher Bestandteil des Lernens ist, wird verständlich, daß die Abweichungsanalyse nicht darauf aus sein kann, nach Möglichkeiten zu suchen, wie künftig spontanes und schwer kalkulierbares Schülerverhalten abgewehrt werden kann. Sie wird vielmehr auf die so weit wie möglich reichende Erkundung von Verhaltenstendenzen abzielen, die bei den Schülern der Klasse anzutreffen sind. Für die Unterrichtsplanung sind Wege aufzuspüren, welche die individuelle Spontaneität der Schüler in den Unterrichtsprozeß zu integrieren gestatten.

Abweichungen können auch von nicht vorhersehbaren Einflüssen verursacht werden, die auf die Schüler einwirken. Krankheit, Müdigkeit und Stimmungen können ebenso wie Voreingenommenheit aufgrund von Quellen, die für den Lehrer schwer überschaubar sind (Massenmedien, soziale Umwelt), die Durchführung des Unterrichtsentwurfs beeinträchtigen.

5.5 Genetischer Entwurf zur Unterrichtsplanung *(Jürgen Bennack)*

Jeder Punkt der Planung baut auf den vorangehenden auf. Die notwendige Bearbeitung der genannten Einzelpunkte unterscheidet sich nach bedenken (b), feststellen (f), gewährleisten (g) und entscheiden (e).

A) IDEE UND UMFELD (b)
1. Idee einer Stunde
   (Inhalte, Ziele, Planungsvorstellungen)
2. Schülersituation
   (Individuen, häusliches Milieu, schulisches M., Lernstand)
3. Vorgaben
   (Lehrpläne, Schülerwünsche und -interessen, gesellschaftliche Normen, Notwendigkeiten, z.B. Wiederholen etc.)
4. Lehrermöglichkeiten
   (persönlich, fachlich, Hilfen)
5. Schulbedingungen
   (Kooperation, bes. Möglichkeiten und Grenzen)

B) PLANUNG
1. Bedingungen (f)
   (konkrete Stde, s. A 2-5)
2. Stoffanalyse (b)
3. Methoden/Medien (b)
4. erreichbare Ziele (b)

C) ENTWURF
1. Stundenbeginn (e)
   (Aufhänger, Einstieg, Hinführung ...)
2. zu erreichende Ziele (e)
3. Einzelheiten, Teilziele, Lernstücke, -abschnitte (e)
4. Zuordnung von Methoden und Unterrichtsabschnitten (e)
5. Unterrichtsgesamtkonzept (b/e)
   (Nach Beginn, Einzelstücke mit Methoden und Zielen ordnen. Lernrhythmus mit An- und Entspannung; Stringenz, Harmonie, Spannungsbogen; Zeitliche Möglichkeit, Kontrollierbarkeit und Variabilität beachten)

D) DURCHFÜHRUNG
1. Voraussetzungen (g)
   (Medien, Kreide, Raum etc., aber auch Aufmerksamkeit)
2. Besonderheiten (f)
   (Probleme, wie Lautstärke, Unaufmerksamkeit, Zielerreichung, ...)
3. Hospitant (f)
   (Meinung Dritter)

E) NACHBESINNUNG
1. Stundenbeginn (b)
   (Reaktion, Verständnis, Interesse, Akzeptanz, ...?)
2. Zielerreichung (Ganz und Teil) (b)
   (Einschätzung mit Wirkung für Wiederholungen)
3. Methoden (b)
   (Einschätzung des Akzeptanz, Beliebtheit, des Erfolges, der Sachgemäßheit)
4. Unterrichtsgesamtkonzept (b)
   (Lernrhythmus mit An- und Entspannung; Stringenz, Harmonie, Spannungsbogen, Zeiteinteilung, Variabilität beachtet) (daraus: Fehler und Gelungenes)
5. Dokumentation (f)
   zu den Ergebnissen von D/2-3 und E/1-4 als Grundlage für spätere Planungen und Innovationen (A/2-5)

5.6 Planungsbeispiele *(Jürgen Bennack / Ingbert von Martial)*

5.61 Unterrichtsplanung im Fach Mathematik, Klasse 1

Name:	E.P.-M.
Schule:	Montessori-Gemeinschaftsschule K.
Klasse:	1 g
Fach:	Mathematik
Mentorin:	Frau Y.
Fachleiterin:	Frau Sch.
Datum:	Dienstag, 21.11.
Stunde:	4. Stunde, 10.45 - 11.30 Uhr
Thema der Stunde:	Einführung von Verknüpfungstafeln zur Übung der Addition und Subtraktion im Zahlenraum von 1 bis 20

1. Intentionen

1.1. Allgemeine Lernziele

1.1.1. Die Schüler sollen lernen zu argumentieren, indem sie
a. ihre Lösungen begründen, überprüfen und verteidigen, und eventuelle falsche Lösungen gegenseitig berichtigen,
b. begründen, warum bestimmten Feldern der Tabelle bestimmte Symbole zugeordnet werden.

1.1.2. Die Schüler sollen lernen, sich kreativ zu verhalten, indem sie
a. Lösungsmöglichkeiten mit strukturiertem Material auf Aufgabenstellungen höherer Abstraktionsstufen übertragen,
b. Lösungswege variieren, durch das Suchen reversibler Lösungswege zu den bekannten.

1.1.3. Fachspezifische Fähigkeiten des Klassifizierens und Ordnens sollen geübt werden, indem die Schüler strukturiertes Material nach den vorgegebenen Kriterien klassifizieren und in das eindeutig zugeordnete Tabellenfeld einordnen.

1.1.4. Wichtige Aufgabe in dieser Stunde ist das Analogisieren, das die Schüler trainieren sollen, indem sie
a. Arbeitsabläufe aus der Arbeit mit strukturiertem Material am Diagramm auf die Fragestellungen an einer Zahlenverknüpfungstafel übertragen,
b. indem sie zu einer Aufgabenstellung "Zustand - Operator - Zustand" die möglichen reversiblen Arbeitsaufträge finden.

Eine wichtige Aufgabe und Schwierigkeit dieser Stunde besteht darin, daß die Schüler mit einer sehr stark formalisierten Arbeitsanweisung umgehen müssen, um die rechnerischen Aufgaben losen zu können.

1.2. Lehr-Lernziele

1.2.1. Richtziel: Erkennen gemeinsamer Strukturen an variierten mathematischen Problemstellungen.

1.2.2. Grobziele:

a. Die Schüler sollen die Additions- und Subtraktionstafel kennenlernen.

b. Die Schüler sollen Addition und Subtraktion im Zahlenraum bis 20 üben, indem sie Zahlenverknüpfungen an der Zahlentafel durchführen.

1.2.3 Feinziele:

1.2.3.1. Überwiegend kognitive Dimension

a. Die Schüler sollen in einer ihnen bekannten Darstellung des Diagramms Fahrzeuge bestimmten Feldern zuordnen.

b. Die Schüler sollen analog zu dieser Situation Cuisenaire-Stäbe additiv verknüpfen und in die richtigen Tabellenfelder einordnen.

c. Die Schüler sollen das strukturierte Material durch Zahlen ersetzen, indem sie den Stäben Zahleigenschaften zuordnen und die Zahlenkärtchen in das richtige Feld heften.

d. Die Schüler sollen an allen drei Diagrammen reversible Formen der "Zustand - Operator - Zustand" - Aufgabe durchführen, indem sie

1. aus Zustand - Operator den Endzustand bestimmen, indem sie bei Kennzeichnung der linken Randspalte und der entsprechenden Spalte in der obersten Zeile das richtige Symbol in die richtigen Felder einheften,

2. aus Zustand - Zustand den Operator bestimmen, indem sie bei Kennzeichnung der Randspalte und eines Feldes den zugeordneten Operator nennen und die oberste Zeile einheften.

3. aus Operator - Endzustand den Eingabezustand bestimmen, indem sie bei vorgegebenem Operator (in der obersten Zeile) und Endzustand (Symbol in einem Feld der gleichen Spalte) den Ausgangszustand in die Randspalte einheften.

e. Die Schüler sollen das Gelernte zur Übung von Addition und Subtraktion im Zahlenraum bis 20 anwenden, indem sie die Arbeitsblätter möglichst selbständig bearbeiten.

1.2.3.2. *Überwiegend pragmatische Dimension*

Die Schüler sollen lernen, einfache Tabellen auszufüllen, indem sie die Schnittfelder zwischen Spalten und Zeilen einer Tabelle finden.

1.2.3.3. *Überwiegend emotionale Dimension*

a. Die Schüler sollen durch die Medien motiviert werden, sich für die Sachverhalte und die Lösung der Aufgaben zu interessieren.

b. Durch den Wechsel der Arbeitsformen soll das Interesse der Schüler am Unterrichtsgeschehen verstärkt und eine Ermüdung vermieden werden.

1.2.3.4. *Überwiegend soziale Dimension*

Die Schüler sollen ihre sozialen Fähigkeiten üben, indem sie

a. das Zuordnungsspiel als eine gemeinsame Aufgabe betrachten, bei dem sie sich gegenseitig helfen und sachlich diskutieren können,

b. im Halbkreis die gemeinsame Arbeit nicht stören,

c. im Halbkreis aufeinander Rücksicht nehmen und lernen, sich gegenseitig zu akzeptieren, und auf Fehler anderer Schüler sachlich zu reagieren.

2. Thematik

2.1. Einordnung der Stunde in den Zusammenhang

Im gegenwärtigen Mathematikunterricht der Klasse geht es um die Übung im Zahlenraum bis 20. Nachdem Aufbau, Ordnen und Gliedern der Zahlen durch Verdoppeln (Halbieren), Bildung von Nachfolgern und durch Bündeln durchgeführt sind, sollen die Schüler nun ihre Rechenfertigkeit in diesem Zahlenbereich üben. Diese Übungen sollen gemäß den Richtlinien möglichst an übergeordneten Fragestellungen orientiert sein. Aus diesem Grund soll heute die Zahlenverknüpfungstafel eingeführt werden, im weiteren Verlauf das Baumdiagramm (vgl. Winter-Ziegler) und das Rechnen mit Geld (Picker). Das Arbeiten mit diesen Darstellungsformen beinhaltet eine Wiederholung der Verknüpfungen + und - sowie der Beziehungen < und >.

Diese Möglichkeiten der immanenten Wiederholung und des Überlernens werden als Alternative zu der im Mathematikbuch der Klasse (Oehl-Palzkill) überwiegend angewandten Übungsform des 'Päckchenrechnens' gewählt.

2.2. Struktur des Gegenstandes

Verknüpfungstafeln lassen Verknüpfungen endlicher Mengen übersichtlich und vollständig darstellen. Neben Maschinendarstellungen bietet die Verknüpfungstafel die Möglichkeit einer Variation der Veranschaulichung der Operatorauffassung von Zahlverknüpfungen.

In der Verknüpfungstafel treten zwei Mengen auf:

1. Die Menge der Zahlenstreifen bzw. der Zahlen in der linken Randspalte. Diese sind als Definitionsbereich anzusehen.
2. Die Menge der Zahlenstreifen bzw. Zahlen in den Feldern. Jeweils die Felder einer Spalte werden als zugehöriger Bild- oder Zielbereich angesehen.

Wichtig ist, daß jeweils nur eine Spalte als Bildbereich dem Definitionsbereich zugeordnet ist. Damit wird der Definition des Operators entsprochen, als einer Zuordnung, durch die jedem Element des Definitionsbereichs eindeutig ein Element des Bildbereichs zugeordnet wird. Die Zuordnungsvorschrift "{∪ ❐}" bzw. " +x " steht jeweils in der obersten Zeile (vgl. Griesel, Die neue Mathematik, I, 1973).

2.3. Überlegungen in bezug auf die Schüler

Die Arbeit an Zahlentafeln verlangt von Schülern des 1. Schuljahres ein hohes Maß an formalem Denken. Für diese Klasse scheint es jedoch sinnvoll, diese Darstellungsform einzuführen, da die Schüler aus früherer Arbeit mit dem Diagramm wesentliche Vorkenntnisse mitbringen, und da noch in diesem Schuljahr die Hundertertafel eingeführt wird.

Da überdies einige Schüler, angeregt durch das 2. Schuljahr, in der 'Freien Arbeit schon seit längerem an der Hundertertafel arbeiten (seit kurzer Zeit versucht auch Beate die ihr bekannten Zahlen von 1 - 20 in die Tafel einzuordnen), kann man vermuten, daß diese Form der Darstellung bei den Kindern auf Interesse stößt. Über die rein schulische Relevanz dieser Darstellungsform aller möglichen Relationen hinaus kann eine Berechtigung zum Arbeiten mit Tafeln und Tabellen auch aus ihrer häufigen Anwendung im Alltag und der auch für den Mathematikunterricht geltenden Forderung nach praxisorientiertem Lernen hergeleitet werden.

3. Methode

Nach Piaget benötigen Kinder dieser Altersstufe den konkreten Umgang mit Gegenständen und selbstausgeführten Handlungen, um zu Erfahrungen und Erkenntnissen gelangen zu können.

Das in dem Stundenablauf auftretende handlungsorientierte Vorgehen ist als eine notwendige Maßnahme zur Einleitung konkreter mathematischer Denkformen eingeplant. Das Zuordnungsspiel am Diagramm soll dazu dienen, alle möglichen reversiblen Aufgabenstellungen im Spiel zu erfahren. Darum soll das Spiel nicht nur in der Form gespielt werden, daß die Schüler einzelne Fahrzeuge nehmen und sie auf das zugehörige Feld legen. Das Spiel soll mit solchen Fragestellungen gespielt werden, daß die Schüler zeigen können, daß sie das Fahrzeug aus dem in der linken Randspalte gegebenen Symbol und der zugehörigen Zuordnungsvorschrift bestimmen können, daß sie eine Zuordnungsvorschrift bestimmen können, wenn ihnen zwei Zustände bekannt sind, und daß sie den Definitionsbereich bestimmen können, wenn sie die Abbildung und den Operator kennen. Darum wird je ein Operator und je ein Element des Definitionsbereichs nicht vorgegeben, sondern im Spiel von den Schülern bestimmt (vgl. V. Hole).

Über das fachspezifische Anliegen hinaus, das Vorstellungsvermögen für eine nächste Abstraktionsebene vorzubereiten, soll das spielerische Handeln mit Material wesentlich dazu helfen, die Schüler für die Arbeit mit sehr stark formalisierten Darstellungsformen zu motivieren.

Das Vorhaben eines gestraffteren Einstiegs durch Zuordnen von Merkmalsklötzen in einem fertigen Diagramm wurde wieder aufgegeben, da über die Motivierung hinaus im Rahmen eines solchen Einstiegs die reversiblen Problemstellungen der nachfolgenden Aufgaben nicht miterarbeitet werden können.

Die anschließende Erarbeitung von Verknüpfungen mit Cuisenaire-Stäben wurde gewählt, da sie die Übertragung der an konkreten Gegenständen erfahrenen Möglichkeit der Verknüpfungen auf die Ebene symbolischer Darstellung schon durch die Struktur des Materials vorbereitet. Dieses Material läßt den Schülern die Möglichkeit, bildhaft einzelne Farbstreifen einander zuzuordnen, gibt aber danach auch die Möglichkeit den Zahlaspekt des Materials herauszuarbeiten, und die symbolische Darstellungsform von Verknüpfungstafeln direkt aus der gleichen Tabelle zu erarbeiten.

Die Schüler sollen über die Bearbeitung von drei Diagrammen im Halbkreis zu der selbständigen Bearbeitung einer Zahlenverknüpfungstafel geführt werden. Die Arbeit im Halbkreis ist verhältnismäßig lang, wird jedoch durch die Arbeit auf den unterschiedlichen Ebenen aufgelockert, und es kann mehrfach neu motiviert werden.

Für die Schüler neues Anschauungsmaterial könnte noch zuverlässiger motivieren, würde jedoch die Arbeitszeit verlängern und eventuell (durch Erklärungen und Diskussionen zum Material) von der Aufgabenstellung ablenken und könnte die Situation verwirren. Deshalb wird in der heutigen Stunde bewußt Material benutzt, das den Schülern vertraut ist. Neu soll nur die Darstellungsform sein.

Die Arbeitsblätter dienen der Festigung und Sicherung der gelernten Umgangsweise mit Verknüpfungstafeln, darüber hinaus aber im Sinne des stundenimmanenten Ziels, der Übung der Rechenfertigkeit im Zahlenraum bis 20.

Die Arbeitsblätter geben Möglichkeiten zur inneren Differenzierung. Das erste Blatt soll unbedingt von allen Schülern bearbeitet werden, wobei jedoch den leistungsschwächeren Schülern angeboten wird, Plättchen zu Hilfe zu nehmen, um die Aufgaben konkret legen zu können. Dieses Arbeitsblatt soll zeigen, ob die Kinder den Aufbau einer ganz einfachen Tabelle überhaupt verstanden haben. Das 2. Blatt ist umfangreicher und verlangt mehr an selbständiger Erarbeitung. Über das reine Ausfüllen der Tabellenfelder muß der Schüler hierbei die reversiblen Vorgehensweisen anwenden. Das 3. Blatt ist nicht für alle Kinder gedacht, sondern nur für besonders leistungsstarke Schüler, die hier versuchen können, durch Anwendung alles in der Stunde Gelernten aus einem Minimum von Angaben eine ganze Verknüpfungstafel fertigzustellen.

Zur Bearbeitung von Arbeitsblättern in Einzelarbeit gibt es gute Alternativen durch Partnerarbeit. Allein aus Zeitgründen scheint eine Partnerarbeit in dieser Stunde nicht mehr angebracht. Die Kommunikation wird in dieser Phase wesentlich darauf beschränkt, daß die Tischnachbarn ihre Ergebnisse miteinander vergleichen.

Verlaufsplanung: Mathemathik, Klasse 1

Phase/ Zeit	Lehrerverhalten	Schülerverhalten	Arbeits- und Sozialverh. /Medien	Didaktisch-methodischer Kommentar
Motivation + Problem-findung + 1. Erarbeitung 8 Min.	Impuls: Lehrer klappt das Karnaugh-Diagramm auf dem Boden vor den Schülern auf. Lehrerfragen nach dem Bildbereich, der Zuordnungsvorschrift und dem Definitionsbereich.	Schüler äußern sich spontan und beginnen mit der Zuordnung der Fahrzeuge zu den einzelnen Feldern. Schüler füllen das Diagramm vollständig aus.	fragend erarbeitender Unterricht im Halbkreis Diagramm + Fahrzeug	Das Spiel wird vom Lehrer häufig unterbrochen, da erfahrungsgemäß die Schüler die Aufgabe leicht mechanisch lösen und ihre Lösungen nicht erklären. Das soll durch das Eingreifen verhindert werden und den Schülern die Möglichkeit reversibler Vorgehensweisen zeigen.
2. Erarbeitung 12 Min.	Lehrer heftet das fertige Diagramm an die Tafel. Beim Aufklappen der Tafel 2. Impuls: Verknüpfungstabelle mit Cuisenairestäben. Lehrerfragen (siehe Kommentar)	Schüler sagen, daß auch hier wieder die leeren Felder ausgefüllt werden müssen. Schüler finden die Problemstellung und Möglichkeiten der Lösung selbständig und ordnen die fehlenden Streifen in die Tabelle ein.	Diagramm Verknüpfungstabelle an der Tafel + + Cuisenairestreifen	Auch in dieser Phase wird die Arbeit der Schüler vom Lehrer unterbrochen, um bei den verschiedenen Fragestellungen auf den parallelen Arbeitsgang am Diagramm hinzuweisen, um die Schüler dahin zu lenken, ihre Entscheidungen zu begründen und um leistungsschwächere Schüler in die Arbeit einzubeziehen.
3. Erarbeitung 15 Min.	3. Impuls: Lehrer klappt Tafel mit Zahlenkärtchen auf. Gibt eventuell Hinweis, daß die Zahlenkärtchen in der gleichen Tabelle benutzt werden sollen.	Schüler nennen die Möglichkeit den Cuisenairestreifen Zahleigenschaften und die entsprechenden Zahlkärt-chen zuzuordnen. Schüler ordnen die Zahlenkärtchen in die Tabelle ein.	Verknüpfungstabelle an der Tafel + Cuisenairestreifen + Zahlenkärtchen	Auch dieser Zuordnungsvorgang soll durch Eingreifen des Lehrers die reversiblen Vorgehensweisen zeigen. Die Zahlen sind im Einer-Bereich gewählt, da in diesem Bereich die Anwendung der Cuisenairestäbe sinnvoller ist als im Bereich über 10, und da die Schüler zuerst die Problemstellungen der Verknüpfungstabelle kennenlernen sollen, bevor sie in dieser Schreibweise auch rechnerisch schwierige Aufgaben lösen sollen.
Vertiefung 10 Min.	Lehrer gibt Arbeitsanweisungen zum Bearbeiten der Arbeitsblätter, gibt Einzelhilfen.	Schüler arbeiten an den Arbeitsblättern, überprüfen ihre Ergebnisse gemeinsam mit dem Nachbarn.	Einzelarbeit Arbeitsblätter (+ Plättchen)	Schüler dürfen einander helfen. Ich habe die Erfahrung gemacht, daß eine Kontrolle am Tageslichtprojektor die Kinder sehr stark zum Mitdenken anregt. Da aber dieses Medium für die Schüler sehr neu ist, und ausnahmslos alle Schüler auf die Folie schreiben möchten, erfordert der Tageslichtprojektor sehr viel mehr Zeit als in dieser Stunde zur Verfügung steht. Deshalb wird heute auf diese sehr positive Form der Kontrolle verzichtet.

(1) ***Wir suchen das richtige Feld!***

	+1	+2	+3
10	11		13
11		13	
12			

(13) (12) (14) (15) (12) (14)

(2) ***Findest du für alles das richtige Feld?***

	-1			-4
4		2		
14			11	
	4		2	
15			12	
6		4		
		14		12

(5) (3) (13) (10) (-2) (13) (3) (-3) (11) (3) (16) (1) (12) (1) (13) (15) (14) (5) (0) (2)

(3) ☼ *für schlaue Füchse*

Man kann alle Felder ausfüllen. Versuche es einmal!

	+3				+5	-5
10		7				
	14					
12				8		
						8
14			18			
15						

(Krichbaum et al. 1975, S. 99ff.)

5.62 Unterrichtsplanung im Fach Deutsch, Klasse 5

Fach:	Deutsch
Lehrer:	J.R.
Klasse:	5. Schuljahr 36 Schüler, 20 Mädchen, 16 Jungen
Datum und Zeit:	17. November 7.40 Uhr (1. Unterrichtsstunde)
Unterrichtseinheit:	Beschreibungen
Stundenthema:	Beschreibung einer Photographie (weinendes Kind)
Unterrichtsziel:	Die Schüler fertigen auf Grund einer Wortsammlung die Beschreibung eines photographierten Kinderkopfes an (Eventualziel: Einigen Schülern gelingt es, auf Grund gehörter Beschreibungen Kriterien für Beschreibungen zu nennen)
Unterrichtsmittel:	1. Photographie (Kopf eines weinenden Mädchens) 2. Wandtafel

Tafelbild

Worauf wir bei der Beschreibung eines Bildes achten müssen: [Kriterien]	[BILD]	1. Bitte sammelt wichtige Wörter, die zum Bild gehören! 2. Schreibt genau auf, was auf dem Bild zu sehen ist (Sätze! Gefundene Wörter benutzen!)	Subst. | Verb. | Adj. [in Wirklichkeit ausgeschrieben]

[...] = nicht im wirklichen Tafelbild enthaltene Erläuterungen

A. VORBESINNUNG

1. Sachliche Überlegungen

Eine Beschreibung ist die "genaue Erfassung eines Gegenstandes" in schriftlicher Form. Sie gehört nach H. Helmers zu einer Übungsform des Sachberichtes, dem Beobachtungsaufsatz. Es gilt hier, "bei dem äußeren Organ des Erlebens, der Wahrnehmung, von Anfang an die allzu subjektiven Faktoren auszuschalten" (Helmers H.: Didaktik der deutschen Sprache. Stuttgart 7. Aufl. 1972, S. 233). Zwar fordert jeder Impuls zum Schreiben das Denken *und* das Fühlen heraus, doch muß bei Beschreibungen die rationale Seite der Sprache überwiegen. Daher hat auch der Inhalt des

Bildes, das den Schülern zur Beschreibung dargeboten werden soll, lediglich methodische Bedeutung.

2. *Vorüberlegungen zur Klasse*

In diesem 5. Schuljahr, dessen gesamte Schüler in N. wohnen, gebe ich seit Beginn des Schuljahres gemeinsam mit der von mir betreuten Lehramtsanwärterin den gesamten Deutschunterricht. Die Beteiligung und die Aufmerksamkeit der Schüler sind gut. Oft fällt es ihnen allerdings noch schwer, "bei der Sache zu bleiben". Daher sind vor allem bei Unterrichtsgesprächen Eingriffe des Lehrers öfter als wünschenswert nötig. Zur Zeit sind drei ausländische Kinder in der Klasse. Brigitte (Holländerin) und Jasmin (Türkin) leben seit ihrer Geburt bzw. seit frühester Jugend in Deutschland; sie beherrschen die deutsche Sprache altersgemäß in Wort und Schrift. Lediglich Angela (Italienerin) spricht zwar gut - wenn auch mit relativ geringem Wortschatz deutsch, schreiben aber kann sie noch sehr wenig. Die einzelnen Buchstaben beherrscht sie, gehörte oder gedachte Wörter jedoch kann sie kaum in Schrift umsetzen (gleichgültig ob deutsche oder italienische Wörter!). Immerhin hat sie, besonders durch Partnerhilfe, stets Fortschritte gemacht, so daß sie vor einigen Tagen sogar einen kleinen Aufsatz mit nur geringer Hilfe zustande brachte. Häufig begehen Hildegard, Frank und Hans-Georg grammatikalische Regelverstöße, insbesondere bei mündlichen Beiträgen. Die Ursache ist bei allen dreien eine starke Dialektverhaftung (Hildegard und Frank sind Rheinländer, Hans-Georg stammt aus dem Ruhrgebiet). Besonders schwerwiegende Irrtümer versuche ich, mit der gebotenen Zurückhaltung zu berichten. Dem für diese Stunde geplanten Unterricht kommen die beginnende Entwicklung der Abstraktionsfähigkeit (notwendig für das Finden von Kriterien), das Vorherrschen verstandesgemäßer Überlegungen (Beschreibungen fordern Sachlichkeit!) und die Sammelfreude (Wortsammlung) zugute.

3. *Didaktische Vorüberlegungen*

Bildbeschreibungen gehören, gemäß den Richtlinien, zum Stoff des 5. und 6. Schuljahres. Sie dienen der Beobachtungsschulung aber auch der sprachlichen Bereicherung der Schüler. Von daher haben Beschreibungen allgemein und Beschreibungen von Bildern insbesondere ihre schulische Berechtigung. Innerhalb des Lehrplans "Schreiben" als Teil des Deutschunterrichts folgen Beschreibungen, an deren Beginn die hier vorbereitete Stunde steht, den Phantasieerzählungen und gehen dem Bericht voran. Diese Abfolge weist bewußt steigende Schwierigkeit und vermehrte Sachlichkeit auf.

4. *Methodische Vorüberlegungen*

Das dargebotene Bild soll für die Schüler eine Sprechsituation schaffen. Von seinem Inhalt her darf man vermuten, daß es genügend Aufforderungscharakter für die Schüler besitzt. Den zunächst spontanen und freien Äußerungen der Schüler folgt eine an die Tafel geschriebene Arbeitsanweisung des Lehrers, für das Bild wichtige Substantive, Verben und Adjektive in Rubriken zu schreiben. Die Absicht dieser Wortsammlung an der Tafel ist es, den Schülern Material für die später zu erstellende Beschreibung des Bildes bereitzustellen. Zudem kommt diese Aufgabe als Übung zur Wortlehre dem Sprachlehreunterricht zugute . Das Bild wurde bewußt so ausgewählt, daß es relativ wenig Informationen besitzt, so daß die hier angesprochene Unterrichtsphase nicht allzusehr ausgedehnt wird, denn es handelt sich nur um einen Teil der Stunde; die Ziele der Stunde weisen in eine andere Richtung. Im übrigen ermöglicht die Aufgabenstellung bei einem Sachbericht dann die übersichtliche und "die objektive Beobachtung, indem sie erstens recht kleine Weltausschnitte betrachten läßt und zweitens die Reproduktion durch technische Mittel dazwischenschaltet" (Helmers, H. a.a.O. S. 233).

Von den Schülern werden vermutlich gefunden,

die Substantive:	Kind, (verschiedene Teile des Kopfes, von denen aber nur wichtig sind:) Haar, Mund, Augen, Regen, (Tränen? Schweiß?)
die Verben:	weinen, schreien (andere Verben unterliegen Mutmaßungen)
die Adjektive:	verzweifelt, ängstlich (u.ä.), geöffnet (Mund), naß (Haar), fremd (Kind) laut (?) (Kind) (nicht wichtig z.B. weiß, schwarz, grau als Farben auf dem Bild).

Diese Wortsammlung fordert die von der Sache her notwendige Beschränkung auf eindeutige Aussagen. Vermutungen haben nur dann Raum, wenn sie nach eingehender Begründung wahrscheinlich sind. Mit Hilfe der gefundenen Wörter wird nun in Stillarbeit auf einem Blatt das Bild beschrieben. Sie sollten so schreiben, wird den Schülern gesagt, daß die Eltern das Bild deutlich vor sich sähen, wenn sie die Beschreibungen lesen würden.

Einige Schüler, die in den beiden bisher geschriebenen Aufsätzen Mängel in größerem Umfange zeigten, versuchen zunächst vor der schriftlichen Beschreibung mit Hilfe des Lehrers eine mündliche Beschreibung des Bildes. Auf diese Weise wird ihnen die Arbeit erleichtert.

Für Schüler, die frühzeitig mit ihrer Beschreibung fertig sind, ist als Zusatzaufgabe und Überlegung vorgesehen, über das Vorher und das Nachher zum Bilde nachzudenken. Nach der Stillarbeit werden die Ergebnisse der Schülereinzelarbeiten zusammengetragen. Einige Schüler mit bisher guten Deutsch-Ergebnissen und einige mit schwächeren Leistungen werden um das Vorlesen ihrer Beschreibungen gebeten. Es sollen nun Kriterien für gute Beschreibungen von Bildern herausgearbeitet werden. Diese Klärung vollzieht sich innerhalb eines Unterrichtsgespräches, das wahrscheinlich wegen der schwierigen Materie der stärkeren Führung des Lehrers als sonst bedarf.

Beschreibungen sollten folgende Kriterien aufweisen: Genau hinschauen! Nur Erkennbares schreiben! Alles Wichtige erfassen! Den richtigen Ausdruck suchen!

Damit den Schülern klarer wird, inwiefern eine Beschreibung sich von beispielsweise einer Phantasieerzählung unterscheidet, wird zum Schluß der Stunde den sachlichen Beschreibungen die Spekulation über die Vor- und Nachgeschichte zum Bild gegenübergestellt. Durch diese Konfrontation mit beiden Arten schriftlicher Äußerungen mögen den Schülern die besonderen Wesensmerkmale von Beschreibungen noch einmal besonders deutlich werden.

Die Vor- und Nachgeschichte zu einem Bild gehört ins 7. Schuljahr. Nun wird das Gebiet hier nur angedeutet und nicht ausführlich behandelt. Der Vorgriff ist daher sicher erlaubt (Prinzip der produktiven Reste).

Die Hausaufgabe besteht in der Überarbeitung der Beschreibungen und in der Reinschrift ins Hausheft.

B. GEPLANTER STUNDENVERLAUF

1. Einstieg	(Sitzordnung: Halbkreis) Die Photographie eines leidenden Kindes wird an der Tafel sichtbar. Die Schüler äußern sich frei zum Bild.
2. Erarbeitung	(1) Arbeitsanweisung (an der Tafel nun aufgedeckt): "Bitte sammelt wichtige Wörter, die zum Bild gehören!" (entsprechende Rubrik wurde ebenfalls vorgezeichnet) Die Schüler schreiben gewünschte Wörter geordnet an die Tafel.
3. Erarbeitung	(2) (Sitzordnung: Gruppentische) (Während die Schüler sich umsetzen, schreibt der Lehrer die nächste Arbeitsanweisung an die Tafel!) Gruppe A/B: Stillarbeit Arbeitsanweisung: "Schreibt genau auf, was auf dem Bild zu sehen ist! (Sätze! Gefundene Wörter benutzen!)" Gruppe C: a) mündliche Bildbeschreibung (im Halbkreis b) Stillarbeit (vgl. Gruppe A/B) Schüler, die fertig sind, dürfen sich überlegen, was vor und nach dem Photo geschehen sein mag.
4. Klärung	(Sitzordnung: Halbkreis) (Während sich die Schüler umsetzen, schreibt der Lehrer eine Arbeitsanweisung an die Tafel) Arbeitsanweisung: "Worauf wir bei der Beschreibung eines Bildes achten müssen:" Die Schüler lesen einige Beschreibungen vor und beurteilen sie kritisch (Blick zum Bild!). Kriterien für Beschreibungen werden gefunden.
5. Ergebnissicherung	(1) Impuls: "Sicher ist doch vor der Aufnahme und auch danach etwas geschehen!" Die Schüler äußern Vermutungen. Impuls: "Warum schreibt ihr wohl alle fast das Gleiche, wenn ihr von dem Bild berichtet und weshalb gibt es verschiedene Meinungen, wenn es um die Vor- und Nachgeschichte zum Bilde geht?" Die Schülerantworten wiederholen noch einmal wichtige Kriterien einer Beschreibung.

6. Ergebnissicherung	(2) Hausaufgaben: Die Schüler schreiben in der Stunde die Kriterien ab, überarbeiten zu Hause ihre Beschreibung und tragen sie dann sauber ins Hausheft ein. (Achten auf Merkpunkte!)

5.63 Unterrichtsplanung im Fach Latein mit Nachbereitung, Klasse 9

Vorbemerkung:

Bei der Unterrichtsstunde, deren schriftliche Planung ich hier vorlege, handelt es sich um die dritte von drei aufeinanderfolgenden Unterrichtsstunden, die ich selbständig konzipiert und durchgeführt habe.

I. Allgemeine Angaben

Klasse:	9b
Fach:	Latein
Thema der Stunde:	Caesar, Bellum Gallicum I,18,7-9a, Einführung des Supinum I
Lehrer:	OStR Sp. (Mentor) Thomas R. (Praktikant)
Schule:	Stiftisches Gymnasium Düren
Schuljahr:	1991/92
Datum:	Freitag, 13. März 1992
Stunde:	1. Stunde (7.50 - 8.35 Uhr)

II. Die Klasse

II.1 Zusammensetzung der Klasse

Die Klasse besteht aus insgesamt 21 Schülern (14 Mädchen und 7 Jungen).

II.2 Disziplin und Arbeitshaltung

Die Klasse ist stets äußerst diszipliniert. Auch die Arbeitshaltung ist zufriedenstellend: Die Mitarbeit der einzelnen Schüler ist zwar unterschiedlich, im allgemeinen aber recht lebhaft. Auffallend ist, daß der (von der Tafel aus gesehen) linke Teil der Klasse[1] meist einen höheren Aktivierungsgrad zeigt als der rechte Teil. Diese von mir gemachten Beobachtungen wurden vom Lehrer der Klasse weitgehend bestätigt.

II.3 Leistungsanspruch der Klasse

In der Klasse findet sich eine Anzahl guter Schüler (etwa 5-6), von denen jedoch niemand als deutlich herausragend zu bezeichnen wäre. Der größte Teil der Klasse entspricht einem durchschnittlichen Leistungsniveau. Einige wenige Schüler (2-3) haben Schwierigkeiten, diesem Leistungsniveau gerecht zu werden. Sie verdie-

1. Sitzordnung der Klasse: drei Reihen in Blickrichtung Tafel, jeweils unterbrochen durch den Mittelgang

nen besondere Förderung und Rücksichtnahme, um ihnen den Anschluß an den durchschnittlichen Leistungsstand der Klasse zu ermöglichen.

II.4 Lernstand der Klasse im Lateinunterricht

Die Klasse befindet sich im 5. Jahr des Lateinunterrichts (Latein ab Klasse 5). Mit dem Ende des 4. Jahres ist die Lehrbuchphase abgeschlossen worden, wobei jedoch einige Lektionen aus dem 2. Band des benutzten Lehrbuches[2] nicht mehr behandelt wurden. Die daher nicht mehr in der Lehrbuchphase behandelten grammatischen Themen sind bereits (z.B. oratio obliqua, Zahlwörter u.a.) oder müssen noch (z.B. Supina) anhand der ausgewählten Lektüre (Caesar, BG, 1. Buch) behandelt werden. Diese Situation hat bewirkt, daß das Lektürepensum bisher relativ niedrig war, mit der Zeit aber forciert werden kann. Dennoch sind die Schüler in die behandelte Lektüre gut eingelesen. Die Arbeit mit dem Lexikon als einzigem Hilfsmittel ist gut eingeübt, bedarf aber noch der Hilfestellung und Intensivierung.

III. Besonderheiten der Situation

Da der geplante Unterricht in der ersten Stunde stattfinden soll, ist bei den Schülern mit einer guten Konzentrationsleistung zu rechnen.

IV. Thema

IV.1 Thema der Unterrichtseinheit

Das Thema der Unterrichtseinheit, die den größten Teil des Schuljahres umfaßt, lautet: "Einführung in den Umgang mit größeren Abschnitten lateinischer Originaltexte am Beispiel des 1. Buches von Caesars Bellum Gallicum."[3] Diese Unterrichtseinheit bildet die Grundlage für den gesamten sich anschließenden Lektüreunterricht.

IV.11 Aufbau und Aspekte des Themas

IV.111 Formale Aspekte des Themas

- Wiederholung, Erweiterung und Vertiefung des bisher erworbenen Grades an Sprachwissen (v.a. Grammatik, Stilistik, Wortkunde)[4]
- Vertiefung der Anwendung von Satzerschließungsmethoden[5]
- Vertiefung der Anwendung von Übersetzungstechniken[6]
- Einführung in den Gebrauch des Lexikons[7]
- Einführung in die Interpretationstechnik[8]

---

2. ars latina 1 und 2, Verlag Ferdinand Schöningh, Paderborn
3. vgl. Richtlinien S.47 u. 55
4. vgl. Richtlinien S. 47 (1.)
5. vgl. Richtlinien S. 47/48 (3.2)
6. vgl. Richtlinien S. 47 (1.2)
7. vgl. Richtlinien S. 48 (3.5.1)
8. vgl. Richtlinien S. 48 (3.4)

IV.112 Inhaltliche Aspekte des Themas

- Caesars Bellum Gallicum als Versuch der Selbstrechtfertigung römischer Machtpolitik
- Caesars Bellum Gallicum als außergewöhnliche Quelle für das weltpolitisch bedeutsame Ereignis der Unterwerfung Galliens
- Caesars Bellum Gallicum als Quelle für Denken und Handeln, Lebensart und Sozialgefüge der Kelten
- Caesars Bellum Gallicum als Quelle für Organisation und Verwaltung des Römischen Reiches
- Caesars Bellum Gallicum als Spiegel für Caesars geniale Persönlichkeit
- Caesars Bellum Gallicum als Sonderform römischer Geschichtsschreibung
- Caesars Bellum Gallicum als sprachliches Kunstwerk[9]

IV.12 Die Bedeutung des Themas als Bildungsinhalt

Die "Vorläufigen Richtlinien und Lehrpläne für das Gymnasium -Sekundarstufe I - in Nordrhein Westfalen Latein" sehen als Einstiegslektüre für den Lektüreunterricht in Klasse 9 Caesars Bellum Gallicum vor[10]. Die Entscheidung für dieses Werk ist nicht unumstritten. Dennoch ergibt sich insbesondere im Hinblick auf die vermittelbaren Bildungungsinhalte eine Reihe von Vorteilen:

In der ersten Phase des Lektüreunterrichts liegt der Schwerpunkt naturgemäß noch auf der sprachlichen Erfassung der ausgewählten Passagen. Caesars Bellum Gallicum entspricht bei der Auswahl geeigneter Abschnitte einem vergleichsweise niedrigen sprachlichen Schwierigkeitsgrad. Darüber hinaus wird der inhaltliche Zugang dadurch erleichtert, daß die Schrift fast ausschließlich handlungsbezogene Inhalte aufweist. So ist es ohne weiteres möglich, die inhaltliche Erarbeitung und Interpretation hinter einer intensiven sprachlichen Erfassung der behandelten Abschnitte zurücktreten zu lassen.

Ein Schwerpunkt des Themas der Unterrichtsreihe liegt daher in der Erweiterung und Festigung der Sprachkompetenz. Dabei sind durch die ständig notwendige Auseinandersetzung mit dem Deutschen auch positive Auswirkungen auf die muttersprachliche Sprachkompetenz zu erwarten.

Die zentrale Bedeutung der inhaltlichen Erarbeitung von Caesars Bellum Gallicum liegt in der kritischen Auseinandersetzung mit römischem Denken und Handeln, römischer Kultur und römischer Geschichte[11]. Dabei läßt sich eine Vielzahl von Aspekten nennen, die auch einen hohen allgemeinbildenden Wert besitzen: die Person Caesars, der römische Imperialismus, Organisation und Verwaltung des Römischen Reiches, römische Literatur usw. Neben der Auseinandersetzung mit dem Römertum läßt gerade die Lektüre von Caesars Bellum Gallicum auch die Beschäftigung mit der Eigenart keltischer Kultur und Lebensart zu[12].

---

9. Richtlinien, S. 55
10. Richtlinien, S. 53 (2.2), S. 55ff.
11. vgl. Richtlinien, S. 49 (4.)
12. Richtlinien, S. 55 (2.)

Schließlich liegt der Bildungswert des Themas auch in der Möglichkeit der Sensibilisierung für eine Reihe politischer Grundprobleme, wie z.B. Macht und Recht, Freiheitswille, Schicksal von Grenzvölkern, Krieg, Sieger und Besiegte usw.[13]

IV.2 Thema der Unterrichtsstunde

Das Thema der Unterrichtsstunde lautet wie folgt:

1. Gründliche grammatische und stilistische Erklärung sowie präzise Übersetzung von Caesar BG I,18,7-9a
2. Einführung des Supinum I

IV.21 Aufbau des Themas

Der Aufbau des Themas ist durch die Abfolge des Textes bestimmt. Die Erarbeitung erfolgt in überschaubaren Satzeinheiten oder Satzstücken. Folgende inhaltliche Elemente sind im besonderen zu nennen:

- wortkundliche Besonderheiten
- grammatische Schwierigkeiten und Besonderheiten
- stilistische Besonderheiten
- Verständnisschwierigkeiten und Interpretation
- Übersetzung.

Bei der Erarbeitung von BG I,18,7 wird exkursartig das den Schülern noch nicht bekannte Supinum I eingeführt. Dabei werden vor allem folgende Punkte behandelt:

- sprachgeschichtliche Erklärung
- Verwendung
- grammatische Besonderheiten (z.B. Konstruktion mit Objekt)
- Sinn und Übersetzung.

Da mit der Einführung des Supinums ein grammatisches Thema den Schwerpunkt bildet und - wie unter IV.12 begründet - in dieser Phase des Lektüreunterrichts die sprachliche Erarbeitung des Textes im Vordergrund steht, werden in dieser Stunde inhaltliche Aspekte des Themas nur zur Sprache kommen können, wenn sie von den Schülern angesprochen werden.

IV.22 Stellung des Themas in der Unterrichtseinheit

Das Thema der Unterrichtsstunde knüpft unmittelbar an das Thema der vorhergehenden Stunde (BG I18,3b-6) an. Um die Anknüpfung zu erleichtern, wird zu Beginn der Stunde in einer kurzen Wiederholungsphase auf einige Besonderheiten in I,18,6 (Lexikographie, Stilistik) eingegangen. Im weiteren Verlauf der Unterrichtseinheit wird die Lektüre des 1. Buches des Bellum Gallicum fortgesetzt. In der auf diese Unterrichtseinheit folgenden Stunde soll das 18. Kapitel abgeschlossen werden. Am Ende der Bearbeitung des 18. Kapitels soll eine zusammenfassende inhaltliche Erörterung stehen, die in der hier vorbereiteten Stunde ausgespart bleibt. Dabei sollen folgende Aspekte zur Sprache kommen:

- Caesars diplomatisches Geschick und juristische Sorgfalt, die insbesondere in

13. Richtlinien, S. 56 (5.)

seinen dezenten Erkundigungen bei Liscus zum Ausdruck kommen[14]

- Charakterisierung des Dumnorix in der Rede des Liscus, vor allem seine Stellung innerhalb des Stammes der Häduer, seine Politik der Einflußsicherung durch Bestechung und "Heiratspolitik", sein Verhältnis zu Caesar und den Römern, seine Ziele
- evtl. Vergleich Dumnorix/Caesar[15].

V. Ziele

V.1 Ziele der Unterrichtseinheit (*Grobziele*)

- Die Schüler sollen die behandelten Abschnitte aus Caesars Bellum Gallicum fehlerfrei und gut übersetzen können.
- Sie sollen die sprachlichen Schwierigkeiten des Textes erkennen und erklären können.
- Sie sollen über vertiefte Kenntnisse der bereits bekannten sprachlichen Phänomene (Grammatik, Stilistik, Wortkunde) verfügen[16].
- Sie sollen bisher noch unbekannte sprachliche Phänomene (z.B. oratio obliqua, verschiedene Nebensatzarten, Supina, verschiedene Stilfiguren) kennen.
- Sie sollen Satzerschließungsmethoden anwenden können[17].
- Sie sollen das Lexikon sinnvoll einsetzen können[18].
- Sie sollen über Grundkenntnisse in der Interpretationstechnik verfügen[19].
- Sie sollen die wesentlichen Inhalte der behandelten Abschnitte aus Caesars Bellum Gallicum kennen.
- Sie sollen die wichtigsten Fakten (Hintergründe, Verlauf und Auswirkungen) der Unterwerfung Galliens kennen[20].
- Sie sollen die Grundzüge und Problematik römischer Machtpolitik kennen[21].
- Sie sollen über grundlegende Kenntnisse bezüglich Denken und Handeln, Lebensart und Sozialgefüge der Kelten verfügen.
- Sie sollen über grundlegende Kenntnisse bezüglich der Organisation und Verwaltung des Römischen Reiches verfügen.
- Sie sollen die Grundzüge und Probleme der Persönlichkeit Caesars kennen.
- Sie sollen die Eigenart von Caesars Bellum Gallicum als Sonderform römischer Geschichtsschreibung kennen.
- Sie sollen Caesars Bellum Gallicum als sprachliches Kunstwerk verstehen[22].

---

14. vgl. Glücklich, S. 67; Richtlinien Latein, S. 55 (3.)
15. Glücklich 1972, S. 66f.
16. Richtlinien Latein, S. 47 (1.)
17. Richtlinien Latein, S. 47f. (3.2)
18. Richtlinien Latein, S. 48 (3.5.1)
19. Richtlinien Latein, S. 48 (3.4)
20. Richtlinien Latein, S. 55 (2.)
21. Richtlinien Latein, S. 55f.
22. Richtlinien Latein, S. 55

V.2 Ziele der Stunde

V.21 Grobziele

- Die Schüler sollen Caesar BG I,18,7-9a fehlerfrei und gut übersetzen können.
- Sie sollen die Bedeutungen der im behandelten Textabschnitt vorkommenden Vokabeln sowie die lexikographischen Besonderheiten kennen.
- Die Schüler sollen die grammatischen Strukturen des behandelten Abschnitts verstehen und grammatische Schwierigkeiten benennen und erklären können.
- Die Schüler sollen die wichtigsten stilistischen Besonderheiten benennen und erklären können.
- Die Schüler sollen die Regeln des Supinum I kennen.

V.22 Feinziele

- Die Schüler sollen die Stammzeiten und Bedeutungen der Verben audere, augere und audire nennen und unterscheiden können.
- Sie sollen die durch die geschlossene Stellung gegebene Eindeutigkeit der Beziehung von illic in I,18,6 erkennen.
- Sie sollen die lexikographischen Besonderheiten der Verwendung von collocare in I,18,6 kennen.
- Sie sollen I,18,6 fehlerfrei und gut übersetzen können.
- Sie sollen die Bedeutung des Ausdrucks sororem ex matre in I,18,7 kennen.
- Sie sollen den Grund der Verwendung des Femininums in dem Ausdruck propinquas suas in I,18,7 und die entsprechende Konsequenz für die Übersetzung kennen.
- Sie sollen die Form nuptum in I,18,7 als Supinum I identifizieren können.
- Sie sollen die sprachgeschichtliche Herleitung des Supinum I kennen.
- Sie sollen die grammatische Verwendung und die Bedeutung des Supinum I kennen.
- Sie sollen das Supinum I übersetzen können.
- Sie sollen wissen, daß es neben dem Supinum I auch ein Supinum II gibt.
- Sie sollen I,18,7 fehlerfrei und gut übersetzen können.
- Sie sollen den Ausdruck favere et cupere in I,18,8 als Hendiadyoin identifizieren können.
- Sie sollen die Stilfigur des Hendiadyoin und die Möglichkeiten ihrer Übersetzung kennen. Sie sollen die Besonderheiten der Konstruktion und Bedeutung von cupere in I,18,8 kennen.
- Sie sollen die unterschiedlichen Bedeutungen des Verbs restituere bei Personen und bei Sachen kennen.
- Sie sollen den Ausdruck in antiquum locum gratiae atque honoris restituere in I,18,8 wörtlich und frei übersetzen können.
- Sie sollen I,18,8 fehlerfrei und gut übersetzen können.
- Sie sollen die Regel für die Verwendung des Indefinitpronomens aliquis in Bedingungssätzen kennen.
- Sie sollen erkennen, daß es sich bei der Aussage des Bedingungssatzes si quid

accidat Romanis um einen Euphemismus handelt.

- Sie sollen die Stilfigur des Euphemismus kennen.
- Sie sollen den Ausdruck summum in spem venire mit einer entsprechenden Wendung des Deutschen übersetzen können.
- Sie sollen den Ausdruck regni obtinendi als attributives Gerundivum identifizieren können.
- Sie sollen die Regeln für den Gebrauch des attributiven Gerundivums kennen.
- Sie sollen I,18,9a fehlerfrei und gut übersetzen können.

VI. Methode

VI.1 Phasen des Unterrichts

Die Unterrichtsstunde beginnt mit einer kurzen *Wiederholungsphase*. Diese besteht in der Wiederholung der Übersetzung des in der vorangehenden Unterrichtsstunde zuletzt behandelten Satzes (I,18,6) und einigen kurzen Anmerkungen zu Stilistik und Wortkunde. Die Wiederholungsphase dient der Anknüpfung an das Thema der vorhergehenden Unterrichtsstunde. Zwischen der hier geplanten und der vorhergehenden Unterrichtsstunde liegt die relativ lange Zeit von drei Tagen, so daß eine Anknüpfung unbedingt erforderlich ist, um die notwendige Lernmotivation für das zu behandelnde Thema zu erreichen.

In der *ersten Erarbeitungsphase* wird der erste Teil der Hausaufgabe[23] besprochen. Die *zweite Erarbeitungsphase* dient der Erarbeitung des Supinums I. In der *dritten Erarbeitungsphase* wird der zweite Teil der Hausaufgabe besprochen.

VI.2 Arbeitsformen

Bei der Durchführung der Unterrichtsstunde wird durchgängig das Lehrgespräch Anwendung finden. In der Anfangsphase des Lektüreunterrichts hat die Anwendung des Lehrgesprächs gewisse Vorteile:

- Bei der Erarbeitung des Textes bedürfen viele Punkte noch der Klärung, die in einer späteren Phase des Unterrichts übergangen werden können. Der Lehrer muß hier vielfach die Schüler auf bestehende Schwierigkeiten und Auffälligkeiten hinweisen sowie Erläuterungen und Hilfestellungen geben. Nur die Anwendung des Lehrgesprächs, bei dem die Lenkung des Unterrichts weitgehend in den Händen des Lehrers liegt, ermöglicht daher ein relativ zügiges Fortschreiten im Text.
- Bei der Einführung bisher noch nicht behandelter grammatischer Phänomene wie des Supinum I ist die Anwendung des Lehrgesprächs unverzichtbar. Hier sollen die Schüler durch eine bestimmte Impulsstrategie (siehe VI.3) zum Ziel geführt werden. Bei der Erarbeitung der sprachgeschichtlichen Herleitung des Supiunums wird ein kurzer Lehrervortrag erfolgen, so daß bei der Einführung des Supinums dieser nicht zentrale Aspekt schnell abgehandelt werden kann.

---

23. Die Hausaufgabe für diese Stunde bestand in der schriftlichen Vorbereitung von I,18,7-9a

VI.3 Strategien der Impulsgebung

Bei der Einführung des Supinums anhand des Beispiels in I,18,7 soll folgende Impulsstrategie angewendet werden:

- Aufforderung an einen Schüler, den Satz zunächst ohne nuptum zu übersetzen.
- Frage: "Welche Ergänzung wäre noch sinnvoll?"
  (erwartete Antwort: "finale Ergänzung")
- Wird die erwartete Antwort nicht gegeben, ist folgende weitergehende Frage vorgesehen:
  "Welche sinnvolle Frage könnte man noch stellen?"
  (erwartete Antwort: "Wozu?" -> "finale Ergänzung")

Es folgt die Einführung der Bezeichnung "Supinum I" und die sprachgeschichtliche Herleitung mittels eines kurzen Lehrervortrags. Durch zwei weitere Beispiele, die an die Tafel geschrieben werden (Legati oraculum consultum missi sunt. Legati venerunt auxilium petitum.), soll das Phänomen des Supinum I vor allem mit Rücksicht auf die schwächeren Schüler (siehe II.3) verdeutlicht werden.

Die weitere Erarbeitung soll durch folgende Impulse erfolgen:

- Frage: "Um welchen Kasus handelt es sich bei der Supinform?"
  (erwartete Antwort: "Akkusativ")
- Frage: "Welche Funktion hat er wohl?"
  (erwartete Antwort: "Akkusativ der Richtung/des Ziels")
- Frage (mit Hinweis auf die Beispiele an der Tafel):
  "Bei welchen Verben wird das Supinum I verwendet?"
  (erwartete Antwort: "bei Verben der Bewegung")
- Frage (wieder mit Hinweis auf die Beispiele an der Tafel):
  "Welche Ergänzung kann ein Supinum I haben?"
  (erwartete Antwort: "ein Akkusativ-Objekt")

Es folgt die Zusammenfassung der Ergebnisse an der Tafel und der Hinweis auf die zweite, relativ seltene Supinform (Supinum II) mittels eines kurzen Lehrervortrags.

VI.4 Hausaufgaben

Am Ende der Unterrichtsstunde wird den Schülern folgende zweiteilige Hausaufgabe gestellt:

1. mündliche Hausaufgabe: gründliche Nacharbeitung des Supinums anhand von § 110 in der Grammatik
2. schriftliche Hausaufgabe: Vorbereitung von BG I,18,9-10

Die mündliche Hausaufgabe dient der Wiederholung und Zusammenfassung des Supinums als zentralem grammatischem Thema der Stunde. Die schriftliche Hausaufgabe dient der Vorbereitung des Themas der folgenden Unterrichtsstunde.

VII. Medien

Das wichtigste in der Unterrichtsstunde verwendete Unterrichtsmedium ist der jedem Schüler vorliegende Text von Caesars Bellum Gallicum[24]. Dieses Medium ist das zentrale Lernobjekt der Unterrichtsstunde. Es dient der themengebundenen Informationsvermittlung. Die Medien Tafel und Kreide dienen als Hilfsmittel zur Erzeugung des Lernobjekts Tafelbild. Folgendes Tafelbild soll erstellt werden:

Mittelteil der Tafel:

<u>Supinum I</u>

- sororem [...] nuptum in alias civitates collocasse
- Legati oraculum consultum missi sunt.
- Legati venerunt auxilium petitum.

  Regeln:
- Akk. eines urspr. vorhandenen Verbalsubstantivs
- finaler Sinn
- ggf. mit Akk. Obj.
- bei Verben der Bewegung

rechte Seitentafel:

<u>Supinum II</u>
Horribile est dictu.

Das Tafelbild ist das Lernobjekt während der zweiten Erarbeitungsphase (Erarbeitung des Supinums). Es hat folgende Funktionen:

- Es dient der themengebundenen Informationsvermittlung, indem es für die Erarbeitung des Supinums notwendige Informationen (z.B. die Beispielsätze) bereitstellt.
- Es dient der Lenkung der Aufmerksamkeit, indem der Beispielsatz zur Einführung des Supinums aus BG I,18,7 auf die wichtigsten Satzteile vereinfacht wird.
- Es hat gedächtnisstützende Funktion, indem die zentralen Informationen überdas Supinum strukturiert und konserviert werden.
- Es dient der Unterstützung der Informationsverarbeitung, indem es bei der Erarbeitung des Supinums das Verstehen durch Vereinfachung des Beispielsatzes aus BG I,18,7 und durch zusätzliche Bereitstellung von zwei weiteren, übersichtlichen Beispielen erleichtert.

VIII. Strategien der Lernkontrolle

Zur Kontrolle des Lernstandes der Schüler werden die mündlichen Beiträge der Schüler und die Hausaufgaben herangezogen.

---

24. Die Schüler benutzen die folgende Textausgabe: Caesar, Bellun Gallicum, Vollständige Ausgabe, Eingeleitet und kommentiert von Alois Guthardt, Verlag Aschendorff, Münster

VIII.1 Schülerbeiträge

In allen Phasen des Unterrichts sind die Schüler zur intensiven Mitarbeit bei der Erarbeitung des Themas aufgerufen. Durch gezielte Frageimpulse soll dabei der Lernstand der Schüler überprüft werden. Auf diese Weise können bereits bekannte grammatische Regeln abgefragt werden (bspw. die Regeln der Anwendung des Indefinitpronomens aliquis in bestimmten Nebensatzarten). Auch kann so überprüft werden, ob die Schüler bestimmte bereits bekannte grammatische oder stilistische Phänomene (wie z.B. das Hendiadyoin favere et cupere) identifizieren können. Bei dieser Art der Lernkontrolle sollen möglichst viele Schüler beteiligt werden, vor allem schwächere und stillere Schüler und solche, die für einen bestimmten Leistungsstand repräsentativ sind.

VIII.2 Hausaufgaben

Mindestens vier Schüler sollen aufgefordert werden, jeweils einen Satz der von ihnen als Hausaufgabe schriftlich angefertigten Vorbereitung (sieheVI.1) vorzutragen. Dadurch ist eine gute Kontrolle des Lernstandes der betreffenden Schüler möglich, wobei jedoch zu berücksichtigen ist, daß die Hausaufgabe u. U. nicht vom Schüler selbst oder alleine angefertigt worden ist. Fragen zum Satz und zur Übersetzung können weitere Aufschlüsse über den Lernstand der Schüler bringen. Bei der Auswahl der Schüler, die ihre Übersetzung vortragen, soll ebenfalls auf eine Ausgewogenheit bezüglich der Leistungsstärke geachtet werden.

IX. Nachgehende Unterrichtsanalyse

IX.1 Bestandsaufnahme

Der vorgesehene Ablauf der Unterrichtsstunde konnte weitgehend eingehalten werden. Die geplanten Inhalte erwiesen sich jedoch als zu umfangreich, der gesteckte Zeitrahmen als zu knapp. Die Wiederholungsphase verlief im großen und ganzen wie geplant.

Bei der Erarbeitung von I,18,7 griff ein Schüler vor, der anscheinend vorgearbeitet hatte, und nannte den Namen und die Bedeutung des Supinums. Trotzdem konnte die vorgesehene Impulsstrategie eingehalten werden.

Bei der Erarbeitung des Supinums erwies sich der zeitliche Rahmen als zu knapp bemessen. So nahm die Übersetzung der Beispielsätze an der Tafel mehr Zeit in Anspruch als geplant. Auch die Besprechung von I,18,8 dauerte länger als vorgesehen, so daß sie am Ende der Stunde abgebrochen werden mußte. I,18,9a konnte nicht mehr behandelt werden.

Die Schüler verhielten sich während des gesamten Stundenverlaufs diszipliniert. Die Mitarbeit war überwiegend gut. Einige Schüler mußten jedoch zur Mitarbeit aufgefordert werden. Bei einem Schüler stellte sich bei der Aufforderung, sich am Unterricht zu beteiligen, heraus, daß er dem Unterricht nicht gefolgt war. Der Leistungsstand der Klasse erwies sich im allgemeinen als gut, wenn auch die üblichen Unterschiede deutlich wurden. Auffallend war, daß die Schüler an manchen Stellen Schwierigkeiten zeigten, die vorher nicht erwartet worden waren. So erkannte bspw.

ein Schüler die eindeutige Funktion von et in I,18,7 (Verbindung der Akk.-Objekte) nicht.

IX.2 Ergebniskontrolle

Die wesentlichen Lernziele der Unterrichtsstunde dürften - abgesehen von den nicht mehr behandelten Unterrichtsinhalten von I,18,8-9a - von den meisten Schülern erreicht worden sein. Dies gilt insbesondere für die Lernziele, die im Zusammenhang mit der Einführung des Supinums angestrebt wurden. Die wichtigsten Aspekte dieses grammatischen Phänomens sind wohl vom Großteil der Klasse erfaßt worden sein. Auch die übrigen Lernziele, die im Zusammenhang mit grammatischen und stilistischen Fragen standen, dürften von den meisten Schülern erreicht worden sein. Jeder Schüler müßte auch in der Lage sein, den behandelten Text fehlerfrei und gut zu übersetzen. Sind einzelne Lernziele von dem einen oder anderen Schüler nicht erreicht worden, so dürfte vor allem fehlende Aufmerksamkeit dafür verantwortlich sein.

IX.3 Wirkungskontrolle

Die bei der Erarbeitung des Supinums angewendete Impulsstrategie erweis sich als effektiv. Die erwarteten Antworten wurden in der Regel von den Schülern gegeben, die Zusammenhänge schnell erfaßt. Die Anwendung des Unterrichtsmediums Tafelbild für die Erarbeitung des Supinums zeigte ebenfalls die gewünschte Wirkung: Die Aufmerksamkeit der Schüler konzentrierte sich in dieser Phase voll auf das Tafelbild und nicht mehr auf den Text, der das zentrale Medium in den übrigen Phasen der Stunde darstellte.

IX.4 Bewertung

Die einzelnen Bestandteile der Unterrichtsplanung erwiesen sich durchweg als tragfähig. Wie bereits angedeutet, wurden mit Hilfe der angewandten Medien (Text, Tafel) und Methoden (Impulsstrategien) die Unterrichtsziele weitgehend erreicht. Meine eigene Leistung beurteile ich wie folgt:

Der Umfang der von mir geplanten Unterrichtsziele erwies sich im Hinblick auf die zur Verfügung stehende Zeit als unangemessen. Ich habe es vor allem als unbefriedigend empfunden, die Besprechung eines Satzes abbrechen zu müssen.

Die angewandten Methoden - insbesondere die bei der Erarbeitung des Supinums angewandte Impulsstrategie - beurteile ich als wirkungsvoll. Der Einsatz des Mediums Tafelbild machte das Phänomen Supinum sehr anschaulich. Daher müßten auch schwächere Schüler die Grundstrukturen des Supinums begriffen haben.

Hinsichtlich meines Verhaltens während der Unterrichtsstunde stelle ich rückblickend fest, daß ich mich wohl aus Nervosität zu viel im Klassenraum bewegt habe. Mängel im Sprachverhalten (Invertieren von Fragen, "Lehrerecho") habe ich bemerkt, konnte sie jedoch nicht völlig abstellen.

Der Mentor bescheinigte der Unterrichtsstunde einen guten Verlauf. Meine Leistung bezeichnete er als insgesamt zufriedenstellend. Auch er empfand den Einsatz der Medien und der angewandten Methoden als effektiv. Bezüglich der Einführung des Supinums merkte er an, daß es besser gewesen wäre, die Schüler zunächst einmal klären zu lassen, warum es sich bei der Form nuptum - obwohl rein äußerlich möglich - nicht um ein Partizip Perfekt Passiv handeln kann. Darüber hinaus wies er darauf hin, daß ich nicht auf die Bildung der Supinform und auf die Verwendung des Supinums im Zusammenhang mit der Bildung des Infinitiv Futur Passiv eingegangen bin. Der Mentor machte mich darauf aufmerksam, daß ich einzelne Fehler in Schüleräußerungen nicht korrigiert habe. Mein Verhalten während der Unterrichtsstunde weise die bereits oben erwähnten Schwächen auf.

IX.5 Abweichungsanalyse

Für die Tatsache, daß die zeitliche Planung nicht eingehalten und ein Teil der vorgesehenen Unterrichtsinhalte nicht mehr behandelt werden konnte, lassen sich mehrere Gründe nennen:

- Der Umfang der vorgesehenen Unterrichtsziele und -inhalte war von vornherein zu groß. Zumindest auf die Besprechung von I,18,9a hätte schon in der Planung verzichtet werden können.
- Die Schüler zeigten - wie bereits erwähnt - an einigen Stellen Schwierigkeiten, die vorher nicht erwartet worden waren. Die für die Klärung dieser Schwierigkeiten notwendige Zeit war in der Planung nicht berücksichtigt worden.
- Trotz Bemühens um einen pünktlichen Beginn konnte der Unterricht erst mit ca. drei Minuten Verzögerung begonnen werden.

Benutzte Literatur:

- Der Kultusminister des Landes Nordrhein-Westfalen (Hrsg.): Vorläufige Richtlinien und Lehrpläne für das Gymnasium in Nordrhein-Westfalen, Sekundarstufe I, Latein, Düsseldorf 1978
- Glücklich, Hans-Joachim: Das erste Buch von Caesars 'Bellum Gallicum' im Schulunterricht, in: Der altsprachliche Unterricht 5/1972, S. 44-82

Anlage

Die behandelte Textstelle Caesar Bellum Gallicum I, 18, 6-9a:

6 Neque solum domi, sed etiam apud finitimas civitates largiter posse, atque huius potentiae causa matrem in Biturigibus homini illic nobilissimo ac potentissimo collocasse;

7 ipsum ex Helvetiis uxorem habere, sororem ex matre et propinquas suas nuptum in alias civitates collocasse.

8 Favere et cupere Helvetiis propter eam affinitatem, odisse etiam suo nomine Caesarem et Romanos, quod eorum adventu potentia eius deminuta et Diviciacus frater in antiquum locum gratiae atque honoris sit restitutus.

9a Si quid accidat Romanis, summam in spem per Helvetios regni obtinendi venire;

Übersetzung des Textes:

6 und nicht nur im eigenen Lande, sondern auch bei den Nachbarstämmen sei sein Einfluß groß. Um dieses Ansehens willen habe er seine Mutter mit einem besonders vornehmen und mächtigen Biturigen vermählt,
7 selber eine Helvetierin geheiratet und seine Stiefschwester sowie seine übrigen weiblichen Verwandten in andere Stämme verheiratet.
8 Wegen der erwähnten Verwandtschaft sei er den Helvetiern besonders gewogen. Cäsar und die Römer dagegen hasse er auch aus persönlichen Gründen; denn ihre Ankunft habe seine Macht geschwächt und seinem Bruder Diviciacus wieder zu seiner früheren einflußreichen und ehrenvollen Stellung verholfen.
9a Im Falle einer Niederlage der Römer mache er sich die größte Hoffnung, mit Hilfe der Helvetier König zu werden;
(Entwurf vorgelegt von Thomas Rubel, Universität Bonn)

5.64 Unterrichtsplanung im Fach Deutsch, Klasse 11

5.641 Der Plan und seine didaktische Begründung

I. Allgemeine Angaben

Kurs:	11/1 d
Fach:	Deutsch
Thema der Stunde:	Satire / "Kinohelden"
Lehrer:	StR S.
Schule:	Gymnasium L. in K.
Schuljahr:	1992/93
Datum:	Donnersstag, 28.1.1993
Stunde:	4. Stunde, 10.45 - 11.30 Uhr

II. Kurs

II.1 Zusammensetzung des Kurses

Zum Kurs gehören 11 Jungen und 12 Mädchen. Alle Schüler sind nach der zehnten Klasse von der Hauptschule oder der Realschule in die Jahrgangsstufe 11 des Gymnasiums L. übergewechselt. Das Gymnasium besitzt einen großen ländlichen Einzugsbereich. Es nimmt in jedem Schuljahr eine größere Anzahl von Realschülern und Hauptschülern auf, die in der Umgebung von W. wohnen. In Mathematik und Deutsch werden diese Schüler in Jahrgangsstufe 11/1 in einem eigenen Kurs zusammengefaßt. Auch in anderen Fächern versucht man, soweit es geht zu vermeiden, daß die Überwechsler auf verschiedene Kurse verteilt werden. Die Schulleitung nimmt an, daß auf diese Weise den Schülern der Übertritt in das Gymnasium erleichtert wird.

II.2 Disziplin und Arbeitshaltung

Die Schüler sind nach meiner Einschätzung, die auch von den Kollegen geteilt wird, sehr diszipliniert und arbeitswillig.

II.3 Leistungsanspruch

Das Leistungsvermögen der Schüler des Kurses ist sehr unterschiedlich, insgesamt aber eher niedrig.

II.4 Lernstand

Die aus verschiedenen Haupt- und Realschulen kommenden Schüler bringen recht unterschiedliche Voraussetzungen mit. Es geht im Unterricht immer auch darum, den Lernstand soweit wie möglich anzugleichen. Die Aufgabenstellung der Unterrichtsreihe, literarische Kleinformen als Textsorten und literarische Gattungen zu erfassen, ist Gymnasiasten der Jahrgangsstufe 11 teilweise aus früheren Schuljahren schon bekannt. Die Satire und die Kurzgeschichte wurden in den Klassen 10 unseres Gymnasiums als literarische Gattung bereits behandelt (vgl. hierzu die Textsammlung "Wort und Sinn" 10, Lesebuch). Bei den neu in unsere Schule übergewechselten ehemaligen Hauptschülern und Realschülern gibt es bei den Kenntnissen von Textgattungen und der Befähigung, Texte in literaturwissenschaftlicher Perspektive zu untersuchen, erfahrungsgemäß Defizite.

Die Einteilung von Texten in Textsorten und literarische Gattungen kennen die Schüler schon aus dem ersten Teil der Unterrichtsreihe. Hier wurde bereits die Kurzgeschichte behandelt.

III. Besonderheiten der Situation

Die Stunde wird gehalten in der Studioklasse des Zentrums für Schulpraktische Studien der Universität. Die Fahrt dorthin erfolgt im Rahmen einer Tagesexkursion. An die von mir abzuhaltende Stunde wird sich eine Stunde des Kollegen OStR K. im Fach Sozialwissenschaften anschließen. Nach dem Mittagessen ist ein Museumsbesuch vorgesehen. Wegen der besonderen Situation werden keine Hausaufgaben gestellt.

IV. Thema

IV.1 Thema der Unterrichtseinheit

Satire als literarische Kleinform; untersucht als literarische Gattung und Textsorte

Die Unterrichtseinheit, der die heutige Stunde angehört, ist Teil einer Unterrichtsreihe. In dieser Unterrichtsreihe werden einige literarische Kleinformen behandelt. Es handelt sich um die Kurzgeschichte, die Satire und das lyrische Gedicht. Die zu besprechenden Texte sollen einerseits im traditionellen literaturwissenschaftlichen

Sinn als literarische Gattungen behandelt werden. Es geht im Unterricht also darum, zentrale Gattungsmerkmale zu erarbeiten und diese an Texten zu belegen. Ferner sollen die zur Besprechung herangezogenen Texte in der Perspektive der Textsortentheorie untersucht werden. Dabei werden wir uns auf einige zentrale Punkte beschränken.

IV.11 Aspekte des Themas

IV.111 Fachwissenschaftliche Aspekte

IV.1111 Textsorten

Die Textsortentheorie betrachtet Texte im Zusammenhang des Kommunikationsprozesses. Folgende zentrale kommunikationstheoretische Gesichtspunkte finden dabei Beachtung:

- *Produktion*
  Texte werden von einem Kommunikator (Autor) hergestellt.
- *Medium/Vermittlung*
  Sie werden durch ein Medium (z.B. Buch, Zeitschrift, Hörfunk, Fernsehen), das als Träger der Information dient, den Adressaten zugänglich gemacht.
- *Adressat/Rezeption*
  Die Textinformation (Aussage) wird von den Adressaten in Abhängigkeit von deren Eigenschaften verarbeitet und gedeutet. Es muß damit gerechnet werden, daß der Text bei den Adressaten Wirkungen hervorruft. Möglicherweise wird der Informationsstand verändert, oder es ergeben sich Veränderungen im Bereich der Gefühle, der Werthaltungen und des Verhaltens.
- *Rückkopplung*
  Vielleicht kommt es zu einer Rückkopplung zwischen Autor und Adressaten (Leser), z.B. in Gestalt von Zuschriften oder eines Gesprächs anläßlich einer Lesung.

Die Textsortentheorie, soweit sie sich an dem Organon-Modell von Karl Bühler orientiert, geht davon aus, daß als Bestandteile von kommunikativen Prozessen verstandene Texte eine pragmatische Dimension haben. Das bedeutet:

- Der Autor verfolgt mit einem Text einen *Zweck*. Ein Text wendet sich an die Adressaten in bestimmter Absicht.
- Texte sollen von Adressaten rezipiert werden. Sie werden daher an die vermuteten Eigenschaften der Adressaten angepaßt. Je nach dem ins Auge gefaßten Kreis der Adressaten bedient ein Autor sich einer spezifischen Auswahl von Zeichen (Wörtern) und Zeichenkompositionen (z.B. anspruchsvolle ästhetische Texte, unterhaltende Texte).
- Texte entstehen in einer bestimmten kommunikativen *Situation*. Diese beeinflußt das Entstehen von Anlässen zur Textproduktion (z.B. Antwort auf einen Brief; professionelles Schreiben eines hauptberuflichen Schriftstellers).
- Texte sind ferner an bestimmte *zeitliche* und *räumliche* Koordinaten gebunden. Sie sind von den Erfahrungen, Tendenzen und Möglichkeiten abhängig, die zu einem bestimmten Zeitpunkt an einem bestimmten Ort (Gesellschaft, Kultur) gegeben sind.

Der Unterricht zielt darauf ab, Kategorien zu erarbeiten, welche die kommunikativen Aspekte der Texte zu erfassen gestattet. Begriffe wie Autor, Leser, Darstellungsebenen, pragmatische Dimension der Texte (Zwecke, Zeitabhängigkeit, Adressatenabhängigkeit), Transformation sind hier zu erarbeiten.

Die Textsortentheorie ist im Zusammenhang der Textlinguistik zu sehen, die sich u.a. damit beschäftigt, was ein Text ist, also was einen Text zu einem Text macht (vgl. Ziesenis 1990, S. 26).

Der Textbegriff wird in unterschiedlicher Bedeutung verwandt. Auf der einen Seite wird er - weniger umfassend - als eine in Form eines Schrifttextes verfaßte Äußerung aufgefaßt. Auf der anderen Seite bedeutet Text - umfassend verstanden - "generell das sprachliche Produkt einer kommunikativen Äußerung", wobei es sich hier sowohl um schriftliche als auch mündliche Äußerungen handeln kann. Dem so verstandenen Textbegriff werden die Textsorten untergeordnet, "welche sich auf verschiedene Typen kommunikativer Ereignisse beziehen" (Bünting/Kochan 1973, S. 102).

Der Begriff Textsorte wird in linguistischer Bedeutung ebenso verwendet wie auch als historisch-literarischer Gattungsbegriff (Stocker 1976, Band M-Z, S. 514). Dies wird in klassifikatorischen Ansätzen zur Ordnung von Textsorten deutlich. So können Textsorten nach formalen Kriterien unterschieden werden, z.B. ob es sich um einen geschriebenen oder gesprochenen, einen monologischen oder dialogischen, einen spontanen oder nicht spontanen Text handelt. Oder es wird nach situativen Aspekten zwischen Texten eines persönlichen Dialogs, einer halböffentlichen Situation, einer formalen öffentlichen Situation, eines geschäftlichen Briefkontaktes unterschieden: schließlich kann auch nach funktionalen Gesichtspunkten klassifiziert werden. z.B. ob es sich um einen informativen, appellativen Text, ob um einen Sachtext oder um einen poetologischen Text handelt (Bünting/Kochan 1973, S. 103).

Im folgenden wird dieser funktionale Aspekt, der danach fragt, was ein Text will, welche Intention er verfolgt, im Vordergrund stehen, da dieser für die literaturwissenschaftliche Verwendung des Textsortenbegriffs zentral ist.

Das Thema der Unterrichtsreihe, in der Kurzgeschichte, Satire, lyrisches Gedicht behandelt werden sollen, orientiert sich an den Textfunktionen des Bühlerschen Modells. Die Auswahl der Textsorten folgt den drei von Bühler genannten Funktionen: Der Darstellung entspricht die Kurzgeschichte, dem Appell die Satire, dem Ausdruck die Lyrik.

Die Textsortentheorie ist in der Literaturwissenschaft umstritten und wird in der von uns verwendeten Literatur recht kritisch beurteilt. Bünting/Kochan z.B. meinen: "Textlinguistik oder auch linguistisch fundierte Textanalyse ist keine Literaturwissenschaft und auch kein Ersatz für Literaturwissenschaft. Hier wird von den allgemeinen Merkmalen der Texte, von der allgemeinen Funktion der Texte in kommunikativen Akten gehandelt, aber nicht von den vermittelten Inhalten und also auch nicht von der spezifischen Sprachstil-Inhalts-Relation z.B. poetischer Texte. [....] Eine linguistisch fundierte Textanalyse kann das Handwerkszeug beschreiben und einige allgemeine Prinzipien zur Textanalyse beisteuern, nicht aber zeitgeschichtliche, soziale, kulturelle, ästhetische Aspekte u.a.m. ersetzen." (Bünting/Kochan 1973, S. 103f.)

Walter Hink zeigt auf, daß in der Textsortenlehre "einerseits die Unterscheidung fiktionaler und nichtfiktionaler (Gebrauchs)Texte, also ein weitgefaßter Begriff von Textsorte, eine wesentliche Rolle" spielt, "während sich andererseits das Bemühen auf höchstmögliche Differenzierung richtet, auf die Entwicklung von Kriterien, die selbst noch Arztrezept und Kochrezept, Traueranzeige und Stelleninserat oder Zeitungsnachricht und Rundfunknachricht als gebrauchssprachliche Textsorte zu unterscheiden erlauben." (Vorwort von Walter Hinck, in: Hinck 1977, S. IX.)

Otto Knörich stellt die Frage, ob die linguistische Textsortenlehre "die Gattungen als historisch bedingte soziokulturelle Institutionen des literarischen Lebens adäquat ins Blickfeld rücken - oder auch nur als Modelle ästhetischer Gestaltung, in denen die ganze Komplexität literarischer Praxis 'aufgehoben' ist?" (Einleitung von Otto Knörich, in: Knörich 1981, S. 5)

IV.1112 Satire

Auch auf die Satire allein kann das Organon-Modell Bühlers angewendet werden. Sicherlich liegt beim Appell der Schwerpunkt. Aber auch Ausdruck und Darstellung können in die Definition eingebracht werden. Ausdruck ist sie insofern, als der Satiriker Anstoß nimmt "an etwas in der akut ihn umgebenden Welt, das er als Mißstand ansieht" (Weber in: Knörich 1981, S. 319). Sie ist Darstellung eines Gegenstands, "der in den Augen des Satirikers einen Mißstand ausmacht oder vertritt". Diese Mißstände können "Mißstände in Auffassungen (Meinungen, Ansichten, Lehren) und Mißstände in Verhaltensweisen" sein. "Die einen sind aufzuklären [....], die anderen - zäher - sind aufzudecken und kaum anders als durch Tathandeln abzuschaffen". Appell ist die Satire, indem sie den Mißstand aufdeckt und zu seiner Abschaffung beiträgt. Sie ist "handlungsauffordernd" (Weber in: Knörich 1981, S. 319f.).

Was aber macht das Ästhetische einer Satire aus? Was macht sie zur Satire? Die Literaturwissenschaft hat sich mit der Definition des Satirebegriffs schwergetan. Einige bezeichnen sie als "Grenzphänomen" (Einleitung von Otto Knörich, in: Knörich 1981, S. 1), andere sprechen davon, daß sie "quer zu Gattungen und Textsorten (fiktiv/nichtfiktiv)" liegt (vgl Gerth 1977, S. 8.). Im folgenden werden wir uns vor allem auf Brummack (1977) beziehen, der eine genaue Differenzierung des Satirebegriffs unternimmt.

Der Begriff Satire geht auf das lateinische *satura* im Sinne von "Füllsel, Allerlei, bunte Schüssel" zurück, das als Bezeichnung volkstümlicher szenischer Spiele bezeugt ist, als Sammlung vermischter Gedichte (Ennius) und schließlich der Gattungsname von Rügegedichten nach Art des Lucilius geworden ist.

In der Literaturwissenschaft unterscheidet man zwischen der Satire als historische Gattung und der Satire als gattungsübergreifende Literaturform:

a) Satire als historische Gattung:

"Die Lucilische Satire ist römischen Ursprungs. Sie ist im Lateinischen ein kürzeres, umgangssprachlich (aber auch höher) stilisiertes Hexametergedicht ohne feste Disposition, das sich auf einer Skala vom Spielerischen bis zum Pathetischen militant-didaktisch mit zeittypischen Fehlern und Lastern auseinandersetzt und dem Autor einen weiten Spielraum der Selbstaussprache läßt." Lucilius (2. Jh.v.Chr.) gilt als der "Erfinder" der Gattung. In Deutschland wird recht spät von dieser Gattung Gebrauch gemacht (z.B. Lauremberg, Rachel, Neukirch, Haller).

"Die Menippische Satire hat ihren Namen nach Menipp von Gadara (3.Jh. v. Chr.), der sie in die griechische Literatur eingeführt hat." Lukian, Petron und Seneca gelten als ihre einflußreichsten Vertreter. "Ihre auffälligste Eigenheit ist die prosimetrische Mischform als sehr weiter Rahmen für verschiedene Methoden, mit Lachen die Wahrheit zu sagen. [.....] Am wichtigsten sind das parodistische Element sowie das vor allem von Lukian verwendete Verfahren geworden, eine nicht konsistente, nicht für sich bestehende Fiktion offenkundig zum Zwecke zu benutzen."

b) Satire als gattungsübergreifende Literaturform

So verstanden ist die Satire durch Aggressivität, ermahnende Intention und verzerrende Darstellungsart gekennzeichnet. Sie besteht aus drei konstitutiven Merkmalen:

1. "*Angriff* auf irgendein nichtfiktives, erkennbares und aktuell wirksames Objekt individueller oder allgemeiner Art." Je nach Gegenstand kann eine "lustige oder scherzhafte" (Horazische Satire) oder eine "ernsthafte oder beißende" (Juvenalische Satire) vorliegen. Immer will Satire die Wirklichkeit ändern oder einen Erkenntnisprozeß in Gang setzen."

2. *Normbindung des Angriffs*, das heißt, der Angriff entspringt, wenigstens dem Anspruch nach, "nicht rein privat motivierter Feindseligkeit", sondern soll helfen, "eine Norm oder Idee durchzusetzen". Die Satire selbst geht von Normen aus, die allerdings nicht unbedingt überzeitlich, absolut oder allgemein anerkannt sein müssen. Zwischen Autor und Publikum jedoch muß Einverständnis bezüglich dieser "Norm" herrschen. Zum Verständnis der Satire gehört das Verständnis des ihr zugrunde liegenden Normensystems.

3. *Indirektheit des Angriffs:* "Sie kann notwendig sein (weil ein direkter Zugriff prinzipiell nicht möglich ist), erzwungen (weil das Objekt durch Macht, Gesetz oder Sitte vor einem direkten Angriff geschützt ist) oder bloß taktisch (der besseren Wirkung wegen gewählt)". Das Entwerfen einer fiktiven und fingierten Situation und die Brechung des Inhalts durch die Verwendung verschiedener Mittel verhindert den direkten Angriff (Gerth 1977, S. 8f.).

"Alle Verfahren der Verzerrung und Verfremdung, alle Formen, die geeignet sind, einen Gegensatz (Sein/Sollen, Schein/Sein) in sich aufzunehmen, können der satirischen Intention dienstbar gemacht werden. [...] Die Auswahl hängt von Objekt, Norm und Wirkungsabsicht sowie von Publikumserwartung, Gattung und Entwicklungsstand des literarischen Systems ab. [.....] Grundsätzlich aber können alle Literaturformen (z.B. durch parodistische Verkehrung ihres Gestaltsinnes) von satirischer Absicht her überformt werden. [.....] Sämtliche Mittel der Satire können auch zu andern Zwecken eingesetzt werden: Metonymie und Hyperbel, Antithese und Stilbruch, Parodie und Travestie, Witz und Komik sind nicht für sich satirisch, sondern erst in besonderer Verwendung. So können satirische Formtraditionen. ohne satirische Absicht verwendet, andern (verwandten) Haltungen (z.B. Ironie und Humor) als Ausdrucksmittel dienen. [....] Satire in dem hier angegebenen Sinne verweist auf eine grundsätzlich immer vorhandene, wenn auch geschichtlich sich wandelnde Haltungs- und Ausdrucksmöglichkeit des Menschen als gesellschaftlichen Wesens, deren Voraussetzungen auch in sehr einfachen Kulturverhältnissen gegeben sind. [.....] Die Funktionen, die sich hier erkennen lassen - Ventil, Waffe, gesellschaftliches Regulativ und 'Verteidigung der Kultur' -, gelten ähnlich auch in der heutigen Volks- und Allgemeinkultur. Auch hochliterarische Formen der Satire sind [....] von daher zu erhellen, wenn auch natürlich nicht ausreichend zu erfassen." (Brummack 1977)

c) Satire als Werkbezeichnung

Brummack weist noch eine weitere Möglichkeit auf, von Satire zu sprechen: Satire als Werkbezeichnung. Es gibt Werke, dies ist vor allem bei Kleinformen der Fall, die primär vom Satirischen geprägt sind, so daß man sie unabhängig von der Gattung als Satire bezeichnet.

IV.112 Fachdidaktische Aspekte: die "Satire" als Unterrichtsstoff

Die fachdidaktische Literatur stellt zunächst die Schwierigkeit fest, in welchem größeren Zusammenhang Satire abgehandelt werden soll, denn die Satire ist "[....] keine Gattung im traditionellen Sinne wie Lyrik und Epik oder Komödie und Novelle" (Gerth 1977, S. 8). Ja: "Die Satire stellt sich nicht als eine eindeutige literarische Form vor." (Pelster 1976, S 115) Sowohl die klassische Gattungsgliederung wie eine an Textsorten orientierte Einordnung der behandelten Unterrichtstexte kann der Satire keine rechte Stelle zuweisen: "Der Begriff 'Satire' liegt sozusagen quer zu Gattungen und Textsorten (fiktiv - nichtfiktiv)." (Gerth 1977, S. 8) In welchem Zusammenhang soll der Deutschunterricht also die Satire behandeln?

In dieser die herkömmlichen Kategorien literaturtheoretischer Einteilung sprengenden Eigenschaft der Satire kann jedoch eine Chance für den Unterricht liegen. So meint Seifert, der die eigentliche Satire als kleinere Prosaform begreift, sie eigne "[....] sich in besonderem Maße für den didaktischen Transfer zwischen Klein- und Großformen, aber auch über die Grenzen des Epischen hinaus" (Seifert 1980, S. 251). Die Behandlung des Themas erfordert eine genaue Überlegung des Lehrers zur Planung seines Unterrichtes, auch im Rahmen größerer Einheiten. Die Schüler sollten mit verschiedenen Erscheinungsweisen von Literatur (formale Merkmale) schon vertraut sein, um nun über die bisweilen 'verhackstückelnde' formale Einteilung hinaus Eigenschaften von Literatur zu erfahren.

Trägt die Eigenschaft der Satire, sich in allen literarischen Formen zu verwirklichen, dazu bei, eine (exemplarische) Gesamtschau der verschiedensten Erscheinungsweisen von Literatur zu verwirklichen, so kann unterrichtspraktisch die grenzüberschreitende Fähigkeit der Satire noch weiter genutzt werden: Satire ist ja nicht nur literarische Satire. Auch in anderen Bereichen kennen wir das Satirische: Film, Karikatur etc. Durch die Vielfältigkeit satirischer Erscheinungsweisen auch über die Möglichkeit literarischer Formung hinaus besteht die Gelegenheit, andere Medien

("Filme, Karikaturen, Schallplatten- oder Tonbandaufnahmen" (Ulshöfer 1983, S. 328f.)) zwanglos in den Unterricht einzuschieben, "[....] wenn Ermüdungserscheinungen bei den Schülern eine Auflockerung angezeigt sein ließen." (Ulshöfer 1983, S. 335)

Eine Auswahl von Unterrichtstexten, die nun geeignet ist, den Schülern "Einheit und Vielfältigkeit" (Pelster 1976, S. 121) am besten zu vermitteln, sollte sich als Sammlung verschiedenster Arten von satirischen Texten zeigen, die zu einzelnen Themen gruppiert sind. Damit aber ergibt sich ein weiteres Problem: Nicht alle Erscheinungsweisen der Satire können in einer Unterrichtseinheit abgehandelt werden. Schon Arntzen bemerkte bezüglich großer Romane: "Sie sind innerhalb des Unterrichtes nicht übersichtlich zu machen, und es muß darum selbst bei dem Interessiertesten zur ungeprüften Übernahme von Interpretationen kommen [....]"(Arntzen 1971, S. 200).

Gerade das wichtigste Ziel, nämlich eigenständiges Erkennen als angemessene Auseinandersetzung mit Satiren, wird dabei verfehlt. Es bietet sich daher besonders die literarische Kleinform (satirisches Gedicht, satirische Kurzgeschichte) für die Unterrichtsgestaltung an. Es muß aber deutlich gemacht werden, daß Satire nicht willkürlich als eine literarische Kleinform zu begreifen ist. Diese Gefahr besteht besonders, da eine große Zahl zeitgenössischer Satiren gerade in Form kurzer Prosatexte erscheint, etwa aus Zeitschriften in dieser Form vertraut ist. Aber: "Wenn in bestimmten Epochen vorzüglich die kürzere Vers- oder Prosaerzählung zur Fassung des Satirischen gewählt worden ist, so kann man daraus keine allgemeine Regel ableiten." (Pelster 1976, S. 115)

Geht es an die Behandlung bestimmter Satiren im Unterricht, sind nun bestimmte Punkte vom Lehrer zu beachten. Das Mittel des uneigentlichen Sprechens erfordert besondere Aufmerksamkeit. "Texte in uneigentlicher Sprechweise bieten erfahrungsgemäß immer große Schwierigkeiten, besonders wenn es darum geht, hinter dem vordergründig 'einfachen' Sinn den eigentlichen Intentionen des Autors nachzuspüren [....]" (Ulshöfer 1983, S. 320). Der Ironiker braucht ein Publikum, "[....] das die artistischen Feinheiten seiner geistesgeschichtlichen Anspielungen versteht. -Ironie als Seinsschau in der Schule zu behandeln, ist deshalb für mich das gewagteste Experiment...)" (Trautmann 1971, S. 98).

Der Angriff und das Wertesystem des Satirikers werden in der Satire nicht sichtbar. Der Satiriker stellt sich, als wolle er gar keinen Angriff starten, als beschreibe er etwa nur. Diese "fiktive oder fingierte Aussagesituatuon" aber konfrontiert den Leser mit einer Darstellung, die durch die Mittel der "Ironie, Parodie oder Travestie" deutlich zu verstehen gibt, daß uneigentliches Sprechen vorliegt. Der Autor, der in die Rolle eines fiktiven Erzählers schlüpft, täuscht doch den Leser nicht; schreibt er etwa eine Satire in Form einer Reportage, so "[....] gibt (er) dem Leser durch verschiedene Signale zu verstehen, daß er sie nicht als reale Information zu lesen hat" (Gerth 1977, S. 9).

Hier ist die besondere Aufmerksamkeit des Lehrers gefordert, der sich jederzeit im klaren sein muß, inwieweit die Schüler das Spiel des Autors durchschauen. Selbst wenn Schüler "Übertreibung als Ironiesignale" (Feinäugle 1982, S. 168) erkennen, heißt das nicht, daß sie den Wesensgehalt der Satire erfaßt haben. Die Ironie ist ja nur ein Mittel, sie ist ein Signal dafür, daß etwas unausgesprochen hinter den Zeilen steht. "Die Satire ist dem Mißverständnis vor allem deshalb ausgesetzt, weil sie im allgemeinen nur das negative Gegenbild zeigt [....]". Dies ist an den Signalen im Text zu erkennen und sodann das "implizierte positive Bild zu erschließen" (Pelster 1976, S. 116).

Das stark subjektive Element der Satire ("Satire ist anklagende Komisierung - also subjektive Sicht von vermeintlich Fehlerhaftem") bietet ein großes Problem. Es betrifft vor allem die Art der Auseinandersetzung mit der Realität, die der Satiriker leistet. "Kann er uns ein objektives Bild der Wirklichkeit geben? Nein." Der Satiriker zeigt auf den Schaden, er "[....] bauscht aber das als fehlerhaft Empfundene maßlos auf" (Trautmann 1971, S. 91). Die Darstellung der Satire ist bewußt verengt, übertrieben, vereinfacht. Die Satire schildert keine Wirklichkeit; "[....] wie in einem Simulator wird eine Situation durchgespielt, die auf Grund bestehender Verhältnisse so oder so ähnlich denkbar wäre" (Karthaus 1971, S. 118). Der Lehrer muß daran denken, daß nur der sachkundige Leser diesen übertriebenen Verweis auf tatsächliche Fehler erkennt; das verzerrte Bild kann auch für bare Münze genommen werden. "Satire verfestigt [....] klischeehafte Vorurteile bei mangelndem Sachwissen. Sie bildet also nicht nur, sondern verbildet auch." (Trautmann 1971, S. 95)

Zuletzt muß auch darauf geachtet werden, daß Satire bewußt verletzt, daß "[....] keinerlei Rücksicht darauf genommen (wird), ob das, was der Satiriker als Unwert bezeichnet, vielleicht für andere Menschen doch ein Wert sein könnte" (Trautmann 1971, S. 92f.). Je nach gewählter Satire (etwa zu politisch-weltanschaulichen oder religiösen Fragen) muß bedacht werden, daß Schüler sich verletzt fühlen können. Es muß für die Schüler die Möglichkeit bestehen, "[....] Texte, durch die man sich provoziert fühlt, spontan zu kritisieren" (Feinäugle 1982, S. 168). Ein angemessener Umgang mit der Satire kann sonst u.U. verbaut sein, weil eine weitere Beschäftigung grundsätzlich abgelehnt wird.

IV.12 Die Bedeutung des Themas als Bildungsinhalt

IV.121 Das Thema in den Richtlinien des Faches Deutsch

In diesem Abschnitt soll dargestellt werden, welche Aussagen die Richtlinien "Deutsch" bezüglich der Auswahl von Lerninhalten (d.h. bezüglich der Auswahl eines Kursthemas und der diesem Thema zuzuordnenden Unterthemen bzw. Gegenständen = Lerninhalte und Lernorganisation) machen. Dabei ist zu beachten, daß die Inhalte (und ebenso die Ziele) mit den lernorganisatorischen Bedingungen (z.B. fachspezifischen Arbeitsweisen / Einsatzmöglichkeiten bestimmter Unterrichtsmedien) abgestimmt werden müssen.

Themen des Faches Deutsch sind gemäß den Richtlinien "die kategorialen Aspekte des Verstehens und Verfassens von Texten" (vgl. Richtlinien Deutsch, S. 62f.).

Eine konkrete Unterrichtsplanung ist gebunden an die Lernziele des Faches, die ihrerseits anhand fachspezifischer Inhalte vermittelt werden. Diese Inhalte des

Faches Deutsch ergeben sich aus den drei Zielbereichen: "Sprechen und Schreiben", "Verstehen von Texten", "Reflexion von Sprache". Dementsprechend gelten die Texte (d.h. gesprochene oder schriftlich fixierte sprachlich strukturierte Gefüge, die ein wesentliches Element in einem Mitteilungs-, Verstehens- und Handlungsprozeß darstellen) und sprachwissenschaftliche / literaturwissenschaftliche Fragestellungen (die bei einer Auseinandersetzung mit diesen Texten auftreten) vorrangig als Inhalte des Faches Deutsch (Richtlinien Deutsch, S. 34).

Deshalb steht der Text als primärer Lerngegenstand im Mittelpunkt der Unterrichtsarbeit. Das "Verstehen von Texten" ist ein zentraler und wichtiger fachspezifischer Lernprozeß des Deutschunterrichts.

Beim "Verstehen" handelt es sich um einen aktiven Vorgang, denn in der Auseinandersetzung mit einem Text, seiner Struktur und seinem Zeichencharakter trifft das Vorverständnis des Lesers/Hörers auf eine andere Welt- und Daseinsdeutung. Verstehen bedeutet daher, daß sich das Bewußtsein des Lesers/Hörers in der Auseinandersetzung mit dem Text bestätigt, differenziert, vertieft, oder in Frage stellen läßt und verändert. D.h. im Prozeß des Verstehens von Texten wird das Vorverständnis des Schülers beeinflußt.

Diese Feststellungen sind insofern wichtig, als fiktionale Texte (zu diesen ist auch der Text Kinohelden" von Siegfried Sommer zu zählen) eine eigene Wirklichkeit konstituieren, die sich allerdings auf eine außer ihr liegende Realität bezieht (Richtlinien Deutsch, S. 35f.). Somit trifft das Vorverständnis des Schülers auf die in fiktionalen Texten entworfenen Wirklichkeitsmodelle, und diese fordern ihn zur Auseinandersetzung mit seinem eigenen Wirklichkeitsverständnis heraus. Ein Ziel des Verstehensprozesses ist deshalb die reflektierte Aufnahme der in dem jeweiligen fiktionalen Text enthaltenen Deutung von Welt- und Daseinserfahrung.

In fiktionalen Texten begegnen dem Schüler zudem ästhetische Vermittlungsformen, die sein eigenes Aussagepotential überschreiten und ihn zu genauer Beobachtung und Deutung herausfordern. Ein anderes Ziel des Verstehensprozesses ist deshalb die Erweiterung des Wahrnehmungsvermögens und der Interpretationsfähigkeit der Schüler. Ebenso dient das Verstehen von fiktionalen Texten der Horizonterweiterung des Schülers und seiner ästhetischen Sensibilisierung (Richtlinien Deutsch, S. 57).

Der Lernbereich "Verstehen von Texten im Bereich fiktionale Texte" geht also vom Schüler als dem Subjekt fachspezifischer Lernprozesse aus. Deshalb sind allgemeine didaktische Prinzipien zu beachten (Richtlinien Deutsch, S. 58): z.B. ist ein Vorgehen vom Einfachen zum Komplexeren bzw. vom Besonderen zum Allgemeinen notwendig, d.h. von der Analyse des Textes sollte es zur Auseinandersetzung mit weiterführenden Fragen gehen. Die Erfassung von Strukturen und Sachverhalten eines Textes soll zur Reflexion über Sprache und Literatur führen.

Konstitutiv für das Verständnis eines Textes sind demnach textinterne Faktoren und textexterne Bezüge (beispielsweise das Verhältnis von: Autor - Text / Text - gegenwärtiger Leser/ Text - außertextliche Wirklichkeit / Text in seiner Zugehörigkeit zu einer Gattung), die in eine Textanalyse einbezogen werden müssen (Richtlinien Deutsch, S. 76).

Gegenstände des Faches Deutsch sind also fiktionale Texte sowie sprachwissenschaftliche und literaturwissenschaftliche Fragestellungen, die dem Schüler in der unterrichtlichen Auseinandersetzung mit solchen Texten bewußt werden. Da die Texte z.B. eine bestimmte ästhetische Struktur aufweisen bzw. von erst zu erhellenden Gattungskriterien bestimmt werden, sind die Zugriffe einer derart gegenstandsorientierten Thematik: Erfassen eines Textes / Herstellen des Textverständnisses / Erläuterung fachspezifischer Sachverhalte (Richtlinien Deutsch, S. 74).

Textarten und Gattungen sollten im Unterricht zunächst phänomenologisch durch ein Erfassen von Strukturen beschrieben werden, wobei der sprachlichen Analyse eine besondere Bedeutung zukommt (Richtlinien Deutsch, S. 90). Zudem sollte dem Schüler die geschichtliche Gewordenheit dieser Strukturen gezeigt werden, indem der Unterricht mehrere Texte unterschiedlicher Entstehungszeiten behandelt.

Gerade durch die Auseinandersetzung mit Texten und bewußtgemachten sprachwissenschaftlichen und literaturwissenschaftlichen Fragestellungen wird der Schüler zu einem tiefergehenden Verständnis der Texte geführt. Dieses Verständnis betrifft die Struktur der Texte, ihre Struktur, ihren Vermittlungsmodus, ihre Funktion, sowie die Sprache in der Fülle ihrer semantischen (= Lehre von der Bedeutung sprachlicher Zeichen), syntaktischen (= Lehre vom Satzbau) und pragmatischen (= Lehre von den Zeichen, die den Tatsachen, den Erfahrungen und der Praxis des Lebens entsprechen, auf praktischen Nutzen gerichtet sind) Aspekte (Richtlinien Deutsch, S. 67).

Der Lernprozeß, in dem sich der Schüler mit fiktionalen Texten auseinandersetzt, vollzieht sich deshalb als komplexer Vorgang, in dessen Verlauf unterschiedliche Aspekte des Verstehens von Texten in je verschiedener Weise miteinander kombiniert werden. Diese Aspekte sind (Richtlinien Deutsch, S. 58f., Punkte (1) bis (4)):

(1) *Verstehen fiktionaler Texte in ihrer besonderen Struktur, in der Art ihrer Vermittlung und in ihrer ästhetischen Qualität*

Der Schüler soll z.B. mittels der Textanalyse fähig sein, die Thematik, sprachliche und formale Darstellungsmittel, Gesamtstruktur und Aussageabsicht in ihrer Interdependenz zu erfassen. Ausgangspunkt des Verstehens ist dabei immer der Text, welcher immanent-strukturell untersucht wird. Aufgabenstellungen dieses Themas sind beispielsweise (vgl. Richtlinien Deutsch, S. 65):
- Analyse der Konstituierung von Wirklichkeit
- Untersuchung der Strukturmerkmale (z.B. auf kompositorischer Ebene)
- Betrachtung des Zusammenhangs von Textstruktur und Aussageabsicht
- Erkennen der Vielschichtigkeit des Leserverstehens.

(2) *Einblick in die Entfaltung und Differenzierung von Textarten und literarischen Gattungen in ihrem geschichtlichen Zusammenhang*

Textarten, Gattungen und ihre Strukturen sowie der Vermittlungsmodus sind Ausdrucksmöglichkeiten, die von Autoren in jeweils besonderer Art ergriffen werden. Ihre Entfaltung und Differenzierung ist daher funktional zu erklären.

(3) *Einblick in literaturgeschichtliche Epochen*
Anhand von Intentionen, Themen und ästhetischen Kategorien, derer der Autor sich bedient, sind Ausdrücke geschichtlicher Bedingtheit und gesellschaftlichen Bewußtseins erkennbar.

(4) *Einblick in literarische Kommunikationsprozesse und Probleme der literarischen Wertung*
Entsprechend der Thematik unterliegt die Auswahl der fiktionalen Texte bestimmten Kriterien (Richtlinien Deutsch, S. 68f.)

(1) *Die thematische Relevanz*
Z.B. konfrontiert der Text Kinohelden den Schüler mit aktuellen Normvorstellungen und fordert ihn damit heraus, eigene Norm- und Wertvorstellungen zu reflektieren bzw. zu entwickeln. Zudem trägt der Text aufgrund seiner Thematik zur Herausbildung bzw. Förderung einer bewußten Lesehaltung bei und regt zur selbständigen Auseinandersetzung an.

(2) *Die Exemplarität des Textes in seiner Struktur und kommunikativen Struktur*
Anhand des Textes "Kinohelden" läßt sich z.B. der Zusammenhang von Textstruktur und Aussageabsicht ermitteln.

(3) *Die Exemplarität des Textes für eine Textart bzw. für eine spezifische Erscheinungsform einer Gattung*
Beispielsweise ist der Text "Kinohelden" aufgrund seiner Aussage und Struktur repräsentativ für eine bestimmte Textart bzw. Gattung.

(4) *Die geschichtliche Relevanz des Textes*
Der Text "Kinohelden" verarbeitet z.B. ganz bestimmte Motive, die einen entsprechenden geschichtlichen Zusammenhang repräsentieren.

(5) *Der Text als Anreiz zur Förderung der kommunikativen Kompetenz*
Der Text "Kinohelden" ist gut geeignet, die Verstehensfähigkeit des Schülers zu entwickeln, da der Schüler bei der Texterarbeitung Gelegenheit und Anreiz zur mündlichen Äußerung bekommt. Zudem bietet der Text die Möglichkeit zur Erkenntnis, daß der Mensch durch Sprache die Wirklichkeit differenziert wahrnimmt bzw. auf diese Wirklichkeit Einfluß nimmt.

IV.122 Der Bildungsinhalt des Themas in der fachdidaktischen Literatur: Warum Satire im Deutschunterricht?

Helmut Arntzens Aufsatz "Satire und Fachdidaktik", der zuerst 1966 erschien, ist ein vehementes Eintreten dafür, daß die Satire Einzug in den Deutschunterricht finden soll, ja finden muß (Arntzen 1971, S. 193ff.). Seit Mitte der sechziger Jahre wird das Thema "Satire" in fachdidaktischen Veröffentlichungen denn auch häufiger aufgegriffen. Inzwischen hat die Satire ihren festen Platz im Deutschunterricht. Die Richtlinien wie auch die Textauswahl neuerer Lesebücher legen davon Zeugnis ab (vgl. dazu die Übersicht bei Gerth 1977, S. 8f.).

Was Arntzen als Grund für den Einzug der Satire in den Deutschunterricht anführte, hat immer noch Gültigkeit: "Der kritische Aufschluß, den die Satire von der Wirklichkeit gibt, ist geeignet, Interesse, ja Bereitschaft für die Dichtung überhaupt zu wecken." Daher seine scharfe Kritik an einem Literaturunterricht, der die Satire quasi übersieht:"[....] ich negiere oder bagatellisiere nicht nur den deutlichen Stachel der Satire, sondern verharmlose die Dichtung als Ganzes, der jene notwendig zugehört, zum Lebensornament, dem ganz zu Recht das anhaltende Desinteresse der Schüler begegnet." (Arntzen 1971, S. 198) Gleich in welchem unterrichtlichen Zusammenhang Satire behandelt wird, sie erscheint wichtig für die Heranführung der Schüler an die Literatur insgesamt. "Überhaupt ist der satirische Text geeignet, zu kritischem Lesen zu erziehen, auch Nichtsatirisches wider den Strich zu lesen, durch Widerstände den wahren Gehalt oder die verbrämte Leere eines Gedichtes, einer Erzählung erfahrbar zu machen." (Arntzen 1971, S. 196)

Die Satire gilt also als Übungsfeld, denn was der Schüler beim Rezipieren einer Satire leistet, ist das, was "[....] jeder Leser leistet, wenn er einen Text rezipiert: er konfrontiert sein eigenes gesellschaftlich bedingtes Welt- und Wirklichkeitsmodell mit den Modellen der Vorlage und macht einen Gegenentwurf." Was aber beim Lesen anderer Texte vielleicht nicht bewußt wird oder auch schlicht unterlassen wird, ist beim Lesen einer Satire notwendig, da der Autor es in seiner Darstellung durch Überzeichnung von etwas offensichtlich Mangelhaftem geradezu herausfordert: "[....] eine Gegenposition zu beziehen und partiell eine Gegendarstellung zu entwerfen" (Meckling, 1983, S. 527).

Trotz bestimmter Schwierigkeiten mit dem Unterrichtsstoff "Satire" bietet es sich besonders an, hier dem Schüler exemplarisch den gewissenhaften Umgang mit Texten aufzuzeigen: "Gründliche Textarbeit übt sich leichter an Texten, die das Interesse der Schüler wachrufen, außerdem bietet die bei allen Verständnisschwierigkeiten im einzelnen doch recht augenfällige Komik der Satire einen vergleichsweise leichten Zugang zu den indirekten Ausdrucksweisen." (Ulshöfer 1983, S. 319) Zweitrangig ist es, an welchen Arten von Texten grundlegende Formen der Auseinandersetzung erprobt werden.

Gerade Satire sorgfältig im Literaturunterricht zu behandeln ist auch literaturgeschichtlich gerechtfertigt, ein weiterer Grund, den die fachdidaktische Literatur nennt, Satire im Unterricht nicht auszulassen. "Seit Lessing, seit dem Sturm und Drang ist das Satirische in der deutschen Literatur ein integrierter Bestandteil [....]". (Arntzen 1971, S. 198) Hinzu kommt dabei: "Satirische Texte nehmen im heutigen politischen und literarischen Leben einen Stellenwert ein, der es ratsam erscheinen läßt, die Schüler mit dieser Kunstform vertraut zu machen." (Arntzen 1971, S. 198) Was die Gegenwartsliteratur angeht, so ist das Umgehen mit der uneigentlichen Ausdrucksweise unverzichtbar: " [....] kaum ein Autor fiktionaler Literatur scheint sich mehr direkt ausdrücken zu wollen." (Ulshöfer 1983, S. 319) Das ist auch kein Wunder: "In einer Zeit [...], da auch der Protest als Ware verkäuflich geworden ist, wird es für den Schriftsteller immer schwerer, sich Gehör zu verschaffen." Immer aggressiver wird Literatur, verfällt oft auf die Satire: "Sie legt sich insbesondere nahe in einer von den Massenmedien beherrschten publizistischen Welt, die alles und jedes zur Ware nivelliert."

Satire bietet sich für den Unterricht damit weiterhin auch an, weil die Beschäftigung mit ihr für den Literaturunterricht die Gelegenheit bietet, den Rahmen einer sog. 'trockenen' Textarbeit, die keinen Bezug hat zur Wirklichkeit, geradezu mühelos zu durchbrechen. Die Satire lenkt ja den kritischen Blick auf Fehler in der Realität.

Indem Satire etwas Konkretes in der Realität angreift, hat sie einen starken Bezug zu dieser Realität. Je mehr das Angegriffene etwas ist, das sich im Laufe der Zeit ändern kann (etwa staatliche Verhältnisse, gar das tagespolitische Geschehen), je mehr erfordert der Umgang mit der Satire Kenntnis über diese Realität. Im Extremfalle kann gelten: "[....] die Satire ist aus ihrer historischen Stunde als Satire verstehbar; ist diese Stunde verstrichen, so ist der Satire-Charakter dahin" (Karthaus 1971, S. 117). Satire im Unterricht zu behandeln heißt damit, historisches Verstehen und seine Notwendikeit für ein angemessenes Literaurverständnis exemplarisch demonstrieren zu können.

Über alle momentanen Anforderungen des Literaturunterrichts, die es geraten erscheinen lassen können, sich der Satire zuzuwenden, legt sich eine Beschäftigung mit Satire aus erzieherischen Gründen nahe, was die fachdidaktische Literatur auch übereinstimmend annimmt (vgl. dazu etwa Feinäugle 1982, S 166). Jugendliche neigen oft zu radikaler Kulturkritik, ethischem Rigorismus oder zu einem Hang zu uneinsichtig negierendem oder bejahendem Engagement (vgl. Trautmann 1971, S. 95), was sie für Forderungen nach Abänderung in vieler Hinsicht empfänglich macht.

Diesen Forderungen nach Änderung, denen sich Jugendliche u.U. allzu kritiklos hingeben, muß ein Lehrer besondere Aufmerksamkeit schenken. Im Falle der Beschäftigung mit Satiren besteht Gelegenheit, den kritischen, bewußten Umgang mit solchen Forderungen zu erlernen. Denn Satiren liefern, abgesehen von Fällen, in denen sich politische Propaganda gezielt satirischer Mittel bedient, eigentlich keine Patentrezepte zum Handeln, dies schon bedingt durch ihre Indirektheit des Angriffs. "Die Funktion der Satire dürfte im übrigen weniger in einer direkten Handlungsaufforderung als in einer 'Sensibilisierung' gegenüber Mißständen zu sehen sein." Das schließt freilich "Motivation für Veränderungen" nicht aus, doch: "Die Konsequenzen im Handeln muß der Leser dagegen selbst ziehen" (Feinäugle 1982, S. 168f.). Als Angriff ernstgenommen muß also nach der "Relevanz" gefragt werden, die man einer Satire zuschreibt. Die Satire muß als "Diskussionsbeitrag" auf ihre "Stichhaltigkeit" (Feinäugle 1982, S. 168f.) hin untersucht werden, gegebenenfalls ist ihr entgegenzutreten. Dazu gehört auch, was den Angriff auf etwas als falsch Empfundenes angeht, die "Diskrepanz zwischen Wünschbarkeit und Realisierbarkeit" (Feinäugle 1982, S. 168) zu erkennen. Alles in allem eine wirksame Übung der Urteilsbildung und Selbstkontrolle (zu den Begriffen "Urteilsbildung" und "Selbstkontrolle" vgl. die Darlegungen bei Trautmann 1971, S. 95).

IV.2 Thema der Unterrichtsstunde
"Kinohelden" von Siegfried Sommer

Bei dem in der heutigen Unterrichtsstunde zu besprechenden Text "Kinohelden" handelt es sich um einen fiktionalen Text aus dem Bereich Film/Kino. Es kann erwartet werden, daß bei der Behandlung des Themas an Vorerfahrungen der Schüler angeknüpft werden kann. Der Text ist geeignet, dem Schüler Möglichkeiten der Wertorientierung, der kritischen Reflexion und der Identitätsfindung zu eröffnen (Richtlinien Deutsch, S. 56).

Bedenkt man die in der fachdidaktischen Literatur angesprochenen Aspekte des Unterrichtsthemas "Satire" und die Probleme, die sich aus der speziellen Situation dieser Klasse ergeben, so erscheint Siegfried Sommers Text "Kinohelden" in mehrfacher Hinsicht 'unverfänglich':

- Die Zusammensetzung der Klasse läßt keine einheitliche literarische Vorbildung der Schüler vermuten. Bei dem zeitgenössischen Text kann davon ausgegangen werden, daß alle Schüler mit dem Geschilderten vertraut sind.
- Es werden keine Fragen exklusiverer Bildungsgegenstände behandelt. Der Bereich "Kino / Western" dürfte jedem Schüler bekannt sein.
- Auch wenn eventuell ein Schüler 'Westernfan' ist, wird sich wohl niemand so verletzt durch den Text fühlen, daß der Zugang zum Text verstellt ist.
- Die Signale uneigentlicher Rede sind recht deutlich. Der Text ist nicht als objektive Darstellung / Beschreibung zu mißdeuten.
- Die offensichtliche Komik kann durchaus Spaß an der Arbeit mit dem Text erzeugen.

V. Ziele

V.1 Allgemeine Ziele der Richtlinien "Deutsch"

Die gymnasiale Oberstufe hat eine doppelte Aufgabe zu erfüllen (vgl. Richtlinien Deutsch, S. 16):

1. Sie muß dem Schüler eine wissenschaftspropädeutische Ausbildung vermitteln (d.h. eine vorbereitende Einführung in eine Wissenschaft geben).
2. Sie muß dem Schüler Hilfen zur Selbstverwirklichung in sozialer Verantwortung geben (d.h. der Deutschunterricht soll dazu beitragen, die Selbständigkeit und Mündigkeit des Schülers zu fördern, weswegen der Schüler als Subjekt der Lernprozesse zu verstehen ist).

Dementsprechend sollen die Schüler (vgl. Richtlinien Deutsch, S. 16 bis 18)

1. Prinzipien und Formen selbständigen Arbeitens beherrschen,
2. in grundlegende wissenschaftliche Verfahrens- und Erkenntnisweisen eingeübt sein,
3. in speziellere wissenschaftliche Verfahrens- und Erkenntnisweisen eingeführt werden,
4. sich inhaltlich mit Themen und Gegenständen des Faches Deutsch (als verbindliches Aufgabenfeld des sprachlich - literarisch - künstlerischen Bereiches für die gymnasiale Oberstufe) auseinandersetzen können.

Diese Ziele sind allerdings durch einen engen Zusammenhang von Unterrichts- und Erziehungsprozessen gekennzeichnet, die sich wechselseitig durchdringen und stets miteinander verbunden sind (vgl. Richtlinien Deutsch, S. 18).

Eine Selbstverwirklichung in sozialer Verantwortung ist durch folgende Punkte bedingt (vgl. Richtlinien Deutsch, S. 19f.):

1. Der Schüler muß bereit und fähig sein, sich mit anderen zu verständigen (z.B. muß der Schüler sich einer gemeinsamen Vorlage - einem Text - stellen und offen sein für neue, auch unbequeme, Wahrnehmungen bzw. Argumente).
2. Der Schüler muß bereit und fähig sein, mit anderen zusammenzuarbeiten.
3. Der Schüler muß bereit und fähig sein, sich mit Werten/ Wertsystemen auseinanderzusetzen, zu urteilen und sich zu entscheiden.

Dabei bestimmen drei traditionelle Lernbereiche des Deutschunterrichts die Ziele (vgl. Richtlinien Deutsch, S. 29):

A. Mündliche und schriftliche Kommunikation
B. Umgang mit Texten
C. Reflexion über Sprache.

Zu A: Der Deutschunterricht hat die Aufgabe, zugleich mit den sprachlichen Fähigkeiten der Schüler auch ihre Erkenntnis- und Darstellungsfähigkeit zu erweitern (z.B. muß der Schüler zur Kommunikation fähig sein; er muß Texte aus der Distanz des Referierenden wiedergeben können; er muß zur Diskussion fähig sein; er muß fachsprachliche Grundbegriffe richtig verwenden können).

Zu B: Die Schüler sollen in den Verstehensprozeß von Texten eingeführt werden bzw. darin gefördert werden. Lernziele im Umgang mit fiktionalen Texten wären beispielsweise (vgl. Richtlinien Deutsch, S. 30f.):

- Der Schüler soll zentrale Aussagen und Probleme des Textes erfassen und die Textintention begreifen.
- Der Schüler soll die Texte in ihrer besonderen Struktur und in ihrer ästhetischen Qualität verstehen.
- Der Schüler soll klären können, welche Verbindungen zwischen dem Dargestellten und eigenen Erfahrungen bzw. Vorstellungen bestehen und welche Verstehenshindernisse auftreten.
- Der Schüler muß sich gegebenenfalls mit Normen und Wertvorstellungen, die dem Text zu entnehmen sind, auseinandersetzen können.
- Der Schüler soll zur Aussageweise des Textes begründet Stellung nehmen können.
- Der Schüler muß in der Lage sein, fiktionale Texte als Modelle alternativer Wirklichkeitsgestaltung zu sehen.

Zu C: Der Schüler soll in der Lage sein, die Spannung zwischen individueller Sprachfähigkeit und Sprache als sozialem Gebilde bei sich selbst zu erfahren bzw. in der Erfahrung anderer nachzuvollziehen, wobei dieser Punkt deutlich über eine bloße Satz- und Textanalyse hinausgeht (vgl. Richtlinien "Deutsch", S. 31). Beispielsweise soll der Schüler unterschiedliche sprachliche Konstitutionen von Textarten erfassen können, Sprachebenen unterscheiden, oder grundlegende Funktionen der Sprache kennen und in ihrer Leistung beschreiben können.

Da die Sprache die fundamentale Voraussetzung und wichtigstes Medium menschlichen Handelns ist (vgl. Richtlinien "Deutsch", S. 32), dienen alle Prozesse des Deutschunterrichts dem übergeordneten Lernziel: Der Schüler soll die Befähigung zu sprachlichem Handeln entwickeln und erweitern. Zudem muß er sich als Wesen begreifen lernen, das im Blick auf sich selbst, auf die Welt und den Mitmenschen in und durch Sprache verantwortlich handelt (vgl. Richtlinien Deutsch, S. 41f.). Das bedeutet, der Schüler muß z.B. die in Sprache und Medien vermittelte Wirklichkeit wahrnehmen und beurteilen können. Er muß sich analytisch und kritisch mit Literatur in den verschiedensten Formen ihrer Vermittlung auseinandersetzen können und sich auf die literarisch vermittelten Entwürfe bzw. Deutungen von Wirklichkeit einlassen (vgl. Richtlinien Deutsch, S. 32f.).

Daher sind die Gegenstände des Faches Deutsch im sprachlich–literarisch–künstlerischen Aufgabenfeld Gestaltungen,

- die durch sprachliche und visuelle Zeichen und Zeichensysteme bestimmt sind und
- in denen Wirklichkeit als vermittelte Wirklichkeit erscheint, sowie
- die Verfahren und Erkenntnisweisen, die der Auseinandersetzung mit diesen Gestaltungen dienen.

Daher sollen folgende Lernziele verfolgt werden (vgl. Richtlinien Deutsch, S. 24f.):

- Der Schüler soll Sinn und Bedeutung dieser Gestaltungen und der Gestaltungsmittel methodisch analysieren können, sowie sein Verständnis artikulieren.
- Der Schüler soll sich, auch gemeinsam mit anderen, mit sprachlich / akustisch / visuell vermittelten Gestaltungen von Wirklichkeit im Hinblick auf seine persönliche Existenz bzw. auf gesellschaftliche Bezüge wertend auseinandersetzen können.

Der Deutschunterricht umfaßt demnach u.a. Lernerfahrungen, die Erkenntnis- und Handlungsmöglichkeiten auf der Basis differenzierter sprachlicher Deutungs- und Darstellungsfähigkeiten eröffnen sollen, sowie reflektierte Einsichten in die Geschichte und Struktur der deutschen Sprache (vgl. Richtlinien Deutsch, S. 26).

V.2 Ziele der Unterrichtsreihe

Die Stunde ist Teil einer Unterrichtsreihe, in der mehrere literarische Textgattungen (Kleinformen) besprochen werden sollen. Die zentrale Absicht der Unterrichtsreihe ist, die Schüler mit Grundbegriffen der Textsortentheorie bekannt zu machen. Sie sollen lernen, Texte in der Perspektive der Textsortentheorie zu analysieren. Die Kategorien der Textsortentheorie sollen auf die jeweiligen Textbeispiele angewendet werden. Dadurch sollen Perspektiven eröffnet werden, die für die Textinterpretation aufschlußreich sind.

Die Ziele der Unterrichtsreihe können auf folgende Weise bestimmt werden:

- Die Schüler sollen die Merkmale ausgewählter literarischer Textgattungen (Kleinformen) kennen: Kurzgeschichte, Satire, lyrisches Gedicht.
- Sie sollen grundlegende Begriffe der Textsortenanalyse kennen und auf Texte anwenden können.

Die Unterrichtsreihe gliedert sich in Unterrichtseinheiten. Die heutige Stunde ist die erste Stunde der auf drei Stunden angelegten Unterrichtseinheit "Satire".

V.3 Ziele der Unterrichtseinheit "Satire"

Die vorliegende Unterrichtseinheit soll zur Erarbeitung der Merkmale der Textgattung Satire führen. In welchem Umfang Elemente der Textsortentheorie zu erarbeiten sind, soll für die Unterrichtseinheit "Satire" im einzelnen noch nicht festgelegt werden. Die Ergebnisse sollen soweit wie möglich von den Schülern selbst gefunden werden. Erwartet wird allerdings, daß einige Kategorien schon in dieser Einheit erarbeitet werden. Bereiche der pragmatischen Dimension des Textes dürften durch die unübersehbare Kritikabsicht der Satire (moralische und ästhetische Kritik) schon bei der Besprechung von Siegfried Sommers "Kinohelden" erkannt werden. Es könnte auch herausgefunden werden, daß die Kommunikation mit Hilfe von Texten nicht nur von den Absichten des Autors (Kommunikators) bestimmt ist. Auch die Adressaten (Nutzer) verfolgen Absichten. Sie lassen sich auf die Kommunikation ein, um unterhalten zu werden, sich erbauen zu lassen, in kritischen Meinungen bestärkt zu werden, Rollenvorbilder und Orientierung zu finden usw.

Die Ziele der Unterrichtseinheit sind:

- Die Schüler sollen Wesen und Merkmale der Satire (Angriff - Norm - Indirektheit) kennen und die Satire mit ihrer Hilfe von anderen Texten unterscheiden können.
- Sie sollen Mittel satirischer Wirklichkeitsdarstellung (Komik, Ironie, Parodie, Travestie, Karikatur, Übertreibung, Groteske u.a.) kennenlernen und verstehen.
- Sie sollen grundlegende Begriffe der Textsortenanalyse kennen und auf satirische Texte anwenden können.
- Sie sollen mit dem kritischen Blick der Satire auf Mängel und Schwächen der Wirklichkeit blicken können.
- Sie sollen auch Satiren kritisch lesen können.

(vgl. hierzu auch Gerth 1977, S.10)

V.3 Ziele der Stunde

V.31 Grobziele

- Die Schüler sollen den Inhalt des Textes "Kinohelden" von Siegfried Sommer kennen.
- Die Schüler sollen die beiden Darstellungsebenen des Textes erkennen: Filmhandlung und Zuschauerverhalten.
- Die Schüler sollen die drei konstitutiven Merkmale (Angriff, Norm, Indirektheit) einer Satire exemplarisch am Text "Kinohelden" kennenlernen.
- Dabei soll den Schülern auch das Funktionale einer Satire am Text "Kinohelden" deutlich werden, und sie sollen Funktionen benennen können.
- Sie sollen die Mittel einer Satire kennenlernen und am Beispiel des Textes "Kinohelden" aufzeigen können.
- Die Schüler sollen die Ebenen Autor / Leser (Kommunikator / Rezipient) und Erzähler / Leser ('Pseudokommunikator' / Rezipient) unterscheiden können.

V.32 Feinziele

- Die Schüler sollen die im Text dargestellten beiden Handlungsverläufe (Inhalt von Filmhandlung und Zuschauerhandlung) sinngemäß wiedergeben können.
- Die Schüler sollen erkennen, daß der Film klischeehaft dargestellt ist und daß die Zuschauer sich unreflektiert mit der Handlung identifizieren.
- Sie sollen wissen, daß der Text "Kinohelden" eine Satire ist.
- Die Schüler sollen Belegstellen für satirische sprachliche Mittel des Textes nennen und erläutern können:
  Ironie ("sensationeller Banditenfilm" (Zeile 1 des Textes),
  Übertreibung (Ironiesignal: "16 Schüsse fallen, 18 Banditen sinken aus den Sätteln" Zeile 41/42),
  groteske Züge (Tod des Dreifinger-Bob; vgl. Zeile 47ff.)
  absurde Elemente (Pferd mit Taxameter; Zeile 39f.)
  karikaturhafte Elemente (Figur des Dreifinger-Bob)
  Parodie (ganze Filmhandlung)
- Die Schüler sollen diese sprachlichen Eigenheiten als Mittel / Signale der uneigentlichen Rede erkennen.
- Die Schüler sollen damit die Funktionalisierung des Erzählers erkennen ('Pseudo-kommunikator'; der Autor (Kommunikator) ist nicht mit dem Erzähler gleichzusetzen).
- Die Schüler sollen Elemente der ästhetischen und moralischen Kritik im Text "Kinohelden" erkennen und benennen können.
- Die Schüler sollen den Text als nur vordergründige Darstellung / fingierte Darstellung charakterisieren und die Notwendigkeit einsehen, daß die eigentliche Absicht des Autors zu erschließen ist.
- Die Schüler sollen die verzerrte und überzogene Darstellung als Hinweis auf tatsächlich existierende Mängel in der Wirklichkeit begreifen (Element des Angriffes und der Norm erkennen)
- Die Schüler sollen sich bewußt machen, daß das Erkennen der eigentlichen Absicht des Autors bzw. die Charakterisierung des Textes als Satire vor dem Hintergrund ihres eigenen Weltverständnisses, ihrer eigenen Weltkenntnis (Vorwissen) geschieht.
- Sie sollen Elemente der Textsortentheorie benennen und auf den Text anwenden können (Darstellungsebenen, Darstellungsabsicht (Kritik), Kommunikator-Rezipienten-Verhältnis).

VI. Methode

VI.1 Phasen des Unterrichts

Die Unterrichtsstunde beginnt nach einer kurzen Einleitungsphase mit dem Vorspielen der Tonbandaufnahme von Siegfried Sommers "Kinohelden". Damit soll eine erste Einführung in das Thema erfolgen (Einstimmung auf Satirisches). Hierauf folgen zwei Erarbeitungsphasen, die vorwiegend der Textsicherung dienen. In der ersten Erarbeitungsphase wird den Schülern der Text noch nicht vorgelegt. Sie vergegenwärtigen sich kurz den Inhalt auf gezielte Fragen des Lehrers. Für die zweite Erarbeitungsphase wird das Textblatt ausgeteilt. Diese Phase dient dazu, die verschiedenen Darstellungsebenen des Textes zu erkennen. In der dritten Erarbeitungsphase sollen die Schüler verschiedene sprachliche Mittel des Textes aufzeigen und benennen. In der vierten Erarbeitungsphase geht es darum, die kritischen Funktionen des Textes "Kinohelden" im einzelnen zu erfassen. In der abschließenden fünften Erarbeitungsphase sollen die verschiedenen Kommunikator - Rezipienten - Verhältnisse des Textes zur Sprache kommen: Autor (Kommunikator) / Leser, Erzähler ('Pseudokommunikator') / Leser zur Sprache kommen.

Es ist natürlich auch möglich - je nach Schülerreaktion - einzelne Phasen auszutauschen. Beispielsweise wenn ein Schüler schon früh erkennt, daß der Text "Kinohelden" 'etwas anderes meint als er sagt', wäre es möglich, die vierte Phase vor die dritte zu ziehen.

VI.2 Arbeitsformen

Die Sitzordnung wird U-förmig gewählt, damit es den Schülern erleichtert wird, einander direkt anzusprechen.

Bei der Durchführung der Unterrichtsstunde wird vor allem die frontale Unterrichtsweise Anwendung finden. Das geschieht insbesondere aus folgenden Gründen:

- Die Klasse ist recht heterogen, so daß der Lehrer bemüht sein muß, schwächeren Schülern den Anschluß zu ermöglichen.
- Bei dieser Stunde handelt es sich um die erste Stunde der Unterrichtseinheit. In ihr soll das Basiswissen für die folgenden Stunden erarbeitet werden. Für die folgenden Stunden wären andere Arbeitsformen durchaus wünschenswert, z.B. Partner- und Gruppenarbeit.

In der Hinführungsphase soll gezielt das 'Zuhören' gefördert werden. Die Schüler sollen - ohne sich Notizen zu machen - den Text zuhörend erfassen.

Gegebenenfalls kann es zu kürzeren Erläuterungen des Lehrers kommen, da nicht davon ausgegangen werden kann, daß beispielsweise sprachliche Mittel wie Ironie o.ä. allgemein bekannt sind.

VI.3 Strategien der Impulsgebung

Vor der Hinführungsphase wird den Schülern der Auftrag erteilt, genau zuzuhören. Für die folgenden Erarbeitungsphasen wird folgende Impulsstrategie angewandt. Die Impulse gehen vom Lehrer aus. "Der Umfang des Arbeisauftrags richtet sich nach dem Grad der methodischen Selbständigkeit der Schüler" (Richtlinien Deutsch, S. 75).

Zu Beginn der ersten Erarbeitungsphase sollen die Schüler zu einer kurzen Wiedergabe des Textes aufgefordert werden. Wird der Inhalt nicht angemessen wiedergegeben, ist ein korrigierendes Eingreifen notwendig.

In der zweiten Erarbeitungsphase liegt den Schülern das Textblatt vor. Sollte in der ersten Erarbeitungsphase deutlich geworden sein, daß einige Schüler den Inhalt des Textes noch nicht erfaßt haben, könnte der Text durch verschiedene Schüler gelesen werden.

Bei der Einleitung der verschiedenen Erarbeitungsphasen werden jeweils weitreichende Impulse gegeben (Hauptimpulse). Sie sollen den Aspekt des Themas, der in der Phase behandelt werden soll, global kennzeichnen (vgl. hierzu auch die Verlaufsplanung).

So weit wie möglich soll versucht werden, mit Hilfe offener Impulse (Tätigkeitsimpulse, Denkanstöße) das Schülerverhalten zu lenken. Nach den bisherigen Erfahrungen mit der Klasse werden vermutlich jedoch über größere Strecken des Unterrichts eng lenkende Impulse erforderlich werden.

Gegen Ende der Unterrichtsstunde erteilt der Lehrer die Aufforderung an die Schüler, die Ergebnisse mit Hilfe des Tafelbildes zusammenzufassen. Eventuell gibt der Lehrer kurze Erläuterungen.

VII. Medien

Siegfried Sommers "Kinohelden" soll mit Hilfe von zwei Medien präsentiert werden. Der Zugang zum Satirischen erfordert auch die Vermittlung über die gesprochene Sprache. Deshalb steht am Anfang eine Rezitation des Textes. Da das entsprechende Vorverständnis in der Regel fehlt, ist häusliche Stofferarbeitung zumeist sinnlos. Der Lehrer muß die Texte vor der Interpretation selbst vortragen. Von seiner Vortragsvirtuosität, ja, seiner Lust am Gegenstand und seiner Unterrichtslaune hängen in diesem Falle weitgehend Problemaufgeschlossenheit und Problemverständnis ab (Trautmann 1971, S. 87).

Um die Satire durch eine möglichst gute Rezitation des Textes als Satire nahebringen zu können, wird eine Tonkassette verwendet, die von dem Kollegen OStR Sch., der ein guter Rezitator ist, besprochen wurde.

Für die weitere Arbeit am Text wird ein Textblatt zur Verfügung gestellt. Dieses verfügt über eine Zeilennumerierung.

Die zentralen Ergebnisse der Arbeit am Text werden in einem Tafelbild festgehalten. Etwa folgende Darstellung an der Tafel ist vorgesehen:

linke Seite der Tafel:

Darstellungsebenen

Filmhandlung Zuschauerverhalten

Mittelteil der Tafel:

Merkmale der Satire

- Darstellung indirekt
- Angriff
- von Wertvorstellungen des Autors abhängig

Darstellungsmittel der Satire:
- Ironie: z.B: "sensationeller Banditenfilm"
- Übertreibung (Ironiesignal): z.B. "16 Schüsse fallen, 18 Banditen sinken"
- Parodie: die Filmhandlung
- absurde Elemente: z.B: Pferd mit Taxameter

rechte Tafelseite:

kritische Funktionen des Textes
- moralische Kritik:
  Gewalt in Western
  Frau als Gegenstand
- ästhetische Kritik:
  klischeehafte Darstellung der Wirklichkeit

VIII. Strategien zur Lernkontrolle

VIII.1 Schülerbeiträge

Die Kontrolle des Lernstandes der Schüler erfolgt in der Unterrichtsstunde über die mündlichen Beiträge der Schüler bei der Erarbeitung des neuen Inhalts. Auskunft über den Lernstand gibt auch, inwieweit die Schüler sich in der Lage zeigen, das in den unmittelbar vorangehenden Stunden Gelernte in den neuen Zusammenhang zu übertragen, z.B. die Beziehung von Autor / Leser (Kommunikator / Rezipient) und Autor / Erzähler (Kommunikator / 'Pseudokommunikator').

VIII.2 Hausaufgaben

Aufgrund der besonderen Situation entfallen Hausaufgaben (vgl. III.).

IX. Literatur

- Arntzen, Helmut: Satire und Deutschunterricht, in: Literatur im Zeitalter der Information, Frankfurt a.M. 1971, S. 193ff.
- Belke, Gerlind: Kommunikationstheoretische, semiotisch-linguistische Versuche der Typologisierung und Klassifizierung von Texten, in: Belke, Horst (Hrsg.): Literarische Gebrauchsformen, Düsseldorf 1973

- Brummack, Jürgen: Satire, in: Reallexikon der deutschen Literaturgeschichte, gegr. v. Paul Merkern und Wolfgang Stammler, 3.Band, P - Sk, Berlin/New York 1977, S. 601- 614
- Bünting, Karl-Dieter/Kochan, Detlef C.: Linguistik und Deutschunterricht, Kronberg/Ts. 1973
- Feinäugle, Norbert: Heinrich Böll "Nicht nur zur Weihnachtszeit", in: Literatur im Unterricht: Modelle zu erzählerischen und dramatischen Texten in den Sekundarstufen I und II, hrsg. von G. Haas, Stuttgart 1982, S. 156ff.
- Gerth, Klaus: Satire, Praxis Deutsch, Heft 22, 1977, S. 8ff.
- Gniffke-Hubrig, Christa: Textsorten-Erarbeitung einer Typologie von Gebrauchstexten in der 11. Klasse des Gymnasiums, Der Deutschunterricht 24(1972)1, S. 39- 52
- Hinck, Walter (Hrsg): Textsortenlehre - Gattungsgeschichte, Heidelberg 1977
- Knörich, Otto: Einleitung in: Formen der Literatur in Einzeldarstellungen, hrsg. von Otto Knörich, Stuttgart 1981
- Karthaus, Ulrich: Humor - Ironie - Satire, Der Deutschunterricht 23(1971)6, S. 104ff.
- Meckling, Ingeborg: Leseorientierter Deutschunterricht, in: Handbuch Deutschunterricht, Bd. 2: Literaturdidaktik, hrsg. von P. Braun und D. Krallmann, Düsseldorf 1983, S. 526f.
- Pelster, Theodor: Die Satire - Die Rezeption von Kritik, in: Epische Kleinformen - Methoden der Interpretation, Düsseldorf 1976, S. 112ff.
- Richtlinien für die gymnasiale Oberstufe in Nordrhein-Westfalen - Deutsch, hrsg. vom Kultusminister des Landes Nordrhein-Westfalen, Frechen 1982
- Seifert, Walter: Literarische Prosaformen im Unterricht, in: Fachdidaktik Deutsch, hrsg. von B. Sowinski, Köln/Wien 2. Aufl. 1980, S. 240ff.
- Stocker, Karl (Hrsg.): Taschenlexikon der Literatur- und Sprachdidaktik, Band M - Z, Kronberg 1976
- Trautmann. Werner: Das 'Komische', 'Satirische', 'Ironische', 'Heitere' - in Theorie und Unterricht, Der Deutschunterricht 23(1971)6, S. 86ff.
- Ulshöfer, Ingrid: Formen der gesellschaftskritischen Satire (Ein Jahrgang in Klasse 11), in: Handbuch Deutschunterricht, Bd. 2: Literaturdidaktik, hrsg. von P. Braun und D. Krallmann, Düsseldorf 1983, S. 319ff.
- Weber, Dietrich: Die Satire, in: Otto Knörich (Hrsg.): Formen der Literatur in Einzeldarstellungen, Stuttgart 1981
- Ziesenis, Werner: Textlinguistik und Didaktik, in: Taschenbuch des Deutschunterrichts. Grundfragen und Praxis der Sprach- und Literaturdidaktik, Band 1: Grundlagen - Sprachdidaktik - Mediendidaktik, hrsg. von Günter Lange, Karl Neumann und Werner Ziesenis, Hohengehren 4. Aufl. 1990

(Entwurf von Dunja Bielert, Holger Lach, Katharine Loheide, Universität Münster)

X. Anlage: Text “Kinohelden” von Siegfried Sommer

Es handelt sich um den sensationellen Banditenfilm "Morgenstund hat Blei im Schlund".

So etwas beginnt meistens mit einem galoppierenden Reiter, der, auf der Leinwand von rechts unten kommend, in die billigen Parkettplätze hineinsprengt. Im Hintergrund die blauen Berge. Mit fünf Schritt Abstand folgt des Helden getreuer, aber älterer Freund, der nur drei Finger hat, einen Bart wie wildgewachsenes Sauerkraut und einen knochentrockenen Humor. Nachdem die zwei durch eine aufspritzende Flußfurt parforciert sind, gelangen sie auf die staubige Hauptstraße von Bloody Hill. Dort binden sie ihre Mustangs an ein Geländer, das unter dem Balkon angebracht ist. Dies ist notwendig, weil im dritten Akt eine Szene vorkommt, bei der sie mit gegrätschten Staffelbeinen aus dem Zimmer der Colorado-Lilly direkt auf die parkenden Pferderücken springen. Die geduldigen Rösser versinken dabei nicht, wie erwartet, bis zum Sattelknauf im roten Sand von Arizona, sondern wiehern entzückt und sind nicht mehr einzuholen. Auch nicht von Bill McGovern und seiner Bande.

Vorerst aber steht der Held an der Bar und läßt sich von der mäßig beleumundeten Lilly bedienen, die aber absichtlich so tief gesunken ist, weil sie für ihren kranken Bruder Geld verdienen muß.

Plötzlich kommt ein Schurke und sagt: "Was, du willst mir einen Drink ausschlagen? Kalkuliere, dir gefällt meine Visage nicht!" Daraufhin schütten sie sich gegenseitig aus Sechszehntelgläsern den Whisky zu, ohne jedoch den Mund zu treffen. Dann folgt ein Boxkampf, den man bis San Antonio (Bezirksamt Kneetown) hört. Kaum ist des Bösewichts Faust gesättigt, greift sie tückisch nach dem Colt. Das sieht natürlich der Dreifinger-Mann im großen Spiegel über der Bartheke. Blitzschnell zieht er seine Kugelspritze und pumpt den schuftigen Slim so voll Blei, daß dieser in Anbetracht seines erhöhten spezifischen Gewichts zwangsläufig zu Boden geht. Durch seine Brust scheinen die letzten Strahlen der Abendsonne.

Rauschendes Aufatmen zeugt von der Genugtuung der Zuschauer. Die männlichen werden von ihren Bräuten prüfend am Oberarm angefaßt.

In der Schlußszene geht der Dreifinger-Bob mit gemäßigten Chippendale-Beinen durch die menschenleere Hauptstraße; denn im Gefängnis schmachtet sein einziger Freund. Dieser aber entdeckt im letzten Augenblick, bevor er gehängt werden soll, daß die Zellenstäbe genau so weit auseinander sind, um den Wächter mühelos heranzulocken, niederzuschlagen und der Schlüssel zu berauben. Sein Pferd steht schon seit Tagen mit eingeschaltetem Taxameter an der hinteren Tür.

Nunmehr beginnt es zu knallen. 16 Schüsse fallen, 18 Banditen sinken aus ihren Sätteln. Der Ausbrecher trägt Wildlederhandschuhe und schießt aus der Hüfte. Nach der letzten Patrone bläst er das Rauchwölkchen von der Revolvermündung und galoppiert zur Lilly. Er legt die Aufschluchzende quer vor sich über den Sattel wie einen blonden Sack. Dann reitet er in den Abend hinein, knapp an der Sonne vorbei. Den Dreifinger-Bob aber, der den Abmarsch deckte, hat's erwischt. Mit fünf Unzen Blei in der Milzgegend macht er sich auf die große Reise. Sterbend verlangt er noch eine auf C-Dur gestimmte Mundharmonika, um dem jungen Paar das letzte Liebeslied zu spielen. So treu ist er.

124 junge Helden verlassen stumm und mit schleppenden Schritten das Kino. Schurken sind auch darunter. Well.

5.642 Verlaufsplanung

Verlaufsplanung: Deutsch / Satire, Jahrgangsstufe 11/1

Zeit	Geplantes Lehrerverhalten	Erwartetes Schülerverhalten	Ziele/Phasen	Inhalt	Methode	Medien	Didaktischer Kommentar
0	Begrüßung Einleitung: "Wir befassen uns heute mit einem Text, den wir näher analysieren wollen."		Einstieg		globaler Impuls (Hauptimpuls)		
1.00	L. schaltet Kassettenrecorder ein.	Sch. hören zu.	Einstieg (erste Präsentation des Textes)	satirischer Text : "Kinohelden" von Siegfried Sommer	medienvermittelte Demonstration	Kassettenrecorder, Tonkassette	Professionelle Rezitation des Textes durch einen Schauspieler soll den Schülern Anmutungen der Textsorte "Satire" nahebringen.
6.00	"Wer kann zusammenfassen, um was es in diesem Text geht?" "Wir wollen uns das näher anschauen und versuchen, die einzelnen Textteile näher zu analysieren."	"Es handelt sich um eine ironische Darstellung des Westernfilms."	Erarbeitung I		Bekräftigung des Hauptimpulses·		Ein erster analytischer Zugang zum Text soll hergestellt werden (Um was geht es?).
7.00	L. teilt Textblatt aus.	Sch. beginnen, den Text zu lesen.	Erarbeitung II: genaue Übersicht über den gesamten Text			Textblatt	
9.00 9.30	"Welche Aufteilung könnte man vornehmen, wenn man sich die Struktur des Textes anschaut? Welche Darstellungsebenen, welche zwei Darstellungsebenen kann man unterscheiden?" L. beginnt mit dem Entwurf eines Tafelbildes	Schüler erkennen die globale Einteilung des Textes: - Darstellung der Filmhandlung und - Beschreibung des Zuschauerverhaltens	LZ: Sch. sollen zwei Darstellungsebenen des Textes unterscheiden können. LZ: Sch. sollen Merkmale satir. Texte nennen können.	Darstellungsebenen des Textes - Merkmale der Satire - kritische Funktion der Satire	Lehrgespräch medienvermittelte Demonstration	Tafelbild: Darstellungsebenen - Filmhandlung - Zuschauerverhalten Tafelbild wird nach und nach weiterausgearbeitet.	Bei der Benennung der Darstellungsebenen kann an bereits Bekanntes angeknüpft werden. Daß Texte verschiedene Darstellungsebenen haben können, wurde bereits früher besprochen.
28.00	Nachfrage nach Belegstellen: "Wir wollen nun versuchen, einige Belegstellen für satirische Formulierungen in unserem Text "Kinohelden" zu finden."	Schüler nennen einige Belegstellen und erläutern den satirischen Charakter der Formulierungen.	Erarbeitung III LZ: Sch. sollen satir. Formulierungen des Textes angeben können.	im Text verwendete sprachliche Mittel zur Erzeugung satirischer Bedeutungen	Lehrgespräch	Textblatt Tafelbild	

Verlaufsplanung: Deutsch / Satire, Jahrgangsstufe 11/1

Zeit	Geplantes Lehrerverhalten	Erwartetes Schülerverhalten	Phasen	Inhalt	Methode	Medien	Didaktischer Kommentar
32.00	Nachfrage nach kritischer Funktion des Textes "Kinohelden": "Der Autor beschreibt offenbar nicht lediglich Sachverhalte. Er übt Kritik. Was greift er nun im einzelnen an?"	Schüler äußern sich zur Gewalt in Westernfilmen. Sie nennen das Klischeehafte der Filmhandlung	Erarbeitung IV LZ: Sch. sollen kritische Funktionen des Textes "Kinohelden" nennen können.	kritische Funktion des Textes "Kinohelden": moralische und ästhetische Kritik	Lehrgespräch	Textblatt Tafelbild	
38.00 45.00	"An wen wendet sich eigentlich der Autor des Textes und auf wen möchte er Einfluß nehmen?"	Schüler unterscheiden zunächst Autor und Leser des Textes "Kinohelden". Sie erkennen dann auch, daß auf ein anderes Autor-Rezipienten-Verhältnis Einfluß genommen werden soll, nämlich auf das Verhältnis von Westernkommunikator und Rezipienten von Westernfilmen.	Erarbeitung V Sch. sollen kommunikationstheoret. Elemente nennen können: Autor/Leser, Erzähler/leser, Westernkommunikator/ Zuschauer	Kommunikationsstrukturen des Textes "Kinohelden"	Lehrgespräch	Textblatt Folie mit Gewaltszenen in Film und Wirklichkeit	Insbesondere in dieser Phase des Unterrichts sind Schwierigkeiten zu erwarten. Zwei Kommunikator-Rezipienten-Beziehungen sind zu unterscheiden: - Autor / Leser - Erzähler/Leser. Ein weiteres Kommunikator-Rezipienten-Verhältnis ist Gegenstand der Satire: Westernkommunikator / Zuschauer. Vor allem um schwächeren Schülern den Zugang zu diesem Inhalt zu erleichtern, wird der Einsatz einer Foliendarstellung vorgesehen. Das einfache Bildmedium zeigt einen Inhalt, der über die gleiche Kommunikationsstruktur berichtet wie die Satire "Kinohelden".

6. Unterrichtsbeobachtung *(Ingbert von Martial)*

Die Einführung in die Beobachtung von Unterricht gehört zum unverzichtbaren Bestand der schulpraktischen Ausbildung der Lehrer. Von Übungen zur Unterrichtsbeobachtung können Ausbildungswirkungen erwartet werden, die der Entwicklung von Lehrbefähigung dienlich sind.

6.1 Beobachtung und Wahrnehmung

Eine Beobachtung ist eine gezielte Wahrnehmung. Sie unterliegt daher den Mechanismen und Gesetzmäßigkeiten des Wahrnehmungsprozesses. Die Beobachtung von Unterricht richtet sich auf die Aktivität von Personen. Sie ist daher von den besonderen Gegebenheiten der sozialen Wahrnehmung abhängig.

6.11 Die Selektivität der Wahrnehmung

Wahrnehmungen besteht nicht, wie eine naive Abbildtheorie annehmen könnte, in einer passiven Übernahme von Information, die außerhalb unserer Psyche schon fertig aufbereitet vorhanden ist. Wahrnehmen ist vielmehr ein aktiver gestaltender Vorgang, an dem nicht nur unsere Sinne, sondern unsere ganze Persönlichkeit beteiligt sind. Was wir wahrnehmen und wie wir die wahrgenommenen Inhalte verarbeiten ist abhängig

- von dem Wissen, über das wir verfügen,
- unsere Einstellungen und Werthaltungen
- unsere Bedürfnisse und
- Urteile über andere Personen.

Unter dem Einfluß dieser Faktoren entstehen relativ stabile Vorgaben, mit denen der Wahrnehmende der Umwelt gegenübertritt. Nicht alle Inhalte, die von den Rezeptoren unserer Sinne aufgenommen werden, werden tatsächlich wahrgenommen. Die genannten Vorgaben wirken als Filter, mit dessen Hilfe bestimmte Sinneseindrücke für die Wahrnehmung und die Weiterverarbeitung der wahrgenommenen Information auswählt.

Die Vorgaben, mit denen wir unserer Umwelt in der Wahrnehmung begegnen, sind abhängig von den Besonderheiten der individuellen Person, der Gruppen- und der Kulturzugehörigkeit.

6.12 Besonderheiten der Wahrnehmung von Personen

Die Wahrnehmung von Personen unterliegt im Gegensatz zur Dingwahrnehmung einigen Besonderheiten:

- Personen werden vom Beobachter als agierende und reagierende Partner eines faktischen oder möglichen interaktiven Kontaktes erlebt.
- Mit der Wahrnehmung einer Person als faktischer oder möglicher Interaktionspartner ist ein Anreiz zur Stellungnahme und Beurteilung verbunden.
- In der Beobachtung werden äußere Gegebenheiten wie Erscheinung, Ausdruck, Sprache und Handlung wahrgenommen. Die Intention der Beobachtung zielt jedoch in erster Linie auf psychische Eigenschaften, auf Wissen, Fähigkeiten, Motive, Einstellungen und Gefühle, welche aus den äußeren Gegebenheiten erschlossen werden sollen.

Auch in die Personwahrnehmung bringt der Beobachter spezifische Vorgaben ein. Aus der Gesamtmenge der äußeren Eindrücke werden unter dem Einfluß von Vorgaben bestimmte Informationen selegiert und schließlich zu einer Faktenfeststellung verarbeitet, die häufig mit einer (zumindest unausgesprochenen) Beurteilung verbunden ist.

Die sich aus der Beobachtung ergebende Feststellung von Merkmalen einer Person ist in einem beachtlichen Umfang von Eigenheiten des Beobachters abhängig. Das kann zu Fehlern und Verzerrungen in der Beurteilung führen.

6.2 Formen der Beobachtung

Unterschieden werden können

- die naive Beobachtung und
- die systematische Beobachtung.

6.21 Die naive Beobachtung

Als naive Beobachtung wird die unmittelbare, alltägliche oder spontane Beobachtung bezeichnet. Sie ist abhängig von der jeweiligen Lebenssituation und deren Zufällen ausgesetzt. Dennoch hat auch der naive wahrnehmende Zugang zu den Gegenständen für die wissenschaftliche Beobachtung insofern eine gewisse Bedeutung, als sie die Orientierung auf den Gegenstand der Beobachtung ermöglicht und seine Lokalisierung im Beobachtungsfeld einleitet.

6.22 Die systematische Beobachtung

Die wissenschaftliche Beobachtung zielt auf die Ausschaltung des Zufälligen. Der Gegenstand soll im Hinblick auf die jeweiligen Fragestellung umfassend und systematisch erfaßt werden. Es lassen sich

- die direkte und
- die indirekte Form

der systematischen Beobachtung unterscheiden.

Die *indirekte Beobachtung* benutzt Informationen, die in der Sammlung, Zusammenstellung, Sichtung und Auswertung von Sekundärmaterialien (historische Dokumente, statistische Angaben, ethnologische Berichte etc.) gewonnen wurden.

Die *direkte Beobachtung* entnimmt ihre Inhalte originärem Material. Von direkter Beobachtung wird gesprochen, wenn der Beobachter einen direkten Zugang zum Beobachtungsfeld hat, er also im Beobachtungsfeld selbst anwesend ist.

Beobachtungen werden auch danach unterschieden, ob es sich um

- eine teilnehmende oder
- eine nichtteilnehmende Beobachtung

handelt.

Die *teilnehmende Beobachtung* ist durch einen hohen Grad der Partizipation des Beobachters gekennzeichnet. Dieser nimmt aktiv an dem Geschehen teil, in den das zu beobachtende Objekt eingebunden ist. Ein Problem der teilnehmenden Beobachtung ist, daß der Beobachter an der Gestaltung der zu beobachtenden Situation direkt beteiligt ist. Er verändert sie in einem gewissen Umfang. Das schränkt die Möglichkeit der Kontrolle der Bedingungen, unter denen objektive Beobachtungsdaten gewonnen werden können, ein.

Im Gegensatz zur teilnehmenden Beobachtung weist die nichtteilnehmende Beobachtung einen niedrigen Grad der Partizipation des Beobachters auf. Der Beobachter ist hier nicht im Feld des Objekt der Beobachtung anwesend. Er wirkt also nicht direkt auf das Objekt der Beobachtung ein. Dennoch sind auch hier unerwünschte, das Ergebnis verfälschende Einflußnahmen nicht ganz auszuschließen. Das gilt vor allem dann, wenn mit der Beobachtung eine für das Objekt der Beobachtung erkennbare Ausnahmesituation verbunden ist.

6.3 Die Erfassung des Unterrichts durch Beobachtung

Die Unterrichtsbeobachtung hat die Aufgabe, ein konkretes Unterrichtsgeschehen mit Hilfe von geeigneten Beobachtungskategorien und -meßverfahren zu erfassen. Oft soll zudem festgestellt werden, ob die Ziele des Unterrichts erreicht wurden, Methoden oder Medien die vermutetete Wirksamkeit entfalteten, wie erfolgreich der Lehrer unterrichtete. Unterrichtsbeobachtung soll also auch die Ermittlung von Daten ermöglichen, die Grundlage einer Beurteilung werden können.

Bei der Unterrichtsbeobachtung stellt sich immer die Aufgabe, das Verhalten von Personen zu erfassen. Es geht hier vor allem auch um die interaktive Dimension des Unterrichts, d. h. die wechselseitige Einwirkung des Verhaltens von Lehrern und Schülern aufeinander.

Die konkreten Beobachtungen sind exakt festzuhalten. Eine willkürliche Auswahl aus der Fülle des Beobachtungsmaterials muß vermieden werden.

Die Beobachtung von Unterricht dient im Rahmen der schulpraktischen Studien der Ausbildung unterrichtspraktischer Befähigungen. Sie soll eine Aufgabe in einer Phase der Lehrerausbildung.erfüllen, in der der Schwerpunkt im unterrichtspraktischen Bereich liegt und eine Verbindung von theoretischer Ausbildung und Unterrichtspraxis gesucht wird. Auch diese Ausbildungsphase ist Teil des wissenschaftlichen Studiums. Die Beobachtung des Unterrichts muß daher wissenschaftlichen Maßstäben gerecht werden. Wer Unterricht beobachtet, muß versuchen, seine subjektive Beteiligung am Geschehen und den an diesem Geschehen beteiligten Personen soweit zurückzunehmen, daß sie die Erfassung der Daten nicht verfälscht.

- In der Lehrerausbildung bietet die Beobachtung von Unterricht daher eine Gelegenheit, das in der theoretischen Belehrung erworbene Wissen mit konkreten Erscheinungen des Unterrichts in Verbindung zu bringen.
- Ein Wechsel von theoretischer Belehrung und Unterrichtsbeobachtung ermöglicht es, die konkrete Bedeutung unterrichtstheoretischer Begriffe zu erfassen.
- Es wird ferner die für die praktische Unterrichtstätigkeit unerläßliche Befähigung geschult, Unterrichtsvorgänge schnell und gezielt zu erfassen und in ihrer Bedeutung einzuordnen.

Im Rahmen der schulpraktischen Studien sind drei Formen der Unterrichtsbeobachtung verbreitet,

- die Beobachtung bei Hospitationen
- die Beobachtung von Unterricht, der auf Videoband aufgezeichnet wurde, und
- die (Selbst-)Beobachtung des vom Beobachter selbst durchgeführten Unterrichts.

Die Beobachtung von Unterricht mit Hilfe von Videoaufzeichnungen ist eine nichtteilnehmende Beobachtung. Die Beobachtung von Unterricht bei Hospitationen kann ebenfalls als nichtteilnehmende Beobachtung verstanden werden. Die im Raum anwesenden Beobachter sind nicht direkt an dem beobachteten Unterricht beteiligt. Allerdings wird durch ihre bloße Anwesenheit das Geschehen von Lehrer und Schülern als Ausnahmesituation erfahren. Obwohl die Beobachter sich nicht einmischen, ist eine gewisse Beeinflussung des beobachteten Unterrichts durch die Beobachtung nicht auszuschließen. Eine gewisse Einflußnahme durch die Besonderheit der Situation ist, wenngleich auch in geringerem Umfang, für den auf Videoband aufgezeichneten Unterricht nicht auszuschließen. Die Beobachtung des vom Lehramtskandidaten selbst durchgeführten Unterrichts ist eine teilnehmende Beobachtung.

Die am Beginn der Ausbildung stehende Unterrichtsbeobachtung wird zumeist eine naive Beobachtung sein. Hier geht es zunächst um die Sammlung von Eindrücken und das erste Erfassen von prozeßrelevanten Elementen. Zunehmende Erfahrung in der Beobachtung und Fortschritte bei den unterrichtstheoretischen Kenntnissen werden jedoch zunehmend eine strukturierte und systematische Unterrichtsbeobachtung möglich machen.

6.4 Beobachtungsaufgaben und Unterrichtsprotokolle

Die Befähigung zur Selbstbeobachtung bei der Durchführung des Unterrichts wird verbessert durch Übungen in der Beobachtung von Unterricht, der von anderen durchgeführt wurde. In den schulpraktischen Studien steht daher die Fremdbeobachtung am Anfang.

Unterricht ist ein komplexes Geschehen. Bei der Beobachtung einer Unterrichtsstunde oder von Ausschnitten einer Unterrichtsstunde fallen auch dann zahlreiche

Daten an, wenn die Beobachtung sich auf einzelne Elemente des Unterrichts konzentriert. Die Sammlung der Daten wird in einem Unterrichtsprotokoll festgehalten. Das Protokoll kann freihändig erstellt werden. Von Vorteil sind jedoch gut strukturierte Beobachtungsbögen.

Wann in den schulpraktischen Studien die Beobachtung von Unterricht geübt wird, hängt von ihrem Aufbau ab. Gelegenheit zur Unterrichtsbeobachtung bieten

- der Einsatz von Videoaufzeichnungen von Unterrichtsstunden (Unterrichtsmitschau) oder
- die Hospitation im Rahmen von semesterbegleitenden Veranstaltungen mit Schulbesuchen oder im Blockpraktikum.

Die Beobachtung des Unterrichts bei der Hospitation ist vor allem für ungeübte Beobachter schwierig. Wichtige Einzelheiten werden leicht übersehen. Die beste Möglichkeit zur genauen Erfassung einer Unterrichtsstunde bieten Videoaufzeichnungen von Unterricht. Hier sind mehrere Durchgänge der Beobachtung leicht zu realisieren.

Unabhängig davon, wo und mit welchen Mitteln die Beobachtung von Unterricht durchgeführt werden kann, werden die Beobachtungsaufgaben und die zu erstellenden Protokolle je nach Gelegenheit und Ausbildungsstand variieren.

6.41 Die Erfassung des Verlaufs und einzelner Elemente des Unterrichts

Die Befähigung zu einem zunehmend präziseren Zugriff auf unterrichtliche Vorgänge läßt sich im Rahmen der schulpraktischen Studien durch gestufte Anforderungen realisieren.

- Am Anfang stehen mehr oder weniger naive Beobachtungen unterrichtlicher Verläufe.
- Daran schließen Beobachtungsaufgaben an, die schwerpunktmäßig einzelne Elemente des Unterrichts zu erfassen suchen. Zu nennen sind hier
  - das Lehrerverhalten, das in seinen gestischen, mimischen und verbalen Äußerungen erfaßt werden muß,
  - das Schülerverhalten, das auch möglichst umfassend erfaßt werden sollte,
  - zunächst gesondert verschiedene Elemente des Unterrichts, Ziele, Themen, Methoden, Medien.
- Schließlich kann sich die Beobachtung auch dem Aufbau des Unterrichts insgesamt zuwenden und der Art und Weise, in der das Unterrichtsgeschehen stattfindet und abläuft.

Für die Bewältigung der Beobachtungsaufgaben mit Hilfe eines Protokolls ist ein geeigneter Beobachtungsbogen hilfreich. Wie ein durch einen Beobachtungsbogen strukturiertes Protokoll aussehen könnte, läßt sich dem Beispiel in Kapitel 8.4222 entnehmen.

6.42 Formbogen "didaktisches Profil einer Unterrichtsstunde"

Didaktisches Profil einer Unterrichtsstunde

Skala: 0 5 10 15 20 25 30 35 40 45 50

- ***Ziele***
  - kognitive Ziele
  - psychomotorische Ziele
  - normative Ziele
    moralische (1), ästhetische (2), technisch-organisatortische (3)
- **Thematik**
  - Information
  - Technik
  - Normen
  - Verhaltensweisen
- **Aktionsformen des Lehrens**
  - Lehrervortrag
  - Lehrerdemonstration
    Zeigen (1), Vormachen (2), Experimentieren (3)
  - Lehrerimpulse
    Tätigkeit herausfordernd (1), inhaltlich akzentuiert (2), Lenkung des Verlaufs (3)
- **Aktionsformen des Lernens**
  - Schülervortrag
    Bericht (1), Vorlesen (2), Rezitation (3)
  - Schülerdemonstration
    Zeigen (1), Vormachen (2), Experimentieren (3)
  - Schülerimpulse
- **Sozialformen**
  - Lehrgespräch (1), Unterrichtsgespräch (2)
  - Spiel
  - Gruppenunterricht
  - Partnerarbeit
  - Einzelarbeit
- **Arbeitsphasen**
  - Einstieg, Motivation
  - Erarbeitung
  - Wiederholung
  - Zusammenfassung
  - Übung, Anwendung
  - Einordnung, Ausblick
- **Medien**
  - Tafel
  - Buch
  - Tageslichtschreiber
  - Arbeitsblatt, Textblatt
  - Experimentiermaterial und -gerät
  - sonstige ....

7. Zur Beurteilung von Unterricht

In der Ausbildung der Lehrer ergeben sich Anlässe, die unterrichtspraktische Befähigung zu beurteilen. Vor allem in der zweiten Phase der Lehrerausbildung finden sich diese Anlässe relativ häufig. Hier ist nicht nur an Prüfungssituationen in Gestalt von Lehrproben zu denken. Auch die Besprechung einer Stunde mit dem Mentor oder mit Kollegen im Referendariat wird oft zumindest in Teilaspekten zu einer Beurteilung führen. Eine sachgerechte Beurteilung und eine damit verbundene Beratung kann wertvolle Anregungen für die weitere Verbesserung der unterrichtspraktischen Qualifikation geben.

Daher erscheint es sinnvoll, bereits in den schulpraktischen Studien im Rahmen der Hochschulausbildung den Praktikanten Gelegenheit zu geben, hinsichtlich ihres Lehrverhaltens beurteilt zu werden. Gelegenheiten dazu bieten die Unterrichtsversuche der Praktikanten oder das Micro-Teaching, falls die schulpraktischen Studien diese interessante Trainingsmöglichkeit für das Lehrerverhalten anbieten (vgl. hierzu auch 1.3).

7.1 Gesichtspunkte zur Beurteilung der Lehrkompetenz

Unterricht ist ein komplexes, von zahlreichen Faktoren beeinflußtes Gebilde, das sich dem einfachen Zugriff entzieht. Erfolgreich zu unterrichten ist daher ohne ein gewisses Maß an Planung und Vorbereitung nicht möglich. Der Plan bietet dem unterrichtenden Lehrer Orientierung. Unterrichten auf der Grundlage eines vorher entworfenen Plans kann aber nicht schlicht als Realisierung des Plans durch den Lehrer verstanden werden. Nicht jede Einzelheit des wirklichen Unterrichts ist bei der Planung vorhersagbar. Unterricht ist das gemeinsame Produkt von Lehrer und Schülern. Das Verhalten von Schülern ist nur in gewissen Grenzen im voraus bestimmbar. Auch der Lehrer vermag das eigene Verhalten, das der jeweiligen Unterrichtssituation angemessen ist, nicht im einzelnen vorherzusagen. Es gibt daher oft eine Differenz zwischen dem Plan und dem auf der Grundlage des Plans durchgeführten Unterricht.

Die Befähigung zur planerischen Bestimmung dessen, was im Unterricht möglich ist, verbessert sich zumeist mit zunehmender beruflicher Erfahrung. Der planerische Zugriff wird sicherer, die Durchführung des Unterrichts routinierter. Die Ausbildung dieser Kompetenzen ist nicht allein auf die zunehmende Erfahrung bei der Planung und der Durchführung des Unterrichts zurückzuführen. Von großer Bedeutung für die Ausbildung der Lehrkompetenz ist auch die nachgehende Analyse, die dem Verhältnis von Planung und Durchführung, insbesondere den Ursachen für die Abweichung zwischen Plan und realisiertem Unterricht nachspürt. Sie trägt dazu bei, die Befähigung zu entwickeln, den durchgeführten Unterricht auf zutreffende Einschätzungen, aber auch auf Fehleinschätzungen hin durchzumustern und daraus die richtigen Konsequenzen für die Planung und Durchführung des nachfolgenden

Unterrichts zu ziehen (zu den Aufgaben der nachgehenden Analyse vgl. oben 5.4).

Es liegt nahe, die Beurteilung der Lehrkompetenz auf drei Bereiche zu konzentrieren, die Befähigung des Lehrers im Hinblick auf

- die Planung
- die Durchführung und
- die nachgehende Analyse des Unterrichts.

Die im folgenden zusammengestellten und erläuterten Kategorien sind in die genannten Bereiche eingeteilt. Sie erfassen zentrale Elemente der Lehrkompetenz von Lehrern und stellen einen Leitfaden bereit, der eine systematische Beobachtung und Analyse der unterrichtspraktischen Aktivität von Lehrern erleichtert.

Ordnet man den Kategorien eine Bewertungsskala zu, so läßt sich mit diesem Instrumentarium auch eine Beurteilung der Lehrkompetenz bewerkstelligen. Es ist beispielsweise denkbar, daß die Leistung im Bereich jeder Kategorie mit Hilfe einer sechsstufigen Skala bewertet wird (ein bis sechs Punkte; vgl. hierzu das Beispiel eines Beurteilungsbogens in Schreckenberg 1980, S. 34f.). Gewiß stellt sich hier das Problem, daß die einzelnen Kategorien teilweise von unterschiedlicher Bedeutung für die Beurteilung der Lehrkompetenz sind, also auch unterschiedlich zu gewichten wären (zur Problematik der Gewichtung vgl. Schreckenberg 1980, S. 189ff.). Davon abgesehen, ergibt sich jedenfalls ein quantitativ fixiertes Leistungsprofil, das für die Urteilsfindung hilfreich sein kann.

Die folgende Zusammenstellung von Kategorien ist auch geeignet, um die Tätigkeit von Lehrern in der Ausbildungsphase, von Praktikanten und Referendaren also, zu erfassen.

I. *Planung und Vorbereitung des Unterrichts*

Den Lehrer zur Planung und Vorbereitung des Unterrichts zu befähigen kann als zentraler Bestandteil der Lehrerausbildung betrachtet werden. Die Befähigung in diesem Bereich ist ein zentraler Punkt der Beobachtung und Beurteilung von Praktikanten, Referendaren und Lehrern. Folgende Elemente der Befähigung, Unterricht zu planen und vorzubereiten, sind von besonderer Bedeutung und sollten daher bei der Erfassung und Beurteilung des Unterrichts Beachtung finden:

◆ *Diagnose der Ausgangslage*

- Richtigkeit und Differenziertheit der Diagnose
- soziokulturelle Bedingungen
- anthropogene Bedingungen

◆ *Thema*

- fachwissenschaftliche Darstellung des Themas
- didaktische Analyse des Themas
- didaktische Begründung der Auswahl des Themas (Bedeutung des Themas als

Lerninhalt, Angemessenheit im Hinblick auf die Lerngruppe)
- Anordnung der Elemente des Themas für die Erarbeitung im Unterricht (sachlogischer und didaktischer Aspekt)

◆ *Lernziele*
- Festlegung und Begründung der Lernziele (Einordnung auch in den übergeordneten Kontext der Richtziele im Rahmen des Lehrplans)
- fachgerechte Beschreibung der Lernziele
- sinnvolle Anordnung der Folge der Lernziele einer Unterrichtsreihe oder -stunde

◆ *Methodik*
- Auswahl geeigneter Methoden und Begründung der Entscheidung
- Einbindung der Hausaufgaben in den Unterricht
  Die Hausaufgaben sind in den unterrichtlichen Lernprozeß einzubeziehen. Ihr Stellenwert im Lernprozeß ist zu erläutern (vgl. hierzu 4.3124).
- Gliederung der Unterrichtsstunde in Abschnitte
  Die Begründung der Gliederung wird die bereits festgelegte Folge der Teillernziele sowie die Erfordernisse eines sinnvoll strukturierten Lernprozesses in Rechnung stellen müssen (vgl. hierzu 4.13 und 4.14).

◆ *Medien*
- Auswahl geeigneter Medien und Begründung der Entscheidung
  Die Begründung der Entscheidung sollte deutlich machen, daß Methoden und Medien als Instrumentarium zur Realisierung der vorgesehenen Lernziele zu verstehen sind. Welche Methoden und Medien geeignet sind, muß demnach im Hinblick auf die Lernziele ermittelt werden. Auch die Struktur des Themas beeinflußt die Methoden- und Medienplanung. Schließlich muß die Entscheidung im Bereich der Methoden und Medien personale und sozialkulturelle Faktoren in Rechnung stellen (vgl. 4.5).

◆ *Kontrolle des Lernstandes*
Unterricht kann nur erfolgreich sein, wenn er die Lernmöglichkeiten der Schüler genau trifft. Zum Unterricht gehört daher die permanente Überprüfung des Lernstandes der Schüler. Mit welchen Mitteln und bei welcher Gelegenheit die Überprüfung erfolgen soll, ist bei der Planung des Unterrichts festzulegen und zu begründen (vgl. 5.22).

II. *Durchführung des Unterrichts*

◆ *Lehrerverhalten*
- Fachliche Fertigkeiten
  Hier sind zu nennen experimentelles Geschick, die Befähigung zum Einsatz von

Medien, die Beherrschung von Fremdsprachen, künstlerische und sportliche Tüchtigkeit.

- Gespür für Normen und Werte
  In einer Anzahl von Fächern spielen axiologische Elemente eine wichtige Rolle. Die Aufgeschlossenheit für ästhetische Fragen vor allem in Fächern wie Kunst, Musik, Deutsch und Fremdsprachen ist sicherlich ein bedeutsamer Bestandteil der Lehrerkompetenz. Das gleiche gilt auch für die moralische und weltanschauliche Sensibilität, die unter anderem in Fächern wie Religion, Philosophie, Pädagogik und Politik in besonderem Maße gefragt ist.
- Sprache

Bei der Vermittlung von Information im Unterricht sind sprachliche Beiträge des Lehrers von großer Bedeutung. Der Sprache des Lehrers ist daher gebührende Aufmerksamkeit zu widmen. Etwa folgende Gesichtspunkte kommen in Frage:

  - Beherrschung der fachspezifischen Sprache
  - Sicherheit, Geschick und Genauigkeit der Formulierung
  - vollständige / unvollständige Sätze
  - gehobener / einfacher Sprachstil
  - akustische Wahrnehmbarkeit
    (laut, leise, deutlich)
  - Dialekt, Tonfall
  - Anpassung des sprachlichen Ausdrucks an den Entwicklungsstand der Adressaten (Verständlichkeit).

◆ *Gestaltung des Unterrichts*

Bei der Durchführung des Unterrichts zeigt sich die Fähigkeit des Lehrers, den geplanten Unterricht in die Tat umzusetzen. Folgende Gesichtspunkte finden bei der Beobachtung und Beurteilung des Lehrerverhaltens besondere Beachtung:

- methodische Gestaltung des Unterrichts
  (Beherrschung der im Unterrichtsplan vorgesehenen methodischen Elemente)
- methodische Gestaltung des Unterrichts, im besonderen: Impulse
  (angemessene Variabilität der Lenkung des Schülerverhaltens durch Impulse: Tätigkeitsimpulse, Denkanstöße, Aufforderungen, Fragen)
- Einsatz der Medien
  (z.B. gute Organisation des Medieneinsatzes; Befähigung, technische Medien effektiv einzusetzen; klare und übersichtliche Tafeldarstellung)
- Aufbau, Klarheit und Konsequenz des Unterrichts
  (Durchschaubarkeit der Unterrichtsarbeit für die Schüler)
- Kontrolle des Lernstandes
  (Nutzung der Unterrichtssituationen, die eine Kontrolle des Lernstandes der Schüler gestatten)
- Ökonomie der Unterrichtsgestaltung
  (Arbeits- und Zeitaufwand im Verhältnis zu den Ergebnissen des Unterrichts)
- Beweglichkeit bei der Durchführung des Unterrichts

(unter Umständen je nach den Schülerreaktionen ad-hoc-Ergänzung des Plans oder Abweichen vom Plan)

- Wahrnehmen von Lernschwierigkeiten / Eingehen auf Lernschwierigkeiten (angemessene Hilfe, Geduld und Takt im Umgang mit Schülern, die Lernschwierigkeiten haben)
- Einbeziehen von Schülerbeiträgen (Ernstnehmen der Schülerbeiträge und deren Einbeziehen in die Arbeit am Thema)
- Aktivierung der Klasse (Aktivierung möglichst vieler Schüler, insbesondere Schüler unterschiedlicher Lernstufe)
- Beachtung auch des einzelnen Schülers
- Anregung unterrichtsrelevanter Interaktionen zwischen den Schülern
- Bewertung von Schülerleistungen (Lob, Tadel, Ermutigung, Neutralität. Die Art und Weise, in der der Lehrer das Verhalten der Schüler bewertet, ist Bestandteil seines Unterrichtsstils und seines Vermögens, das Klassenklima günstig zu beeinflussen.)
- disziplinarische Strategien (Ausgewogenheit des Verhaltens bei der Störung des Unterrichts durch Schüler; Ansprechen, Tadel, Strafe).

◆ *Anspruchsniveau*

- Anpassung des Unterrichts an die Lernmöglichkeiten der Klasse (Treffsicherheit bei der Einschätzung der Anforderungen an die Klasse im ganzen; adressatengerechte Variabilität bei den Anforderungen an einzelne Schüler)
- wissenschaftspropädeutische Elemente des Unterrichts

◆ *Erzieherische Tendenzen des Lehrerverhaltens*

- Anregung zum Lernen aus eigenem Antrieb
- Anleitung zur selbständigen Gestaltung des Lernens
- Anregung zur Sorgfalt und Ausdauer des Lernens
- Anleitung zur Kooperation
- Anleitung zum Dialog
- Anregung zum sozialen Verhalten

III. *Nachbereitende Analyse und Reflexion des Unterrichts*

In der nachgehenden Betrachtung des Unterrichts zeigt sich die Befähigung des Lehrers zur Selbstbeobachtung und zur Beurteilung des eigenen Unterrichts. Im einzelnen geht es hier um

- Bestandsaufnahme
- Ergebniskontrolle

- Wirkungskontrolle
- Bewertung und
- Abweichungsanalyse

(zur nachbereitenden Analyse vgl. 5.4). Auch die Befähigung des Lehrers zur sachgerechten Nachbereitung beeinflußt die Qualität seines Unterrichts. Sie ist Voraussetzung dafür, daß der Lehrer die Angemessenheit seines Unterrichts für die jeweiligen Adressaten und die Wirksamkeit der von ihm gewählten Verfahren erfaßt. Dies ist für eine optimale Gestaltung des Unterrichts unerläßlich.

7.2 Formbogen zur Beurteilung des Lehrerverhaltens

In der Praxis der Lehrerbeurteilung sind Beurteilungsbögen im Gebrauch, die dazu dienen sollen, die Beurteilung nach einem einheitlichen Kategorienschema vorzunehmen. Der nachstehende Bogen enthält eine Bewertungsleiste, die Punktzumessungen zwischen den Werten null und sechs vorsieht. Wenngleich auch den einzelnen Kategorien der Bewertung nicht das gleiche Gewicht beizumessen ist (vgl. zu diesem Problem Schreckenberg 1980, S. 31ff.), liefert doch der Beurteilungsbogen wertvolle Anhaltspunkte für die Ermittlung des Niveaus der gezeigten Leistung.

I. *Planung und Vorbereitung des Unterrichts*

◆ ***Diagnose der Ausgangslage***
- Richtigkeit und Differenziertheit der Diagnose 0 1 2 3 4 5 6
- soziokulturelle Bedingungen 0 1 2 3 4 5 6
- anthropogene Bedingungen 0 1 2 3 4 5 6

◆ ***Thema***
- fachwissenschaftliche Darstellung des Themas 0 1 2 3 4 5 6
- didaktische Analyse des Themas 0 1 2 3 4 5 6
- didaktische Begründung der Auswahl des Themas 0 1 2 3 4 5 6
- Anordnung der Elemente des Themas für die Erarbeitung im Unterricht 0 1 2 3 4 5 6

◆ ***Lernziele***
- Festlegung und Begründung der Lernziele.................... 0 1 2 3 4 5 6
- fachgerechte Beschreibung der Lernziele.................... 0 1 2 3 4 5 6
- sinnvolle Anordnung der Folge der Lernziele einer Unterrichtsreihe oder -stunde.................... 0 1 2 3 4 5 6

◆ ***Methodik***
- Auswahl geeigneter Methoden und Begründung der Entscheidung 0 1 2 3 4 5 6
- Einbindung der Hausaufgaben in den Unterricht 0 1 2 3 4 5 6
- Gliederung der Unterrichtsstunde in Abschnitte 0 1 2 3 4 5 6

◆ ***Medien***
- Auswahl geeigneter Medien und Begründung der Entscheidung 0 1 2 3 4 5 6

◆ ***Kontrolle des Lernstandes*** 0 1 2 3 4 5 6

II. *Durchführung des Unterrichts*

◆ ***Lehrerverhalten***

- Fachliche Fertigkeiten 0 1 2 3 4 5 6
- Gespür für Normen und Werte 0 1 2 3 4 5 6
- Sprache
  - •• Beherrschung der fachspezifischen Sprache 0 1 2 3 4 5 6
  - •• Sicherheit, Geschick und Genauigkeit der Formulierung 0 1 2 3 4 5 6
  - •• vollständige / unvollständige Sätze 0 1 2 3 4 5 6
  - •• gehobener / einfacher Sprachstil 0 1 2 3 4 5 6
  - •• akustische Wahrnehmbarkeit (laut, leise, deutlich) 0 1 2 3 4 5 6
  - •• Dialekt, Tonfall 0 1 2 3 4 5 6
  - •• Anpassung des sprachlichen Ausdrucks an den Entwicklungsstand der Adressaten (Verständlichkeit) 0 1 2 3 4 5 6

◆ ***Gestaltung des Unterrichts***

- methodische Gestaltung des Unterrichts 0 1 2 3 4 5 6
- methodische Gestaltung des Unterrichts, im besonderen: Impulse 0 1 2 3 4 5 6
- Einsatz der Medien 0 1 2 3 4 5 6
- Aufbau, Klarheit und Konsequenz des Unterrichts 0 1 2 3 4 5 6
- Kontrolle des Lernstandes 0 1 2 3 4 5 6
- Ökonomie der Unterrichtsgestaltung 0 1 2 3 4 5 6
- Beweglichkeit bei der Durchführung des Unterrichts 0 1 2 3 4 5 6
- Wahrnehmen von Lernschwierigkeiten / Eingehen auf Lernschwierigkeiten 0 1 2 3 4 5 6
- Einbeziehen von Schülerbeiträgen 0 1 2 3 4 5 6
- Aktivierung der Klasse 0 1 2 3 4 5 6
- Beachtung auch des einzelnen Schülers 0 1 2 3 4 5 6
- Anregung unterrichtsrelevanter Interaktionen zwischen den Schülern 0 1 2 3 4 5 6
- Bewertung von Schülerleistungen 0 1 2 3 4 5 6
- disziplinarische Strategien 0 1 2 3 4 5 6

◆ ***Anspruchsniveau***

- Anpassung des Unterrichts an die Lernmöglichkeiten der Klasse 0 1 2 3 4 5 6
- wissenschaftspropädeutische Elemente des Unterrichts 0 1 2 3 4 5 6

◆ ***Erzieherische Tendenzen des Lehrerverhaltens***

- Anregung zum Lernen aus eigenem Antrieb 0 1 2 3 4 5 6
- Anleitung zur selbständigen Gestaltung des Lernens 0 1 2 3 4 5 6
- Anregung zur Sorgfalt und Ausdauer des Lernens 0 1 2 3 4 5 6
- Anleitung zur Kooperation 0 1 2 3 4 5 6
- Anleitung zum Dialog 0 1 2 3 4 5 6
- Anregung zum sozialen Verhalten 0 1 2 3 4 5 6

7.3 Die Erfassung des Schülerverhaltens

Eine maßgebliche Dimension des Unterrichtens ist die Gestaltung der Lehrer–Schüler–Interaktion. Das Geschick des Lehrers, die Schüler in den Prozeß des Lehrens und Lernens zu verwickeln, wird daher zu Recht als wichtiger Bestandteil der Beurteilung des Lehrerverhaltens betrachtet. Für die Bestandsaufnahme des Unterrichts heißt das, daß auch das dem Lehrerverhalten korrespondierende Schülerverhalten in die Betrachtung einzubeziehen ist.

Es kann allerdings nicht nur darum gehen, das Schülerverhalten unter dem Gesichtspunkt zu beobachten, inwieweit der Lehrer die Schüler zu aktivieren und einzubeziehen versteht und inwieweit er sich auf die Schüler einzustellen vermag. Zu berücksichtigen ist vielmehr auch, daß das. was der Lehrer im Unterricht leisten kann, von der Bereitschaft, den Grenzen und den Möglichkeiten der Schüler abhängig ist. Das bedeutet, daß die Beurteilung der vom Lehrer im Unterricht erbrachten Leistung vor dem Hintergrund der Bedingungen vorzunehmen ist, welche die Schüler in den Unterricht einbringen. Eine Bestandsaufnahme des Schülerverhaltens ist daher unerläßlich, wenn man zu einer sachgerechten Beurteilung des Lehrers gelangen möchte.

Etwa folgende Gesichtspunkte werden zu berücksichtigen sein:

◆ *Beteiligung am Unterricht:*

- Nachhaltigkeit des Meldens (schnipsen, Arm schlagen, Namen des Lehrers rufen)
- Häufigkeit des Meldens
- Drankommen
- kontinuierliche Mitarbeit

◆ *Unterrichtsfremde Aktivität*

- stören (Wecker klingeln lassen, Tisch oder Bank verschieben)
- trinken, essen
- unterrichtsfremde Texte lesen ("Bravo", lateinisches Vokabelheft im Biologieunterricht, weil in der nächsten Lateinstunde eine Klassenarbeit ansteht)
- aus Langeweile etwas zeichnen
- sich mit dem Nachbarn unterhalten

◆ *Sprachliche Äußerungen*

- vollständige/unvollständige Sätze
- genaue/ungenaue Formulierungen
- gehobener/einfacher Sprachstil
- akustische Wahrnehmbarkeit (laut, leise, deutlich)

◆ *Beiträge im Sinne der Unterrichtsintention*

- Schülerdemonstration (etwas an der Tafel zeigen; an einer Versuchsordnung

etwas vormachen)
- Schülervortrag
- schreiben
- experimentieren
- den Lernprozeß beeinflussende Anstöße der Schüler: Fragen; Bitten, Aufforderungen (an den Lehrer oder Mitschüler: z.B. etwas zu wiederholen, genauer zu erklären, zu zeigen, vorzumachen); Denkanstöße ("Vielleicht könnte man erst einmal beide Seiten der Gleichung quadrieren".)
- sonstige Beiträge im Klassengespräch

◆ *Kontaktaufnahme:*
- einen Rat einholen (beim Lehrer, bei Mitschülern)
- um Hilfe bitten
- etwas vergleichen

◆ *Kooperation:*
- Hilfe gewähren
- etwas vergleichen
- kooperatives Arbeitsverhalten: anregen, dirigieren, integrieren, ausführen, unterordnen

◆ *Emotionale Aspekte des Schülerverhaltens*
- Freundlichkeit/Wärme
- Ablehnung/Kälte
- Anhänglichkeit
- Angst
- Aufsässigkeit

◆ *Besonderheiten des Verhaltens*
- Unauffälligkeit/Zurückhaltung (Schüler, die man übersieht, "vergißt")
- Auffälligkeit (vielleicht Verhaltensstörung, minimale cerebrale Dysfunktion / MCD)

7.4 Formbogen zur Erfassung des Schülerverhaltens

Schülerverhalten im Ablauf der Unterrichtsstunde

Name des Schülers:
(Falls die Beobachtung sich auf einzelne Schüler erstreckt)

0 5 10 15 20 25 30 35 40 45 50

- ***Beteiligung am Unterricht***
  - Nachhaltigkeit des Meldens
  - Häufigkeit des Meldens
  - Drankommen
  - kontinuierliche Mitarbeit

- ***Unterrichtsfremde Aktivität***
  - stören (Wecker klingeln lassen, Tisch oder Bank verschieben)
  - trinken, essen
  - unterrichtsfremde Texte lesen
  - aus Langeweile etwas zeichnen
  - sich mit dem Nachbarn unterhalten

- ***Sprachliche Äußerungen***
  - vollständige/unvollständige Sätze
  - genaue/ungenaue Formulierungen
  - gehobener/einfacher Sprachstil
  - akustische Wahrnehmbarkeit (laut, leise, deutlich)

- ***Beiträge im Sinne der Unterrichtsintention***
  - Schülerdemonstration
  - Schülervortrag
  - schreiben
  - experimentieren
  - den Lernprozeß beeinflussende Anstöße der Schüler: Fragen (1), Bitten (2), Aufforderungen (3)
  - sonstige Beiträge im Klassengespräch

- ***Kontaktaufnahme***
  - einen Rat einholen (beim Lehrer, bei Mitschülern)
  - um Hilfe bitten
  - etwas vergleichen
- ***Kooperation:***
  - Hilfe gewähren
  - etwas vergleichen
  - kooperatives Arbeitsverhalten: anregen (1), dirigieren (2), integrieren (3), ausführen (4), unterordnen (5)
- ***Emotionale Aspekte des Schülerverhaltens***
  - Freundlichkeit
  - Ablehnung
  - Anhänglichkeit
  - Angst
  - Aufsässigkeit
- ***Besonderheiten des Verhaltens***
  - Unauffälligkeit/Zurückhaltung
  - Auffälligkeit

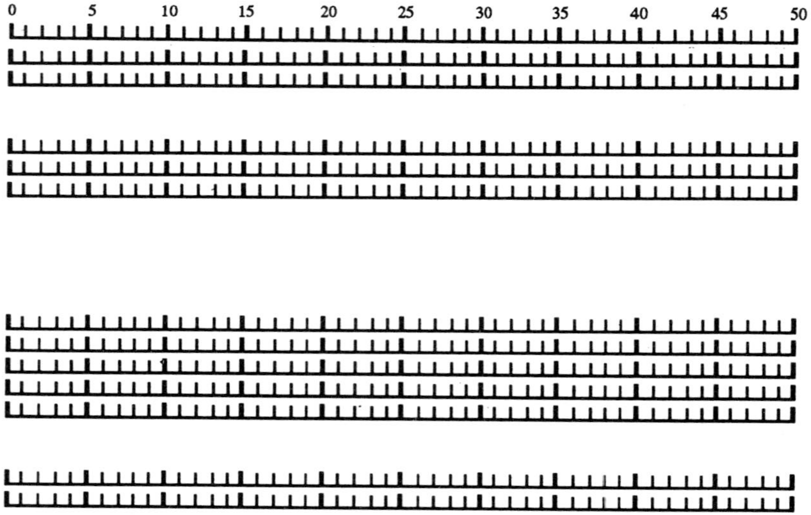

8. Das Praktikum in der Schule

8.1 Die Erkundung der Institution Schule

Schulpraktische Studien, die ein Blockpraktikum in der Schule einschließen, bieten in einem gewissen Umfang auch Gelegenheit, die Institution Schule zu erkunden. Dem Praktikanten sind hier eigene Initiativen zu empfehlen. Er sollte sich unter anderem darum bemühen,

- die Richtlinien und Lehrpläne seiner Fächer kennenzulernen
- einen Einblick in wichtige Verwaltungsvorschriften zu erlangen (z.B. die amtliche Schulordnung, die Prüfungsordnung für die Oberstufe, das Schulmitwirkungsgesetz)
- Informationen über die Schule, in der er sein Praktikum ableistet, zu gewinnen.

8.2 Hospitation

Als Hospitation bezeichnet man die Teilnahme einer oder mehrerer Personen am Unterricht zum Zweck der Beobachtung. In der Anfangsphase des Praktikums in der Schule steht die Hospitation im Vordergrund der Tätigkeit des Praktikanten. Die Hospitation ist nicht als schlichter unverbindlicher Besuch im Unterricht des Mentors aufzufassen. Vielmehr bieten sich hier vielfältige Möglichkeiten für gewinnbringende Aktivitäten.

Im Rahmen der schulpraktischen Studien fällt der Hospitation die Aufgabe zu, den Studierenden eine Annäherung an die Schulpraxis zu ermöglichen. Während die Beobachtung von Unterricht mit Hilfe von technischen Mitteln (zum Beispiel mit Hilfe von Videoaufzeichnungen / Unterrichtsmitschau) aus einer gewissen Distanz erfolgt, beobachtet der Hospitierende den Unterricht am Ort des Geschehens. Er ist dabei und erlebt den Unterricht aus seiner persönlichen Perspektive.

Bei der Hospitation kommt es darauf an, den Unterricht möglichst objektiv und gründlich zu erfassen. Der Hospitierende steht hier allerdings vor dem Problem, das sich jedem stellt, der den "Sinn" Interaktionen im Unterricht durch Beobachtung zu bestimmen versucht. Er muß von der Wahrnehmung äußerer Erscheinungen (Tätigkeiten, sprachliche Beiträge, Gestik und Mimik von Lehrer und Schülern) ausgehen und diese auf ihren Sinn auslegen.

Das Verstehen des Unterrichtsprozesses aus der Sicht der unmittelbar Beteiligten wird unter folgenden Bedingungen erleichtert:

- Die Kenntnis des Lernstandes der Klasse erleichtert es dem Beobachter, das Schüler- und das Lehrerverhalten von den jeweiligen Problemen her zu erschließen. Das Schülerverhalten wird verstanden, weil die Probleme der Lernenden nachvollzogen werden können. Das Lehrerverhalten wird verstanden, weil das Bemühen des Lehrers nachvollzogen werden kann, das Lernen der Schüler ausgehend von deren spezifischen Problemen zu unterstützen.

- Das Wissen über die Ziele des beobachteten Unterrichts im Verhältnis zu dem vorausgegangenen und dem vorgesehenen nachfolgenden Unterricht ermöglicht dem Hospitierenden die Einordnung. Er versteht, mit welchem Lernstand der Lehrer rechnet und was für die gegenwärtige Stunde noch nicht vorgesehen ist. Je öfter der Hospitierende am Unterricht einer Klasse teilnimmt, desto vertrauter wird ihm die jeweilige Problemlage sein, in der sich Lehrer und Schüler befinden. Desto leichter fällt es ihm zunehmend, den Lehr-Lern-Prozeß zu verstehen, in dem sich die Arbeit am Unterrichtsinhalt vollzieht.
- Theoretische Kenntnisse über Unterricht schärfen den Blick für die Wahrnehmung von Einzelheiten (z.B. Impulsen des Lehrers) oder größeren Zusammenhängen (z.B. der Anordnung und des didaktischen Profils von Unterrichtsphasen oder des Einflusses bestimmter methodischer Elemente wie Unterrichtsgespräch oder Gruppenunterricht auf die Aktivierung der Schüler).
- Erfahrung mit der Beobachtung von Unterricht fördert die Befähigung, Unterricht möglichst umfassend wahrzunehmen. Übungen im Beobachten und Analysieren von Unterricht mit Hilfe von Videoaufzeichnungen in einer der Hospitation vorangehenden Ausbildungsphase erweisen sich als nützliche Vorbereitung auf die Hospitationssituation.

8.21 Unterrichtsbeobachtung

Eine Aufgabe der Hospitation im Rahmen der schulpraktischen Studien ist, Unterricht aus der Sicht des Lehrers kennenzulernen. Das zu erreichen ist nicht leicht, denn der am Unterricht als Beobachter teilnehmende Praktikant befindet sich außerhalb des eigentlichen Geschehens. Sein Problem ist, sich dem Unterricht als Interaktion zwischen Lehrer und Schülern so weit wie möglich gedanklich anzunähern. Als hilfreich erweist sich hier das Protokollieren des beobachteten Unterrichts und Gespräche mit dem Mentor über den Unterricht.

Das Protokollieren von gezielten Unterrichtsbeobachtungen erleichtert nicht nur eine konzentrierte Zuwendung zum Unterricht. Das Protokoll liefert auch eine Grundlage für Gespräche mit dem Mentor. Es ist zumeist sinnvoll, beim Protokollieren des Unterrichts Schwerpunkte zu setzen. Die Schritte bei der Erarbeitung des Themas, methodische oder mediale Elemente, Schülerverhalten oder Lehrerverhalten können jeweils im Vordergrund des Interesses stehen. Gute Gesamtprotokolle gelingen im allgemeinen nur bei einer gewissen Erfahrung.

8.22 Gespräche mit dem Mentor

Im Blockpraktikum wird der Praktikant ebenso wie der Lehramtsanwärter im Referendariat zumeist einem Mentor zugeteilt. Gespräche mit dem Mentor über die Klasse, den Unterricht und die Schule sind ein wichtiger Teil der Ausbildung. Der

Praktikant darf nicht erwarten, daß alle Initiativen für Gespräche vom Mentor ausgehen. Er erleichtert dem Mentor die Betreuung, wenn er selbst durch gezielte Fragen sinnvolle Inhalte für Gespräche über das Berufsfeld des Lehrers benennt.

Wenn der Praktikant den Unterrichts des Mentors genau verfolgt, ergeben sich viele Anknüpfungspunkte für Gespräche. Wie bereits erwähnt bilden Unterrichtsprotokolle eine gute Grundlage für gezielte Gespräche. Aus zeitlichen Gründen wird sich nicht immer eine Gelegenheit zu einem ausführlichen Gespräch ergeben. Es ist daher oft ratsam, kleinere Gegenstände herauszugreifen und zum Gegenstand des Fachgesprächs zu machen, beispielsweise die Phaseneinteilung, den Wechsel methodischer Formen, die Impulsstrategie.

8.3 Unterrichtsversuche

Eigene Unterrichtsversuche gehören zu den wichtigen Bestandteilen des Schulpraktikums. Auch wenn die schulpraktischen Studien kein Blockpraktikum vorsehen, sondern sich auf semesterbegleitende Veranstaltungen der Hochschule beschränken, sollte, wenn eben möglich, den Praktikanten die Gelegenheit gegeben werden, selbst zu unterrichten. Eigene Unterrichtsversuche bieten nicht nur die Möglichkeit, sich selbst als Lehrer zu erproben. Sie stellen auch eine wertvolle Gelegenheit dar, Kenntnisse der Unterrichtstheorie in der Schulpraxis versuchsweise anzuwenden. In der eigenen Planung und Vorbereitung des Unterrichts lassen sich auch theoretische Kenntnisse über Unterrichtsanalyse, Unterrichtsplanung und Unterrichtsvorbereitung in unterrichtspraktische Aktivität umsetzen.

8.4 Der Praktikumsbericht

8.41 Beschreibung der Praktikumsstelle

Die Beschreibung der Praktikumsstelle ist ein wichtiger Teil des Praktikumsberichts. Sie gibt einen Einblick in Bedingungen, welche die Möglichkeiten des Unterrichts und des Schullebens bestimmen.

8.411 Schulort

Der Schulort kann gekennzeichnet werden durch

- seine geographische Lage
- kulturelle Traditionen und kulturelle Infrastruktur
- Wirtschaft und Verwaltung
- Einwohnerzahl und soziale Struktur der Einwohnerschaft (Konfession, Berufe)
- Versorgung mit Schulen und anderen Ausbildungsstätten.

Angaben dieser Art liefern Kenntnisse von Bedingungen, die für den Unterricht von Belang sind. Beispiele hierzu finden sich in unseren Überlegungen zu den soziokulturellen Bedingungen des Unterrichts (vgl. oben 4.51).

8.412 Schule

Auch die besonderen Gegebenheiten einer Schule gehören zum Bedingungsfeld des Unterrichts.

- Von Bedeutung ist zunächst die Schulart (Grundschule, Hauptschule, Realschule, Gymnasium, Gesamtschule, Berufsschule usw.). Richtlinien, Lehrpläne, teilweise auch Verwaltungsvorschriften unterscheiden sich je nach der Schulart. Sie bilden wichtige Voraussetzungen für die Gestaltung des Unterrichts.

Spezifische Bedingungen sind auch mit dem Schulträger oder schulischen Organisationsformen verknüpft. Die Beschreibung der Praktikumsstelle sollte daher auch Erläuterungen dazu enthalten, ob es sich um

- eine Privatschule oder eine öffentliche Schule
- eine Jungenschule/Mädchenschule oder eine koedukative Schule
- eine Halbtagsschule oder eine Ganztagsschule handelt.
- Auch die Größe der Schule und die Beschaffenheit der Gebäude ist von Interesse. Ist die Schule zum Beispiel in mehreren voneinander entfernt liegenden Gebäudeteilen untergebracht, können sich verschiedene Schwierigkeiten, aber auch Vorteile ergeben. Vielleicht ist die Unterstufe für sich untergebracht. Das erleichtert die Eingewöhnung und bringt Vorteile bei der Einhaltung der Pausendisziplin, wenn getrennte Schulhöfe vorhanden sind. Andererseits kann wegen der weiten Wege die Nutzung von Fachräumen erschwert werden. Der Wechsel von Lehrern aus einem Gebäudeteil in einen anderen kann in den kleinen Pausen mit zeitlichen Verzögerungen verbunden sein. Das kann Probleme bei der Aufsicht und der Einhaltung von Disziplin mit sich bringen (Lehrer kommen zu spät; es geht im Klassenraum drunter und drüber).
- Der Standort der Schule und die Anbindung an den Verkehr kann ebenfalls unterrichtsrelevante Auswirkungen haben. Die Zusammensetzung der Schüler nach dem Bildungsstatus des Elternhauses kann vom Standort der Schule beeinflußt sein. Der Bildungsstatus ist von Bedeutung für die von den Eltern ausgehende Förderung der Schulkarriere. Die Anbindung der Schule an die öffentlichen Verkehrsmittel kann sich auf die Festlegung der Uhrzeit auswirken, zu der der Unterricht im Tagesablauf beginnt und endet.
- Auch die Größe, die Zusammensetzung und die Kooperativität des Lehrerkollegiums ist ein wichtiger Faktor des schulischen Bedingungsfeldes. Unterschiedliche erzieherische und didaktische Strömungen können sich ebenso auf das Schulklima auswirken wie geringe Kooperation.
- Schultraditionen wie konfessionelle Anbindung oder humanistische, neusprach-

liche oder mathematisch-naturwissenschaftliche Ausrichtung bestimmen die Tendenz des Unterrichts und des Schullebens.

- Von großer Bedeutung für die methodischen und medialen Möglichkeiten zur Gestaltung des Unterrichts ist die Ausstattung der Schule mit Fachräumen, geeignetem Mobiliar und Unterrichtsmedien.

8..413 Die Praktikumsklasse

Die Vergegenwärtigung des Bedingungsfeldes der Praktikumsklasse ist unabdingbar, um den Unterricht zu erfassen, dem man als Hospitant beiwohnt. Auch die Planung einer eigenen Unterrichtsstunde setzt voraus, daß man die spezifischen Bedingungen der Klasse vor Augen hat. Folgende Gegebenheiten sind hier von Belang:

Organisatorisches
- Klassenstufe
- Anzahl der Parallelklassen
- Stundenplan/Lage der Stunden des eigenen Faches
- Unterrichtsräume, die von der Klasse benutzt werden

Schüler
- Anzahl der Schüler und Zusammensetzung der Klasse nach dem Geschlecht
- Zusammensetzung der Klasse nach Intelligenz und Begabung
- Bisherige Schullaufbahn der Schüler (Herkunft aus verschiedenen Schulen, z.B. Aufbauklasse, Eingangsklasse)
- Besondere Schüler (Hochbegabte, Sitzenbleiber, Verhaltensgestörte, Schüler in der Drogenszene, Schwerhörige, Schüler mit Sehproblemen, notorische Störenfriede)
- Soziale Beziehungen der Schüler (Einzelgänger, feste Gruppen/Cliquen)

Lehrer-Schüler-Verhältnis
- Lehrstil
- Disziplin
- Stimmung, Klassenklima, Umgangston in der Klasse

Lernsituation
- bereits behandelte Themen
- noch vorgesehene Themen
- Leistungsstand
- Methoden, an die die Schüler gewöhnt sind
- bei den Schülern vorhandene Fertigkeiten für den Umgang mit Medien.

8.414 Der Mentor

Auch der Mentor sollte im Praktikumsbericht erwähnt werden. Von Belang ist hier etwa:

- Position des Mentors im Kollegium (Schulleiter, stellvertretender Schulleiter, Studienassesor usw.)
- Besondere Vorlieben und Eigenarten (Methoden, Medieneinsatz, Führungsstil)
- Erwartungen an den Mentor:
  Diese können sich auch in Wünschen und Fragen des Praktikanten an den Mentor zum Ausdruck bringen. Auf diese Weise können wenig erfahrene Mentoren dazu gebracht werden, über ihre Aufgabe nachzudenken. Durch Interesse und Fachkundigkeit kann der Praktikant sich als jemand darstellen, der als künftiger Kollege ernstgenommen wird.

8..42 Dokumentation des Praktikums

Teil des Praktikumsberichts sollten auch alle schriftlichen Unterlagen sein, welche Auskunft über Ablauf und Gestaltung des Schulpraktikums und die gesammelten Erfahrungen geben.

8.421 Praktikumstagebuch

Tagebuchaufzeichnungen über das Praktikum geben nicht nur wertvolle Erinnerungsstützen für eine spätere Nachbetrachtung. Das Anfertigen der Aufzeichnung schließt vielmehr auch die aktive Verarbeitung der Erfahrungen und Eindrücke in der Schule ein.

Es kann daran gedacht werden, im Praktikumstagebuch etwa folgende Sachverhalte festzuhalten:

- Die Entwicklung der Beziehungen zum Mentor und zu den anderen Lehrern, zur Klasse und insbesondere vielleicht zu einzelnen Schülern
- Beobachtungen zum Verhalten der Schüler in der Klasse, im Schulgebäude, auf dem Pausenhof
- Gedanken über die eigenen Einstellungen zum Lehrerberuf, zum Schulalltag, die veränderte eigene Rolle (man sieht Schule nun nicht mehr aus der Sicht des Schülers, sondern aus der Sicht des Lehrers)
- Gespräche mit dem Mentor über dessen Einschätzung der Klasse, seine didaktischen und erzieherischen Überzeugungen und Maßstäbe.

8.422 Protokollieren des Unterrichts

Das Praktikumstagebuch gibt eine Übersicht über das gesamte Praktikum. Unterrichtsskizzen und Unterrichtsprotokolle ergänzen diese Übersicht durch ins einzelne gehende Angaben über den beobachteten und analysierten Unterricht.

8.4221 Unterrichtsskizze

Als Unterrichtsskizzen werden grobe, protokollähnliche Aufzeichnungen über Unterricht bezeichnet. Sie dienen dazu, Unterrichtsstunden so festzuhalten, daß man das Wesentliche in der Nachbetrachtung überblickt.

Unterrichtsskizzen sind im Hinblick auf ihren Umfang so angelegt zu denken, daß sie im großen und ganzen in der Unterrichtsstunde selbst angefertigt werden können. Es ist sinnvoll, vorgefertigte Beobachtungsbögen zu verwenden, die auch für das Unterrichtsprotokoll vorgeschlagen werden (siehe das nachfolgende Beispiel).

Das Lehrer- und das Schülerverhalten wird in der Unterrichtsskizze nur grob erfaßt. Gegebenfalls werden einzelne auffällige oder den Praktikanten besonders interessierende Verhalten festgehalten. Die Angaben zu den übrigen Bereichen des Unterrichts sollen die Unterrichtsstunde in Aufbau und Verlauf gut charakterisieren.

Eine Unterrichtsskizze sollte von jeder Stunde, an der man hospitierend teilnimmt, angefertigt werden. Der Praktikant verschafft sich auf diese Weise einen Überblick über die Unterrichtsreihen, an denen er im Verlauf des Praktikums teilnehmen konnte.

8.4222 Unterrichtsprotokoll

Das Unterrichtsprotokoll ist darauf angelegt, eine möglichst genaue Erfassung einer Unterrichtsstunde zu erreichen. Wenigstens zweimal in jeder Praktikumswoche müßte es möglich sein, ein Unterrichtsprotokoll zu erstellen.

Während die Unterrichtsskizze im wesentlichen in der Unterrichtsstunde selbst als Erinnerungsstütze angefertigt wird, ist beim Unterrichtsprotokoll eine nachgehende Rekonstruktion der Stunde in einem größeren Umfang gefordert. Es ist zweckmäßig, sich während des Unterrichts auf die Sammlung möglichst genauer Daten über das Lehrer- und das Schülerverhalten zu konzentrieren. In den anderen Spalten erfolgen Eintragungen nur insoweit, wie es zur nachgehenden Rekonstruktion unerläßlich ist. So ist zum Beispiel die Zeit einzutragen. Wenn Schritt für Schritt eine Tafelskizze entsteht, muß dies an der entsprechenden Stelle der Zeitleiste festgehalten werden. Eine Zuordnung wäre später nicht mehr sicher vorzunehmen.

Auf der Grundlage dieser Daten lassen sich in der Nachbetrachtung die Ausführungen zu den verschiedenen Bereichen des Unterrichts erweitern. Die didaktische Kommentierung kann angefügt werden.

Unterrichtsstunde: Deutsch / Satire, Jahrgangsstufe 11/1

Zeit	Lehrerverhalten	Schülerverhalten	Ziele/Phasen	Inhalt	Methode	Medien	Didaktischer Kommentar
0	"Wir befassen uns heute mit einem Text, den wir näher analysieren wollen."		Einstieg		globaler Impuls (Hauptimpuls)		
	L. schaltet Kassettenrecorder ein.	Sch. hören zu. Gelegentlich verhaltene Reaktion (Lächeln, Kopfschütteln, Blick zum Nachbarn).	Einstieg (erste Präsentation des Textes) LZ: Schüler sollen Inhalt des Textes "Kinohelden" kennen	satirischer Text : "Kinohelden" von Siegfried Sommer	medienvermittelte Demonstration SQ3R-Methode, Survey	Kassettenrecorder, Tonkassette	Professionelle Rezitation des Textes durch einen Schauspieler soll den Schülern Anmutungen der Textsorte "Satire" nahebringen.
5.30	"Wer kann zusammenfassen, um was es in diesem Text geht?" L. bestätigt: "Ja." "Wir wollen uns das näher anschauen und versuchen, die einzelnen Textteile näher zu analysieren."	"Es ist praktisch wie das Drehbuch eines Films. Es wird gesagt, wie das ganze überhaupt abläuft."			SQ3R-Methode, Question Bekräftigung des Hauptimpulses		Ein erster analytischer Zugang zum Text soll hergestellt werden (Um was geht es?).
5.45	L. teilt Textblatt aus.	Sch. beginnen den Text zu lesen.	Erarbeitung I		SQ3R-Methode: genauere Erfassung des Textes (Read)	Textblatt	
6.30	"Welche Aufteilung könnte man vornehmen, wenn man sich die Struktur des Textes anschaut? Welche Darstellungsebenen, welche zwei Darstellungsebenen kann man unterscheiden?"	"Vorstellung der Personen und Handlungen." "Dialog." "Regieanweisungen."	LZ: Sch. sollen zwei Darstellungsebenen des Textes identifizieren können	Darstellungsebenen des Textes	Lehrgespräch		Bei der Benennung der Darstellungsebenen kann an bereits Bekanntes angeknüpft werden. Daß Texte verschiedene Darstellungsebenen haben können, wurde bereits früher besprochen.
7.50	L. beginnt mit dem Entwurf eines Tafelbildes				medienvermittelte Demonstration	Tafelbild: Darstellungsebenen - Filmhandlung - Zuschauerverhalten	

8.423 Schriftliche Planung des Unterrichts und Nachbereitung

Der vom Praktikanten selbst geplante und durchgeführte Unterricht stellt den Höhepunkt des Praktikums dar. Die dem Unterricht vorangehende Planung und der nachgehende Bericht über die Durchführung sind ein wichtiger Bestandteil der Dokumentation über das Praktikum.

8.424 Verschiedene Materialien

Im Verlauf des Praktikums werden sich Nachfragen unterschiedlicher Art ergeben. Es wird z.B. zu fragen sein, in welchem Zusammenhang bestimmte Unterrichtsreihen oder -stunden mit den Lehrplänen eines Faches stehen, wie mündliche Leistungen von Schülern zu bewerten sind, wie umfangreich die Hausaufgaben in der jeweiligen Jahrgangsstufe sein dürfen und anderes mehr. Der Praktikant sollte sich bemühen, Einblick in die für die Klärung der jeweiligen Frage einschlägigen Unterlagen zu bekommen. Wichtiges sollte schriftlich fixiert und zu den Unterlagen über das Praktikum genommen werden.

Auch Arbeitsblätter, im Unterricht verwendete Texte, Kopiervorlagen für die Erstellung von Transparentfolien sind Materialien, welche die Dokumentation über das Praktikum bereichern.

9. Literatur

- Amelung, Ullrich/Haubfleisch, Dietmar / Link, Jörg-W. / Schmitt, Hanno: "Die alte Schule überwinden" - Reformpädagogische Versuchsschulen zwischen Kaiserreich und Nationalsozialismus, Frankfurt/Main 1993
- Angermeier, Wilhelm F./Bednorz, Peter/Schuster, Martin: Lernpsychologie, München 1984
- Apel, Hans Jürgen / Grünfeld, Werner: Unterrichtsformen - Unterrichtsverfahren, Kulmbach 1982
- Aregger, Kurt: Pädagogische Unterrichtsgestaltung, Perspektiven für ganzheitliches Unterrichten, Hannover 1986
- Armbruster, Brigitte / Hertkorn, Ottmar et.al: Allgemeine Mediendidaktik, Köln 1978
- Aschersleben, Karl: Einführung in die Unterrichtsmethodik, Stuttgart 4. Aufl. 1989
- Aschersleben, Karl: Moderner Frontalunterricht, Frankfurt/Main 1985
- Bastian, Johannes (Hrsg.): Tips für besseren Unterricht, Hamburg 1987
- Becher, Hans Rudolf / Bennack, Jürgen (Hg.): Taschenbuch Grundschule, Baltmannsweiler 1993
- Becker, Georg E.: Auswertung und Beurteilung von Unterricht, Weinheim 2. überarb. Aufl. 1988
- Becker, Georg E.: Handlungsorientierte Didaktik Teil 2: Durchführung von Unterricht, Weinheim 4. überarb. Aufl. 1990
- Bennack, Jürgen: Programmiertes Gruppenlernen, Köln 1977
- Bennack, Jürgen: Möglichkeiten und Grenzen der Schulpraktika im erziehungswissenschaftlichen Lehramtsstudium, in: Bildung und Erziehung 3 (1989), S. 331-346
- Bennack, Jürgen: Gesundheit und Schule. Zur Geschichte der Hygiene im preußischen Volksschulwesen, Köln/Wien 1990
- Bennack, Jürgen: Möglichkeiten und Grenzen curricularer Reformen, in: Martial, I. von/ Ludwig, H./ Pühse, U. (Hrsg.): Schulpädagogik heute - Probleme und Perspektiven, Festschrift für G. Steindorf, Frankfurt/Main 1994
- Berg, Christa: Institutionalisierung von Erziehung - Schule als Institution der Gesellschaft und als Staatsanstalt, in: Berg, Christa et al.: Einführung in die Erziehungswissenschaft, Königstein/Ts. 2. Aufl. 1979, S. 16-40
- Berg, Christa: Staat und Schule oder Staatsschule?, Königstein/Ts. 1980
- Biller, Karlheinz: Unterrichtsstörungen, Stuttgart 2. Aufl. 1981
- Blankertz, Herwig: Theorien und Modelle der Didaktik, München 1969
- Blass, Josef L.: Bildung als Reduktion von Komplexität - Nietzsche, Luhmann, Habermas, in: Pädagogische Rundschau 1981, S. 23-38
- Bloom, B. S./Engelhart, M. D./Furst, E. J./Hill, W. H./Krathwohl, D. R.: Taxonomie von Lernzielen im kognitiven Bereich, Weinheim 5. Aufl. 1976
- Blüml, Karl/Stephan (Hrsg.): Schulpraktikum, Neue Wege in der Lehrerbildung, Wien: Literas Universitätsverlag 1988
- Bönsch, Manfred: Schüler aktivieren, Hilfen für die tägliche Unterrichtsgestaltung, Hannover 2. Aufl. 1990
- Bönsch, Manfred: Verlaufsgestalten und Aktionsstrukturen des Unterrichts, Essen 2. Aufl. o.J.
- Bohnsack, Fritz u.a.: Schüleraktiver Unterricht, Weinheim 1984

- Brenner, Gerd: Subjekt sein in der Schule: zur Praxis eines schülerorientierten Unterrichts, München 1981
- Bronnmann, Wilhelm/Kochansky, Gerhard/Schmid, Wolfgang F.: Lernen lehren. Training von Lernmethoden und Arbeitstechniken, Bad Heilbrunn 1981
- Bundeszentrale für politische Bildung (Hg.): Computer in der Schule, Bonn 2. Aufl. 1988
- Colby, Ann/Kohlberg, Lawrence: Das moralische Urteil: Der kognitionszentrierte entwicklungspsychologische Ansatz, in: Steiner 1984, Band 1, S. 348-366
- Comenius, Johann Amos: Große Didaktik, übersetzt und herausgegeben von Andreas Flitner, Düsseldorf und München 3. Aufl. 1966
- Corte, E. de/Geerligs, T./Lagerweij, N./Peters, J./Vandenberghe, R.: Grundlagen didaktischen Handelns, Weinheim 1975
- Cube, Felix von: Kybernetische Grundlagen des Lernens und Lehrens, Stuttgart 4. Aufl. 1982
- Cube, Felx / Alshuth, Dietger: Fordern statt Verwöhnen, München 1986
- Dahms, Günter: Nachdenken im Unterricht. Fragemethode und Anleitung zum argumentierenden Gespräch, Frankfurt/Main 2. Aufl. 1985
- Dauenhauer, Erich/Kluge, Norbert (Hrsg.): Das Verhältnis von Allgemeinbildung und Berufsbildung, Bad Heilbrunn 1977
- Dave, R.H.: Eine Taxonomie pädagogischer Ziele und ihre Beziehung zur Leistungsmessung, in: Ingenkamp/Marsolek 1968, S. 225-239
- Davidson, Dieter/Jenchen, Hans Joachim: Das Praktikum: Arbeitshilfen und Fragebögen zur Unterrichtsbeobachtung und Unterrichtsanalyse, München 1980
- Deutsche Shell, Jugendwerk (Hrsg.): Jugend'92, Opladen 1992
- Dietrich, Georg: Bildungswirkungen des Gruppenunterrichts, München 1969
- Dietrich, Theo / Klinlc, Job-Günter (Hg.): Zur Geschichte der Volksschule, Bd. 1 Bad Heilbrunn 1964
- Dolch, Josef: Lehrplan des Abendlandes, Düsseldorf 1965
- Drefenstedt, Edgar: Effektivität des Unterrichts: Erfahrungen - Probleme - Lösungswege, Berlin 1987
- Drews, Ursula/Fuhrmann, Elisabeth: Fragen und Antworten zur Gestaltung einer guten Unterrichtsstunde, Berlin 1986
- Drews, Ursula u.a.: Ratschläge für Lehrer. Praktische Hilfen für den Unterricht, Köln 1987
- Eisert, Hans Georg/Barkey, Peter: Verhaltensmodifikation im Unterricht. Interventionsstrategien in der Schule, Bern/Stuttgart 1979
- Ennenbach, Wilfried/Westphal, Erich (Hrsg.): Kognitive Strukturierungshilfen im Unterricht, Düsseldorf 1980
- Fend, Helmut: Theorie der Schule, München et 1980
- Fölling-Albers, Maria (Hg.): Veränderte Kindheit - Veränderte Grundschule, Frankfurt/Main 1989
- Fuchs, Konrad/Raab, Heribert: dtv-Wörterbuch zur Geschichte.,2 Bde, München 5. Aufl. 1983
- Fuhr, Reinhard: Handlungsspielräume im Unterricht. Lebendige Lernsituationen, gestalten und auswerten, Königstein/Ts. 1979
- Geißler, Erich E.: Analyse des Unterrichts, Bochum 4. Aufl. 1978
- Ginott, Haim G.: Takt und Taktik im Klassenzimmer, Freiburg i. Br. 1980

- Grell, Jochen/Grell, Monika: Unterrichtsrezepte, Weinheim 1990
- Groothoff, Hans-H. (Hg.): Pädagogik, Frankfurt/Main 1969
- Grünfeld, Werner: Zum Organisationsprinzip der Schule, in: Grünfeld, W./Apel, H.-J.: Schule als gesellschaftlicher Spannungsraum, Kastellaun 1978, S. 11-68
- Gudjons, Herbert/Teske, Rita/Winkel, Rainer (Hg.): Didaktische Theorien, Hamburg 5. Aufl. 1989
- Guilford, J.P.: A system of psychomotor abilities, American Journal of Psychology 71(1958), S. 164-174
- Heimann, Paul/Otto, Gunter/Schulz, Wolfgang: Unterricht - Analyse und Planung, Hannover 4. Aufl. 1969
- Henning, Georg/Schannewitzky, Gerhard: Leitfaden zum Hospitieren und Unterrichten. Eine Handreichung für die schulpraktischen Studien angehender Lehrer, Darmstadt 1983
- Holstein, Hermann/Liekenbrock, Helmut: Unterrichtsplanung und Unterrichtsprozeß, Ratingen 1976
- Hurrelmann, Klaus: Erziehungssystem und Gesellschaft 1975
- Ingenkamp, Karlheinz/Marsolek, Theodor (Hrsg.): Möglichkeiten und Grenzen der Testanwendung in der Schule, Weinheim 1968
- Keck, Rudolf W./Köhnlein, Walter/Sandfuchs, Uwe (Hg.): Fachdidaktik zwischen Allgemeiner Didaktik und Fachwissenschaft - Bestandsaufnahme und Analyse, Bad Heilbrunn 1990
- Klafki, Wolfgang:Studien zur Bildungstheorie und Didaktik, Weinheim 1963
- Klafki, Wolfgang: Das pädagogische Problem des Elementaren und die Theorie der kategorialen Bildung, Weinheim 4. Aufl. 1964 (a)
- Klafki, Wolfgang: Didaktische Analyse als Kern der Unterrichtsvorbereitung, in: Auswahl Reihe A, Bd. 1 "Didaktische Analyse", Hannover 7. Aufl. 1964 (b), S. 5-34
- Klafki, Wolfgang: Zum Verhältnis von Didaktik und Methodik, in: Probleme stufenbezogener Didaktik, Düsseldorf 1976, S. 43-68
- Klafki, Wolfgang:Unterrichtsplanung im Sinne kritisch-konstruktiver Erziehungswissenschaft, in: König/Schier/Vohland 1980
- Klafki, Wolfgang: Neue Studien zur Bildungstheorie und Didaktik, Weinheim 1986
- Klaßen, Theodor F./Skiera, Ehrenhard (Hg.): Handbuch der reformpädagogischen und alternativen Schulen in Europa, Baltmannsweiler 2. Aufl. 1993
- König, Eckhard/Schier, N./Vohland U. (Hrsg.): Diskussion Unterrichtsvorbereitung. Verfahren und Modelle, München 1980
- König, Ernst/Riedel, Harald: Unterrichtsplanung I, Weinheim 2. Aufl. 1979
- Kopitzsch, Franklin: Die Auklärung in Deutschland, in: Archiv für Sozialgeschichte, Bd. XXIII. Bonn 1983, S. 1-21
- Kounin, Jacob S.: Techniken der Klassenführung, Stuttgart 1976
- Krathwohl, David R./Bloom, Benjamin S./Masia, Bertram B.: Taxonomie von Lernzielen im affektiven Bereich, Weinheim 1975
- Kreuzer, Karl Josef: Lehrer beurteilen Lehrer, Düsseldorf 1980
- Krichbaum, Gebriele/Buckenmaier, Armin/Kalbreyer, Walter: Zielorientierter Unterricht, hrsg. von Regionalpädagogisches Institut für Lehrerfortbildung, Köln (1975)
- Kunert, Kristian: Theorie und Praxis des offenen Unterrichts, München 1978
- Lichtenstein, Ernst: Bildung: In: Historisches Wörterbuch der Philosophie, hg. von J. Ritter, Bd. 1, Darmstadt 1971, Sp. 921-937
- Lichtenstein-Rother, Ilse (Hg.): Schulleistung und Leistungsschule, Bad Heilbrunn 1971

- Looss, Maike: Der Unterricht von Referendaren in der Einschätzung von Schülern und Schülerinnen der Sekundarstufe II. Versuche einer Analyse am Beispiel einer Befragung, Bremen: Wiss. Inst. für Schulpraxis 1988
- Ludwig, Otto u.a. (Hrsg.): Unterrichtsstörungen. Dokumentation, Entzifferung, produktives Gestalten, Seelze: Friedrich 1987
- Mackay, Charles K.: Vom voroperatorischen zum konkret-operatorischen Denken, in: Steiner 1984, S. 121-154
- Martial, Ingbert von: Koedukation und Geschlechtertrennung in der Schule, Köln 2. Auflage 1989
- Mattmüller-Frick, Felix: Handbuch für einen lebendigen Unterricht, Basel: 2. erw. Aufl. Z-Verlag 1987
- Meissner, Otto: Kleintechniken des Unterrichts: Arbeits- und Organisationshilfen für Unterricht, Schulleben und Praktikum, München 1980
- Memmert, Wolfgang: Didaktik in Grafiken und Tabellen, Bad Heilbrunn 1977
- Menze, Clemens: Bildung, in: Handbuch pädagogischer Grundbegriffe, hg. von J. Speck und G. Wehle, Bd. 1, München 1970, S. 134-184
- Meyer, Ernst: Schulpraktikum, Bochum 4. Aufl. o.J.
- Michael, Berthold / Schepp, Heinz-Hermann (Hg.): Politik und Schule von der Französischen Revolution bis zur Gegenwart, Bd. 1, Frankfurt/Main 1973
- Michael, Berthold: Darbieten und Veranschaulichen, Bad Heilbrunn 1983
- Miller, Reinhold: Lehrer lernen. Ein pädagogisches Arbeitsbuch für Lehreranwärter, Referendare, Lehrer und Lehrergruppen, Weinheim 5. Aufl. 1993
- Möller, Christine: Technik der Lernplanung. Methoden und Probleme der Lernzielerstellung, Weinheim 5. Aufl. 1976
- Mutzeck, Wolfgang/Pallasch, W. (Hrsg.): Integration von Schülern mit Verhaltensstörungen. Praktische Modelle und Versuche, Weinheim 1987
- Neimark, Edith D.: Die Entwicklung des Denkens beim Heranwachsenden. Theoretische und empirische Aspekte der formalen Operationen, in: Steiner 1984, S. 155-171
- Neulinger, Klaus U.: Das Schulpraktikum des Lehrerstudenten. Ein Leitfaden für seine Vorbereitung und Durchführung, Freiburg i. Br.:1979
- Oblinger, H.: Theorie der Schule, München o.J.
- Olivero, James L./Brunner, Reinhard: Micro-Teaching ein neues Verfahren zum Training des Lehrverhaltens, München 1973
- Otter, T.: Informationstechnische Grundbildung, in: Computer-Jahrbuch, Stuttgart 1986, S. 26-36
- Pallasch, Waldemar/Zopf, Dietmar: Methodix - Bausteine für den Unterricht, Weinheim: Beltz 5. Aufl. 1990
- Pallasch, Waldemar: Lehrverhalten und Problemlösen. Lern- und Trainingsprogramme zur Schulung pädagogischer Fertigkeiten und Reflexion des Selbstkonzepts, München 1987
- Peterßen, Wilhelm H.: Grundlagen und Praxis des lernzielorientierten Unterrichts, Ravensburg 2. Aufl. 1975
- Peterßen, Wilhelm H.: Handbuch Unterrichtsplanung, München 5. Aufl. 1992
- Prange, Klaus: Bauformen des Unterrichts. Eine Didaktik für Lehrer, Bad Heilbrunn 2. Aufl. 1986
- Roth, Heinrich: Pädagogische Psychologie des Lehrens und Lernens, Hannover 14. Aufl. 1973

- Roth, Leo: Effektivität von Unterrichtsmethoden, Hannover 1971
- Schell, Christa: Partnerarbeit im Unterricht. Psychologische und pädagogische Voraussetzungen, München 1975
- Scheller, Ingo.: Erfahrungsbezogener Unterricht. Praxis, Planung, Theorie, Frankfurt/Main 2. Aufl. 1987
- Schelsky, Helmut: Schule und Gesellschaft in der industriellen Gesellschaft, 1959
- Schorb, Alfons Otto/Louis, Brigitte: Unterrichtsanalyse, München 1975
- Schorb, Alfons Otto: Pädagogisches Taschenlexikon a-z, Bochum o.J.
- Schräder-Naef, Regula D.: Schüler lernen Lernen. Vermittlung von Lern- und Arbeitstechniken in der Schule, Weinheim/Basel, 3. überarb. u. erb. Aufl. 1987
- Schramm, Hilde (Hrsg.): Schulpraktikum, Arbeitsmaterialien zur Vorbereitung auf die Berufspraxis durch Unterrichtsversuche, Weinheim 1979
- Schreckenberg, Wilhelm: "Guter" Unterricht - "schlechter" Unterricht. Zur Theorie und Praxis der Unterrichtsbeurteilung, Düsseldorf 1980
- Schulz, Wolfgang: Unterricht - Analyse und Planung, in: Auswahl Reihe B, Bd. 1/2 "Unterricht - Analyse und Planung", Hannover 4. Aufl. 1969
- Schwarzer, Christine: Einführung in die Pädagogische Diagnostik, München 1979
- Seibert, Norbert/Serve, Helmut J. (Hg.): Prinzipien guten Unterrichts - Kriterien einer zeitgemäßen Unterrichtsgestaltung, München 1992
- Seiffke-Krenke, I.: Soziales Verhalten in der Schulklasse, in: Handbuch Schule und Unterricht, hg. von W. Twellmann, Bd. 3, Düsseldorf 1981, S. 329-372
- Sjølund, Arne: Gruppenpsychologie für Erzieher, Lehrer und Gruppenleiter, Heidelberg 2. Aufl. 1976
- Steindorf, Gerhard: Einführung in die Schulpädagogik, Bad Heilbrunn: Klinkhardt 1. Aufl. 1972, 3. Aufl. 1976
- Steindorf, Gerhard: Grundbegriffe des Lehrens und Lernens, Bad Heilbrunn: Klinkhardt 1. Aufl. 1980, 3. Aufl. 1991
- Steindorf, Gerhard: Lernen und Wissen. Theorie des Wissens und der Wissensvermittlung, Bad Heilbrunn: Klinkhardt 1985
- Steiner, Gerhard: Entwicklungspsychologie, Band 1, Weinheim: Beltz 1984 (Kindlers Psychologie des 20. Jahrhunderts)
- Stephan, Horst: Vertretungsstunden in der Sekundarstufe I: 200 Konzentrations-, Sprach- und Sachaufgaben, Stuttgart 3. Aufl. 1989
- Teml, Hubert: Unterricht gestalten - Lernen fördern. Materialien zum schülerzentrierten Unterricht, Linz/Wien 1983
- Tusch, Hanspeter: Unterricht gestalten - miteinander lernen, Innsbruck 1987
- Volkmer: Geschichte der Erziehung und des Unterrichts, Habelschwerdt 10. Aufl. 1905
- Wacker, Karl: Kriterien für Unterrichtsgestaltung und Unterrichtsbeurteilung,Villingen-Schwenningen 4. Aufl. 1991
- Wigger, Lothar: Handlungstheorie und Pädagogik, St. Augustin 1983
- Winnefeld, Friedrich: Pädagogischer Kontakt und pädagogisches Feld, München 1967
- Wittenbruch, Wilhelm: Schulpraktikum. Ein Arbeitsbuch, Stuttgart 1985
- Ziefuss, Horst: Methoden der Unterrichtsbeobachtung, Braunschweig 1978